Psicoterapia da relação

Dados Internacionais de Catalogação na Publicação (CIP)
(Câmara Brasileira do Livro, SP, Brasil)

Fonseca Filho, José de Souza
Psicoterapia da relação : elementos de psicodrama contemporâneo / José de Souza Fonseca Filho. Ed. rev. e atual. — São Paulo : Ágora, 2010.

Bibliografia.
ISBN 978-85-7183-073-8

1. Psicodrama 2. Psicoterapia I. Título.

10-03338 CDD-616.891523
NLM-WM 430

Índices para catálogo sistemático:

1. Psicodrama : Medicina 616.891523
2. Psicoterapia da relação : Medicina 616.891523

Compre em lugar de fotocopiar.
Cada real que você dá por um livro recompensa seus autores
e os convida a produzir mais sobre o tema;
incentiva seus editores a encomendar, traduzir e publicar
outras obras sobre o assunto;
e paga aos livreiros por estocar e levar até você livros
para a sua informação e o seu entretenimento.
Cada real que você dá pela fotocópia não autorizada de um livro
financia um crime
e ajuda a matar a produção intelectual em todo o mundo.

Psicoterapia da relação

Elementos de psicodrama contemporâneo

José Fonseca

PSICOTERAPIA DA RELAÇÃO
Elementos de psicodrama contemporâneo
Copyright © 1999, 2010 by José Fonseca
Direitos desta edição reservados para Summus Editorial
Editora executiva: **Soraia Bini Cury**
Editoras assistentes: **Andressa Bezerra e Salete Del Guerra**
Projeto gráfico, capa e diagramação: **Acqua Estúdio Gráfico**
Imagem da capa: **Fractal, Wikimedia Commons**

Editora Ágora

Departamento editorial
Rua Itapicuru, 613 — 7º andar
05006-000 — São Paulo — SP
Fone: (11) 3872-3322
Fax: (11) 3872-7476
http://www.editoraagora.com.br
e-mail: agora@editoraagora.com.br

Atendimento ao consumidor
Summus Editorial
Fone: (11) 3865-9890

Vendas por atacado
Fone: (11) 3873-8638
Fax: (11) 3873-7085
e-mail: vendas@summus.com.br

Impresso no Brasil

Para Heriana e
Rogério

Participam também deste livro:

Anna Maria Knobel
Fábio Schmidt Goffi Junior
Maria Amalia Faller Vitale
Mery Cândido de Oliveira
Silvia Regina Antunes Petrilli

SUMÁRIO

Prefácio à primeira edição 11

Introdução 13

PARTE I — PSICOTERAPIA DA RELAÇÃO

1. Psicoterapia da relação 19
2. Psicodrama interno 53
3. Freud, Moreno e a bossa-nova — Elementos
   de psicologia relacional 73
4. Ainda sobre a matriz de identidade 107

PARTE II — PSICODRAMA, PSIQUIATRIA E MEDICINA

5. O doente, a doença e o corpo — Corpo físico,
   psicológico e energético 121
6. Psicologia do adoecer 128
7. Psicoterapia e medicação 143
8. Diagnóstico da personalidade e distúrbios de identidade ... 150
   Apêndice: Personalidade psicopática segundo
   Kurt Schneider 160

PARTE III — PSICODRAMA, DINÂMICA DE GRUPO E PSICOTERAPIA

9. A pluralidade do psicodrama — Psicoterapia da relação,
psicoterapia de grupo relacional psicodramática
e psicodrama 171
Apêndice: O protagonista branco — Considerações
sobre emergentes grupais 180
10. Tendências da psicoterapia — O lugar do psicodrama 183
11. Os papéis de colonizado e de colonizador — Por uma
identidade do psicodrama brasileiro 201

PARTE IV — PSICODRAMA E SEXUALIDADE

12. A sexualidade como instrumento relacional 217
13. Identidade sexual 232
14. Sociometria sexual — Formas de sexualidade 241
15. Sexualidade e evolução pessoal 248

PARTE V — REVISITANDO

16. Revisitando Moreno (1974-1992) 259
1. O psicodrama e a psiquiatria 259
2. Psicodrama ou neopsicodrama? (1992) 272
17. Revisitando a terapia de família (1975-2000) 287
1. Abordagem psicoterápica de famílias — Sociodrama
familiar (1975) 287
José Fonseca e Maria Amalia Faller Vitale
2. Um novo olhar: abordagem psicoterápica de famílias —
Sociodrama familiar (2000) 301
Maria Amalia Faller Vitale

PARTE VI — PSICODRAMA E SOCIODRAMA PÚBLICO — SESSÕES
ABERTAS DE PSICOTERAPIA

18. Sessões abertas de psicoterapia: refletindo a experiência ... 309
Maria Amalia Faller Vitale e Mery Cândido de Oliveira

19. Sessões abertas de psicoterapia: os benefícios
do ponto de vista do público 319
Fábio Schmidt Goffi Junior
20. Estratégias de direção grupal 334
Anna Maria Knobel

PARTE VII — PSICOTERAPIA INDIVIDUAL DE CRIANÇAS

21. Psicoterapia por meio da relação 351
Silvia Regina Antunes Petrilli

Referências bibliográficas 385

PREFÁCIO À PRIMEIRA EDIÇÃO

José Fonseca é liderança fecunda entre psiquiatras, psicólogos, médicos e terapeutas, tendo sido o inspirador e o êmulo para a fundação da Federação Brasileira de Psicodrama no ano de 1976. Sonhou com uma editora de temas psicodramáticos e a concretizou em 1980 com o nome de Editora Ágora, que hoje se encontra em mãos competentes e atentas à intenção inicial do empreendimento.

De sua carreira de professor universitário, feita na Faculdade de Medicina da Universidade de São Paulo (USP), onde foi coordenador da Residência Médica em Psiquiatria, trouxe a vocação de ensinar para o Daimon — Centro de Estudos do Relacionamento, inaugurado por ele em 1984.

Sempre cavalheiro no trato pessoal e assertivo nas convicções que lhe são próprias, Fonseca organizou sua prática com clareza de ideias, eficiência clínica e percurso ético irrepreensível. O movimento psicodramático, particularmente, tem tirado proveito de sua presença intelectual, que deixa marcas afetuosas e leais por onde passa, no Brasil e no exterior.

Este livro, em boa hora lançado pela Ágora, foi aguardado, e até mesmo exigido, pelos que acompanham a evolução de seu pensamento, posto na plenitude da maturidade e responsável por contribuições oportunas no entendimento do psicodrama a ser exercido neste início de século XXI. Uma obra que já fazia falta.

Mas Fonseca vai além: une o seu nome à criação de propostas originais, oferecendo-nos a psicoterapia da relação e o psicodrama interno como formas de cuidar do paciente em tratamento individual, fora do pequeno grupo que era, até então, o objetivo de J. L. Moreno. Sobressai, ainda, no texto, a inteligente leitura psicodramática da psicanálise, a partir do que essas matérias têm em comum, a universalidade/singularidade das relações humanas.

Com esses destaques, saúdo o lançamento do livro, justa comemoração de uma travessia profissional que se faz criativa e influente.

Wilson Castello de Almeida

INTRODUÇÃO

Este livro compreende meu percurso profissional. É constituído pela maioria dos textos que escrevi, em parte publicados, sobre psicoterapia e psicodrama. Deixei de lado os artigos sobre psiquiatria clínica, com exceção do apêndice do Capítulo 8, "Personalidade psicopática segundo Kurt Schneider", por julgar que apresenta interesse, pelo menos histórico, em relação aos distúrbios narcísicos da personalidade (distúrbios de identidade, segundo minha proposta). Deixei também de incluir os trabalhos sobre psicoterapia analítica de grupo que representam meu período pré-psicodramático. Na verdade, o apêndice do Capítulo 9, "O protagonista branco", evoca minha passagem para o psicodrama. Este volume compreende trinta anos de muitas inquietudes e algumas ousadias.

A Parte I, "Psicoterapia da relação", descreve minha forma de trabalho psicoterápico ao mesmo tempo em que procura justificá-la teoricamente. Na Parte II, "Psicodrama, psiquiatria e medicina", agrupo quatro textos que se afinam com o tema. Na Parte III, "Psicodrama, dinâmica de grupo e psicoterapia", discuto a posição e a situação do psicodrama em várias intersecções. Na Parte IV, "Psicodrama e sexualidade", publico meus escritos sobre sexualidade, os quais circularam muito tempo sob a forma de apostilas. Na parte V, "Revisitando", o leitor encontrará um cotejo de opiniões separadas por um intervalo de mais ou menos vinte anos. A Parte VI, "Psicodrama e sociodrama público — Sessões abertas de Psicoterapia", contém o relato de queridos companheiros: Anna Maria Knobel, Fábio Schmidt Goffi Jr., Maria Amalia Faller Vitale e Mery Cândido de Oliveira, colaboradores deste livro no que ele possa ter de melhor; eles discutem o trabalho desenvolvido em sessões públicas e a estratégia em dirigi-las. Na Parte VII consta a contribuição de Silvia Regina Antunes Petrilli sobre a psicoterapia de crianças, "Psicoterapia por meio da relação", de acordo com de uma abordagem que se coaduna com o teor do livro.

A estrutura deste livro, formado pela reunião de textos redigidos em diferentes épocas, favorece que um mesmo tema, como minhas concepções sobre o desenvolvimento psicológico, seja reapresentado, com enfoques distintos, em mais de um capítulo. Isso acontece, por exemplo, nos Capítulos 3, 4, 6, 8 e 12. Espero que esse fato seja compreendido como resultado de ideias que se desenvolveram no decorrer do tempo e não como mera repetição.

Permitam-me ainda um breve comentário sobre o subtítulo do livro: *Elementos de psicodrama contemporâneo*. Utilizei pela primeira vez a expressão no artigo "Psicodrama ou neopsicodrama?" (1992), que agora integra o Capítulo 16, no qual observo que a prática psicodramática atual é muito diferente da que Moreno realizava e acréscimos à teoria da técnica seriam bem-vindos. Comento ainda que, apesar do título, não estava propondo a mudança da palavra *psicodrama* para *neopsicodrama*. Se tivesse de fazer alguma proposta, seria a de incluir a palavra *contemporâneo*, para definir novas formas do fazer psicodramático, como, por exemplo, a *psicoterapia da relação* aqui descrita. Passados alguns anos, vejo que a denominação passa, coincidentemente, a ser utilizada por outros psicodramatistas, o que no mínimo me deixa bem acompanhado. David Kipper (1997), psicodramatista radicado em Chicago, utiliza o seguinte título para uma série de publicações sobre novos modelos de psicodrama: "Psicodrama clássico e *contemporâneo*: uma psicoterapia de ação multifacetada".

Gostaria de finalizar agradecendo, em primeiro lugar, a todos os que de várias maneiras, mesmo sem o saber, como meus pacientes me ajudaram a concretizar este livro. Agradeço também aos integrantes do Grupo de Estudos de Psicodinâmica (GEP), Grupo de Estudos de Moreno — GEM —, do Daimon, supervisionandos e alunos, que me servem de constante inspiração. Aos amigos Antonio Carlos Cesarino, Cíntia Buschinelli, Luís Russo, Therezinha Paula Esteves e Wilson Castello de Almeida, pelo interesse e pelas valiosas sugestões. A Marília Pontes Sposito, que, além de amiga, foi uma competente orientadora em relação à disposição geral do livro. A Nicola Giannini (*in memoriam*), Ida de Souza Fonseca Giannini e Magnólia Costa, que, ao corrigirem meus escritos, despertaram-me o gosto pelo vernáculo. A Márcia Maria Pereira Pisani (*in memoriam*), que datilografou grande parte dos escritos e estaria contente em ver sua publicação. A Sandra Helena Rocha da Cruz pela digitação, organização e encorajamento. Aos colegas do Daimon, pelo incentivo e companheirismo. Ao Pedrinho, que possibilitou a observação do desenvolvimento neuropsicológico do bebê com alegria. E a Maria Amalia, é claro, que leu, sugeriu, criticou e acompanhou com carinho minhas crises de narcisismo contrariado.

O autor

PARTE I

PSICOTERAPIA DA RELAÇÃO

1

PSICOTERAPIA DA RELAÇÃO*

A soul is never sick alone, but always through a betweenness, a situation between it and another existing being.

Martin Buber

Antes de tudo, gostaria de expor a forma como venho trabalhando em psicoterapia individual há alguns anos. Na verdade, essa maneira de trabalhar surgiu espontaneamente, alimentada pelas influências técnicas e teóricas que recebi ao longo do meu percurso profissional. Quando me dei conta, trabalhava em um enquadramento que, se não era o da psicoterapia psicanalítica, tampouco era o do psicodrama clássico. Este método apresenta, no entanto, nítidas influências do psicodrama, a ponto de se poder dizer que é derivado dele. Passo então à tentativa de sistematização do método. Antes, porém, gostaria de explanar que a denominação *psicoterapia da relação* tenta transmitir que se refere a uma psicoterapia que privilegia, por um lado, o trabalho da relação paciente-terapeuta e, de outro, o trabalho das relações do mundo interno do paciente, ou seja, se envolve nas relações *eu-tu* e *eu-eu*. Psicoterapia da relação foi também a denominação que os psicoterapeutas alemães Von Weizsäcker e Trub (*apud* Friedman, 1960) deram à psicoterapia baseada na filosofia dialógica de Martin Buber, autor que também influenciou minhas concepções sobre psicoterapia.

Paciente e terapeuta, independentemente da linha psicoterápica, coparticipam de um encontro humano, envolvidos em papéis de categorias diferentes. Um está buscando ajuda de algum tipo, o outro,

---

* Publicado na revista *Temas*, v. 21, nos 40 e 41, pp. 113-20, 1991.

trabalhando. O terapeuta está a serviço do outro (paciente). Isso constitui um vínculo não igualitário formado por papéis não igualitários, o qual demarca, em princípio, as características básicas da relação. Apesar disso, ambos constituem uma relação horizontal, incluídos no mesmo clima, o *inter*, que é o caldo de cultura necessário para o desenvolvimento do processo do *ser* (em contraposição ao *parecer*). A qualidade em saber criar essa condição marca a eficácia do psicoterapeuta.

Quando a personalidade começa a formar-se (na matriz de identidade), ela se estrutura em alguns poucos *traços principais* e em vários *traços secundários*. O *arranjo* desses traços descreve as características básicas do indivíduo. Os traços apresentam um lado positivo e um lado negativo onde se localizam as defesas (amortecedores). Assim, por exemplo, no jargão psiquiátrico, um obsessivo apresenta, no lado positivo, elementos de ponderação, organização, planejamento, limpeza etc. e, no lado negativo, a intelectualização, a ruminação mental, o distanciamento afetivo, a compulsão à ordem e à limpeza, a loucura da dúvida etc. O trabalho psicoterápico, com os dois lados do *traço principal*, busca uma harmonização de funcionamento. O *traço principal* não muda, é a marca registrada da pessoa. Tenta-se, no entanto, trabalhar as cargas negativas e liberar as potencialidades positivas inerentes ao traço.

A psicoterapia da relação propõe-se como uma ação pragmática da observação e da compreensão do fenômeno relacional. O diagnóstico (no sentido de conhecimento) do *inter* é o meio para atingir o diagnóstico de si mesmo, ou a consciência de si mesmo (*eu*). Busca-se o desenvolvimento do *eu observador*, que é o caminho que conduz da autoimagem distorcida para o *eu verdadeiro*. O *eu observador* é um olho, um terceiro olho, que não julga, não critica nem elogia: ele constata. O *eu global* é formado por uma infinidade de *eus parciais*, internalizados, que clamam por ser descobertos e se expressam por meio dos papéis.

A psicoterapia da relação ocorre em três momentos: centrada no cliente (em suas relações na vida), centrada na relação paciente-terapeuta, ou centrada no terapeuta, sendo que este recebe, sente e emite terapeuticamente. Acredito que os dois primeiros momentos sejam óbvios. Para exemplificar uma situação em que a sessão está centrada no terapeuta (em seu depoimento pessoal), cito uma passagem. Um paciente que falta ou se atrasa constantemente pode receber a seguinte colocação: "Apesar de poder compreender as motivações de suas ausências, devo dizer que é penoso relacionar-me com uma pessoa assim. Desanima um pouco. Será que as pessoas de suas relações também não se sentem dessa forma? Se não se sentem, é porque fazem complemento à sua dificuldade de entregar-se à relação".

As linhas filosóficas que norteiam a psicoterapia da relação são reveladas:

1. por uma atitude fenomenológico-existencial;
2. pela psicologia relacional (visão do homem pelo estudo de suas relações: *eu-eu*, *eu-tu*, *eu-ele*[a], *eu-nós*, *eu-vós*, *eu-eles*[as]). Essa é a postura preponderante das obras de Moreno, Buber, Bowlby, Laing e, parcialmente, da de Freud, no que concerne ao complexo relacional da transferência e do triângulo edípico;
3. pela psicologia da consciência, que procura focalizar o ser humano em um determinado momento de vida, segundo as diferentes possibilidades de graus de consciência desse momento.

O psicoterapeuta da relação é um misto do diretor de psicodrama e ego-auxiliar, ou, se quiserem, um ator terapêutico. Para isso, se requer conhecimento de psicodinâmica e treinamento psicodramático.

A qualidade dramática (refiro-me à qualidade dramática como um dos componentes da espontaneidade, segundo Moreno) do terapeuta norteia sua fluência no desempenho de papéis requisitados pelo paciente. As cenas são desenvolvidas em *ações dramáticas*, dispondo-se o terapeuta a jogar papéis internalizados do paciente. As cenas são desenvolvidas preponderantemente no *aqui e agora* da sessão, ou seja, presentificadas. Não há marcação ou montagem de cena. Não existe ação corporal entre terapeuta e paciente no jogo de cena (paciente e terapeuta não se tocam durante as cenas). Assim se procede para evitar a indução transferencial ou um comprometimento emocional desnecessário. No psicodrama clássico, as cenas são desenvolvidas entre protagonista e egos-auxiliares, permanecendo o diretor à distância. Essa distância, necessária para o trabalho, é preservada na psicoterapia da relação com o terapeuta desempenhando papéis, mas não se envolvendo fisicamente nas cenas. O contato corporal, quando há, e se houver, não deve estar disfarçado por outros papéis que não os inerentes à situação básica (terapeuta-cliente). Em outras palavras, o toque físico do terapeuta, esteja investido ou não de papéis internalizados do paciente, soará sempre como o contato da pessoa do terapeuta. Isso decorre da situação especial que caracteriza a posição do psicoterapeuta na vida de seu paciente.

O *desempenho de papéis* (internalizados do paciente) pelo terapeuta, em vez de confundir, permite uma discriminação mais fácil entre as figuras internalizadas e a figura real do terapeuta (pelo menos para pacientes fora de surto psicótico). Eventuais transferências, em relação ao terapeuta, ficam desta forma mais bem visualizadas.

A psicoterapia da relação não instiga a transferência nem pelo *setting* (vis-à-vis), nem pelo silêncio nem por meio de pararrespostas. Isso não significa que se evite a transferência. Em relação ao terapeuta, esta é uma oportunidade muito rica, transcorrida ao vivo, que permite ao paciente ampliar a discriminação e a consciência de seu mundo interior. Aguarda-se, no entanto, que surja naturalmente, por decorrência implícita da relação terapêutica. Sabemos que o processo psicoterápico (longo e de contatos reiterados) induz a reações transferenciais transitórias ou à neurose transferencial. Ambas as possibilidades são trabalhadas para o retorno ao espaço télico. Neste existem condições para lidar com as relações transferenciais internalizadas ou *autotransferência*[1]. Busca-se, portanto, a *autotele* (maior índice télico possível em relação às figuras internas). A *aliança de trabalho* (Greenson, 1982) insere-se no espaço télico.

O terapeuta se conduz pelo *princípio do duplo* (estado de sintonia télica) e pelo *princípio da entrega* (por extensão, ao *princípio do duplo*) ao papel desempenhado. O terapeuta da relação não parte de hipóteses teóricas, apenas mergulha no papel em jogo. Desta maneira, flui tudo o que ele capta, consciente e inconscientemente, do paciente. Além do contato consciente-consciente, há um contato inconsciente-inconscien-

---

1. Ver comentário sobre *autotransferência* no Capítulo 5, "O doente, a doença e o corpo".

te (o coconsciente e coinconsciente de Moreno). Assim sendo, o terapeuta acredita em seu *modelo operacional interno*. Creio que no desempenho de papéis em psicodrama ocorra um processo semelhante ao da incorporação de entidades no candomblé e na umbanda. Desconsiderando o aspecto religioso, existe um estado modificado de consciência decorrente do desempenho de papéis alheios à própria identidade, o qual facilita a comunicação coinconsciente. Muitas vezes, após um desempenho de papéis, surpreendo-me com o que *sabia* do paciente e não sabia que sabia. Outro aspecto interessante é que o simples desempenho de papéis, em si, sem preocupação com eventuais conteúdos e interpretações, é revigorante para os participantes. Considero que ao desempenhar o papel de outra pessoa — portanto, ao abrir mão da identidade, ainda que parcialmente, *receber* outra identidade e finalmente retornar à sua própria — aconteçam alterações sutis de estados de consciência, com liberações energéticas correspondentes que se manifestam com bem-estar e, às vezes, com leve euforia.

Busca-se que a *compulsão à repetição*[2] transforme-se em *repetir diferenciando* (Fiorini, 1978). Para que isso ocorra repetimos também os procedimentos terapêuticos. Uma mesma relação do paciente pode ser objeto de várias ações dramáticas. A ampliação da consciência do conflito facilita a saída dele *em espiral*, ou seja, a cada novo conhecimento se produz uma volta para cima.

Assim como na Gestalt-terapia privilegiam-se as perguntas *o quê?, como?* e *para quê?*, acrescento *por que não?*, que nos remete ao por que não vivenciar novas formas de experiência. O *porqueísmo* incita explicações e desculpas, convida ao retorno ao passado e às intelectualizações. E como diz Popper (*apud* Klauber, 1987): "As explicações a respeito do passado não são, de forma lógica, diferentes das previsões". O *por quê?* pode ser decorrência natural da ação terapêutica, mas nunca a meta em si. A constatação (*insight*) precede à explicação. Isso não significa que o terapeuta não possa proferir o *por quê?*, ou o *porquê*, mas sua atitude privilegia a presentificação de sentimentos.

O processo psicoterápico, como um todo, engloba as entrevistas iniciais e as sessões. Estas últimas se referem à psicoterapia propria-

---

2. Expressão consagrada por Freud (1968).

mente dita. As entrevistas compreendem os contatos iniciais visando ao início do trabalho psicoterápico. As entrevistas, do ponto de vista didático, são divididas em quatro fases: *estudo* ou *diagnóstico*, *planejamento*, *compromisso* e *contrato*. Vejamos essas frases sucintamente. É importante dizer que as quatro tanto podem decorrer em vários contatos como em um só. As fases também entrelaçam-se entre si. Todas são vistas em duplo sentido. Acontecem, de maneira mais formal, tanto do terapeuta para o paciente como vice-versa.

A *fase de estudo* ou *diagnóstico* inicia-se quando o paciente marca a primeira entrevista, continua no primeiro aperto de mão e prossegue com a verbalização do motivo da consulta e das queixas principais. Entende-se aqui o *diagnóstico* não no sentido rotulativo, mas como o conhecer um ao outro por meio da relação. O terapeuta passa a *sentir* o tipo de pessoa que tem diante de si e quais suas características psicodinâmicas. O paciente estuda e *diagnostica* o terapeuta para saber se ele lhe inspira confiança.

A *fase de planejamento* compreende a formulação de planos de trabalho, tanto da parte do terapeuta como do paciente. Este também possui um planejamento para o que acredita que lhe seja melhor. Do cotejo de ambos nasce um planejamento definitivo. A terceira fase, a do *compromisso*, visa à pesquisa do grau de compromisso relacional de ambos com vistas ao trabalho que se inicia. Enquanto não houver um compromisso de ambas as partes, é melhor não começar. É terapêutico instigar um compromisso claro quando ele não se mostra assim. Ultrapassadas as três fases anteriores, acontece o tradicional *contrato de trabalho*, de maneira que ambas as partes sejam atendidas objetivamente.

Quanto ao final do processo psicoterápico, existem três possibilidades: *abandono*, *parada* e *término*. Discrimino as três formas por implicarem conteúdos psicodinâmicos distintos e, portanto, abordagens igualmente diversas. O *abandono* consiste na interrupção do processo, motivada por elementos transferenciais. Em geral, é um rompimento brusco, sem chances de elaboração da desvinculação. Ocorre em alto nível de ansiedade, trazendo desconforto para o paciente e o terapeuta, assim como para o grupo, caso se trate da psicoterapia grupal. Não se pode esquecer que a separação significa a maior dor psicológica do ser humano. A separação é um dos polos da díade relação-separação.

Em um extremo, há a relação-vida e, no outro, a separação-perda-morte. Essas situações constituem um convite para as pessoas envolvidas (inclusive o terapeuta) atuarem com cargas transferenciais. Reações transferenciais/contratransferenciais em relação à separação explicam, às vezes, psicoterapias exageradamente longas. A *parada* representa a interrupção do processo por motivos físicos ou geográficos (mudanças de cidade, horários etc.). Nesses casos, permanece o vínculo télico, à distância, passível de ser retomado quando as circunstâncias de novo o permitirem. O *término* é o desfecho de um movimento circular que tem princípio, meio e fim. Existe a elaboração psicodinâmica de separação. O clima é télico. Há concordância de que é hora de partir. Existe sempre uma ponta de tristeza, quem sabe uma saudade, mas prepondera a alegria e a satisfação da tarefa realizada.

Abordo agora os *mecanismos* de ação da psicoterapia da relação[3]. No que tange à parte verbal, conta-se com ações comuns às psicoterapias psicanalíticas. A elaboração representa a tentativa de fornecer *insights* ou de ampliá-los para a reconstrução da autoimagem, ou a percepção télica do mundo circundante. Acontece no próprio contexto verbal da sessão ou após uma *ação dramática*[4].

No contexto da ação dramática, apresentam-se como *mecanismos* de ação terapêutica o *insight* dramático e a catarse da integração. O primeiro reflete a iluminação de determinada problemática com o aumento da sua consciência. Acontece durante o jogo de cena. A catarse de integração, tal como no psicodrama, consiste na desorganização da estrutura de um conflito com uma reorganização mais télica do que a primeira.

Tanto a parte verbal como a ação dramática, sempre que possível, ocorrem em um espaço lúdico que é a zona intermediária entre o fora e o dentro, entre o consciente e o inconsciente do paciente e do psicoterapeuta, ou seja, da relação terapêutica. O clima lúdico que cabe ao terapeuta criar é o território onde acontece o *insight* (ver fenômeno,

---

3. Baseio-me em Bustos (1979b).
4. Na psicoterapia da relação, prefiro usar a expressão *ação dramática* para distingui-la da *dramatização* do psicodrama clássico. A *ação dramática* não comporta a montagem de cenas nem a movimentação corporal do psicodrama clássico, é uma incursão psicodramática no contexto verbal da sessão. Assim como a *dramatização*, a *ação dramática* apresenta três movimentos: introdução, desenvolvimento e resolução.

espaço e objeto transicionais de Winnicott [1975]). Outra comparação passível de ser feita com a psicoterapia da relação é com a ludoterapia de crianças, em que o terapeuta desempenha e inverte os papéis requeridos pela criança. Assim, tanto desempenha o papel de fada como o de bruxa, ou ainda o da própria criança. No sentido de desempenhar papéis com os pequenos pacientes, Melanie Klein é clara ao afirmar: "partindo da conclusão de que a transferência está baseada no mecanismo da representação de personagem, tive certa indicação a respeito da técnica a ser empregada". E continua: "um dos principais objetivos da análise é atingido quando o analista assume os papéis que lhe são atribuídos na situação analítica". Ela prossegue: "O analista que pretende chegar às imagens mais antigas e criadoras de ansiedade, i.e., cortar pela raiz a severidade do superego, não pode ter preferência por nenhum papel em particular, ele deve aceitar aquilo que lhe é oferecido na situação analítica". E para terminar: "Minha experiência me convenceu de que com a ajuda da técnica analítica do brincar é possível analisar as fases iniciais da formação do superego não só em crianças bem pequenas, mas também mais velhas" (1996, pp. 238-9). Acrescento: em adolescentes e adultos também.

Por fim, resta comentar como mecanismo de ação terapêutica, mas não por ser menos importante, a *internalização do modelo relacional terapêutico*. A internalização dessa relação acontece nos moldes de outras matrizes da vida internalizadas (família, escola, seminário, grupos religiosos, serviço militar etc.). A matriz de identidade primária é a mais potente, mas as outras, as secundárias, também inscrevem marcas. Alguns pontos podem ser *rematrizados* (Fonseca, 1980) e essa característica confere força ao processo psicoterápico.

Passo agora a discutir a parte técnica da psicoterapia da relação. O *setting* da psicoterapia da relação é o mesmo das psicoterapias verbais: uma sala, duas cadeiras, uma diante da outra. Distingo dois momentos bem definidos na sessão: o *contexto verbal* e o *contexto das ações dramáticas*. No primeiro, opera-se com os instrumentos tradicionais da psicoterapia verbal: a *interação coloquial*, os *assinalamentos* e as *interpretações*[5].

---

5. Baseio-me em Bustos (1979b).

A *interação coloquial* representa a comunicação social necessária entre paciente e terapeuta: os cumprimentos de entrada e saída, as questões de horário, os pagamentos etc. Os *assinalamentos* vão desde marcações sobre o material verbal até apontamentos corporais (postura física, gestos, fisionomia, tom de voz, olhar etc.), referentes à forma de expressão. O caminho do inconsciente é o consciente, ou, como se diz: "o inconsciente está na cara" (refiro-me aos sinais inconscientes que se revelam por manifestações corporais evidentes — elementos gestuais e fisionômicos). Os assinalamentos encaminham para a autointerpretação do paciente, prescindindo do terapeuta. A *interpretação*, como classicamente é concebida, significa a atuação do terapeuta para tornar consciente o que é inconsciente, ou tornar mais consciente o que já o é parcialmente.

O tema da sessão pode estar no *lá e então* ou no *aqui e agora*. Na primeira possibilidade, a análise focaliza-se nas relações do paciente em sua vida, lá fora, e, na segunda, na relação com o terapeuta, aqui dentro. Do ponto de vista existencial, o *aqui e agora* sempre subjaz ao relato do *lá e então*. O terapeuta tem, portanto, de ser *vesgo*: um olho (no) *lá* e o outro (no) *aqui*. A psicoterapia da relação resgata o valor da sociometria a dois, desprivilegiada por Moreno em nome da sociometria grupal. Mas utiliza a sociometria grupal no estudo do *grupo interno* do paciente.

Passemos aos diversos procedimentos técnicos referentes à ação dramática. As técnicas aqui apresentadas advêm, na sua maioria, do psicodrama e da Gestalt-terapia. Como já referi, no que diz respeito ao psicodrama clássico, as técnicas foram simplificadas, despidas de seu aparato teatral. Foram adaptadas aos cinquenta minutos de uma sessão de psicoterapia individual em contraposição aos 120 minutos de uma sessão de psicodrama grupal. Tornaram-se ágeis e rápidas. Não são usadas marcações para a montagem de cenas, as personagens *vêm* para o *setting*, não há delimitação de tempo cronológico (tudo é presente), não há movimentação espacial, nem mesmo nas inversões de papéis. Várias ações dramáticas podem suceder-se em uma mesma sessão, sobrando tempo para elaborações verbais. A psicoterapia da relação é um psicodrama minimalista. Em uma comparação, a psicoterapia da relação usaria táticas de guerrilha: ações rápidas e focadas no alvo principal, ataques e retiradas de surpresa, retorno à base para avaliação. Novas escaramuças com armas leves, fáceis de carregar. O psicodrama clássico corresponderia à guerra clássica, usando armas pesadas e potentes, mas de movimentação lenta. O psicodrama clássico funciona melhor na batalha campal da grupoterapia. A psicoterapia da relação é mais apropriada para a selva da psicoterapia individual.

Levando-se em consideração a forma de trabalho da psicoterapia da relação, ação dramática entremeada com ação verbal, emprega-se a *atenção ativa* em contraposição à *atenção flutuante* da psicanálise.

Quanto às técnicas, não pretendo descrevê-las detalhadamente, por serem do conhecimento do psicodramatista. Entretanto, não posso deixar de referir algumas delas, como as *do duplo* e *do espelho*, que são sintetizadas na psicoterapia da relação no *duplo espelho*. Quando emprego essa técnica, e a emprego com frequência, estou frente a frente com o paciente, dublando-o. Eis por que caracterizar-se como um espelho e como um duplo — *duplo espelho*.

O *desempenho de papéis* é o procedimento mais usado. Assumo um papel internalizado do paciente, previamente desempenhado por ele, ou o desempenho diretamente, moldando-me como se fosse uma argila inicialmente amorfa, de acordo com a interação. Evidentemente, esta segunda possibilidade requer prática. Por exemplo: "Eu sou seu pai. Fale comigo". Em um segundo tempo: "Você é seu pai e eu sou você". Dessa forma, *lato sensu*, estou usando a *inversão de papéis* (*stricto sensu*: a inversão de papéis só acontece quando terapeuta e paciente invertem seus próprios papéis). Às vezes uso a *entrevista no papel*, ou seja, entrevisto a personagem incorporada pelo paciente.

A *técnica de concretização* de sensações e sentimentos também é usada. Acontece por meio de posturas corporais ou da imposição e pressão das mãos do paciente sobre regiões de seu próprio corpo. A *técnica de maximização* consiste na acentuação ou exacerbação das concretizações; já a *técnica de repetição*, como o próprio nome diz, corresponde à repetição de determinadas expressões verbais ou à repetição de movimentos espontâneos do indivíduo. Pode ser realizada em *câmara lenta* ou *rápida*. Visa ressaltar conteúdos inconscientes que subjazem a essas expressões. Pode também sensibilizar a pessoa para a visualização de novas cenas com conteúdo psicodinâmico mais evidente.

A *técnica da presentificação* corresponde, mais cabalmente, à dramatização do psicodrama clássico. Creio que Perls (1979) começou a utilizá-la em Gestalt-terapia a partir de suas experiências com o teatro e o psicodrama. Solicita-se ao paciente que não relate a cena no passado, mas no presente. A emoção presentifica-se e o terapeuta inclui-se na situação, na cena, dialogando com o paciente. O relato de um sonho, por exemplo, normalmente é realizado no passado:

"Eu estava em uma caverna."
"E eu tive medo."

Na presentificação tem-se:

"Eu estou em uma caverna."
"Como ela é?"
"É escura e quente."
"Como você está se sentindo?"
"Bem e mal. Sinto medo, mas ao mesmo tempo há algo agradável."
"Vamos ver em que parte do seu corpo está o medo e em que parte, o agradável."

E assim por diante.

A presentificação pode ser *centrada* ou *em espelho*. No primeiro caso, a pessoa está na cena, em ação, e relata desse lugar. No segundo, o indivíduo se vê na cena e relata de fora. O relato da *presentificação centrada* está na primeira pessoa do singular (*eu*). A *presentificação em espelho* pode estar na primeira (*eu*) ou na terceira pessoa do singular (*ele, ela*). Essas duas possibilidades podem enriquecer o trabalho psicodinâmico da cena. A forma *centrada* corresponde à *relação*, e a em *espelho*, à *distância*. *Relação* e *distância* são dois momentos da relação, segundo Martin Buber (1977), que permitem visões diferentes da pessoa em um sistema relacional. O *diálogo* é uma técnica de relação. O *solilóquio* é uma técnica de distanciamento na relação. Às vezes, utilizo o *solilóquio* durante a *presentificação*:

"Você é a caverna. Como você é? Fale em voz alta consigo mesma."
"Eu sou escura, dura, quente etc."

A presentificação realizada com os olhos fechados e por meio da visualização da cena é chamada *técnica do videoteipe*[6]. Também pode ser *centrada* ou *em espelho*. O *videoteipe* é uma técnica que se funde com o *psicodrama interno* (visualização de imagens internas) (Fonseca, 1980). Distingo o *videoteipe* do *psicodrama interno* por considerar que o primeiro se refere a visualizações imediatas de cenas significativas da vida do paciente. Peço: "Feche os olhos e visualize a situação". Prefiro usar a denominação *psicodrama interno* para o procedimento realizado quando a pessoa não tem um material específico para trabalho. É como uma viagem ou uma aventura pelo inconsciente por intermédio de imagens visuais espontâneas. Requer uma preparação prévia de relaxamento e concentração. O *psicodrama interno* desenvolve-se em um estado modificado de consciência, como veremos no próximo capítulo.

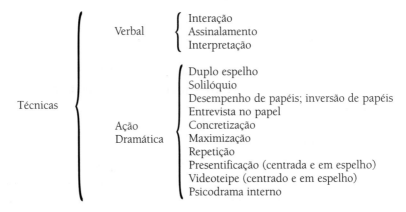

Exemplos

A maioria dos exemplos que seguem provém de supervisões clínicas. No modelo de supervisão que adoto, o supervisionando assume o papel de seu paciente, e o supervisor, o do terapeuta. Dessa maneira, o supervisionando trabalha com o paciente internalizado em uma perspectiva télico-transferencial ou télico-contratransferencial. Os relatos refletem, portanto, minha forma de trabalho com a psicoterapia da relação.

---

6. Victor Silva Dias (1996) denomina essa técnica de *dramatização internalizada*.

A dificuldade de colher o material gravado de uma sessão de psicoterapia propriamente dita levou-me a optar pelas supervisões. Sou muito grato aos supervisionandos, que, além de fornecer o material clínico, transcreveram alguns dos exemplos ora apresentados. O trabalhoso método da transcrição, a não ser pelo fato de a linguagem verbal ser diferente da escrita, permitiu, no entanto, que alguns poucos procedimentos técnicos fossem registrados. Espero que sejam suficientes para o leitor fazer uma ideia de como a psicoterapia da relação transcorre.

Na exemplificação, o privilégio foi dado aos aspectos técnicos, sendo desconsideradas as análises psicodinâmicas do material.

Exemplo 1* (Interação verbal e técnica do duplo espelho)

Sessões iniciais

P: Consegui sair no sábado! Fui ao Mappin, comprei um par de tênis e um monte de coisas.
T: Que bom. Você tinha medo de sair de casa?
P: Dificuldade. Não sei por quê.
T: Você conseguiu e ficou contente. Que outras coisas você gostaria de conseguir?
P: Tudo, né? Tudo.
T: Por exemplo?
P: Por exemplo, minha casa. Preciso arrumar e não consigo: gravador quebrado, forno de micro-ondas quebrado, um monte de coisas quebradas. Outro dia, um cara foi fazer um serviço lá e perguntou como eu podia viver num lugar como aquele.
T: E como é o lugar?
P: Ah, está tudo espalhado pelo chão, violão, caixas, papéis, banheiro bagunçado.
T: Você tem alguém que limpa o apartamento?
P: Não! Não gosto de ninguém dentro de minha casa.
T: Só você entra lá?
P: Só eu e mais ninguém!

---

* P: Paciente, *T: Terapeuta*; P*: Paciente desempenhando papéis, *T*: Terapeuta desempenhando papéis.*

T: Mas, pelo que entendi, você gostaria de uma casa arrumada.
P: Pois é, eu queria um lugar organizado. Eu preciso organizar minha vida.
T: Sua vida está desorganizada?
P: É lógico! Por isso vim buscar ajuda. Não consigo fazer mais nada. Essa vida de aposentado! Não consigo fazer nada.
T: Vida de aposentado não é tão boa assim...
P: Estou aposentado desde que o médico falou que eu era esquizofrênico.
T: Há quantos anos?
P: Há uns dez anos. Mais de dez anos. Sei lá, nem lembro direito.
T: Ele falou que você era esquizofrênico?
P: Esquizofrênico.
T: O que você acha disso?
P: Sei lá, quem entende dessas coisas são vocês, médicos.
T: Mas você se acha um doente, um doente mental?
P: Lógico, sou louco!
T: E qual é sua loucura?
P: Minha loucura é essa. Não faço nada o dia inteiro, às vezes tenho essa piração de não conseguir sair de casa, e numa época eu achava que estava sendo perseguido.
T: Agora não acha mais?
P: Já passou. Mas continuo me achando louco. Já me internei duas vezes. Fui sozinho ao hospital e me internei. Na primeira internação, fui expulso porque transei com uma colega. Na segunda, eu estava muito triste. Me deram Tofranil e Carbolitium. Aí cansei dos remédios e parei. Pirei de novo e vim te procurar.
T: E agora, como se sente?
P: Agora estou bem. Continuo pirado, mas não fico indo tanto ao pronto-socorro.
T: Antes você ia muito?
P: Toda semana. Já era amigo do pessoal, das enfermeiras.
T: Ia também buscar companhia, cuidados...
P: Não, eu tinha dores no peito, minha pressão subia. Agora não sinto dores e a pressão está boa. É um sinal de melhora, não é?
T: E, aqui, como você vê o trabalho que estamos fazendo?

P: Eu gosto, está ajudando. É o único lugar que eu tenho para ir. É o meu compromisso. É a única coisa que faço na vida. Não faço mais nada.

T: *Você vem aqui e pelo menos encontra uma pessoa, conversa...*

P: Isso, tem também a secretária que é simpática, tem um ambiente limpinho, parece uma casa. Aqui é limpinho sempre, eu queria um quarto assim.

T: *Você gostaria de morar em um lugar limpo e onde existissem pessoas que cuidassem de você, como aqui?*

P: Não, não, só gostaria de ter uma casa limpa.

T: *Fora a secretária e eu que você vê toda semana, quem mais você vê?*

P: Minha mãe.

T: *Quantas vezes por semana?*

P: Todo dia.

T: *Ela mora sozinha?*

P: Mora. Eu tenho uma ligação complicada com ela. Ela andou doente e eu fiquei muito perturbado.

T: *Você tem medo de que ela morra?*

P: Tenho.

T: *Você ficaria muito sozinho...*

P: Não sei.

T: *Você disse que tem uma relação complicada com ela. Como é?*

P: Sei lá, tenho necessidade de vê-la. Não gostaria que fosse assim.

T: *Não gostaria de sentir falta dela?*

P: Não.

T: *Que nome você dá a esse sentimento, sentir falta ou necessidade de ver uma pessoa?*

P: Acho que carinho.

T: *Você sente carinho por sua mãe?*

P: Claro que sinto. Ela me ajudou muito, ela e São Benedito. Esse "cara" me ajudou muito quando fui preso [*o paciente relata, repetitivamente, ter sido preso durante a ditadura militar*]. Se não fosse ele eu teria sido mais torturado. Eles até que me trataram bem na cadeia. Não foram tão cruéis como foram com meus companheiros. Comigo foi mais leve.

T: *Como assim?*

P: Eu entrei na deles. Tudo o que pediam, eu fazia. Tudo o que propunham, eu aceitava: "Vamos na casa da sua namorada", e eu dizia:

"tudo bem". Passei quatro dias naquele inferno. FHC passou uma hora e disse que foi o pior dia da vida dele.

T: *E depois foi liberado?*

P: Fui solto sem qualquer explicação. Cheguei em casa todo machucado. Minha mãe levou um susto.

T: *Mas hoje você se lembra disso com orgulho. Foi seu momento de herói?*

P: [*Demonstrando irritação.*] Minha família não achava isso. Eles tinham vergonha. Meus irmãos são todos burgueses. Antes da prisão, eu tinha um monte de projetos de vida e hoje não tenho mais nada. Não pude continuar a faculdade porque eles me vigiavam, me perseguiam. Minha casa era vigiada.

T: *Você sente que participou de um período histórico?*

P: [*Minimizando.*] É, mas na época todo mundo era suspeito.

T: *Eu gostaria de discutir com você a importância psicológica que esse episódio político representou em sua vida. Eu sei que você não gosta de desempenhar papéis de outras pessoas (o paciente não consegue inverter papéis). Então, vou propor que você continue sendo P, e eu também serei P durante uns minutos, como se você estivesse conversando com você mesmo diante do espelho.*

P: Tudo bem.

Técnica do duplo espelho

T* (*como P*): *Nos anos 70, tudo era diferente, a gente tinha uma importância. Os amigos valorizavam o que a gente fazia. Para os que eram contra a ditadura, nós éramos heróis. Para os militares, nós éramos o diabo. Eles tinham medo do que pudéssemos fazer. Eles temiam nossa força. Por isso perseguiam, prendiam, matavam. Era muita emoção. Agora nossa vida ficou monótona. Perdemos importância... Dá saudade daquele tempo!*

P: Mas eu não queria que voltasse a ditadura.

(P): E esse presidente que ficou uma hora na prisão... Nós ficamos quatro dias!

P: Mas outros morreram...

(P): Quando a gente se "aposentou" de militante político, a gente se aposentou de tudo. Nunca mais pudemos trabalhar, fazer nada. Foi uma aposentadoria total. Uma espécie de morte... social.

P: Ah, sim, com certeza! Hoje a gente não faz nada.

*(P): Nós estamos aposentados da instituição X ou da "profissão" de subversivo?

P: Acho que de tudo. Hoje a gente é um [aluno] ouvinte da vida. A gente vê tudo de longe, não dá mais para participar...

*(P): Pelo menos, nós temos a doutora (a psicoterapeuta é uma psiquiatra mulher) e a secretária... A gente falou que quando tem vontade de ver uma pessoa isso se chama carinho. Acho que a gente sente carinho pela doutora e pela secretária... Seria bom se a gente pudesse vir todo dia ao consultório...

P: Mas eu tenho os telefones dela, caso precise é só ligar...

*(P): Acho que ela dá alguma importância para nós.

P: Ela é médica, nunca tinha feito psicoterapia com médica. Antes eu achava que todo psiquiatra é louco. Pela primeira vez, penso que pode não ser tão louco assim.

*(P): É, e de loucura nós entendemos.

P: O outro médico só dava medicação. Conversa era com a psicóloga. Eu achava que médico era tudo assim.

*(P): E nós estamos melhor da nossa doença?

P: Estamos melhor.

*(P): Pelo menos estamos mais felizes, conseguindo sair de casa.

P: Com certeza, se não estivéssemos melhor não continuaríamos vindo aqui.

T: Estou deixando de fazer o seu papel (duplo espelho) e voltando ao meu papel, de T. Como viu essa conversa entre P e P?

P: Ah, eu achei engraçado. Parece um teatro.

T: É um teatro, um teatro terapêutico.

Exemplo 2 (Técnica de desempenho e inversão de papéis)

A paciente relata dificuldades com o novo chefe. Receia não ser bem aceita. Isto já aconteceu em outras ocasiões. Seu esforço para agradar é interpretado como sedução. Recebe cantadas que a deixam confusa.

T: Serei seu chefe por alguns minutos, certo?

P: Está bem.

Técnica de desempenho de papéis

*(chefe): *Você queria conversar comigo?*
P: Consegui fazer a planilha que o senhor pediu.
*(chefe): *Muito bem. E o que mais?*
P: Só isso.
*(chefe): *Parece que você fica preocupada...*
P: É verdade. Gostaria de ser eficiente.
*(chefe): *Você tem dúvidas?*
P: Às vezes tenho. Gostaria de uma confirmação. Não sei se estou me saindo bem ou não, isto é, se estou fazendo aquilo que o senhor queria.
*(chefe): *Você está preocupada em me agradar?*
P: Sim.
*(chefe): *Você teme que eu a demita?*
P: Eu acho que existe algo além disso.
*(chefe): *O quê?*
P: Não sei. Só sei que quero ter certeza de que o senhor gosta de mim.
*(chefe): *O que você acha de mim?*
P: O senhor resolve tudo com exatidão. É uma pessoa assertiva. Admiro essa capacidade.
*(chefe): *Você gostaria de ser igual a mim?*
P: Gostaria.
*(chefe): *Você não é assertiva como eu?*
P: Não, não sou. Eu estou sempre preocupada com sua opinião. Fico pensando: "Será que ele vai gostar?" Perco tempo tentando encontrar a maneira certa de falar, de vestir, de sentar, de me comportar...

T: *Agora vamos inverter os papéis: você desempenha o papel do chefe e eu o seu.*

Técnica de inversão de papéis

T*(P): *Fico nervosa, preocupada em agradá-lo. Gostaria que o senhor tivesse uma boa impressão de mim. Admiro sua maneira de ser, sua assertividade. Nunca sei se minha maneira de sentar e de vestir é correta, se fiz alguma coisa errada, se disse alguma bobagem. O senhor, não. O senhor sempre sabe o que quer!*

P*(chefe): De onde você tirou isso?
*(P): *Acho que está nas entrelinhas da nossa comunicação. A maneira como o olho deve demonstrar a admiração que sinto. Eu também quero seu olhar de admiração.*
*(chefe): Mas eu não tenho de admirá-la, necessariamente.
*(P): *Para mim é essencial. Estou fazendo tudo para agradá-lo.*
*(chefe): Acho que você é meio louca!
*(P): *Então o senhor vai me despedir? Eu só preciso de um olhar de aprovação! É algo que tenho em relação a chefes. Bem, é com o senhor e não é exatamente com o senhor.*
*(chefe): Estou sentindo que não é comigo.
*(P): *Com quem seria?*

[*P sai do papel de chefe. Informa que seu primeiro trabalho foi no escritório do pai.*]

T: *Por que não conversamos com o primeiro chefe, seu pai? Você desempenha o seu próprio papel e eu desempenho o papel de seu pai. Ele ainda está vivo ou já faleceu?*
P: Ele faleceu há dois anos.

Técnica de desempenho de papéis

T*(pai): *Você me chamou. O que você quer?*
P: Não sei o que dizer.
*(pai): *Sente a minha falta? Fui embora há dois anos.*
P: Engraçado, sinto mais falta de outra época.
*(pai): *Qual?*
P: Quando eu tinha uns 10 ou 11 anos.
*(pai): *O que tem de especial esse período?*
P: O que chama minha atenção é que nesse período não o vejo muito. Eu o quero, mas não o encontro. E lembro também de minha mãe dizendo: "Não faça isso, não faça aquilo". Onde você estava que não a impedia?
*(pai): *Você sentia a minha falta para conter a sua mãe.*
P: Minha mãe era muito chata. Eu fantasiava que você tinha uma amante.

(pai): De onde tirou isso?

P: Para mim, meu pai merecia uma mulher melhor.

(pai): Você desejava que eu me separasse dela?

P: Não queria só que você se separasse, queria que minha mãe fosse embora!

(pai): E como seria essa minha amante?

P: Seria menos chata, falaria menos da vida alheia e não daria tanta importância ao dinheiro.

(pai): Afinal, o que você sentia por sua mãe?

P: Raiva.

(pai): E, hoje, o que sente?

P: Pena.

(pai): E ela, o que sentia ou sente por você?

P: Eu nunca percebi que gostasse de mim.

(pai): E, por mim, o que você sentia?

P: Muito amor.

(pai): O que lia no meu olhar?

P: Que gostava muito de mim.

(pai): É verdade!

P: Sabe, você me amava à distância.

(pai): É o meu jeito... Você me queria mais próximo. Você ficava chateada de me ver distante?

P: Não lembro, não.

(pai): Não lembra de ter sentido raiva?

P: Não. Pensava: é desse jeito que ele me quer. A dúvida é se isso me deixava triste. Não sei.

Técnica de inversão de papéis

P desempenha o papel do pai.

T desempenha o papel da filha.

(filha): Pai, estou aqui falando dos problemas que tenho com os chefes. Fico obcecada em receber aprovação. Sinto admiração por eles. Eles interpretam que quero transar com eles. É uma confusão. Foi assim no emprego anterior e está começando a acontecer no atual. Foi por isso que o chamei, pai. Você foi meu primeiro chefe, um chefe de que eu gostava tanto.

(em solilóquio): Eu não me conformava que ele fosse casado com aquela megera, chata, horrorosa. Por que não se casou com uma mulher bondosa, compreensiva, carinhosa?

(voltando ao diálogo com o pai): Sempre li em seus olhos que você gostava de mim, mas você sempre foi tão distante... Eu ficava triste e com raiva.

*(pai): Estou rindo porque estou vendo a minha menina. Você ficou uma moça bonita.

(filha): Você acha?

*(pai): Muito bonita!

(filha): Se fosse um rapaz, você namorava comigo?

*(pai): Claro!

(filha): Acha que sou mais bonita que a mamãe?

*(pai): Muito mais.

(filha): Tinha certeza de que ganhava dela. Sou muito mais bonita, carinhosa e inteligente do que ela. Não entendo o que viu nela. Sou melhor do que ela em tudo!

*(pai): Calma. Melhor em tudo não sei, não...

(filha): Como não?

*(pai): Não posso dizer isso.

(filha): Tinha entendido assim.

*(pai): Gostei muito de sua mãe... Lembro do amor que sentia por ela.

(filha): Quem você escolheria entre nós duas?

*(pai): Ué... sua mãe.

(filha): Acho que estou um pouco decepcionada, mas aliviada...

Em sessão posterior

T: *Como vai?*
P: No trabalho, tudo bem. Estou mais tranquila. Mas na minha cabeça! Estou preocupada com a sessão anterior. Percebi que sinto muita raiva de minha mãe, mas não posso conversar isso com ela. Ela não vai entender!
T: *É uma raiva antiga.*
P: Tenho raiva e culpa em relação a ela.
T: *Gostaria de conversar com ela agora, por meio do psicodrama?*

P: Não sei... Está bem.

T: *Passo, então, a desempenhar o papel de sua mãe e você continua a ser você mesma, a desempenhar o papel da filha.*

Técnica de desempenho de papéis

T*(mãe): Você estava falando de mim, e eu vim...

P: Por que você foi tão chata?

*(mãe): Você me chamou aqui para me dizer que sou chata?! Sempre reclamando! A vida inteira reclamando!

P: Eu não reclamava, só sentia.

*(mãe): Dava para perceber pela sua cara.

P: Você percebia?

*(mãe): As mães conhecem as caras dos filhos.

P: Você também fazia caras. Caras e bocas! Comprava coisas demais, gastava em banalidades! E agora passei a gastar dinheiro como você, a dar um monte de presentes às pessoas.

*(mãe): Uma filha tão crítica, mas igual à mãe...

P: Você sempre queria que eu estivesse bonita, arrumada...

*(mãe): Claro que sim. O que tem de errado nisso?

P: Aquilo não era preocupação comigo. Você era maníaca por arrumação e limpeza. A sua única preocupação era saber se a casa estava limpa, se a filha estava arrumada! Eu queria namorar e você não deixava.

*(mãe): Eu me preocupava, cuidava de você! A vida tem perigos.

P: Você queria mandar pelo prazer de mandar, não porque estava preocupada comigo. Era pelo prazer de dizer não. Acho que você tinha raiva de mim!

*(mãe): Por que teria?

P: Você é louca e meia.

*(mãe): Eu sou louca?

P: Eu acho.

*(mãe): Eu sou louca, e você, não herdou nada de mim?

P: Tanto que hoje tomo um monte de remédios. Lembro de você desesperada, enlouquecida...

*(mãe): Eu ficava mesmo desesperada. Era muita coisa, era mais do que eu podia aguentar.

P: Que coisas eram essas?

(mãe): Tudo. Tinha de controlar tudo, cuidar da casa, dos filhos, do marido. Enfim, você não sabe o que é ser mãe.

P: E eu com isso?

(mãe): Tem uma coisa que não entendo: você me chamou aqui para repetir tudo o que eu já sabia. Acha que sou louca. Acha isso, acha aquilo. Se soubesse, não teria vindo.

P: Acho, sim. Sinto muita raiva! Talvez seja preciso esgotar essa raiva toda.

(mãe): Enquanto isso, lambada em mim. Se você fosse mãe e passasse a ser agredida constantemente pela filha, o que você sentiria por ela?

P: Então, fica a raiva pela raiva.

(mãe, em solilóquio): Não sei se tenho raiva, mas, no mínimo, isso irrita! Saber que nunca fui admirada em nada, que nunca recebi um pingo de reconhecimento por parte de minha filha... É desanimador!

P: E não tenho mesmo. Você só me suga. Vive me ligando para dizer que está sem dinheiro, e isso não é verdade! Você tem tanta coisa guardada, mas mesmo assim me liga para pedir dinheiro para a feira!

(mãe): Representa que não tenho nada. Fico desesperada!

P: Já lhe disse para procurar um médico!

(mãe): Fico desesperada. Dá a impressão que vou ficar sem dinheiro, que vou passar fome!

P: Tenho vontade de lhe dizer que, por mim, pode passar fome! Mas não tenho coragem.

(mãe): Já está dizendo. Por você, posso até morrer. Aliás, iria ficar aliviada, não é?

P: É.

(mãe): Sou um peso para você.

P: Demais.

(mãe): Quero saber o que vai sentir depois que eu morrer.

P: Remorso.

(mãe): Vai sentir remorso!? Vai dizer: "Coitada da minha mãe! Como fui estúpida com ela!" É isso?

P: Creio que sim.

(mãe): Você não vê nada de bom em mim.

P: Você é bonita. O seu corpo é bonito.

*(mãe): Você precisava ver quando tinha a sua idade...
P: Vi as fotos.
*(mãe): Desculpe se isso a incomoda.
T: Agora você passa a jogar o papel de sua mãe, e eu o seu papel.

Técnica de inversão de papéis

T*(P): Então é isso. A raiva que sinto por você não se esgota. Tenho de acabar com ela, colocá-la para fora. Mostrar como você era louca. No dia em que colocar tudo para fora talvez sobre um gesto qualquer de carinho. Mas tenho dúvidas. Por enquanto, o que tenho é raiva. Como seria bom que você morresse. Que alívio! Por que tenho de ter uma mãe louca? Por que não tenho uma normal? Acho que você nunca gostou de mim. Alguma vez gostou de mim? Você só me criticava, proibia, dizia não, morria de ciúme. Vai ficar quieta fazendo cara de vítima? Responda!
P*(mãe): Estou lembrando do tempo em que eu me anulava.
*(P): O que quer dizer com "me anulava"?
*(mãe): Eu via você e seu pai muito próximos e não sabia o que fazer, ou fazia a coisa errada. Eu era apaixonada, mas ele era muito calado, fechado, distante. Eu interpretava isso como desamor, mas agora tenho minhas dúvidas. Eu queria ser ouvida. Eu implorava para que ele falasse alguma coisa. Eu queria palavras, queria dinheiro, queria amor. Eu tinha fome...
*(P): Continua, mãe...
*(mãe): Quando você tinha uns 11 anos, você e seu pai compraram móveis novos para a sala sem me consultar. Quando os móveis chegaram, foi aquela surpresa e... aquela sensação de ter sido deixada de lado, passada para trás. Chorei a noite inteira.
*(P): Fiquei feliz de fazer compras com ele. Eu me sentia como se fosse uma esposa fazendo compras com o marido. Não me dei conta de que pudesse ser algo contra você. Mas, no mínimo, fui cúmplice de uma grande sacanagem. Porém, pensando bem, o grande sacana foi ele, porque era adulto e seu marido. Ele me usou... e eu me deixei usar... Mas será que ele faria uma coisa dessas de propósito!
*(mãe): Doeu do mesmo jeito.
*(P): Desculpa...
*(mãe): [Faz um meneio de cabeça, concordando.]

Exemplo 3 (Técnica de entrevista no papel)

Um paciente com 23 anos demonstra dificuldades em falar do relacionamento com o pai. Propõe-se a ação dramática.

T: Você faz de conta que é seu pai. Eu continuarei sendo eu mesmo. Como é o nome dele?

P: João.

T: Como você?

P: Eu sou o Júnior.

T: Então vamos começar.

Técnica da entrevista no papel

T: Sr. João, estou começando um trabalho psicoterápico com o seu filho Júnior e gostaria da sua colaboração.

P*(pai): O Júnior é um menino que ainda não encontrou o caminho, acho que a hora dele ainda não chegou. Talvez um dia apareça um trabalho bom. Já falei para ele que se quiser voltar a estudar, que volte. Se não tiver vontade, não tem problema.

T: O senhor o sustentará até quando for necessário?

*(pai): Por enquanto ainda estou podendo, tenho condições.

T: Pode ser até que ele tenha vinte e cinco, trinta, trinta e cinco...

*(pai): Até lá o momento dele vai chegar. Ele é menino ainda.

T: Não é tão menino assim, não é, sr. João?

*(pai): Vinte e três anos... O senhor não acha que é menino?

T: Não acho tão menino. Para mim, já é um moço.

*(pai): Fico preocupado porque ele não aceitou a minha separação da mãe dele.

T: Ele vive dizendo: "Depois que meus pais se separaram me atrapalhei todo". Ele coloca a separação como origem de todas as suas dificuldades, mas não tenho certeza de que seja só isso. Como ele era antes da separação?

*(pai): Ele nunca foi um menino que gostasse de estudar, mas ia à escola. Depois ficou diferente... Ia dizer preguiçoso, mas não é bem isso... Ele dizia que não conseguia prestar atenção às aulas, que pensava em bobagens e que tinha medo. Minha ex-mulher e eu brigávamos muito... eu era um pouco violento com ela, mas não com as crianças. Essa mulher não presta, doutor! Esse menino, Júnior, tenho minhas

dúvidas de que seja meu filho. As pessoas dizem que se parece comigo, mas não sei não... [*Começa a chorar.*]

Exemplo 4 (Técnicas de desempenho e inversão de papéis)

T: *Preste atenção em seu corpo e observe a sensação presente.*
P: É, estou meio nervosa.
T: *Como é o seu nervoso?*
P: Ah! Vir aqui e falar dessas coisas...
T: *"Aqui" refere-se a aqui comigo e "dessas coisas" refere-se a lá fora?*
P: É, é muita coisa que aconteceu lá fora, e eu nunca tinha feito terapia. Não sei o que pode acontecer aqui.
T: *O que você teme que possa acontecer?*
P: Não sei. Não tenho a mínima ideia.
T: *E o que você deseja que aconteça?*
P: Desejo ficar um pouco mais dentro de mim, resolver essas coisas.
T: *Hã, hã.*
P: Bom, é assim... Eu vim para São Paulo há três anos. Eu vim com uma amiga. Ela me falou: "Vamos para São Paulo, vamos sair do interior, vamos estudar, trabalhar!" E eu vim. Aí veio uma outra amiga e ficamos morando as três juntas. Arrumamos emprego etc. Uns tempos depois, a primeira amiga voltou. Disse que a vida aqui estava difícil, não dava tempo para nada. Mas nós achamos que ela não tinha se adaptado ao trabalho e não tinha conseguido fazer amigos, e foi embora.
T: *E você ficou morando com a outra amiga?*
P: Fiquei. Aí comecei a namorar um cara que no começo achei ótimo. Mas ele era divorciado, tinha dois filhos pequenos, conflitos com a ex-mulher e eu me envolvi de tal maneira que já não sabia mais o que era problema dele e o que era meu. Enfim, o relacionamento não deu certo. E mais os problemas do trabalho...
T: *O que está incomodando mais: a situação da amiga que foi embora ou a questão do namorado?*
P: Não sei, acho que é tudo junto, né... Aí fico sem ação.
T: *Feche os olhos um pouco, olhe para dentro de você e observe qual a imagem que surge em seu monitor interno.*
P: A amiga... Essa amiga minha... Ela morreu. Ela morreu há um ano.
T: *Eu serei sua amiga durante alguns minutos. Você terá oportunidade de falar com ela.*

Técnica de desempenho de papéis

T*(*amiga*): *Você fechou os olhos e eu apareci.*
P: Foi bom você ter aparecido.
(amiga): Você me chamou...
P: Eu sinto muita saudade do tempo em que a gente... que você estava viva.
(amiga): Você sente mesmo?
P: Muito, muito... Você me ensinava como era a vida... Sua simplicidade... Você é uma pessoa muito simples.
(amiga): É, eu era simples...
P: Isso, uma pessoa amável. Você nunca ficava com rancor das pessoas. Eu tenho muitas saudades de você!
(amiga): Você sente falta de mim?
P: Sinto, muita.
(amiga): Está difícil?
P: Está.
(amiga): Se eu estivesse aqui, como poderia ajudar?
P: Conversando comigo. Quando eu me sentia fraca, você me ajudava.
(amiga): Eu dava força.
P: Era assim, quando uma ficava fraca a outra ajudava. A gente sempre contava uma com a outra. A gente não se sentia só.
(amiga): Mas o que está acontecendo agora?
P: Sabe o que é? Ontem eu cheguei em casa e a Selma [*a outra amiga que veio do interior*] disse que também vai voltar... Eu não imaginava uma coisa dessas. O mundo caiu. Ela vai embora.
(amiga): E você vai ficar sozinha ...
P: É...
(amiga): Eu também fui embora...
P: Você não deveria ter ido àquela festa. Lembra da festa?
(amiga): Lembro!
P: Você foi para a festa e eu não fui. Eu tinha machucado o pé e não pude ir. Aí você tomou... [*passa a falar de forma irritada*]. O que aconteceu para você tomar uma overdose daquelas? Eu nunca imaginei que você pudesse fazer uma coisa dessas!
(amiga): Você está com raiva de mim neste momento. Pois eu também tive raiva. Abandonei a família, abandonei você, abandonei tudo.

P: Sacanagem. Eu não tinha percebido minha raiva, não. Mas culpa sempre senti porque acho que, se tivesse ido àquela festa, teria evitado a sua morte.

T: *Agora vamos inverter os papéis. Você fará sua amiga e eu farei você.*

Técnica de inversão de papéis

T*(P): *Nossa colega de apartamento está voltando para o interior. O namorado dançou. E você me abandonou...*
P*(amiga): Você sabe o que aconteceu.
*(P): *Não sei o que aconteceu, nunca entendi, nunca digeri isso. Você foi embora e não se despediu, não falou tchau, nada. Foi embora e no dia seguinte estava morta. Você acha...*
*(amiga): Eu não iria tomar uma overdose...
*(P): *Você se matou. Isso se chama suicídio.*
*(amiga): Não, eu não me matei.
*(P): *Você quis morrer de alguma forma.*
*(amiga): Eu saí com uns amigos, para cheirar cocaína. Eu já tinha cheirado antes... Aí eu fui cheirando, cheirando, cheirando, aí eu fui ficando fraca e...
*(P): *Você, fraca? Você me decepcionou!*
*(amiga): Você sabe que às vezes eu desistia das coisas, como desisti de São Paulo. Às vezes eu era fraca, sim.
*(P): *Eu não podia imaginar que você fosse fraca a ponto de morrer, de se matar... Burra, burra! Você me abandonou.*
*(amiga): Você também me abandonou!
*(P): *Como, te abandonei?*
*(amiga): Meu corpo ficou dois dias estirado lá e ninguém me achou. Nem morta você cuidou de mim. Eu fiquei lá abandonada. Nem no caixão você me viu!
*(P): *Você tem razão. No fundo eu sou a culpada de tudo. É como se eu tivesse matado você.*
*(amiga): Também não é assim!
*(P): *Eu sei, eu sou a culpada, sim. Eu deveria ter ido à festa com você, deveria ter descoberto seu corpo e deveria ter visto você antes que fechas-*

sem o caixão. Eu mereço que as pessoas me abandonem, que você me abandone, que meu namorado me abandone, que minha outra amiga me abandone.

*(amiga): Também não é assim, você é boba!

(P): Sou mesmo, sou boba. Eu não cuidei de você e agora mereço sofrer. Prometo lembrar de você sempre com muita dor, para expiar minhas culpas. Eu preciso sofrer.

*(amiga): Que absurdo! Não é nada disso!

(P): Como não?

*(amiga, *mostrando calma*]: Você não teve nada a ver com minha morte. Eu fui embora de bobeira e você não poderia ter feito nada, nada mesmo. E no fundo quem sabe eu quisesse mesmo ir... Eu tinha coisas lá no fundo que ninguém sacou. Nem eu mesma... e nem você. É muita pretensão achar que poderia ter evitado minha morte. E se você não me viu no caixão não foi culpa sua.

(P): Isso diminui minha importância em relação à sua morte, mas diminui também a minha culpa... O que faço? Volto para o interior ou fico em São Paulo?

*(amiga): Você é uma pessoa querida, você tem amigos. Você vai encontrar quem divida as despesas do apartamento com você. Você vai encontrar seu caminho. Agora você está em um momento difícil, mas tudo vai clarear. Você vai ver, tudo vai clarear!

(P): Você fala com tanta compreensão, com tanta sabedoria!

*(amiga): Falo com amor.

(P): É verdade, a gente teve um grande amor. Existem muitos tipos de amor: amor de amiga, de irmã, de filha, de mãe, de homem e mulher. Fico pensando como é nosso...

*(amiga): Quem sabe um misto de tudo isso.

Exemplo 5 (Desempenho de papéis, inversão de papéis, duplo espelho e videoteipe)

T: Você visualizou uma cena em que você está com um homem por quem você tem interesse, mas faz de conta que não está interessada. E você diz que essa atitude é frequente em sua vida. Proponho que eu seja esse homem durante uns minutos. Como é o nome dele?

P: Roberto.

T: *Serei Roberto, você vai poder conversar com ele aqui. Quando eu deixar de ser Roberto, eu aviso, Ok?*

P: Ok.

Técnica de desempenho de papéis

T*(Roberto): *Eu apareci na sua cena e estou aqui para conversar. O que você quer me dizer?*

P: Roberto... eu sinto vontade... de me aproximar mais de você... e de me aproximar... sem fingimento.

*(Roberto): *Você está fingindo?*

P: Às vezes eu finjo indiferença... eu disfarço o que sinto.

*(Roberto): *Será que é possível um homem e uma mulher se aproximarem sem nenhum jogo?*

P: É uma boa pergunta.

*(Roberto): *Você acha que está jogando... E eu, estou jogando? Ou nós dois estamos?*

P: Os dois.

*(Roberto): *Como você me vê na situação? O que você percebe no meu jeito?*

P: Você tem medo de mim.

*(Roberto): *Como você sabe? Como você percebe? E o seu medo? Qual é o seu medo?*

P: Da rejeição. Roberto, não aguento ver essa sua cara!

*(Roberto): *Quando você me olha fixo desse jeito fico um pouco sem graça. Você crava os olhos assim...*

P: Pois é disso que você tem medo! Mas eu sou assim!

*(Roberto): *Você é assim e eu sou assim.*

P: O que eu vou fazer?

*(Roberto): *O que vamos fazer?*

P: A única alternativa que sobra... é fingir que não sou assim... e ser assim.

T (*voltando ao seu papel*): Vamos inverter os papéis. Não precisa sair do lugar. Você passa a ser Roberto e eu, P.

Técnica de inversão de papéis

*(P): *É isso que estava dizendo, Roberto... eu finjo. Eu finjo quando estou com você, porque...*
*(Roberto): Você finge?
*(P): *Finjo, faço uma cara assim, olho para o lado, disfarço...*
*(Roberto): Nunca pensei que você fosse uma pessoa fingida.
*(P): *Não sou fingida nesse sentido. Eu escondo o meu desejo... o meu interesse por você, entende?*
*(Roberto): Não quero fingimento.
*(P): *Mas se eu não fingir você fica assustado. Só de olhar fixo você já se assusta. Eu tenho medo da rejeição, tenho medo de que você não me queira. É por isso que eu finjo. Mas como hoje não estou fingindo, posso fazer uma pergunta direta? O que, de verdade, você sente por mim? Pode falar, eu aguento.*
*(Roberto): Eu admiro você, mas não a amo. Para amar, prefiro uma mulher mais mansa, mais dócil.
T *(voltando ao seu papel): Vamos retornar aos papéis anteriores. Você volta a ser P e eu volto a ser Roberto.*

Técnica de desempenho de papéis

*(Roberto): *Então, eu admiro muito você. Acho você uma pessoa legal. Mas prefiro uma mulher mais mansa, mais dócil. Uma mulher que me acolha mais. Agora não sei se magoa eu falar isso...*
P: *[Permanece em silêncio, vira a cabeça para o lado e para baixo].*
T: *Vamos cortar esse desempenho de papéis. Volto a ser T, você continua sendo P. Como você está se sentindo? Que sensação tem no corpo?*
P: *[Permanece em silêncio].*
T: *Vamos fazer agora P e P conversando uma com a outra, como se você estivesse diante de um espelho?*

Técnica do duplo espelho

T*(P): *Então, você está vendo? A gente é direta e vê no que dá? Parece que os homens não gostam de mulheres diretas. Ele estava com medo da gente.*

Ele quer uma mansa, uma tonta? E mais uma vez nós estamos aqui, uma olhando para a outra. O que você me diz? Nós estamos juntas há tanto tempo, uma com a outra...

P: Não sei o que fazer.

(P): Nem eu.

P: Faz tanto tempo que estamos juntas, e tem um caminho tão longo que nos fez ficar diretas... Custou tanto isso, mas eu gosto.

(P): Custou para a gente ser direta e a gente gosta, mas que dói, dói.

P: E às vezes eu não sou... Mas toda vez que não sou direta, depois me arrependo...

(P): Se a gente é direta demais, afasta.

P: E se a gente não é direta... A gente finge, não acontece nada. E a gente acaba ficando sozinha.

(P): O que acontece? Será que os homens estão errados... ou será que nós fazemos alguma coisa errada? Você acha que seria possível mudar alguma coisa?

P: Eu estou aberta para mudar.

(P): Mas mudar o quê? Vamos fingir que mudamos?

P: A mudança de fingimento, essa eu não quero. Estou cansada de ficar sozinha. Você também.

(P): Cansadíssima. Agora eu me pergunto: como é que a gente aprendeu a ser assim?

P: Foi com o papai.

T: *Muito bem, fazemos um corte aqui e vamos conversar com o papai. Eu sou o papai, você é P, aqui mesmo, com a idade atual.*

Técnica de desempenho de papéis

T* *(pai): Minha filha, você me chamou aqui, o que você quer?*

P: Ai, meu paizinho... Você me deixou uma "herança"... Você me ensinou tanto a fazer as coisas direito...

(pai): Claro.

P: A ser honesta.

(pai): Claro.

P: A não dizer mentira.

(pai): Certo, e daí?

P: Meu pai, você me ama?

(pai): Por que essa pergunta? Eu te ensinei todas essas coisas, deixei uma "herança"... Qual a sua dúvida?

P: Estou esperando que você me ame. Fiz tudo que você queria!

(pai): Você fez tudo para me agradar?

P: Ah! Fiz!

(pai): Se você fez tudo para me agradar, há dúvida de que eu a amo?

P: Quando eu era pequena você não me amava. Você só passou a me amar quando eu fiquei forte...

(pai): Você começou a fazer tudo para me agradar, a ser do jeito que eu dizia que tinha que ser.

P: Enquanto eu era mocinha, fraquinha, você gostava mais da minha irmã... Não sei se conquistei amor ou admiração. Admiração eu sei que conquistei.

T: Vamos inverter os papéis. Você faz o papai e eu faço P.

Técnica de inversão de papéis

(P): Olha, pai, eu fiz exatamente tudo o que você queria e me transformei naquela que você queria que eu fosse... Você gostava de pessoas diretas, fortes... E eu me transformei em tudo isso para você. Porque, no fundo, eu era fraquinha, tinha inseguranças, tinha medo, mas você não gostava de mim assim. Eu percebia que você não me amava...

(pai): Minha filha, eu ensinei isso porque a vida é dura. Senão a vida ia derrotar você...

(P): E o que eu ganhei com isso? Eu consegui que você me amasse? Eu pergunto agora: você me amou, pai?

(pai): Tenho orgulho de você.

(P): Sempre desconfiei disso... que, no fundo, você só me admirou... mas o amor que eu busquei a vida inteira, não tenho a certeza de tê-lo recebido. Eu tive de me transformar na minha essência. Eu era de outro jeito. Só que eu era criança e pensei: tenho de ser do jeito que ele quer. E, agora, o que acontece? Alguns homens me admiram, mas eu não estou interessada em admiração de homem, eu quero amor, quero amar e ser amada. Estou de saco cheio de ser admirada, se você quer saber. Da admiração do Roberto e da sua admiração. Eu me arrependo de ter me falsificado. Como eu seria

se não tivesse contrariado minha essência? Eu me falsifiquei, pus uma máscara para satisfazê-lo. Eu fui burra, e tenho raiva de você, eu tenho bronca! Agora eu sou grande o suficiente para escutar a verdade. Quero que você me diga, olho no olho, do jeito que você me ensinou. Eu vou fincar os olhos nos seus olhos, e eu quero que você fale para mim, o que você sentiu de verdade... Eu preciso da verdade!

*(pai): Minha filha, eu acho que amar mesmo... Eu a amei um dia antes de morrer. Foi tão bom você estar comigo naquele dia...

*(P): *Nesse dia foi amor de verdade?*

*(pai): Sim, eu até me senti mais leve...

*(P): *É verdade, nesse dia ocorreu alguma coisa diferente entre nós.*

T deixa de desempenhar o papel de P e P deixa de desempenhar o papel de pai.

Técnica do videoteipe

T: Feche os olhos um pouco. Visualize esse último dia com seu pai. Observe o olhar dele. Visualize uma energia saindo dos olhos dele e envolvendo o seu corpo. Nesse dia é amor verdadeiro. A energia corre pelo seu corpo, você não precisa mais fingir, você também pode ser verdadeira. Visualize a cor dessa energia e também a música que acompanha esse movimento. (Passam-se alguns minutos.) Bem devagar, volte para esta sala. Como se sente? Vamos descansar um pouco. Você trabalhou bastante.

2

PSICODRAMA INTERNO*

Fecha-se os olhos e alucina-se; torna-se a abri-los e pensa-se com palavras.

S. Freud, *ESB*, v. I, p. 447

O *psicodrama interno* é mais uma técnica nascida da angústia do psicodramatista em seu *setting* de psicoterapia individual (dual, bipessoal). Privado dos egos-auxiliares, da plateia, enfim, do grupo, resta-lhe para dramatizar, além do paciente, único e constante protagonista, os objetos disponíveis na sala, as almofadas etc. É claro que desta forma atinge-se um clima emocional dramático diverso do existente na situação grupal. Surgiram, então, tentativas de ultrapassar essa limitação: a utilização de plaquetas e anéis para montagem de *imagens simbólicas* (*esculturas*) (Fonseca, 1973a), o uso de objetos (almofadas, por exemplo) para dramatizar (Bustos, 1975 e Cukier, 1992), o psicodrama com brinquedos (Kaufman, 1978), o emprego dos bonecos de Caruaru em cenas psicodramáticas (Guerra, 1980), a dramatização por meio de desenhos (Altenfelder Silva Filho, 1981) e o fotodrama (Bonetti, 1986)[1].

O psicodramatista, habituado a uma técnica de ação grupal, sente-se tolhido psicodramaticamente, quer o confesse ou não, na psicoterapia individual. Frequentemente ele emprega técnicas originadas de

---

* Trabalho apresentado originalmente no II Congresso Brasileiro de Psicodrama, Canela, RS, 1980. Sua redação foi modificada para esta edição. Publicado no *Psychodrama zetschrift fur Theorie und Praxis*, 1994c, pp. 267-91, e em *Leituras*, 16, pp. 1-6, 1996b.

1. Recomendo a leitura do livro *Psicoterapia psicodramática individual*, do psicodramatista espanhol Teodoro Herranz (1999).

outros referenciais teóricos, uma vez que Moreno nada deixou sobre o tema. E não o deixou, justiça seja feita, por coerência, visto que propunha a psicoterapia de grupo, de preferência em grupos abertos, e não a psicoterapia individual, privada, de *confessionário*, como dizia.

O psicodrama interno é uma das técnicas que venho empregando em psicoterapia individual e até mesmo, dependendo das circunstâncias, em grupoterapia. A primeira vez que ouvi falar do trabalho com imagens visuais internas foi na década de 1970, quando ACM Godoy, psicodramatista e bioenergeticista brasileiro, contava-me que realizava dramatizações com o cliente *imaginando* as cenas. Achei interessante, mas minha impressão foi a de que não se atingiria dessa forma um nível emocional-terapêutico suficiente. Assisti também a Dalmiro Bustos realizando passagens de cenas, em psicodrama clássico, solicitando ao protagonista que fechasse os olhos e visualizasse a cena que iria montar em seguida. Posteriormente, Victor Silva Dias relatava o que na ocasião denominava *psicodrama mental*. Chamava-me a atenção a maneira espontânea como as imagens internas acorriam aos pacientes. Posteriormente, Silva Dias e eu elaboramos uma forma própria de trabalhar com as imagens visuais internas. Apresentamos essa técnica em várias demonstrações públicas, inclusive no II Congresso Brasileiro de Psicodrama, realizado em Canela, Rio Grande do Sul, em 1980.

Algumas experiências pessoais tiveram importância no desenvolvimento da técnica. Ressalto as sessões de relaxamento que realizei com a fisioterapeuta Dorothea Hanser, hoje psicanalista, nas quais, paralelamente à manipulação corporal, sugeria-se ao paciente que visualizasse seus órgãos internos. Algumas técnicas da Gestalt-terapia e da bioenergética também foram de valor. A bioenergética, por meio de exercícios corporais (que funcionariam psicodramaticamente como *aquecimento físico*), provoca *estados segundos de consciência* a partir dos quais são geradas imagens visuais internas.

Certa vez, em um trabalho orientado por Gerda Boyesen (bioenergeticista radicada em Londres), após exercícios específicos, uma pessoa passou a vivenciar situações do passado. Ela via com os olhos fechados uma cena de infância em que contracenava com a mãe. Gerda dizia: "O que sua mãe está falando? O que você respondeu?" A protagonista era vivenciadora e narradora do episódio. Naquele momento, ficou claro para mim que se poderia dizer: "Você é a mãe", ou seja, que se poderia realizar uma inversão de papéis e estabelecer um diálogo interno. Acreditei que dessa forma se pudesse tentar uma resolução psicodramática do eventual conflito.

Na fase inicial do desenvolvimento da técnica, eu usava exercícios corporais indicados pelas diferentes correntes psicoterápicas de abordagem corporal. Após o trabalho com as tensões musculares (maximização e descarga de tensões, buscando o relaxamento), chegava-se a um momento em que as imagens visuais começavam a brotar. Com o passar do tempo, e à medida que ganhava intimidade com o procedimento, fui percebendo que esse tipo de aquecimento era desnecessário. Atualmente, peço que o paciente feche os olhos e tome consciência das sensações corporais presentes no momento. Tal processo frequentemente é realizado com o paciente deitado, mas este pode permanecer sentado, desde que se sinta em posição confortável e a conscientização corporal seja possível. Peço que não dê importância aos pensamentos e concentre a atenção nas sensações corporais. Comumente digo: "Não alimente seus pensamentos nem brigue com eles, deixe que entrem e saiam livremente. É como se entrasse por um lado da cabeça e saísse pelo outro. Coloque sua atenção nas sensações corporais presentes, agora, neste momento. Faça um percurso pelo seu corpo, começando pela cabeça, e vá registrando as sensações". Depois de algum tempo, sem abrir os olhos e mantendo a imobilidade, o paciente relata as sensações mais marcantes. Sigo a sucessão figura-fundo que se desenvolve espontaneamente. Ampliando a consciência corporal e diminuindo o fluxo de pensamento, inicia-se o processo de visualização de imagens internas, que podem manifestar-se por meio de cores, formas, movimentos, objetos, paisagens, figuras humanas e cenas desconhecidas ou do passado.

Consideremos agora um aspecto teórico relevante para a compreensão do psicodrama interno. Uso a referência do psiquiatra inglês Maurice Nicoll (1979), segundo a qual funcionamos com sete centros vitais reguladores: o *centro emocional*, o *centro mental* ou *intelectual*, o *centro instintivo*, o *centro motor*, o *centro sexual*, o *centro emocional superior* e o *centro intelectual superior*. Como a própria denominação sugere, o centro emocional é regulador das emoções, sensações e sentimentos. O centro intelectual coordena o pensamento. O centro instintivo encarrega-se do funcionamento autônomo dos órgãos internos. O centro motor é responsável pela coordenação dos movimentos gerados pelos músculos estriados e lisos. O centro sexual, é claro, comanda os aspectos sexuais da vida, em sentido amplo. Os dois centros superiores (o emocional e o intelectual) correspondem ao funcionamento humano em uma esfera vital especial. Eles são acionados em situações próprias e específicas; são os centros da sabedoria humana: para alguns, correspondem ao *velho sábio* que todos temos dentro de nós. A manifestação do centro emocional superior surge por meio de premonições, revelações, visões, como as profecias descritas na Bíblia. O centro emocional superior é eminentemente visual. Já o centro intelectual superior revela-se, por exemplo, quando um cientista, ao acordar, tem a resolução espontânea de um problema que o atormentara no dia anterior.

Os sete centros acima descritos podem, no sentido didático, ser resumidos em três: o *centro emocional* (centro emocional + centro emocional superior), o *centro intelectual* (centro intelectual + centro intelectual superior) e o *centro instintivo-motor* (centro instintivo + centro motor + centro sexual).

Procuro agora estabelecer uma correlação dos centros com o desenvolvimento psiconeurológico. Essa abordagem revela que, do ponto de vista evolutivo, o *centro instintivo-motor*, ou primeiro cérebro, também conhecido como cérebro reptiliano, é o mais antigo. Corresponde anatomicamente ao hipotálamo, porção alta do tronco cerebral e gânglios da base. Ele comanda as regulações viscerais e glandulares, a procriação, o ciclo vigília-sono, a predação, o instinto de território e a vida gregária ou o *instinto da relação*. Quando falamos de instintos, estamos nos referindo, portanto, deste primeiro centro, ao centro instintivo motor.

O segundo cérebro, presente nos mamíferos inferiores e composto pelo sistema límbico (SL), é o centro emocional. É o responsável pela autopreservação, pela preservação da espécie e pelos cuidados com a prole. Representa a possibilidade de um certo grau de aprendizado e de solução de problemas com base na experiência. Até este momento não há, ainda, verbalização, atos responsáveis e emoções elaboradas (sentimentos ou afetos), ou seja, o ser humano não atingiu, por enquanto, sua capacidade simbólica.

O terceiro cérebro, privilégio dos mamíferos superiores, corresponde ao amadurecimento do neocórtex. É o chamado *cérebro inteligente*, responsável por pensamentos, operações lógicas, linguagem verbal e capacidade simbólica. Com o desenvolvimento do *centro intelectual* ou *mental* acontece, em rigor, a transformação do centro emocional em emocional-afetivo. Proponho então que seja assim denominado. As emoções, antes rústicas, passam a ser elaboradas e requintadas pelo filtro do centro intelectual, surgindo os sentimentos ou afetos. Estes são permeados pela influência sociocultural, origem de tabus, refinamentos estéticos, censura, culpa, vergonha, enfim, de todas as sutilezas sentimentais humanas. Quando o centro emocional se transforma no centro emocional-afetivo, pelo aparecimento do centro intelectual, passa a coordenar não só as emoções, mas também os sentimentos ou afetos. As emoções são primitivas. Os sentimentos ou afetos são elaborados pela inteligência. Como exemplo de emoção, podemos citar o medo, a raiva, o apego. Como sentimentos ou afetos compreendemos o amor, o ódio, a culpa, a vergonha etc. Sentimentos ou afetos são manifestações elaboradas das emoções primitivas e, portanto, as contêm em seu bojo. Quando falamos de instintos, emoções, sensações (os correspondentes corporais das emoções), sentimentos ou afetos e pensamentos, estamo-nos referindo a expressões humanas procedentes de diferentes centros mas relacionados entre si.

Cada centro tem uma linguagem própria. Assim, a linguagem do centro emocional é visual. As recordações carregadas de sentimento nos afluem visualmente ("Eu me lembro de tal situação como se fosse hoje!"). Os momentos de morte iminente com frequência são acompanhados da visualização de cenas do passado. Já a linguagem do centro intelectual é eminentemente verbal: realiza-se por meio da palavra. É certo que as palavras, ou determinadas palavras, têm, também, um apelo visual. Entendo, portanto, que o pensamento tem um componente visual secundário que se distingue do visual descrito como característico do centro emocional. Ou seja, o visual do centro emocional é mais claro, nítido e colorido. Apresenta aspectos de tridimensionalidade que o componente visual do centro intelectual não possui. O centro instintivo-motor manifesta-se por intermédio do movimento, seja o dos órgãos internos, seja o movimento e o equilíbrio envolvidos na ação corporal externa. O movimento, por sua vez, é fruto do exercício das musculaturas lisa e estriada. Uma complexa cadeia de sensores próprios e exteroceptivos toma parte nessa dinâmica. Resumindo: a linguagem do centro emocional é visual, a do centro intelectual é a do pensamento que se expressa pelo verbal (apresenta um componente visual secundário) e a do centro instintivo-motor é a do movimento.

Os três centros estão interligados em seu funcionamento pelas estruturas neurológicas e bioquímicas. A saúde depende da harmonia entre os três centros. O desequilíbrio de um deles refletirá de imediato nos outros dois. Imaginemos que os três centros sejam polias de uma máquina. Se uma das polias girar em velocidade maior que as outras, ela roubará energia do sistema, e isso implicará o desequilíbrio dele. Suponhamos que o centro intelectual fosse essa polia. Ele passaria a girar x vezes mais rápido que o normal e consumiria mais energia. Os centros emocional e instintivo-motor seriam atingidos e começariam a emitir sinais de prejuízo. Do ponto de vista médico, teríamos uma pessoa com sintomas específicos de desequilíbrio psicossomático.

O centro emocional é de difícil observação direta. Com frequência uma pessoa se torna emocionalmente negativa sem se dar conta. Nesse sentido, pode-se dizer que ele é rápido. Mas não basta a deliberação da vontade para um indivíduo deixar de ficar triste. Se uma pessoa está deprimida, de nada adianta o amigo dizer para ignorar isso, que a vida é bela e o céu está azul. Já os centros intelectual e instintivo-motor são mais facilmente auto-observáveis, por isso se pode dizer que são mais lentos que o centro emocional. Se houver condição propícia, posso observar meu corpo e detectar o estado de tensão/relaxamento dele. Posso examinar as sensações corporais presentes. Se prestar atenção, consigo verificar o fluxo de pensamentos que cruza o céu de minha consciência em determinado momento. Se prolongar este exercício de atenção-concentração, poderei atingir um estado facilitador da observação do centro emocional, ou seja, perceberei com mais acuidade meus sentimentos e emoções. Eles podem se revelar diretamente ou por meio de imagens visuais. Com a técnica proposta, pode-se dizer que se atinge a acalmia dos centros intelectual e motor, favorecendo uma manifestação mais nítida do centro emocional por meio da sua produção de imagens visuais internas.

O psicodrama interno guarda correlações com as técnicas meditativas orientais. Ambos trabalham na esfera do *não pensamento*. A metáfora do trem em movimento pode esclarecer isso. O trem seria a mente humana, os vagões seriam os pensamentos: podemos concentrar a atenção nos vagões que passam, assim como a psicanálise, de certa forma, propõe a *associação de ideias*; podemos também observar o *vazio* entre os vagões, e teremos outra forma de observação da mente. As técnicas meditativas e o psicodrama interno se inserem nesse tipo de abordagem.

Existe alguma confusão quando falamos de visualização. Muitos a confundem com os devaneios (imaginação automática do cotidiano). Ao estudar ambos com mais cuidado, apesar de algumas similaridades aparentes, veremos que são opostos. A diferença mais marcante é que a visualização é atingida pela concentração e pela atenção deliberada, ou seja, existe um esforço consciente para obtê-la. O devaneio é fruto da dispersão, da distração, da desatenção. Na visualização, o praticante domina o processo, é ativo; no devaneio, o sujeito é passivo, portanto dominado. Na visualização, o sujeito é cavaleiro da experiência, ao passo que no devaneio ele é o cavalgado. Tulku (1984) afirma que essas diferenças de qualidade se refletem no tipo de imagem visual encontrada. Nas visualizações, as imagens são intensas, nítidas, tridimensionais; nos devaneios, são pobres na variedade de cores, formas e sons. As visualizações correspondem a um estado modificado de consciência mais profundo. Os devaneios são superficiais. Isso, no entanto, não significa que não possam ter importância psicológica ou psicopatológica, mesmo porque os devaneios podem ser enquadrados no campo dos automatismos mentais[2].

No momento da visualização, estamos em um estado de consciência diferente daquele em que nos mantemos no cotidiano. Entre o sono e a vigília existem variados estados de consciência que correspondem a diferentes conhecimentos de nós mesmos (infinitas verdades). Freud

---

2. Os automatismos mentais podem ser definidos como parte do funcionamento independente da vida psíquica, à margem do domínio da vontade e, às vezes, da consciência. Existem automatismos mentais normais e patológicos. Para maiores esclarecimentos, ver A. Porot (1967).

(1967a, p. 1093) comenta que, nesses estados intermediários entre a vigília e o sono, podemos observar diretamente a transformação de ideias (pensamentos) em imagens visuais. Nicoll (1980) nos fala de quatro estados de consciência do homem. O primeiro deles é o sono noturno, no qual passamos um terço de nossas vidas. O segundo é aquele em que passamos o resto da vida: andamos, falamos, amamos, participamos da política e matamo-nos uns aos outros. É o chamado estado de vigília. O terceiro estado é o da consciência de si, da percepção de si ou lembrança de si mesmo. Somente por intermédio de uma prática de atenção sobre si mesmo o homem pode chegar a desenvolver esse terceiro estado. Aqui começa o verdadeiro *despertar*: podemos dizer que o homem nos dois primeiros estados de consciência está adormecido e só começa a acordar efetivamente no terceiro. Os dois primeiros estados representam a *escuridão*; o terceiro e o quarto, a *luz*. O quarto estado de consciência corresponde à *iluminação*, que dificilmente pode ser descrita com palavras, pois as transcende. Esse estado tem sido objeto de estudo mais das religiões do que da ciência tradicional. No entanto, a psicologia moderna começa a preocupar-se com manifestações desse tipo[3].

O psicodrama interno pode ser visto como um exercício de atenção sobre si mesmo, assim como as práticas meditativas, e portanto como um treinamento para o terceiro estado de consciência. A palavra *atenção*, muitas vezes empregada neste texto, não indica a atenção mecânica, atraída automaticamente por estímulos externos, mas a atenção dirigida pela deliberação da vontade. Esta é a atenção utilizada pelo indivíduo que realiza o psicodrama interno, coadjuvado pelo seu acompanhante terapeuta.

Nesse sentido, sugiro que o paciente deixe fluir seu filme interno, ou passe a enxergar com seu *olho interior*. Vou acompanhá-lo com base no que ele me diz; enxergo por intermédio de seus olhos: ele é meu guia, eu vou atrás. Comumente, os pacientes referem que me sentem durante o psicodrama interno como uma "voz". Outrora acreditei que o principal fosse a resolução de conflitos, mas hoje penso

---

3. Eliana Bertolucci (1991) e Marcia Tabone (1987) estudam a cartografia da consciência proposta por Grof, De Ropp, Lilly, Wilber e Assagioli.

que mais importante é o livre viajar interno, ou o fluir da espontaneidade. Acredito na capacidade humana de autorresolução ou, se quiserem, de autocura. Às vezes lanço mão de técnicas psicodramáticas, outras vezes, de técnicas cinematográficas. Assim, peço *maximizações* de sensações, *solilóquios*, *inversões de papéis* com figuras humanas ou objetos, *espelhos* (peço que o paciente *olhe* de fora da cena e se veja na situação), sugiro *closes*, *zooms* e *panorâmicas* das cenas. Acho importante que as pessoas tomem consciência de que podem criar, de que todos somos artistas em potencial, capazes de produzir obras ainda que efêmeras, como ensinou Moreno.

Em um período inicial de aplicação do psicodrama interno, eu incentivava a descarga motora de tensões emocionais, na linha da bioenergética: *chutar*, *morder*, *gritar* etc. Atualmente, peço que o paciente enxergue, que verifique no *filme interno* o correspondente visual das descargas tensionais, permanecendo corporalmente imóvel. As técnicas cinematográficas do psicodrama interno são mais requintadas do que as técnicas teatrais do psicodrama clássico. As descargas agressivas, por exemplo, no psicodrama interno, ganham, graças à flexibilidade da técnica cinematográfica, possibilidades variadas, como lançar o desafeto em precipícios, destruir casas, atear fogo, desfigurar rostos etc. Em outros momentos do psicodrama interno, a possibilidade do uso da cor enriquece o clima da cena. Sugiro que a situação seja visualizada com a cor correspondente ao sentimento do protagonista.

A exposição dessa técnica não tem a pretensão de ser uma novidade, mas tão somente de propor uma forma específica de trabalho com imagens visuais internas (visualizações). Sandor (1974) relata que as imagens internas, como as dos sonhos, constituem uma necessidade vital, demonstrando como acontece a fase de imagens no processo calatônico (toques nos pés, produzindo relaxamento e surgimento de imagens que poderão, posteriormente, ser trabalhadas com o psicoterapeuta). Jung (1954) relata a *imaginação ativa*. Desoille (1973) denomina seu método de "sonho acordado dirigido". Ele propõe o tema a ser visualizado pelo cliente. Assagioli (1980) apresenta técnicas similares. Moreno (1993, p. 341), em "Tratamento psicodramático da neurose de desempenho", utiliza o que chama de "técnica de imagens terapêuticas". Entre nós, Hossri (1974) apresenta o "sonho acordado dirigido", baseado nos métodos do treinamento autógeno de Schultz (1967) e de Desoille (1973). Não percebi nos autores citados, salvo erro, nenhum trabalho concomitante às imagens. Em geral, são produções a serem elaboradas posteriormente. Entretanto, tenho referências de trabalho correlato ao psicodrama interno na hipnose ericksoniana.

Quando tenho um sonho, eu e mais ninguém o produziu — é uma obra exclusiva. Somos dramaturgos e cineastas naturais[4]. As alucinações seguem as mesmas características. As imagens visuais surgidas no psicodrama interno são parentes dos sonhos e das alucinações, portanto, são originadas em recônditos profundos do ser humano. Os sonhos e as imagens visuais são necessidades vitais do homem. As alucinações constituem a erupção violenta e descontrolada de algo reprimido. Essa manifestação abrupta significa a tentativa desesperada de recuperar o equilíbrio mental[5].

Freud (1988), em *Interpretação dos sonhos*, comenta que os sonhos e os devaneios apresentam estruturas semelhantes (conteúdo manifesto e pensamentos latentes), sendo passíveis de interpretação e apresentando, assim, os mesmos preceitos técnicos. Penso que isso vale também para as visualizações. No entanto, o método de trabalho do psicodrama interno é oposto ao da psicanálise: enquanto esta tenta *decifrar* (analisar em partes para atingir o sentido oculto, inconsciente) o sonho ou o devaneio, o psicodrama interno (assim como o psicodrama clássico) propõe continuar a visualização (dramatização), buscando o nexo ou a *compreensão* gestáltica da experiência. Nesse sentido, as palavras de Moreno a Freud, no encontro dos dois em Viena, no começo do século XX, refletem perfeitamente as diferenças dos métodos: "O senhor analisa os sonhos [das pessoas], eu tento dar coragem a elas para sonharem outra vez". Podemos dizer que tanto em um método como em outro existe a *interpretação*, mas com sentidos diferentes. A psicanálise propõe a interpretação do sonho visando

---

4. Massaro (1996) efetua valiosas correlações entre a cena psicodramática, a teatral e a cinematográfica.

5. Wolff (1985) considera o devaneio, a dramatização, o sonho e o delírio como pertencentes a um mesmo processo psíquico.

a seu conteúdo inconsciente. Segundo Freud, esse conteúdo esconde a realização de desejos, remete à infância e, apesar de suas ressalvas em contrário, sempre revela conflitos sexuais. No psicodrama, a *interpretação*[6] acontece pelo novo sentido que a dramatização do sonho revela ao sonhador.

No psicodrama interno, a imagem prevalece sobre a palavra ou então forma um binômio imagem-palavra, no qual a imagem vem em primeiro lugar, como no cinema. Garcia-Roza (1993b), comentando o caminho da imagem à palavra em Freud, diz que "a proposta freudiana, com a interpretação dos sonhos, é de operar a passagem do relato fornecido pelo sonhador das imagens do seu sonho ao texto a ser interpretado". A imagem, para Freud, é encobridora, e não desveladora, da verdade do desejo. Garcia-Roza comenta ainda que não há comunhão entre a proposta freudiana e a do cinema: "Enquanto o cinema vai construir uma verdadeira mística da imagem, Freud vai elaborar sua teoria sobre as ruínas do templo da imagem" (Lacoste, *apud* Garcia-Roza, 1993). O cinema e a psicanálise dos sonhos apontam para direções opostas: o primeiro propõe colocar o discurso simbólico em imagens, ao passo que a psicanálise dos sonhos propõe a passagem da imagem à palavra. Nesse sentido, o psicodrama interno está mais para o cinema do que para a psicanálise.

O psicodrama interno não considera que a imagem seja necessariamente encobridora. Como vimos, o registro e a evocação de imagens visuais são resultado do centro emocional-afetivo, a expressão verbal é decorrente do centro intelectual, e a ação, do centro instintivo-motor. Nessa abordagem, nenhuma das três linguagens é encobridora em si, já que todas poderão sê-lo, conforme as circunstâncias e o equilíbrio/desequilíbrio dos três centros. Por exemplo, no psicodrama clássico e na terapia familiar sistêmica é comum sugerir-se que o protagonista transforme o relato verbal em uma *imagem simbólica* ou *alegórica*, ou em uma *escultura*. Ele usa pessoas e objetos para traduzir em uma imagem plástica, estática ou em movimento (e no desempe-

---

6. A respeito da interpretação no psicodrama, consultar o trabalho de Wilson Castello de Almeida, "Interpretar e a função interpretativa da dramatização", tema apresentado no IX Congresso Brasileiro de Psicodrama, Águas de São Pedro, São Paulo, nov. 94.

nho de papéis das diferentes partes), os conteúdos *escondidos* no relato verbal. Nesse caso, a linguagem encobridora seria a verbal.

O psicodrama interno não propõe somente resoluções de eventuais conflitos, mas objetiva algo talvez mais importante: desobstruir e calibrar canais de expressão, essenciais para a comunicação do inconsciente com o consciente. Uso o psicodrama interno de uma maneira mais ortodoxa, partindo somente das sensações corporais presentes no momento, ou seja, sem nenhuma ideia (do paciente e minha) preconcebida ou questão específica a ser abordada; trata-se de uma verdadeira viagem ao desconhecido, navegando a bordo das sensações corporais e visualizações surgidas. Outras vezes, emprego as visualizações no trabalho com sonhos ou em situações ocorridas. Desse modo, ao revisualizar uma cena, trabalhamos com os impactos emocionais do momento, *presentificando* o passado. Lanço mão também de *flashes* de visualizações nas passagens de cena do psicodrama clássico. Nessas ocasiões prefiro usar a denominação *técnica do videoteipe*, que se constitui, então, em visualizações imediatas de cenas significativas da vida onírica ou real do paciente. Observo que a visualização (de olhos fechados) contribui para evitar a memória evocativa já intelectualizada (memória semântica, como se verá adiante). Nessas oportunidades, peço que o paciente fixe a atenção nas sensações corporais e simplesmente olhe para dentro de si. A técnica do videoteipe é, portanto, derivada do psicodrama interno.

Uma constatação prática que merece considerações teóricas é o fato de algumas pessoas conseguirem dramatizar internamente com maior facilidade do que na forma clássica. O mesmo acontece em relação à capacidade de inversão de papéis: é mais fácil no psicodrama interno. No psicodrama clássico, há necessidade do deslocamento espacial do corpo para dramatizar e, portanto, de um compromisso corporal concreto de ação, ou seja, de um ato com consequências. É muito diferente agredir fisicamente uma pessoa — agredir no *como se* de uma cena de psicodrama clássico — e agredir, com todos os requintes, por meio da imaginação. O ato corporal no psicodrama clássico pode levantar barreiras fóbicas, às vezes intransponíveis. Moreno (1961) ensina que a criança desempenha o papel do outro no nível da fantasia antes de desempenhá-lo no nível da representação lúdica.

Sendo criança, imagino que sou médico, como é ser médico, depois disso proponho brincar de médico, mas para tanto preciso de companheiros que representem os papéis de paciente, enfermeira etc. Portanto, desempenhar o papel no nível da imaginação, se por um lado é um processo natural do desenvolvimento, pode ser também, por outro, em determinadas situações, uma evitação, ou seja, uma forma de impedimento de brincar e de estar em relação com os outros que desempenham os papéis complementares. No adulto, constatamos que existe o mesmo processo de os papéis do imaginário precederem os papéis reais. Os papéis do imaginário funcionam como um treino para a ação. Se vou falar com uma pessoa muito importante, faço internamente um *role-playing* mental da situação, depois vou lá, falar de verdade com o figurão. Mas, se meu medo e/ou inibição prevalecem, acabo não indo e fico caraminholando mil imagens dentro de mim. No refúgio de mim mesmo, onde estou só e ninguém pode me ver, sou herói, bandido, poeta, rei. Aqui, desempenho os papéis sem interpolação de resistências externas. Neste jogo *interno* de papéis *internos* entra o psicodrama *interno*.

Em meu livro *Psicodrama da loucura* (1980), coloco a *pré-inversão* ou *desempenhar o papel do outro* como uma fase do desenvolvimento. Teríamos de subdividi-la em duas etapas: uma do desempenho de papéis no nível da imaginação (visual interno) e outra já no nível da ação. Disso resultariam dois tipos de fantasia: a *fantasia-imaginação* e a *fantasia-ação*. Nesse mesmo livro, coloco que o psicótico tem dificuldade (ou impossibilidade) para a inversão de papéis no psicodrama clássico. Pelas considerações acima, seria de se esperar que no psicodrama interno ele apresentasse mais facilidade. É o que se vem observando. O psicótico tem o psicodrama mais exequível na forma interna do que na forma clássica. Ele estaria mais bloqueado para a fantasia-ação e menos para a fantasia-imaginação. Para o emprego do psicodrama interno em psicóticos é necessário, no entanto, que se estabeleça uma relação de confiança (como, de resto, para outros tipos de paciente) suficientemente boa.

O aparecimento ocasional de cenas do passado no psicodrama interno exige uma ou duas palavras sobre a memória. Adoto os posicionamentos de Bowlby (1981a) e de Nicoll (1979) para compreender a memória. Resumindo as colocações de Bowlby, temos duas memórias: a *memória semântica*, que é o registro dos episódios vivenciados de acordo com as necessidades emocionais do momento do acontecimento — e, acredito, das necessidades emocionais do momento da recordação. Essa memória estaria a serviço da defesa do ego e, portanto, seria, muitas vezes, neurótica. Para Nicoll (a correlação é minha), tratar-se-ia de uma memória mecanizada e repetitiva, filtrada somente pelo centro intelectual. A segunda memória, a *episódica*, teria para Bowlby o significado emocional oculto e possuiria, assim, cargas afetivas aprisionadas que aguardam liberação. Para Nicoll (de novo, a correlação é minha) esta *nova memória*, plena, corresponderia à memória dos três centros (intelectual, emocional e instintivo-motor), em funcionamento harmônico entre si. Para atingir esta segunda memória, a verdadeira, necessitamos reverter e recriar psicodramaticamente a situação originária, voltando a vivenciar as partes *esquecidas* do episódio. Uma comparação a propósito do tema é a de que precisamos voltar ao lugar onde esquecemos algo para trazê-lo de volta à nossa casa. Uma cena cinematográfica, mesmo tendo sido gravada por três câmeras (os três centros), pode ser mostrada como se tivesse sido tomada por uma só: é preciso resgatar os *takes* obtidos pelas outras câmeras para que, por esses novos ângulos, possamos ter uma compreensão nova e mais completa do enredo.

Espero que, além da apresentação do psicodrama interno, tenha levantado alguns pontos, técnicos e teóricos, que mereçam a reflexão do psicodramatista contemporâneo.

EXEMPLOS[7]

Exemplo 1

A sessão de psicodrama interno aqui descrita revela o estágio inicial de meu trabalho com imagens internas, no qual técnicas psicodramáticas clássicas e de bioenergética eram mescladas com certa frequência. O fato de esta sessão ter sido escolhida reflete sua quali-

---

7. Agradeço aos pacientes que forneceram este material e permitiram sua publicação.

dade didática na exposição da técnica. Trata-se de um trabalho desenvolvido em um grupo terapêutico. Deixo de lado eventuais comentários psicodinâmicos (que por si só são evidentes) para privilegiar a apresentação da técnica.

1. Na sessão anterior, o grupo realizou alguns confrontos verbais, e um dos participantes se referiu ao nosso protagonista como um homem *chato, desajeitado e sem graça*. Esta é a cena que persiste dentro dele. Logo após deitar-se e fechar os olhos, o paciente localiza uma sensação pesada no peito e procede à visualização da cena acontecida no grupo.

2. Peço ao paciente que se concentre na sensação do peito, mergulhe nela e acompanhe o visual interno. Imediatamente ele avista uma cena de quando era adolescente. Sua mãe o recrimina por ter descoberto em seu bolso o telefone de uma garota. Avisa-o que se continuar se enredando com mulheres, ainda tão jovem, não vai ser nada na vida. O pai assiste e apoia.

3. Novamente, a sensação pesada no peito leva-o a outra cena. É menor, menino ainda. A família está reunida para uma comemoração. A mãe exclama: "Vamos atacar", referindo-se simbolicamente ao início do almoço. O menino entende ao pé da letra e *ataca* a comida, adiantando-se aos outros. Recebe tremenda reprimenda do pai, que o chama de "desajeitado" e expulsa-o da mesa.

4. A concretização corporal dos sentimentos contidos nesta cena manifesta-se como um impacto que produz um *rombo na boca do estômago*. Peço-lhe que preste atenção no rombo. Começa a perceber tremores que saem desse buraco e descem para os pés. Há algumas ondas saindo pelos pés e outras não. Sugiro que acompanhe os tremores, que não lute contra eles.

5. Os tremores aumentam em intensidade. O corpo todo treme. É "tomado" pelos tremores.

6. Após alguns minutos, os tremores diminuem. O protagonista se acalma um pouco. Visualiza, então, um escuro com pequenos pontos cintilantes em movimento. "Parece o cosmos." Aos poucos, vai se abrindo um centro. Peço que se aproxime, se tiver vontade, e penetre nesse centro ou buraco.

7. Surge uma cena de infância em que, muito pequeno e claro de pele, é motivo de deboche para três jovens adultos. Identifica os três. Fazem gozações que ele não compreende bem: "O cara que mata corvos é preso", como se ele matasse corvos. Um deles demonstra interesse sexual pela mãe do menino, outro, pelo próprio menino. Fica apavorado, cheio de medo. Peço que preste atenção, tome consciência corporal de seu medo.

8. A sensação física do medo faz que comece a flutuar e a crescer. Sente o corpo enorme. "Estou me tornando um gigante, uma sensação imensa de poder e força." Incentivo-o: "Ok, vamos em frente".

9. Seu pênis cresce como se fosse uma palmeira enorme, curva-se e urina em cima de um dos agressores. "Sensação deliciosa. Eu não ia matá-lo, mas uma voz diz para matá-lo e eu torço o pescoço dele."

10. Nesse momento, é tomado por uma sensação de bem-estar com movimento de lateralização do corpo. O movimento aumenta até entrar em rotação. "Eu estava completamente tonto. Perdi a noção do lugar." Sugiro então que, de olhos fechados, se levante e faça com seu corpo um movimento de rotação[8].

11. "Sensação de ter entrado pela janela. Como que uma coisa me puxando para o chão. Rodei, rodei e, quando caí, escutei o barulho de todos os meus ossos. Foi uma queda sem medo. Comecei a respirar profundamente. Aí veio um soluço e um choro convulsivo, uma sensação de abandono. A sensação ruim foi saindo pelo choro e pela expiração. Aí veio uma sensação de bem-estar, de felicidade. Talvez fosse o caso de ajudar fisicamente, no peito, como se faz no bebê"[9].

12. Segue-se uma sensação de aconchego, proteção e paz. Nova cena: "Eu devo ter uns 4 anos. Estou olhando pela janela de casa. Chove lá fora, minha mãe costura, ninguém fala. A casa é quente. É uma sensação de totalidade".

---

8. Mais tarde, o paciente comenta que ficou irritado com minha sugestão e a realização dela: "O movimento físico me tirou um movimento harmonioso em direção a algo que não sei". Com base em depoimentos como este, passei a não mobilizar corporalmente o protagonista durante o trabalho e a permitir que a ação transcorresse somente pelas visualizações internas.
9. Neste ponto o paciente mostra a importância de toques corporais em momentos oportunos do trabalho.

13. O retorno: "Sensação de preenchimento do espaço, de presença. Não era uma coisa só corporal. Era uma coisa ligada a mim. Sentia que estava no espaço todo. Senti um grande amor pelas pessoas e uma grande vontade de contato físico. Tenho dificuldade de contato físico, mas o que dava e o que recebia era totalmente espontâneo".

Exemplo 2

O relato que segue é constituído pelas anotações pessoais de um paciente, após uma sessão individual de psicodrama interno. Trata-se de um homem que atravessava uma intensa crise existencial. Sentia-se só e tinha a tristeza como sua companheira. Suas observações chamam a atenção pela nitidez, cores e tridimensionalidade das imagens visualizadas:

Deitado horizontalmente, de barriga para cima, de olhos fechados e com um lenço sobre eles. Procurei sentir cada parte do meu corpo e todo ele. Não lutava com meus pensamentos que vinham e iam embora sem esforço. Os pensamentos eram como ruídos captados, aos quais não dedicava a atenção habitual. De repente, não senti mais meu corpo e nem havia pensamentos. Eu era apenas uma presença em meio a um imenso negror que me circundava.

Subitamente, comecei a presenciar o movimento de massas uniformes e coloridas à minha frente. Não sei se fui ao encontro delas ou se elas se moveram em minha direção. Vi-me dentro delas e sempre em direção adiante.

As formas sinuosas acabaram e vi uma névoa branca e opaca. Pouco depois, ela também sumiu e sobreveio a escuridão. Muito lentamente, começou a surgir um ponto luminoso. Tênue, a princípio, mais forte depois. Fui em sua direção. Era um olho. Fiquei observando-o por longo tempo. Aí ele se moveu e ficou de perfil, voltado para o lado direito de meu ângulo de visão. Contemplei-o por bastante tempo. Custei a ter a intuição, o pressentimento ou a ideia de olhar para a mesma direção que ele indicava. Quando o fiz, vi um outro olho semelhante ao primeiro, e bem à distância. Aproximei-me. Estava de frente para mim.

Quando o focalizei no meu centro de visão, ele se virou para o meu lado direito e permaneceu de perfil. Quase em seguida emitiu um imenso facho luminoso, muito brilhante. Indo em direção ao olho, percebi que dele saíam labaredas. Mas não havia calor, nem sensações, nem nada.

Um outro impulso e vi-me no meio do fogo, defronte ao olho. Sem ideias preconcebidas e sem qualquer noção a respeito de um plano de como minha presença deveria agir, notei-me movendo-me em direção ao centro do olho. Foi uma trajetória alucinante de formas e cores. De repente, a escuridão. Depois, uma névoa, ou neblina, branca e opaca. Depois, ainda, um oco se formou, e uma figura negra ali surgiu. Era uma silhueta de corpo inteiro e tive um pressentimento. Antes que concatenasse a ideia ou a assumisse por completo, ela pulsou por instantes. Era branca e luminosa no espaço negro, em um instante, e negra com uma aura brilhante a partir de seu contorno, logo a seguir. Pulsou sucessivas vezes, e fiquei apenas contemplando.

De súbito, a forma, quando era branca, transformou-se na Maria, minha filha. Ocorreu-me que tive o pressentimento por causa das duas tranças. Olhei para ela. Começou a se mover, a bater palmas e a pular, brincando para a frente. Isto é, para a minha direita. Vejo que ela não está sozinha. Está brincando com uma pessoa que sou eu. Esse eu está sentado no chão sobre a perna direita, sorrindo e batendo palmas. Fico observando a cena.

O terapeuta sugere que eu seja Maria. Aproximo-me e entro nela. Digo que estou muito contente, leve, de uma fluidez sem par. Aí, o terapeuta pede que eu volte a observar a cena. Agrada-me observar e o faço sem esforço. Então, ele diz para que eu seja aquele João [*o da cena visualizada*]. Encaminho-me para ele e me transformo nele. O terapeuta me pergunta como me sinto. Respondo que estou feliz e que não existe tempo. Nada mais me importava, senão aquilo que estava fazendo: brincar com Maria. Novamente ele pede que eu me afaste e torne a focalizar a cena à distância. Obedeço sem hesitar e sem fazer qualquer esforço.

O terapeuta pede que eu diga algo ao João da cena. Nada tenho a dizer. Então, pede que diga o que de imediato me vem à mente, para Maria. Sem pensar, ordeno-lhe por duas vezes: "Vem pra cá!" Paro e observo as reações à minha atitude. Quanto à cena, não notei alteração de monta. Maria continuava a brincar, só que de um ângulo em que a via de costas. João continuava sorrindo e batendo palmas, aparentemente absorvido na brincadeira e em Maria. O cenário é a sala da rua X. Estão apenas os dois.

Volto-me para mim e sinto um calafrio. Percebo a miséria de minha condição. Absolutamente só, solitário, triste. Sinto que a ordem que eu tinha dado era em desespero de causa para fugir dessa condição. Sinto minha impotência. Estou congelado em uma barreira que me impede o acesso a algo caloroso e feliz. Tudo fica escuro e volto para a sala onde estou deitado. Sinto que estou chorando, mas não tenho a sensação de meu corpo. Apenas sei que estão saindo lágrimas e embebendo o lenço. Essa sensação não dura muito. O terapeuta sugere que deixe Maria e João sossegados, curtindo a deles, e que eu focalize em minha tela interna alguma outra coisa. Num instante aparece um deserto. Acho-o lindo. Qual uma câmera, meu ângulo de visão vai varrendo a paisagem da esquerda para a direita. Depois de certo tempo, aparece uma figura bem longe. Julgo que seja um peregrino. O terapeuta diz para que me aproxime dele. Faço-o sem esforço. Pede que o descreva. Chego por trás dele e minha presença flutua livremente ao seu redor. Vejo-o por cima, de frente, de um ângulo quase rente ao chão. Não consigo saber se se trata de homem ou de mulher. O peregrino está coberto da cabeça aos pés. Acho que sabe de minha presença, pois se esquiva, cobrindo seu rosto ainda mais, toda vez que me posiciono diferentemente para ver sua fisionomia. Não para de caminhar lentamente, mas sem hesitação. Em certo momento, tive a sensação de que tinha um rosto monstruoso. Julguei ter sido apenas impressão, pois ele se cobria perfeitamente e reagia quase sincronicamente às minhas investidas para ver suas feições. Sequer conseguia ver seus olhos. Então, o terapeuta disse para eu ser o peregrino. Aproximei-me ainda mais, porém, não consegui entrar nele. Fiz mais duas outras tentativas, quando tive outra impressão: a de que ele estava zombando de mim. Sabia que não podia ter certeza disso, visto que apenas conseguia observar seu manto e nada mais. Então, desisti. Aí o terapeuta pediu para que eu me afastasse do peregrino e minha câmera interna desse uma panorâmica do deserto, enquanto fosse fechando lentamente a abertura da lente, até sumir a visão. Consegui, sem esforço, à medida que ele falava. Ocorreu-me como era maravilhoso aquele deserto. Rico em cores e em detalhes. Indizível. Antes de apagar sua imagem, notei os reflexos prateados de um sol ausente e frio, nas dunas e no horizonte. Depois, a escuridão. Quando voltei, acabei de secar as lágrimas de meus olhos!

Exemplo 3

O terceiro exemplo é colhido em um grupo terapêutico. Após trabalho grupal concentrado em uma participante, esta refere sentir "um peso na cabeça e nos ombros": "Estou sentada, cabeça baixa, curvada sobre mim mesma". Aproveitando este momento oportuno, inicia-se o psicodrama interno, que é aqui relatado segundo as próprias palavras da protagonista:

Estou em um navio. O navio parece um veleiro antigo, um navio pirata. Não há viva alma. Estou só, mas há uma prancha e um saco de fazenda grossa, tipo lona. Estou no saco, como um cadáver à espera de que o joguem ao mar. Não me sinto incomodada, mas me angustia a expectativa de ser atirada ao mar. Por quem? Quando? Não há pessoa alguma no navio. Embora dentro do saco, estou perplexa por conseguir me ver e sentir-me envolta pela fazenda e, ao mesmo tempo, fora, no convés, vendo o navio vazio, a terra ao longe, à minha frente.
Reparo que o navio só possui a metade correspondente à proa, que aponta para a terra. O navio continua vazio. Passeio meus olhos por ele. Quero andar, explorá-lo, mas não consigo me mexer. Só os olhos passeiam. Ajudada por uma voz [a do psicoterapeuta] que vem de fora, mas não está comigo no vazio, começo a me locomover. Sigo pelo lado direito do navio, em direção à popa. Não vejo lugar algum aonde possa ir. Continuo caminhando e vejo uma portinha que não havia percebido antes. A porta está aberta, percebo uns degraus, mas o compartimento está escuro. Mesmo na escuridão consigo perceber uma rede pendurada. A rede parece ocupada, mas seu ocupante é pequenino, parece uma trouxinha. É meu filho.

A paciente se dá conta de sentimentos de perda e de culpa em relação a um aborto realizado no passado. O psicodrama interno continua no sentido de liberar a espontaneidade bloqueada pelo conflito.

3

FREUD, MORENO E A BOSSA-NOVA
Elementos de psicologia relacional*

> *Fazer justiça a Freud não implica submissão incondicional a um dogma; podemos muito bem manter um julgamento independente. Eu, por exemplo, não atribuo ao trauma infantil a importância exclusiva que Freud parece conceder-lhe. Não coloco a sexualidade tão predominantemente no primeiro plano [...]*
>
> C. G. Jung, antes da amizade e do rompimento com Freud[1]

Após uma conferência que proferi, um jovem que estivera muito atento a ela aproximou-se e perguntou a que linha psicanalítica eu me filiava. Respondi que, pelo que me constava, eu era um psicodramatista com orientação psicodinâmica. Como esta observação não foi totalmente elucidativa, despendi mais alguns minutos tentando explicar-lhe que minha forma de trabalho psicoterápico é resultado das influências profissionais que recebi. Retornando à minha casa, estabeleci um diálogo interno buscando detalhes deste complexo processo, o da formação de um psicoterapeuta, e de quais teriam sido minhas principais influências.

Podemos dizer que sempre se está sob alguma influência. Às vezes, trata-se de um simples livro que nos agrada e que depois se esquece. Outras vezes, no entanto, são influências profundas que vêm para ficar, que marcam nosso percurso profissional. Se analisarmos as influências práticas e teóricas de um profissional, poderemos apreen-

---

* Parte deste texto foi publicado na *Revista Brasileira de Psicodrama*, v. 6, nº II, pp. 13-32, 1998.

1. Valho-me desta oportuna citação de Jung colhida na tese de doutorado de Nairo de Sousa Vargas (1995).

der melhor quem ele é e como trabalha. A maior influência de um psicoterapeuta é a sua própria personalidade, fruto de sua herança genética e ambiental (família, educação, cultura). No entanto, este texto não tem a finalidade de ser uma autobiografia profissional (e muito menos pessoal). Restrinjo-me a fazer uma análise de minhas principais influências teóricas. Dessa maneira, atenderei à expectativa de ordenar aspectos de uma longa trajetória profissional.

São muitos os autores que lemos, mas poucos os que *entram* em nosso universo profissional. Este complexo processo de *entrada* de influências obedece não só a condições intelectivas, como pode parecer, mas inclui também aspectos afetivos. Existe, por exemplo, entre outros, um processo de identificação consciente-inconsciente com o autor lido. Quando gostamos de um autor, é porque ele expõe as ideias que já temos, as que ainda não temos e as que passamos a ter a partir de sua leitura. Nesse sentido, o autor funciona como nosso *alter ego*, e não será exagero dizer que, quando gostamos de um autor, estamos gostando de nós mesmos. Em outras palavras, o processo de aprendizado está diretamente ligado a aspectos narcísicos da personalidade, sejam télicos ou transferenciais, onde se incluem processos de sublimação, repressão, projeção, identificação etc. Toda leitura entusiasmada passa pelo prisma télico-transferencial, quando podemos oscilar da paixão ao ódio pelos nossos autores. Comentando a obra de Freud, Garcia-Roza (1993b) diz que ninguém lê o que está escrito. Complementa, acrescentando que Freud sabia disso, pois, partindo do texto manifesto (usando a referência dos sonhos), foi procurar um outro texto escrito pelo inconsciente. Uma alegoria mais romântica sobre nossas leituras dirá que os autores que lemos são como as muitas pessoas que conhecemos e as poucas que entram verdadeiramente em nossos corações.

Antes de passarmos aos pontos principais do tema, vejamos ainda uma breve colocação sobre meus papéis profissionais, ancoradores e ancorados, que ajudarão a esclarecer nosso propósito. Em ordem cronológica, meus papéis profissionais são o de médico, psiquiatra, psicoterapeuta psicodinâmico e psicodramatista. Os textos médicos são muito objetivos na descrição dos sinais e sintomas, no diagnóstico e na conduta terapêutica. Creio que a influência da formação médica, no que ela tem de bom e de mau, aliada a aspectos de minha personalidade, fizeram-me optar por autores diretos, práticos e pouco rebuscados. Não me agradam elucubrações psicológicas, interpretações mirabolantes, malabarismos psíquicos e filosofias estéreis. Essa característica, talvez, tenha influenciado na busca de técnicas objetivas, estratégicas e de ação (não somente verbais). Processos psicoterápicos exageradamente prolongados, salvo exceções, me deixam desconfiado de que a meta principal foi perdida e que se estabeleceu uma neurose relacional, em duplo sentido.

Nesta exposição tento seguir uma narrativa espontânea, sem me preocupar, necessariamente, com a ordem cronológica das influências. Procuro, no entanto, organizar o texto segundo tópicos de assuntos que poderão facilitar sua leitura.

Psicodrama e psicanálise

Entremos finalmente no terreno das principais influências teóricas pelas quais passei e estou passando. A primeira influência em meu papel de psicoterapeuta foi a da psicanálise. Vamos discriminar a psicanálise de Freud — pois sua genial criação ficou maior do que ele próprio como criador — das outras "psicanálises". Na verdade, minha iniciação psicanalítica se deu por intermédio de dissidentes freudianos. Em minha juventude, ainda estudando medicina, li dois autores que estavam na moda: Karen Horney e Erich Fromm, ambos originários do mundo cultural germânico e radicados nos Estados Unidos. Faziam parte da chamada escola culturalista. Valorizavam os aspectos socioculturais do ser humano, atenuando os exageros freudianos, por exemplo, relativos à sexualidade infantil, à inveja do pênis e ao complexo edipiano. De maneira que, ao começar a ler Freud, propriamente dito, eu já gozava de certa base crítica, por mais ingênua que fosse. Resultante disso, ou não, a verdade é que sempre me afinei mais com autores psicanalíticos, dissidentes ou não, que enfatizam o aspecto relacional da psicanálise: transferência e contratransferência (eu-tu), triângulo edipiano (eu-ele[a]) e narcisismo (eu-eu). Nesse sentido, incluo Franz Alexander, Michael Balint, John Bowlby (que, apesar da origem psicanalítica, cria uma obra à margem da psicanálise), Erik

Erikson, W. Ronald Fairbairn, Ralph Greenson, Harry Guntrip, Heinz Kohut, Harry Stack Sullivan, Donald Winnicott entre outros[2].

Acompanhado por valorosos companheiros, empreendo uma inspiradora leitura-releitura cronológica da obra freudiana no GEP do Daimon. Leio Freud, transformo-o pelo filtro psicodramático e expresso-o por meio de uma psicologia relacional. Pode-se dizer, de outra maneira, que faço a leitura psicodramática da psicanálise.

No alinhamento dessas ideias, creio ser útil tecer algumas considerações a respeito do psicodrama. Mais do que um conceito ou outro, de uma divergência aqui, outra ali, o que emerge de mais importante em Moreno, para mim, é sua filosofia relacional. Li Moreno com entusiasmo, pois ele era absolutamente diferente de tudo que eu vira na psiquiatria e na psicoterapia tradicional dos anos 1960 e 1970, além de suficientemente revolucionário para alimentar a alma sedenta de liberdade e transformações (além de tudo, vivíamos sob uma ditadura militar) de um jovem que se iniciava na carreira psicoterápica. É possível, portanto, ser moreniano sem se enunciar um só conceito de Moreno, desde que se mantenha seu espírito vivo. Como venho assinalando, concebo os conceitos morenianos compondo uma unidade. Assim, os fenômenos *télicos* estão relacionados ao *encontro* que acontece em um *momento*, com liberação de *espontaneidade*, que por sua vez leva à *criatividade*. A *teletransferência* acontece em relações estabelecidas entre papéis (*papel* e *contrapapel*) que se vinculam por *critérios sociométricos*. Os papéis e a teletransferência têm origem na *matriz de identidade*. Ela baliza as ideias de Moreno sobre o desenvolvimento infantil. O conceito de matriz de identidade permite ao psicodramatista contemporâneo — aquele que, além de psicodrama, conhece psicanálise — a fusão da psicologia relacional moreniana com a psicodinâmica psicanalítica. Teremos, desse modo, conceitos psicodinâmicos delimitados por uma filosofia relacional, no espírito da obra de Moreno, porém trazendo da psicanálise as contribuições ao estudo do desenvolvimento infantil, que a obra de Moreno não apresenta.

---

2. A maioria desses autores foi objeto de estudo no Grupo de Estudos de Psicodinâmica (GEP), Centro de Estudos do Relacionamento – Daimon-CER, São Paulo.

Observamos alguns autores argentinos, como Martinez Bouquet, Moccio e Pavlovsky (1971), e outros franceses, como Lebovici, Diatkine e Kestemberg (1958) e Anzieu (1961) colocando lado a lado conceitos psicodramáticos e psicanalíticos. Já Schutzenberger e Weil (1977) tentam fazer uma síntese entre Freud, Moreno, Kurt Lewin e outros. Paul Holmes (1996) apresenta uma correlação entre o psicodrama e a teoria das relações objetais[3]. Entre nós, Camila Salles Gonçalves (1988) procede ao *psicodrama analítico* com crianças. Tento, também, promover uma integração de teorias. Como comento no capítulo 4, busco uma "fusão", assim como existem as fusões musicais (*fusion*)[4], entre a matriz de identidade e a psicanálise relacional, procurando preservar a linguagem psicodramática. Apesar da grandiloquência, mas já me desculpando pela pretensão, podemos dizer que, se a bossa-nova representa a influência da música norte-americana sobre o samba, nem por isso a primeira deixou de ser música brasileira (Fonseca, 1996). Nesse sentido, a posição que defendo não poderá ser compreendida como um ecletismo, desde que este é um *sistema filosófico formado de elementos colhidos em diversas fontes, sem que se siga exclusivamente nenhuma.* Aqui, segue-se o sistema psicodramático como base da incorporação dos conceitos psicodinâmico-psicanalíticos. Por isso creio que a comparação dessas ideias, no âmbito de um parâmetro musical, tenha mais pertinência com a bossa-nova, que não descaracteriza a musicalidade brasileira, mas a transforma, do que com "o samba do crioulo doido", que algum gentil crítico poderá lembrar.

Relação-separação

A partir do exposto, passei a ter uma perspectiva particular do desenvolvimento humano, que, de forma resumida, passo a apresentar.

---

3. Segundo Blatner (1996), já em 1959 Moreno acenava com a possibilidade de uma aproximação entre a psicanálise e o psicodrama. Ele achava que os métodos de ação podiam complementar a teoria psicodinâmica. Blatner acrescenta: "O surgimento de uma teoria e de uma metodologia de terapia ampliadas é inevitável, pois continua a crescer a tendência no sentido da integração" (1996, p. 124).
4. Utilizo a feliz expressão *fusion*, empregada por Lia Fukui, socióloga e psicodramatista, no Grupo de Estudos de Moreno (GEM-Daimon) para entendimento do fato.

O fulcro principal dessa compreensão é a psicossociodinâmica relacional do ser humano, onde se incluem as relações desde a *matriz de identidade*, ou seja, desde as relações primárias intrafamiliares, onde se forma a identidade, passando pela internalização desses modelos relacionais, e se exteriorizando novamente nas relações da vida adulta[5]. Ao se falar de relação, está se falando implicitamente de seu par oposto: a separação. Estamos diante de um mesmo processo que inclui os dois polos. Entre eles existe uma gradação vivencial variável, que dá o colorido de cada relação (ou de cada relação-separação). Existe no desenvolvimento da criança uma dinâmica de relação-separação que é básica para a formação da personalidade. Vejamos alguns elementos desse processo, estudados brilhantemente por John Bowlby (1982). Este autor, apesar de — ou pelo fato de — ter realizado supervisões com Melanie Klein, demonstra reservas às ideias dela, em especial às referentes à valorização do mundo interno (conflitos internos entre impulsos agressivos e libidinosos e valor central da inveja no funcionamento da personalidade), em detrimento da importância da internalização dos modelos relacionais da primeira infância na formação da personalidade. A partir da década de 1960, Bowlby lança sua trilogia — *Apego, Separação e Perda* – que, segundo Gilda Montoro (1994, p. 43), uma das autoridades brasileiras no assunto,

> [...] virou do avesso o pensamento psicanalítico clássico; rejeitou os conceitos de energia e pulsão e a importância da oralidade e da sexualidade no desenvolvimento infantil; atacou os conceitos de fixação e regressão; adotou um ponto de vista evolucionista e etológico para investigar o comportamento humano; propôs modelos cibernéticos semelhantes aos adotados pela terapia familiar; propôs uma estrutura executiva para substituir o conceito freudiano de ego e criou uma nova teoria de mecanismos de defesa baseada em estudos sobre o processamento de informações.

Tento passar, de forma livre, sem a preocupação de usar a linguagem do autor, o que a leitura de Bowlby me inspirou. Considero que seus ensinamentos pertençam à *psicologia relacional*, abordagem que apre-

---

5. A estrutura básica dessas ideias consta do Capítulo 5 do livro *Psicodrama da loucura* (Fonseca, 1980).

senta o homem como um ser eminentemente relacional. Incluo a *relação-separação* como uma dimensão existencial do ser humano. A observação direta do bebê demonstra que ele possui uma clara preferência pela proximidade com pessoas. O bebê não busca só alimento, mas, sobretudo, relação. De uma fase em que essa busca é indiscriminada, serve qualquer um, a criança passa a expressar preferências (sociometria primária), variáveis em intensidade, numa demonstração de apaixonamento infantil por determinadas figuras de seu mundo. Os outros, aqueles que não fazem parte dos eleitos, são rechaçados com estranhamento, choro e agressividade.

Gilda Montoro (1994) ressalta que se pode chamar de *comportamento de apego* toda forma de comportamento que tem como meta a obtenção ou a manutenção de proximidade com outra pessoa específica e preferida, chamada de *figura* ou *objeto de apego*. De maneira concomitante ao *aprendizado da relação*, a criança realiza o *aprendizado da separação*. Quando a criança é abandonada por uma das figuras de eleição, ela apresenta uma série de reações, que podemos dividir didaticamente em quatro fases: na primeira, ao perceber sinais da separação (e durante o início dela), há uma resposta de *ansiedade, medo*. Na sequência, há a manifestação de *raiva* (agressividade), devido ao desejo contrariado de permanecer na relação. Segue-se, então, a *tristeza* do abandono vivenciado. A última fase, que podemos chamar de *fase resolutiva* ou de *formação de defesas*, corresponde à volta ao estado normal (pelo menos, aparentemente), com a internalização da experiência anterior. Assim, se por um lado esse ciclo constitui o aprendizado básico da vida relacional, por outro ele abre possibilidades para o aparecimento de um leque variado de defesas — "técnicas"[6] da personalidade (histéricas, fóbicas, obsessivas, esquizoides, paranoides etc.) — contra a dor da separação e da perda. Bowlby chama esse percurso de "caminhos de desenvolvimento". Esse conjunto de reações psicológicas marca de forma indelével os *eus parciais internos* que estão se formando nesse período, dando origem aos traços principais e secundários da personalidade. Essas etapas de aprendizado da rela-

---

6. Fairbairn (1975) emprega a expressão "técnica" para descrever os recursos psicológicos que a criança utiliza para estruturar sua personalidade.

ção-separação constituem os alicerces ou a estrutura básica de todas as relações afetivas futuras. O clima do campo relacional será pautado pelos sentimentos (amor, ódio, ansiedade, culpa, tristeza, alegria, ciúmes etc.) envolvidos no processo de relação-separação. O resultado destas influências relacionais na matriz de identidade significará, no futuro, adultos seguros ou inseguros "relacionalmente" (apego seguro e ansioso, segundo Bowlby).

Também devemos levar em conta que sobre a base primária do "aprendizado" da relação-separação acontece a continuidade do processo de desenvolvimento psicológico. No Capítulo 6, "Psicologia do adoecer", discuto a sobreposição de mais dois períodos do *aprendizado* da relação-separação. Um trata da incorporação do conceito autovalorativo que rege a autoestima e a percepção discriminativa da estima que os outros nos dedicam. Essa fase corresponde à estruturação narcísica da personalidade. Está assentada na origem do *eu ideal* que baliza a oscilante vivência da criança entre o sentir-se a mais linda, a mais amada, a mais poderosa (relação) e o sentir-se a mais feia, a menos amada e a mais impotente (separação). O outro período corresponde à triangulação ou ao aparecimento do terceiro na anterior relação a dois (mãe-filho). O terceiro é o facilitador necessário no aprendizado da separação. Dessa maneira quebra-se o ovo simbiótico e acontece o nascimento psicológico do bebê (separação) — a concretização da identidade. Triangulação, nessa perspectiva, é um processo "relacional" amplo que abriga, como um de seus componentes, o complexo edípico.

Encontramos ainda, nas observações de Bowlby sobre o desenvolvimento infantil, importantes elementos para a compreensão do componente télico nas relações humanas. Valendo-se de observações diretas da relação adulto-criança, este autor considera que as crianças se apegam com mais facilidade aos adultos que apresentam uma responsividade rápida aos seus estímulos, principalmente o choro, e uma prontidão relacional evidente (brincar, rir, conversar), ou seja, o bebê prefere pessoas que demonstrem sensibilidade à resposta e ao prazer no relacionamento. Em palavras psicodramáticas, podemos dizer que a criança se *liga* às pessoas que oferecem uma possibilidade mais evidente de estabelecer um clique télico.

No próximo tópico tomo um caso clínico clássico da literatura psicanalítica, o do pequeno Hans, de Freud (1977, pp. 15-54), para ilustrar de forma prática algumas ideias discutidas até aqui. Proponho observar como a dinâmica da relação-separação pode ser útil no estudo do desenvolvimento infantil.

Enfoque relacional do caso do pequeno Hans

Em primeiro lugar, vale assinalar um interessante aspecto histórico-relacional entre os participantes do caso: Hans, seu pai, sua mãe e Freud. O casal era admirador de Freud e resolveu observar o desenvolvimento psicológico do filho. A mãe fora paciente de Freud. O pai passa, então, a fazer anotações que remete ao *Herr Professor*. Estas eram recebidas prazerosamente, pois Freud não dispunha de estudos de observação direta da criança, uma vez que suas formulações teóricas procediam do tratamento de adultos. Fica claro, também, o desejo de agradar ao mestre. Existe, segundo o próprio Freud, em *Psicologia das massas* (1967b), um clima de enamoramento e hipnose dos seguidores em relação aos líderes. Esse clima explica o fato de o pai "forçar a barra" em algumas interpretações e de Hans, de maneira saudável, resistir a elas. O pai não estava interessado em observar livremente o desenvolvimento psicológico do filho, mas em comprovar a teoria psicanalítica. Freud usa com inteligência o material colhido para ilustrar didaticamente seus conceitos sobre sexualidade infantil, angústia de castração e complexo de Édipo.

De maneira inesperada, porém, o menino passa a apresentar sintomas fóbicos, transformando a pesquisa em tratamento, no qual Freud exerce os papéis, pioneiramente, como enfatiza Emílio Rodrigué (1995), de supervisor clínico — recebe as anotações do pai e discute seu conteúdo com ele — e de terapeuta de família — chega a atender pai e filho juntos e já atendera a mãe, individualmente, como se disse. O pai, por sua vez, além deste papel específico, acumula o de supervisionando e de terapeuta. O trabalho decorre em um clima transferencial positivo em relação a Freud, que poderá ser constatado em algumas colocações de Hans. Em uma conversa em que o pai pergunta o motivo de seu medo, Hans responde: "Não sei, mas o professor deve saber" (p. 57). Voltando do consultório do dr. Freud, Hans comenta com o pai: "O professor conversa com Deus? Parece que já sabe de tudo, de antemão?" (p. 52). Em um diálogo a respeito da vontade de que sua irmãzinha morresse, o pai lhe diz que "um bom menino não deseja esse tipo de coisa". Hans responde: "Mas ele pode pensar isso". O pai: "Mas isso não é bom". Hans: "Se ele pensa isso, é bom de todo jeito, porque você pode escrever para o professor" (p. 81). Hans: "Estou tão contente, sabe? Fico sempre contente quando posso escrever para o professor" (p. 65).

O relato do caso compreende o período entre os quase 3 até os 5 anos de idade de Hans. O período do "aprendizado" da relação-separação, segundo Bowlby, decorre, mais ou menos, entre o sexto mês até os 5 anos. Com efeito, vamos observar que ao lado da curiosidade sexual do garoto, apontada por Freud, aparece um material evidente de medo de separação da mãe, do pai e da casa.

Com 4 anos e 9 meses, Hans desperta em lágrimas, dizendo para a mãe: "Quando eu estava dormindo, pensei que você tinha ido embora e eu ficava sem a mamãe [...] imagine se eu não tivesse uma mamãe" (p. 34). Essas manifestações não eram dirigidas somente para a mãe, mas também para o pai: "Imagine se você fosse embora" (p. 34). Vejamos mais um diálogo entre pai e filho: O pai: "Quando você está sozinho, você fica ansioso a meu respeito e vem ter comigo". Hans: "Quando você está longe, fico com medo de você não vir para casa". O pai: "E alguma vez eu o ameacei de não voltar para casa?" Hans: "Você não, mas mamãe disse; mamãe me disse que ela não ia voltar". O pai: "Ela disse isso porque você fez alguma travessura". Hans: "Sim". O pai: "Logo, você tem medo de que eu vá embora porque você foi travesso; por isso é que você vem para junto de mim" (p. 54). O pai parte sempre da hipótese edipiana de desejo-culpa da morte paterna. Sem discordar, quero ressaltar que, concomitante ou anteriormente, existe um desejo-medo mais amplo de separação que é indistinto em relação ao pai ou à mãe. Hans atravessa uma fase em que tenta desfundir-se da *matriz de identidade* (sociometria constituída pelos vínculos primários), mas sente medo. Tenta fazer seu reconhecimento como pessoa no mundo (*reconhecimento do eu*) e conhecer as outras pessoas (*reconhecimento do tu*). Nesse momento surge o terceiro, que, pelo simples fato de ser um *tertius*, oferece-lhe outra possibilidade relacional: transformar a visão do mundo a dois, simbiótico, para um mundo mais amplo, a três, introduzindo os primórdios de sua inserção grupal na comunidade. O apaixonamento pelo terceiro é a anestesia do desligamento com o segundo: "Papai, você é tão lindo! Você é tão branco" (p. 63). Hans vivencia o processo da formação da identidade existencial (elaboração do complexo relação-separação), da identidade sexual (aprende a ser homem com o pai) e da identidade sexual relacional (nos jogos e brincadeiras sexuais com os amiguinhos e amiguinhas).

Em seguida, o menino passa a manifestar medo de se distanciar de casa. À noite fica assustado, chora e deseja ficar no quarto dos pais, o que é interpretado pelo pai como desejo de estar somente com a mãe. A mãe resolve levá-lo para passear, "a fim de observar o que é que o atormentava" (p. 35). Hans reluta, mas acaba concordando. Durante o passeio, assusta-se, relatando medo de que um cavalo o morda. O pai conclui que padece de uma fobia às ruas, mas o mais coerente seria dizer que ele apresenta uma fobia de sair de casa, pois o medo real é o de deixar a segurança que a sede, a matriz, representa. Freud explica que sua tristeza ao cair da noite é proveniente de "certa intensificação de sua libido [...], pois o objeto desta era sua mãe, e seu objetivo talvez tenha sido dormir com ela" (p. 36). Sem desprezar essa hipótese, podemos pensar que a noite simplesmente significa o fim do dia e, por si só, já representa uma separação. O adormecer pode significar o afastamento dos entes queridos, uma despedida dos outros e de si mesmo, uma morte simbólica. Outro aspecto a ser lembrado é a óbvia separação motivada pelo fato de o menino ter sido "exilado do quarto dos pais" (p. 138) quando nasceu a irmã. Da mesma maneira, podemos compreender que, ao insistir em entrar no banheiro junto com a mãe, Hans não está só interessado em ver a mãe fazer *lumf* (cocô), mas se desespera em perder o controle visual sobre ela.

Vejamos um sonho de Hans: "De noite havia uma girafa grande no quarto, e uma outra, toda amarrotada; e a grande gritou porque eu levei a amarrotada *para longe* [grifo meu] dela. Aí, ela parou de gritar; então eu me sentei em cima da amarrotada". O material onírico é interpretado pelo pai como sendo a girafa ele próprio, "ou melhor, o meu pênis grande (o pescoço comprido), e a girafa amarrotada é minha esposa, ou melhor, seu órgão genital". Podemos pensar genericamente que o sonho reflete, entre outras coisas, ansiedades referentes à separação das "girafas". No sonho, aparecem dois elementos, as girafas, que são separados por um terceiro, o próprio Hans, realizando uma triangulação dolorosa. O pai: "Por que foi que a grande gritou?" Hans: "Porque eu levei para longe dela a pequena" (p. 48). Em outro ponto do sonho, ele se identifica com a girafa pequena ao sentar-se (tomar posse, segundo Freud) sobre ela.

A ansiedade de Hans em relação a separações se amplia. Descobre riscos de perda em situações bizarras. Ao lado de elementos fóbicos, apresenta aspectos obsessivos, para tentar controlar as ameaças a sua integridade psicológica. Aparentemente, demonstra medo do barulho da descarga do banheiro: "Aqui [em Viena] eu não tenho medo. Em Lainz me dá medo quando você puxa a válvula. E quando eu estou lá dentro e a água corre para baixo, me dá medo também". Como se vê, o medo não é só do barulho, mas também da água que se escoa, que vai embora (e pode levá-lo junto). Essa manifestação é considerada normal em crianças menores. Ainda em relação à água, teme que a mãe o largue na banheira, podendo afogar-se, como gostaria que acontecesse com a irmãzinha. Desde tenra idade, Hans demonstrou tendência à constipação intestinal, que foi corrigida com orientação alimentar. No período da fobia, "a constipação voltou a aparecer com certa frequência" (p. 65). Trata-se de um sintoma coerente, se levarmos em conta que a vivência predominante do paciente é o medo de perdas e de descontrole, no caso, intestinal. Hans vive uma fase em que trabalha a integração do parcial-total, do dentro-fora, do bom-mau, da fantasia-realidade, do corpo-psiquismo, em que os sintomas que apresenta aos 5 anos são meros acidentes de um percurso que desemboca na construção da personalidade adulta. Assim, as características do funcionamento intestinal deixam de ser biológicas para ser biopsicológicas, ou seja, passam a ser parte do seu *modo* de ser.

As manifestações de ansiedade (desespero), raiva (ódio) e tristeza (depressão), observadas por Bowlby (1981b) no processo de separação, podem ser fartamente reconhecidas no caso do pequeno Hans.

No entanto, cabe um comentário em relação ao ódio que está associado, no relato de Freud, ao desejo de morte do pai para se apoderar da mãe ou, quando dirigido a esta, como carregado de "obscuros desejos sádicos" (p. 136). Do ponto de vista relacional, a raiva, em primeira instância, pode ser considerada expressão direta do abandono. Se isso for válido, estaremos diante de dois tipos de ódio: um direto, primário, dual, e outro mais complexo, competitivo, triangular. As respectivas culpas em relação a ambos os ódios também seriam, por consequência, diferentes. É claro que se poderá argumentar que, em uma situação de abandono (a dois), o "terceiro" está sempre implícito, e o complexo de Édipo (triangulação) já nasce com o homem. Mas esse é um ponto da psicologia em que, talvez, valha mais o credo do que a observação clínica. Moreno (1977a) acredita que o enfoque psicanalítico do drama edipiano é correto na medida em que considera o complexo de Édipo como uma reação individual. Porém, para representar o drama completo, seria necessária uma análise de todas as interações em jogo. Deveria haver um estudo do ponto de vista de cada um dos envolvidos na rede "relacional". Assim, teríamos um complexo de Édipo, um complexo de Laio e um complexo de Jocasta.

Ao lado da conotação edípica que a interpretação freudiana dá ao cavalo, devemos lembrar que, naquela época, muito mais que agora, os equinos eram símbolo de movimento, viagem, mudança, partida, despedida, abandono etc. Não é à toa Hans referir medo não só dos cavalos em si, mas também das carruagens, das carroças de mudanças: "Também fico com muito medo das carroças de mudança" (p. 58) e dos ônibus — ou seja, de qualquer objeto intermediário de um possível abandono. Existe uma referência à "despedida" no texto: "Quando Lizzi [uma amiguinha] tinha de ir embora, havia uma carroça com um cavalo branco em frente da casa dela, para levar a bagagem à estação" (p. 40). O mesmo episódio em edições anteriores a 1924 assinala que quem parte é o pai: "Um pai, na partida dele, dirigira-se a sua filha [...]" (rodapé da p. 126). Nesse episódio, há ainda uma associação entre separação e mordida de cavalo. O pai diz para a filha: "Não ponha o dedo no cavalo, se você puser, ele vai morder você" (p. 126).

Dessa maneira, não seria surpresa se Hans passasse a apresentar também medo de trens e de navios. O próprio Freud não refuta essa possibilidade, dizendo que a imaginação do menino "estava avançando de cavalos que puxam veículos para ferrovias. Da mesma forma, uma fobia de estrada de ferro finalmente se torna associada a qualquer fobia de rua" (p. 92). Devemos lembrar, a propósito, que a Nordbahn — a ferrovia setentrional — passava atrás da casa da família. Na frente, havia um depósito onde com frequência entravam carroças para serem carregadas. O menino sofria, portanto, um estímulo constante em relação a sua fobia: "Tenho medo de ficar ao lado da carroça e ela partir rápido, e de ficar de pé nela e querer passar para o galpão [a rampa de carregamento], e então a carroça me levar quando sair" (p. 57).

Freud refere que a palavra *wegen* (por causa), pronunciada várias vezes em uma brincadeira na qual crianças imitavam cavalos, "foi o meio que favoreceu a fobia estender-se, desde cavalos, até *Wagen* [veículo], ou *Wägen* [que se pronuncia exatamente como *wegen*] [...]" (p. 68). O enfoque relacional deixa de lado esta explicação, pois encara a fobia de Hans como a exacerbação patológica de uma fase normal do desenvolvimento neuropsicológico: o aprendizado da relação-separação. Por decorrência, os intermediários simbólicos (veículos) de separação despertam pavor no pequeno paciente. Devemos valorizar, portanto, como fatores intervenientes, algumas situações relacionais ameaçadoras de ruptura vincular na vida do menino: a separação da mãe por ocasião do nascimento da irmã, a consequente saída do quarto dos pais, as ameaças de abandono da mãe e, quem sabe, o suposto trauma da amigdalectomia, que discutiremos adiante. Ainda em relação aos veículos, podemos imaginar que, se Hans fosse um menino de nossos tempos, com certeza incluiria em sua fobia o medo de carros, caminhões e aviões. A própria mordida do cavalo, fosse para arrancar um pedaço qualquer do corpo, fosse o próprio "pipi" do menino (angústia de castração), representaria a perda de uma parte e, portanto, uma separação. Aliás, a mãe não era nada tranquilizadora ao dizer que "se fizer isso de novo [tocar o pênis], vou chamar o dr. A para cortar fora o seu pipi" (p. 17). Hans atravessava uma fase em que a identidade (existencial e sexual) estava se estruturando. Nesse período, a discriminação entre o parcial e o total é tênue, de maneira que perder uma parte pode significar perder o todo — a própria identidade. Nessa linha, um fato não devidamente valorizado

86

refere-se à operação de amígdalas a que Hans foi submetido. Uma semana depois da cirurgia, seu pai observa: "[...] sua fobia aumentou de novo, agravando-se muito mais. Ele vai até a varanda, é verdade, mas não sai para passear. Quando chega até a porta da rua, vira-se rapidamente e volta" (p. 40). Fora o aspecto de lhe terem arrancado literalmente uma parte de si mesmo, as amígdalas, em um período em que estava muito sensível à perda, vale a pena analisarmos outra possível separação envolvida: a dos pais. Bowlby (1981b) chama a atenção para a traumática experiência da internação de crianças no Reino Unido, em meados do século XX. As crianças eram entregues ao hospital, só retomando contato com os pais quando da alta. Não eram permitidas visitas. Levando-se em conta que os costumes britânicos não deveriam ser muito diferentes daqueles dos germânicos, do começo do século passado, podemos imaginar que Hans passou maus bocados durante essa "cirúrgica" separação.

O enfoque relacional do caso do pequeno Hans revela uma atitude filosófica distinta da adotada pela psicologia freudiana. O caminho do "aprendizado" da relação (vida)-separação (morte) é central na abordagem relacional, constitui a base existencial do desenvolvimento humano; precede, em importância filosófica, a posição que a psicanálise freudiana dá à sexualidade. Esta continua sendo um importante canal relacional do ser humano, mas deixa de ser a pedra angular de um sistema psicológico. A angústia de castração torna-se, por sua vez, derivada do "medo-raiva-tristeza" da separação. Por fim, o complexo edipiano aparece englobado no processo de triangulação que coordena a passagem do relacionamento dual (*simbiose* e *relações em corredor*) para o triangular.

Felizmente, Hans melhora: "Sua melhoria tem sido constante. O raio de seu círculo de atividades, tendo a porta da rua como centro, torna-se cada vez maior. Chegou até a levar a cabo a façanha, que até agora lhe tem sido impossível, de atravessar correndo até a calçada em frente, do outro lado" (p. 63). Isso lembra a referência sobre o percurso do ser humano na vida como sendo um movimento que parte da barriga da mãe, vai para o colo, depois para o chão, para o quintal, para o quarteirão, para o bairro, para a cidade e para o mundo, porém permanecendo sempre uma saudade da antiga "casa". Assim foi com

Hans: cresceu, enfrentou a separação conjugal dos pais quando adolescente, mais tarde trocou seu país pelos Estados Unidos, onde chegou a ser diretor cênico do Metropolitan Opera House, de Nova York. Mas algumas vezes lembrou-se daquele período da infância que o tornou famoso e procurou o *Herr Professor* em 1922, assim como sua filha, Anna Freud, em 1970, dizendo: "Eu sou o pequeno Hans".

Não poderia fechar estas considerações sem ressaltar o momento mais psicodramático do relato. Assim, o pai de Hans o descreve: "Durante algum tempo, Hans tem brincado de cavalo, no quarto; ele trota, deixa-se cair, esperneia com os pés e relincha. Certa vez prendeu no rosto um saquinho, parecido com a sacola de focinheira dos cavalos. Repetidamente vem correndo até mim e me morde". E, dessa maneira, o "psicodramatista" Sigmund Freud comenta a força da dramatização: "Desse modo, ele aceita as últimas interpretações com mais determinação do que lhe era possível fazer com palavras, mas naturalmente mediante uma troca de papéis, uma vez que o jogo se desenrolava em obediência a uma fantasia plena de desejo. Por conseguinte, ele era o cavalo e mordia seu pai; assim, ele se identificava com seu pai" (p. 61).

"Eu" global e "eus" parciais

Como vimos no caso do pequeno Hans, para compreendermos o processo de internalização de relações afetivas na infância necessitamos lançar mão do parâmetro "parcial-total". Por exemplo, dentro de um ponto de vista concreto, a relação "bebê-seio da mãe" é parcial, enquanto a relação "criança-mãe" é total. As relações, no entanto, são internalizadas de uma forma tão absolutamente particular que representam sempre apreensões parciais do total. Primeiro, porque o total talvez seja uma medida mais utópica ou idealizada do que real, e, segundo, porque a criança vive nessa fase uma imaturidade neurológica em que os processos perceptivos são rudimentares. A sucessão de repetidos momentos relacionais conforma o processo de internalização.

As relações são internalizadas por meio de cenas vivenciadas. Estas estão para as relações assim como as molduras estão para os quadros. As cenas dão a referência espaço-temporal e o colorido afetivo das relações internalizadas. A partir do processo de sucessivas internalizações parciais das relações, começam a se esboçar os "eus" parciais internos. Estes se originam da identificação com ambos os polos da relação. Assim, em uma relação internalizada A-B, o "eu" parcial interno terá características de A, de B e de AB, no que concerne ao clima relacional captado. Se imaginarmos que as relações são internalizadas como relações "boas" e "más", de acordo com as vivências relacionais em seus diferentes momentos, podemos concluir que existem "eus" parciais positivos e negativos. Assim, a criança internalizará uma constelação de mães, em que a mãe boa e a má são somente extremos de um processo que encerra figuras (com cargas) positivas e negativas, de graduação variada. Uma constelação de "eus negativos" pode ser responsável, por exemplo, em determinadas personalidades obsessivas, pela sensação de maldade interior e o desejo de expiação de culpa que acompanha essas pessoas.

Os "eus" parciais internos e suas constelações emergem à superfície relacional por meio do desempenho de papéis ou permanecem latentes à espera de liberação. O processo de formação de "eus" parciais internos acontece na matriz de identidade, pelo exercício dos papéis psicossomáticos, dos papéis do imaginário (ou da fantasia)[7] e dos papéis sociais.

Neste enfoque, então, o psiquismo é constituído por uma estrutura dinâmica, em que o "eu" global é conformado por múltiplos "eus" parciais que, às vezes, se agrupam em constelações, como, por exemplo, a dos "eus censores", a dos "eus sadomasoquistas" etc. Os "eus" parciais internos apresentam, por sua vez, um grau variável de relacionamento que podemos chamar de "sociometria interna". O indivíduo relaciona-se, portanto, externamente, com grupos de pessoas

---

7. Inspiro-me em Naffah Neto (1979) e Perazzo (1994 e 1999) para designar o que Moreno denominou originalmente papéis psicológicos ou psicodramáticos. Naffah Neto propõe nomeá-los como papéis imaginários. Perazzo distingue-os dos papéis de fantasia por considerar os primeiros ligados à transferência e os últimos, não. Brito (1998) coloca o fantasioso como subterritório do imaginário. Gonçalves (1999) discorre sobre "Imagem, imaginação, imaginário". Opto pela simplificação, denominando-os papéis do imaginário ou da fantasia, aqueles responsáveis pela função da imaginação ou da fantasia, ou, ainda, aqueles que têm a faculdade destas.

(eu-tu, eu-eles e eu-nós) e, internamente, com grupos de "eus" internos (eu-eu). Falamos, assim, de grupo interno e externo, e de sociometria interna e externa. Nesta concepção, o intrapsíquico é uma inter-relação de "eus" internos. Vale dizer, portanto, que o "intrapsíquico" é um "inter". Nesse sentido, mesmo quando o psicoterapeuta se dedica somente à psicoterapia individual, ele é um psicoterapeuta grupal, pois trabalha com o grupo interno do indivíduo. As constelações de "eus" mais acionados demarcam sulcos que originam os traços principais e secundários da personalidade. Nesta perspectiva, ainda, o narcisismo pode ser compreendido como um estado da personalidade ("eu" global) em que os "eus" parciais internos estão polarizados por um movimento centrípeto[8].

Entre os inúmeros "eus" que povoam nosso psiquismo, podemos acrescentar, inspirados no "ser e parecer" de Martin Buber, o "eu aparente" (o que parecemos ou pensamos ser) e o "eu real" (o que somos e relutamos em reconhecer). O desenvolvimento exagerado do "eu aparente" pode dar origem ao "falso eu". Incluo também nessa galeria o "eu observador", que não é o que aplaude ou critica, mas o que capta de maneira adequada quem e como somos. O crescimento pessoal está diretamente ligado ao desenvolvimento do "eu observador", e é por meio dele que o processo psicoterápico pode ser bem-sucedido. O "eu observador" guarda uma distância ("distância e relação" de Martin Buber) de observação suficiente para avaliar os "eus" parciais internos com justeza.

Os sonhos oferecem uma visão didática dos "eus" parciais internos. Estes se expressam por intermédio dos personagens oníricos. Os "eus" parciais internos são os "atores" do teatro onírico. Uma decorrência prática dessa concepção é que, no trabalho com sonhos, deve-se propiciar ao paciente dramatizar as diferentes personagens oníricas, pois assim ele estará não só se identificando com seus "eus" internos, mas tendo a chance de "exorcizá-los" psicodramaticamente.

Vejamos mais alguns aspectos da psicologia relacional a partir do estudo de outro caso clínico da literatura psicanalítica. Desta vez vamo-nos deter no consagrado caso Dora.

---

8. Outras ideias sobre o tema podem ser encontradas no Capítulo 8, "Diagnóstico da personalidade e distúrbios de identidade".

Enfoque relacional do caso Dora

O caso Dora de Freud (1968, pp. 605-58), no enfoque relacional, deve considerar todas as possibilidades relacionais do agrupamento constituído por Dora, o pai, a mãe, o sr. K., a sra. K. e Freud, em todas as suas alternativas sociométricas — o membro isolado, as diferentes díades, os trios, quartetos, quintetos e o sexteto, segundo as forças de atração, repulsão e neutralidade entre seus componentes. Deve-se levar em conta também a forma como Dora internalizou suas relações primárias, seus "eus" parciais internos em bons e maus na *matriz de identidade* (os primeiros sintomas surgiram aos 8 anos de idade). Dora era a paciente identificada de uma rede relacional saturada e patológica.

O pai (a quem Freud tratara anteriormente de sífilis) e a sra. K. eram amantes, com o assentimento do sr. K., que auferia vantagens comerciais disso. Este, por sua vez, assediava a menina Dora desde os seus 14 anos. Esta reagia com medo e nojo. O pai, cúmplice da situação, não atendia aos pedidos de ajuda da filha. Dora contou à mãe o que se passava, "[...] para que esta, por sua vez, levasse ao conhecimento do pai que o sr. K. se atrevera a lhe fazer propostas amorosas [...]" (p. 610). Dora devotara uma grande amizade à sra. K., que depois se transformou em decepção ("corrente inconsciente homossexual"). A mãe assistia aparentemente de forma alheia a tudo isso. O pai e o sr. K. eram "amigos", apesar de — ou até mesmo por — um dormir com a mulher do outro e este paquerar a filha adolescente do primeiro. Freud dá seu próprio testemunho e expressa sua avaliação pessoal em considerar a repugnância física de Dora pelo sr. K. como fruto de repressão sexual: "A repugnância de Dora, ao sentir o beijo, não dependeu seguramente de circunstâncias acidentais que ela teria recordado ou mencionado. Eu conhecia anteriormente o sr. K. por ter sido a pessoa que veio acompanhando o pai de Dora a primeira vez que ele apareceu em meu consultório, e sabia que se tratava de um homem ainda jovem e de aspecto atraente" (p. 612).

Freud não considerou que a jovem pudesse estar enojada pela trama conspiratória dos adultos, a qual ela tentava denunciar. Ele continuou firme em sua crença de classificar, "sem hesitar, como histérica, toda pessoa na qual uma excitação sexual provoque nojo na ocasião" (*in* Rodrigué, 1995, p. 47). Dora debatia-se em ser considerada uma adolescente mentirosa. Emílio Rodrigué (1995, vol. 2, p. 48) assim se refere a este ponto: "Continuando nesta tarefa de supervisionar Freud, é alarmante a torrente de interpretações. Também impressiona sua recusa em considerar as dúvidas de Dora como algo além de uma mera resistência". Rodrigué relata ainda que o próprio Freud reconheceu seu erro mais tarde, dizendo que não conseguiu se "assenhorear" da transferência. Um erro clínico, diga-se de passagem, que não impediu o sucesso científico-literário do caso.

Dora esperava ser confirmada na apreensão de sua realidade familiar. Tinha esperanças de que a entrada do sexto elemento, Freud, pudesse modificar o sistema anterior e aliviá-la da condição de paciente identificada. Havia, além dos sintomas de Dora, uma neurose relacional. Ela recebia, no entanto, interpretações que, independentemente de poderem ser corretas na teoria, eram desconfirmadas em sua rede social. O importante, para Freud, era a atração sexual que Dora negava, e não a experiência existencial em seu átomo social. Por esse motivo, de forma coerente, Dora recusa-se a continuar o tratamento, atingindo de uma só vez a família e o médico que não a compreendiam.

Freud, em sua obsessão pela "verdade do inconsciente" (intrapsíquico), tornou-se cego para a "verdade relacional" (interpessoal). Como naquela circunstância o "outro" é secundário, ou não existe, perde-se a perspectiva da relação — o "outro" estaria sempre, apenas, internalizado. Essa atitude engendra uma posição de trabalho psicoterapêutico em que o privilégio vai somente para uma das "verdades". Por sua vez, uma atitude que ressaltasse só a "verdade" externa, relacional, em detrimento da interna, também seria parcial. Penso que é possível conciliar as duas "verdades" em uma psicologia relacional que inclui a relação eu-eu (verdade interna) e a eu-tu (verdade externa). Essa atitude é coerente com o princípio de que todas as teorias são limitadas. A ciência não consegue uma compreensão definitiva da realidade, e os cientistas lidam sempre com versões aproximadas dela. Não existe uma realidade absoluta, e sim realidades relativas.

Estes comentários a propósito do caso Dora revelam que existem outros ângulos a ser explorados pelo estudo da dinâmica relacional desse quinteto diabólico, ou sexteto — que não se perca o trocadilho: "sex-teto", dado o número e a intensidade das correntes sexuais envolvidas. Como já foi comentado, em primeiro lugar, Dora não pode ser consagrada como a única "doente" de uma rede relacional saturada. Em segundo lugar, chama a atenção que, embora exista uma "verdade inconsciente" a ser descoberta, existe também uma "verdade consciente" a ser confrontada. E que para uma adolescente de 17 anos, sem levar em conta os aspectos de sua personalidade, mesmo nos dias de hoje, saber que o pai é amante de uma mulher que admirara e em quem provavelmente se espelhara para aprender a ser mulher (como registra o dito: "quando crescer, quero ser igual a ele[a]"), perceber que o homem mais velho de quem gostara, o "tio", não era um herói, mas aquele que compactuava, por interesses escusos, com a farsa enlouquecedora que os adultos, inclusive Freud, encenavam à sua volta, e ter ainda uma mãe fraca que não conseguia protegê-la ("psicose de dona de casa"[9]), já era mais do que motivo para ter muitos chiliques histéricos e demonstrar nojo de todos. Mannoni (*in* Rodrigué, 1995, vol. 2, p. 48), em "Ficções freudianas", imagina um diálogo em que Dora diz à sra. K.: "Meu pai sifilítico, minha mãe, coitada, uma débil mental; você uma mulher adúltera, e teu marido, um corno consciente. Que coleção!"

No alinhavo dessas ideias, não posso me furtar à tentação de fantasiar todos os participantes reunidos com o dr. Freud, em seu consultório, e este realizando sua primeira sessão de psicoterapia de grupo familiar. Seria uma estreia grandiosa, digna de sua trajetória.

Dimensão cósmico-relacional do homem

Nessa dinâmica relacional interna (intra) e externa (inter) está implícita uma "atividade" que bem podemos chamar de "energia", se nos restringirmos aos conceitos de fluxo, flutuação, vibração, ritmo,

---

9. Expressão colhida em Rodrigué (1995, p. 42) sobre a referência de Freud aos "sintomas desta desinteressante e comum entidade nosológica: desinteresse pelos filhos, mania obsessiva de limpeza, total falta de *insight* sobre a natureza de sua doença, frigidez".

sincronia e ressonância[10]. O cardiologista Dean Ornish (1998, p. 166), pioneiro na reversão de placas ateromatosas das artérias com métodos não medicamentosos (dieta vegetariana, exercícios físicos, psicoterapia e meditação), comenta que a medicina alopática não costuma falar sobre o modo pelo qual o fluxo e a troca de energia afetam a saúde. A medicina ocidental não incorpora conceitos da física, como a famosa equação de Einstein (energia é igual à massa [matéria] vezes o quadrado da velocidade da luz), que diz ser a matéria outra forma de energia. Esta equação, que levou à fabricação da bomba atômica, pode constituir-se em um elemento para a comprensão do processo de saúde-doença. Por isso, pode-se imaginar que as doenças começam com perturbações de energia que mais tarde se manifestam fisicamente (corporalmente).

Assim como a libido, para Freud, busca prazer, na concepção *relacional*, a "energia" busca relações, podendo-se falar, nesse sentido, em "instinto" (ou "pulsão") de relação. Parte-se do pressuposto de que no universo tudo é energia e tudo é relação. Como vimos acima, matéria é energia em estado condensado e energia é matéria em estado radiante. O homem é, portanto, matéria e energia que se relacionam com outras matérias e energias semelhantes e dessemelhantes. O ser humano possui uma energia quimioeletromagnética variável conforme seus sentimentos, pensamentos e sensações, e também de acordo com seu estado de saúde-doença, que pode ser medido, pelo menos em parte, pelos aparelhos médicos (eletroencefalografia, mapeamento cerebral, eletromiografia, ressonância magnética etc.).

De alguma maneira o conceito de "consciente-inconsciente" se liga à concepção de energia. Lanço mão de uma metáfora para o entendimento da questão. Comparemos a luz à consciência: os fenômenos mentais podem ser mais ou menos claros, dependendo da luz (consciência) que incida sobre eles. Nessa comparação temos dois extremos, um muito escuro e outro muito claro, entremeados por uma zona variável de claro-escuro. Ao claro-escuro corresponde o pré-consciente (e o pré-inconsciente); ao escuro, o inconsciente, e ao muito escuro, o inconsciente transpessoal — como, por exemplo, o incons-

---

10. Valho-me de algumas colocações de Capra (1988).

ciente coletivo de Jung. A zona clara refere-se à consciência e a muito clara à supraconsciência. A supraconsciência se ocupa dos estados de consciência vividos em momentos especiais, fora do cotidiano — *peak-experiences* —, como o encontro (de Moreno e de Buber). A supraconsciência está, também, presente, em graus moderados, durante os estados meditativos (de não pensamento) que são atingidos por meio do exercício da atenção deliberadamente voltada sobre si mesmo[11].

Se o universo é concebido como uma relação de todos os seus elementos, temos de buscar a posição do homem nesta rede relacional cósmica. Qual a sua posição no tempo e no espaço cósmico? O psiquiatra inglês Maurice Nicoll (1979) trata dessas e de outras questões em seus cinco volumes sobre os *Comentários psicológicos dos ensinamentos de Gurdjieff e Ouspensky*. Algumas dessas ideias já apareceram, direta ou indiretamente, em alguns de meus escritos. Para Nicoll, o homem é composto de uma essência e de uma personalidade. O ser humano nasce com a essência. Esta corresponde ao microcosmo interior humano. O microcosmo possui a mesma "substância" ou "energia" do macrocosmo. Por esse motivo, é comum a imagem de Deus "dentro" (microcosmo) do homem, ou, "acima" dele, no céu (macrocosmo). Segundo esta concepção, o homem está conectado ao universo, ao cósmico, por meio da essência, e à Terra por meio do biológico (corpo) e do psicológico (personalidade). O corpo e a personalidade correspondem, portanto, ao invólucro da essência, sendo objeto de estudo da medicina e da psicologia tradicionais. Temos, então, duas perspectivas do ser humano: uma vertical, por intermédio da essência (cosmos), e outra horizontal (Terra), por meio do corpo e da personalidade. O homem vive na interseção dessas duas linhas. Cabe, portanto, a alegoria de que o homem está em uma cruz.

Em outro trabalho (Fonseca, 1972), coloco Moreno e Buber como líderes de um movimento neo-hassídico. Nesse mesmo texto comento que o hassidismo foi a tentativa de levar o conhecimento cabalístico ao povo. Pois bem, segundo a cabala existe uma unicidade dos seres humanos. Todos seriam ligados, por meio das essências, por uma membrana de luz. Quando se está em um relacionamento

---

11. Para mais informações, ver Capítulo 2, "Psicodrama interno".

fluente, não há obstrução da comunicação luminosa. Essa visão é relacional, pois permite compreender que em uma relação existe fluência ou constrição dos raios de luz ou energia de comunicação. O corpo e a personalidade seriam receptáculos da luz. A luz, na tradição religiosa, inclusive católica, representa a alma pela qual todos seríamos *irmãos*. A essência ou alma corresponde à parte inominada do homem. O corpo e a personalidade levam um nome: João, José, Maria. A alma não. Isso nos remete à biografia de Moreno, ao período da adolescência em que não permitia ser chamado pelo nome, à sua atitude, mais tarde, em publicar obras anônimas (das quais todos conheciam a autoria) e a um trecho de *As palavras do Pai* (Moreno, 1992a, pp. 50-51)[12], que diz:

Se alguém vier a ti/e perguntar
qual é o teu nome,/olha profundamente dentro de tua alma
e diz com uma voz forte:/Não há nenhum nome em minha alma.
E se alguém se aproximar de ti/e perguntar
de que raça tu provéns,/olha profundamente dentro da tua alma
e diga com voz forte:/Não há nenhuma raça em minha alma.
E se alguém se aproximar de ti/e perguntar
a que credo pertences,/então olha profundamente dentro de tua alma
e diz com voz forte:/Não há nenhum credo em minha alma.
Em Minha alma/mora o Pai,/somente Ele vive ali./Dentro da Minha alma/
não há nome algum,/nem raça alguma,/nem credo nenhum.
Dentro da Minha alma/vive o Pai,/somente Ele vive ali.
O Pai e Eu Seu filho,/vivemos dentro da Minha alma.

Estas colocações permitem compreender o encontro (de Buber e de Moreno) como um impacto que dissolve (perda de identidade momentânea) as personalidades envolvidas, promovendo o contato das essências e a liberação de energia cósmica (*centelhas divinas* de Moreno). Permitem, também, esclarecer a referência ao componente cósmico do ser humano que Moreno tantas vezes assinala em sua obra.

---

12. Quando realizava a revisão final do capítulo, este trecho de *As palavras do pai*, de Moreno, me foi enviado pelo psicodramatista argentino Cesar Wenk. *Gracias Cesar, gracias Moreno*.

A dimensão cósmica do homem pode ainda ser visualizada pelo seu posicionamento relacional "hierárquico" no universo. O homem é parte da matéria orgânica do planeta Terra que possui um satélite (a Lua), e junto com outros planetas gira em torno de um Sol, conformando um grande sistema relacional astronômico denominado galáxia (Via Láctea). Esta, por sua vez, pertence a um conjunto de infinitas galáxias que compõem o universo ou o absoluto. O homem faz parte desse todo (sistema): influi sobre ele e é influenciado por ele.

Essas observações fazem parte de tradições espirituais e religiosas, mas não são incoerentes com os princípios da ciência clássica. Einstein (*apud* Ornish, 1998) escreve:

> O ser humano é uma parte do todo que chamamos de universo, uma parte limitada no tempo e espaço. Ele experimenta a si mesmo, seus pensamentos e sentimentos, como algo separado do resto — uma espécie de ilusão de óptica do consciente. Essa ilusão é uma prisão que nos limita aos nossos desejos pessoais e à afeição apenas para com as poucas pessoas que estão próximas. Nossa tarefa deve ser a de nos libertar dessa prisão, ampliando nosso círculo de compaixão para abraçar todos os seres vivos e toda natureza.

Os papéis e seus modos [13]

Tento agora fazer uma articulação entre a teoria de papéis de Moreno e o conceito psicanalítico de zonas e fases erógenas. Creio que essa correlação possa resultar em subsídios criativos para o estudo do fenômeno relacional. Para tanto, devemos nos deter um pouco no período do desenvolvimento humano em que essas experiências acontecem.

A teoria psicanalítica observa que a libido se organiza de acordo com o primado de zonas erógenas e segundo a predominância de modalidades de "relações de objeto". Privilegia algumas zonas cutâneo-mucosas como prevalentes na relação do bebê com seu meio. Acrescenta que essa organização acontece de acordo com as fases

---

13. Inspiro-me em Erik Erickson (1976), que oferece um conceito de zonas erógenas de acordo com seus "modos e modalidades" de ação.

pré-genitais — oral, anal e fálica — que precedem a instauração da fase genital. Essa etapa do desenvolvimento caracteriza-se pelo exercício de atos e funções tais como sugar, morder, excretar, reter, penetrar, olhar, cheirar, ouvir etc. A criança passa a cunhar modos de ser a partir da elaboração imaginativa de suas percepções sensoriais, advindas das funções corporais. Existe, então, uma correspondência entre a vivência dos *modos* orgânicos e os futuros *modos* psicológicos de ser do indivíduo.

Moreno estuda o desenvolvimento de papéis na *matriz de identidade*. Esse desenvolvimento acontece com base nos papéis psicossomáticos (biológicos), passando pelos papéis do imaginário (psicológicos) e atingindo os papéis sociais, pelos quais se estabelecem os vínculos com os contrapapéis de outras pessoas. Os papéis psicossomáticos e do imaginário constituem a estrutura interna básica dos papéis sociais, com os quais o indivíduo vai se relacionar na vida adulta.

Para entendermos a origem dos papéis psicossomáticos, devemos lançar mão do conceito moreniano de zona. A zona é constituída pelo

conjunto de elementos próprios e alheios, atuantes e presentes, que intervêm no exercício de uma função indispensável. A zona envolve, pois, os elementos orgânicos e extraorgânicos que estabelecem sólidos laços de união entre o indivíduo e seu ambiente. Esses laços são reforçados cada vez que a zona entra em ação, isto é, quando todos os seus componentes coincidem em um foco. É nesse contato repetido e prolongado que os papéis psicossomáticos adquirem seu total desenvolvimento e maturação e assentam as bases para o desenvolvimento ulterior dos papéis sociais e dramáticos. (Rojas-Bermúdez, 1975, p. 53)

O estudo psicopatológico de distúrbios vinculados à zona devem, por consequência, levar em conta todos os elementos presentes no sistema em questão. A zona, portanto, não acontece "no" bebê, mas na relação estabelecida entre o bebê e sua *matriz de identidade*. A zona representa o "corredor energético" constituído pelo bebê, pela mãe e por todas as circunstâncias biológicas, psicológicas e culturais inerentes aos dois. A zona é ativa quando flui energia por meio desse "corredor" ou canal relacional. O movimento da zona provoca a emergência dos papéis envolvidos no ato, estabelecendo o vínculo e a relação correspondente. A zona subjaz, portanto, a todo fenômeno relacional ou vincular, tanto na criança como no adulto. Em um ato, seja o da amamentação, na criança, ou o sexual, no adulto, a partir de "iniciadores" (*starters*), desencadeia-se um processo de aquecimento (*warming-up*) individual e recíproco que desemboca em um foco que age como gatilho para o movimento da zona. Esta, por sua vez, propicia o aparecimento dos respectivos papéis e contrapapéis, configurando o vínculo e o ato propriamente ditos.

Os papéis apresentam dupla dimensão, pois são estruturados em componentes coletivos e individuais. Coletivos, no sentido de possuírem os elementos culturais referentes à coletividade a que pertence o indivíduo ("unidade social de conduta" de Moreno). Individuais, no que concerne à história pessoal de cada um. Assim, o papel de médico contém elementos comuns à micro e à macrossociedade a que pertence, e particulares, em relação a determinado doutor. Em outras palavras, o componente individual traz a conotação da marca pessoal de cada um no desempenho de papéis sociais de uma comunidade. Existem, por exemplo, médicos receptivos, acolhedores, conservadores, ousados, inovadores, diretos, agressivos e assim por diante. Essas características pessoais deveriam ser levadas em conta pelo jovem médico na escolha de sua especialidade.

Resumindo, as zonas inscrevem *modos de ser* no indivíduo, ou melhor, *modos de estabelecer relações*. Essa cunhagem de características relacionais da personalidade acontece a partir da elaboração imaginativa de como as funções corporais são experienciadas e de como servem de instrumento relacional da criança com seu meio. A expressão desse resultado acontece pelo exercício dos papéis. Todo papel contém em seu bojo marcas históricas da elaboração imaginativa das fases oral, anal e fálica, ou dos papéis de ingeridor, defecador e urinador (Rojas-Bermúdez, 1975) e de todos os outros possíveis papéis psicossomáticos, como os de respirador, dormidor, sonhador, olhador, cheirador, escutador etc.

Neste estágio do desenvolvimento infantil, a criança apresenta uma atividade discriminatória que faz parte da construção da identidade. Estabelece os limites entre o "dentro" e o "fora", o "bom" e o "mau", o "parcial" e o "total", a "fantasia" e a "realidade". Inclui-se neste processo discriminatório o "movimento" ("percurso") entre um estado e outro. Vamos nos deter no movimento que liga, em dupla direção, o "dentro" e o "fora", ou seja, o movimento de "entrada" e de "saída" do corpo. Esse movimento pode ser observado em dois tempos:

1. Na relação consigo mesmo ("reconhecimento do eu" da *matriz de identidade* de Moreno), *o que e como algo entra em mim, e o que e como algo sai de mim*;
2. Na relação com o "outro" ("reconhecimento do tu" da matriz de identidade de Moreno), *o que e como posso colocar algo dentro do outro, e o que e como posso acolher algo do outro dentro de mim*.

Se levarmos em conta a "lei do dois" ou a "lei do complementar" da natureza (frio-quente, dia-noite, seco-úmido etc.), deveremos considerar não só o que entra e não só o que sai, mas *o que entra e sai* fazendo parte de um só processo relacional. Deveremos ainda considerar *como* esse processo acontece, à medida que o percurso dentro-fora-dentro pode ser realizado de diferentes maneiras. Pode ser rápido-lento, ativo-passivo, contínuo-descontínuo, carinhoso-agressivo e assim por diante. Dessa maneira, o processo como um todo, levando em conta *o que e como*, passa a ser inscrito no registro mnêmico (consciente-inconsciente) da criança e a fazer parte do *modo* como vai atuar em seus papéis na vida adulta. Ou seja, os papéis sociais dessa pessoa vão obedecer a um *modo* de desempenho. Entenda-se por *modo* uma característica pessoal que transparece no desempenho de todos os papéis sociais. Um homem adulto — tanto no papel social de marido como no de pai, chefe, colega ou esportista — deixará transparecer um aspecto comum, "uma marca registrada" (um *modo*) que cunhou durante a formação de seus papéis psicossomáticos e do imaginário. Parafraseando a teoria sistêmica que afirma existirem no parcial os elementos da totalidade, podemos dizer que o estudo cuidadoso de um papel revela as principais características da personalidade como um todo.

No sentido de descrever melhor este período do desenvolvimento humano, necessitamos encontrar denominações que preservem o *como* esse processo acontece. Proponho que as chamemos de fases:

1. Incorporativa-eliminadora; e
2. Intrusiva-receptora.

Na primeira, a fase incorporativa-eliminadora (excretora, expulsiva) ligada ao reconhecimento do "eu", o parâmetro é a consciência físico-psicológica de tudo que entra no indivíduo e de tudo que sai dele. Assim, o ser humano não "come" só pela boca, mas incorpora o mundo pela boca, pelos olhos, pelo nariz, pelos ouvidos, pelo tato, ou seja, por meio de todo o ser. A propósito, existem três tipos de alimento essencial para o homem: a comida (alimento digestivo), o oxigênio (alimento respiratório) e as impressões (alimento sensorial). O mesmo acontece com o processo eliminador (excretório), que não se passa somente pela excreção física de fezes e urina, mas pela representação simbólica dessas funções fisiológicas, compreendendo tudo que sai do indivíduo, quer sejam atos, pensamentos ou emoções. A fase incorporativa-eliminadora inclui, então, de um ponto de vista relacional, as fases oral e anal da teoria psicanalítica e os papéis de ingeridor, defecador e urinador da teoria do "núcleo do eu" de Rojas-Bermúdez (1975).

Na segunda fase, a intrusiva-receptora, ligada ao reconhecimento do "tu", o parâmetro é tudo o que e como alguém "faz entrar" em nossa fronteira físico-psíquica, e tudo que "fazemos entrar" na fronteira do outro. A conotação do penetrar e ser penetrado ganha um contexto relacional abrangente. O aspecto sexual propriamente dito está contido no aspecto intrusivo-receptor. A fase intrusiva-receptora engloba, em uma perspectiva relacional, a fase fálica da teoria psicanalítica e, em parte, o papel de urinador de Rojas-Bermúdez.

Este estudo pretende explorar e ampliar as dimensões dos papéis, não sendo seu objetivo tipificá-los. A abordagem dos *modos e modalidades de papéis* privilegia a maneira como o processo formador acontece. Assim, levaremos em conta o "clima" afetivo vivenciado pela criança no desenvolvimento de seus papéis. Esse clima reflete diferentes nuanças, de acordo com as circunstâncias do desenvolvimento. Podemos dizer, em sentido amplo, que a parte incorporativa da zona incorporativa-eliminadora é responsável, em diferentes gradações e intensidades, pelo "aprendizado" do *receber-tomar-arrancar (roubar)* e de seu oposto, o *recusar-rejeitar-repudiar (nojo)*. Constituem diferentes modos de vivenciar o que entra e como entra nas fronteiras do indivíduo. A parte eliminadora da zona incorporativa-eliminadora encarrega-se do "aprendizado" do processo de *dar (soltar)-lançar-atirar (expulsar)* e do oposto, o de *conservar (economizar) reter-aprisionar*. Constituem diferentes modos de vivenciar o que e como pode sair algo de alguém. A fase intrusiva-receptora, da mesma forma, segundo seu modo de ação, engendra diferentes modalidades de papéis. A parte intrusiva dessa zona é a responsável pelos modos de *entrar (preencher)-penetrar (explorar)-invadir (conquistar)*. Trata-se diferentes maneiras de entrar nos limites do outro. A parte receptora engloba os modos de *acolher-guardar-esconder*. Constituem diferentes modalidades de se receber o outro dentro de nós.

A variação dos modos e modalidades dos papéis pode ser estudada não somente pela gradação da intensidade de suas características, mas também do teor de atividade-passividade em seu desempenho. A análise de atitudes e comportamentos humanos, expressos por meio do desempenho de papéis, fica enriquecida, se considerarmos suas características de acordo com as circunstâncias das relações em que se estabelecem. Assim, o conceito de saudável e patológico tem muito mais a ver com a flexibilidade e com a adequação de um papel em seu vínculo (com seu contrapapel) do que com uma análise apriorística de seu valor. As diferentes gradações de um modo (por exemplo, o *entrar-penetrar-invadir* ou *acolher-guardar-esconder*) podem ser adequadas ou inadequadas, dependendo do equilíbrio relacional que exista no vínculo estudado. O que é inadequado no modo invasivo de um ladrão pode ser adequado em um soldado que penetra em território inimigo. Assim como é agressivo o ato de "invadir" sexualmente uma mulher, sem seu consentimento, e engravidá-la, será também agressivo uma mulher atrair sexualmente um homem e "esconder" (*arrancar-roubar*) seu propósito de gravidez.

Creio que se abre, de acordo com este referencial, uma série infindável de combinações e interações possíveis dentro dos *modos* e *modalidades* de papéis e de seus vínculos.

102

Corpo físico, psicológico e energético[14]

O aspecto do desenvolvimento infantil abordado no tópico anterior pode ser compreendido como parte da formação da identidade. A identidade passa por uma definição físico-psicossocial dos limites corporais do indivíduo. De acordo com o que vimos, podemos falar inicialmente de uma "identidade zonal", na medida em que a criança define, pela ação e pela repetição, uma "área" corporal e uma "área relacional" com seu meio ambiente ("corredor ou canal relacional"). Assim, a zona oral define não só a área da boca, mas todas as estruturas anatomofisiológicas envolvidas na área da boca e do peito materno e, principalmente, a "energia" (biológica, psicológica e cultural) envolvida nesse corredor ou canal relacional. De maneira semelhante, a criança realiza o reconhecimento da zona anal e, por consequência, estabelece a consciência de uma continuidade entre os dois polos das zonas envolvidas: boca e ânus. Assim, estabelece a consciência de um segmento, o tubo digestivo. Aqui, fala-se de uma *identidade segmentar*. A partir de outras identidades segmentares a criança chega a uma "identidade corporal total". "Identidade corporal" é apenas uma maneira de falar, pois entende-se que estão aí incluídos os elementos psicológicos e culturais inerentes ao processo. Do ponto de vista filosófico, porém, podemos dizer que ninguém chega a uma identidade completa. Isso significaria uma pessoa com um conhecimento perfeito sobre si mesma e sobre os outros, ou seja, um deus. A identidade total é uma busca, uma idealização, e não uma realidade.

Os limites do corpo são dados então pelo que somos e pelo que imaginamos ser. Existe um limite físico e um limite psicológico do corpo, que é conferido pela representação imaginativa que possuímos dele (autoimagem). Cabe, portanto, dizer que o corpo físico (real) talvez seja revelado mais fidedignamente por meio do olhar do "outro" do que do nosso, que está sempre sob a égide do corpo psicológico (simbólico). A esses dois corpos, que estão em estreita interação mas que não apresentam uma coincidência perfeita, denomino *corpo físico*

---

14. Outros comentários sobre o tema podem ser encontrados no Capítulo 5, "O doente, a doença e o corpo".

e *corpo psicológico* ou *simbólico*. O *corpo energético* seria o resultado da interação (psicossociocorporal) dos dois anteriores. Essa interação pode decorrer com maior ou menor fluência espontânea. A existência de conflitos significa tensão e "ruído" comunicacional, alterando a fluência espontânea psicocorporal entre os corpos. O estado de saúde (biopsicossocial) ideal significa o corpo energético "silencioso" e fluente em espontaneidade, fruto da comunicação sem "ruídos" entre os corpos físico e psicológico. Podemos encontrar uma pessoa com o corpo físico sadio, mas o corpo energético não, resultado de conflitos na interação do corpo físico com o corpo psicológico. Ainda no terreno das possibilidades, pode haver igualmente um corpo físico doente, porém com boa fluência espontânea em relação ao corpo psicológico, resultando disso um corpo energético relativamente equilibrado, apesar da existência de doença física. A mesma doença, portanto, pode apresentar evoluções variadas de acordo com a interação entre os corpos físico e psicológico, ou seja, com o corpo energético presente.

Vejamos com mais detalhe a participação dos três corpos na sessão de psicodrama. O participante de um grupo vem do contexto social com determinado corpo energético. Ao entrar no contexto grupal, o corpo energético modifica-se em decorrência de sua inserção na rede sociométrica do grupo. Ao participar de uma dramatização (contexto dramático), o protagonista assume distintos corpos psicológicos ou simbólicos, segundo os diferentes papéis, próprios e alheios (diferentes identidades), que desempenha nas cenas. Por exemplo, se em uma dramatização são abordados diversos períodos da vida (infância, adolescência) do protagonista, com ele desempenhando seus próprios papéis e os de seus pais *bons e maus*, teremos diferentes corpos psicológicos ou simbólicos refletindo os respectivos conteúdos afetivos dessas fases, vivenciadas no *aqui e agora* da dramatização. Assim sendo, durante a dramatização, o corpo energético, dado pela interação do corpo físico com o simbólico ou psicológico, vai sofrendo alterações. A dramatização eficaz (catarse de integração) conduz a uma alteração do corpo energético para melhor. Kellermann comenta que as práticas "mágicas" do psicodrama "estão fundamentadas na noção de que a doença é resultado de uma desarmonia entre as várias energias presentes no indivíduo, na sociedade e na natureza. Para que uma pessoa

104

se torne saudável deve encontrar o adequado equilíbrio, ou integração, entre essas várias forças" (1998, p. 151).

Laing e o relacional

Concluindo o relato sobre minhas principais influências teóricas, não poderia me esquecer de Ronald Laing. Na década de 1970 indicava, "subversivamente", sua leitura para meus residentes do Hospital das Clínicas da FMUSP, pois era um autor *non grato* aos então chefes da Psiquiatria. O mais importante autor do movimento da antipsiquiatria — em que pesem seus arroubos românticos e místicos, próprios de um poeta e de um filósofo que, aliás, ele era — deixou um consistente substrato para a psicologia relacional. Seus fundamentos fenomenológico-existenciais aproximam-no de Buber e de Moreno, embora provavelmente nunca tenha lido este último[15]. Laing deixou muitas contribuições, porém, mais que tudo, deixou uma filosofia relacional. Para transmiti-la aqui, melhor do que recordar seus conceitos, talvez seja relatar um fato acontecido quando esteve em São Paulo, em 1978. Durante uma supervisão com psiquiatras e psicanalistas, Laing relatou o caso de um paciente esquizofrênico que se recusava a tomar banho, chegando a cheirar mal. Concomitantemente, o rapaz queixava-se de dificuldade em abordar mulheres. Neste ponto, Laing interrompeu o relato, perguntando qual a atitude técnica adequada para a situação. Surgiu uma enxurrada de hipóteses psicodinâmicas, cada uma mais brilhante do que a outra. A possibilidade mais aceita, entretanto, foi a de que o paciente não tomava banho para evitar a realização de desejos incestuosos. Estando malcheiroso, as mulheres o rejeitavam, ficando a salvo da concretização edipiana. Laing retrucou que, interpretação por interpretação, talvez tivesse uma melhor: se a água representasse o líquido amniótico, ao se molhar o paciente já se sentiria no útero e, portanto, em pleno "pecado" edípico. O grupo quase veio abaixo pela perspicácia do grande mestre! Quando os elogios terminaram, Laing perguntou se gostariam de saber como procedeu, e acrescentou:

---

15. Ver o Capítulo 16, "Revisitando Moreno".

"Eu disse que o seu cheiro estava desagradável e que era incômodo estar com ele. Apesar de meu interesse pelo seu tratamento, se não viesse asseado na próxima sessão, seria obrigado a não atendê-lo mais." Fez uma pausa e completou: "Na sessão seguinte e nas demais, passou a vir de banho tomado!" Pano rápido.

Conclusão

Espero ter conseguido passar aos leitores a síntese de algumas influências teóricas que recebi e o resultado delas em minhas concepções sobre o desenvolvimento da personalidade. Podemos compreendê-las sob a égide de uma psicologia relacional. Ao lado de algumas propostas técnicas que se traduzem na "Psicoterapia da relação" e no "Psicodrama interno", constituem uma tentativa de contribuição ao psicodrama contemporâneo.

Ao terminar, retorna-me a imagem do jovem do início do texto. Sua pergunta sobre minha linha de trabalho psicoterápico inspirou esta longa resposta. Se ele pudesse lê-la, outras perguntas faria, pois, como diz Moreno (1977) em seu lema: "Mais importante do que a ciência é seu resultado, uma resposta provoca cem perguntas [...]".

4

AINDA SOBRE A MATRIZ DE IDENTIDADE*

Pretendo neste capítulo complementar e atualizar algumas ideias esboçadas em meu livro *Psicodrama da loucura* (1980). Procuro situar historicamente o conceito de matriz de identidade na teoria psicodramática e discutir sua atualidade e importância.

Moreno fala da matriz de identidade na seção IV, "Princípios da espontaneidade", do livro *Psychodrama I*, publicado em 1946. Para ser mais preciso, a parte que contém os elementos teóricos sobre a matriz de identidade denomina-se "Teoria da espontaneidade do desenvolvimento infantil" e foi publicada pouco antes, em 1944, na revista *Sociometry*, vol. VII, em coautoria com Florence Bridge Moreno. É estranho que a referência a essa coautoria não apareça na edição argentina da obra. Encontra-se no mesmo livro mais uma coautoria de Florence Bridge Moreno em "Testes e diagramas de papéis para crianças".

Proponho que se valorize o óbvio: existem dois autores. E atribua-se a ambos, sem retirar de J. L. Moreno, é claro, a prevalência das ideias em questão. Por decorrência, permito-me fazer algumas considerações sobre Florence Bridge Moreno, que é, em geral, pouco conhecida entre os psicodramatistas. Florence foi casada com Moreno de 1938 a

---

* Trabalho apresentado na IX Jornada Interna do Departamento de Psicodrama do Instituto Sedes Sapientiae, Itu, SP, 17 a 19 de novembro de 1995; publicado na *Revista Brasileira de Psicodrama*, v. 4, fasc. II, 1996, pp. 21-34.

1948 e teve uma filha com ele, Regina, nascida em 1939. Florence era assistente social[1] e conheceu Moreno em uma demonstração de sociometria na Universidade de Columbia. Foi também estagiária na escola de Hudson (Escola para a Educação de Moças do Estado de Nova York), onde Moreno desenvolveu as bases da sociometria. O objetivo destes dados não é meramente histórico, pois se procura por meio deles avaliar qual teria sido a contribuição teórica de Florence para a teoria da matriz de identidade. É certo que em alguns aspectos não se irá além de conjeturas, que, no entanto, serão válidas desde que se orientem para o aprofundamento do estudo das ideias morenianas. Depois da separação de Moreno, Florence casou-se novamente e passou a assinar Florence Guncher[2]. Manteve correspondência com a psicodramatista brasileira Rosa Cukier (1996). Em sua segunda resposta (carta nº 2) a Rosa, Florence faz afirmações importantes:

> Em primeiro lugar, o artigo "Teoria da espontaneidade do desenvolvimento infantil" tornou-se uma monografia de J. L. Moreno e Florence B. Moreno, onde a teoria da matriz de identidade estava incluída [...]. Em segundo lugar, naquela época, em nossa família, vivíamos uma situação de relacionamento pais-criança [refere-se à filha, Regina] que provia matéria para que Moreno criasse suas teorias [...]. Em quinto lugar e em relação à influência que tive: fiz o mestrado em psicologia educacional pela Universidade de Columbia. Nesta época, eu discutia com ele [Moreno] meu curso, inclusive os estudos intensivos sobre desenvolvimento infantil. Quando minha filha nasceu, comecei a gravar cada fase do seu desenvolvimento, baseada no meu curso de graduação. Moreno apoiou muito meus esforços e, de forma muito natural, aplicando seu gênio criativo neste campo, deu um jeito de me incluir [...]. Minha contribuição se resumiu às nossas discussões durante a fase de escrever o artigo. Moreno soube combinar todas estas influências e elaborou, com muito mais detalhes, sua teoria, que estava muito à frente de qualquer coisa que meus professores compreendessem naquele tempo.

---

1. Por equívoco, consta que fosse médica na edição brasileira da biografia de Moreno escrita por Marineau (1992).

2. Em fevereiro de 1998, em Nova York, o psicodramatista brasileiro Marco Maida, coadjuvado por Paula Hermann e por mim, entrevistou Florence Guncher. Ela confirmou esses dados.

Independentemente de diferentes interpretações, os dados anteriores permitem inferir que a "Teoria da espontaneidade do desenvolvimento infantil", a única parte da obra de Moreno que trata do desenvolvimento sociopsicológico da criança, foi escrita em parceria com uma jovem americana (tinha 32 anos quando o texto foi publicado), oriunda de uma tradicional universidade americana, onde, nos anos 1930 e 1940, já existia, claramente, a influência da psicodinâmica psicanalítica, filtrada pelo pragmatismo americano. São dessas décadas, por exemplo, os trabalhos de Lewin (*A dynamic theory of personality*, 1935), Sullivan (*Introduction to the study of interpersonal relations*, 1938), Allport (*Personality: a psychological interpretation*, 1938), Rogers (*Counseling and psychotherapy*, 1942), Slavson (*An introduction to group therapy*, 1943) e Foulkes (*Introduction to group analytic psychotherapy*, 1948). Isso permite conjeturar que, além das raízes fenomenológico-existenciais e germano-europeias de Moreno, pode ter acontecido uma influência psicodinâmica e americana por intermédio de Florence Bridge, e até mesmo do próprio J. L. Moreno, que já estava nos Estados Unidos havia cerca de vinte anos, na formulação do texto em questão. Não seria difícil imaginar também que no livro de apresentação da teoria psicodramática para a comunidade científica, em 1946, Moreno desejasse a aceitação de suas ideias, e que isso dificilmente aconteceria se não constasse algo sobre o desenvolvimento da criança ou sobre uma teoria de personalidade. Afinal de contas, esse era o caldo de cultura que alimentava a psiquiatria e a psicologia americanas naquele período. Poucos anos depois, em 1976, Fritz Perls, o criador da Gestalt-terapia, lança suas ideias (aliás, correlatas à fenomenologia-existencial e ao psicodrama) sem uma teoria do desenvolvimento, recebendo críticas que seus pósteros estão tentando responder, realizando agora o que supostamente faltava antes: uma teoria do desenvolvimento.

De qualquer modo, sejam influências de Florence ou colocações do próprio Moreno, trata-se de uma das partes de sua obra que deixa absolutamente caracterizada a dimensão relacional, vincular do ser humano. Fica delineada também uma teoria do desenvolvimento infantil, como o próprio título do subcapítulo ("Spontaneity theory of child development") o diz, e, por consequência, o esboço de uma teoria de personalidade (acrescentando-se a teoria de papéis). Um detalhe que com frequência é relegado a segundo plano no meio psicodramático, por mais absurdo que pareça, é que a matriz de identidade abriga, como a própria denominação expressa, a formação da *identidade*. A matriz de identidade é o berço, portanto, da consciência de quem somos e de quanto valemos, ou seja, do conceito autovalorativo. Os que defendem a socionomia sem uma teoria do desenvolvimento e sem uma teoria de personalidade ficariam bem mais confortáveis se Florence e Jacob Levy Moreno não tivessem escrito o que escreveram.

Vejamos agora alguns trechos de Moreno que se referem direta ou indiretamente à matriz de identidade (os termos em itálico constituem um assinalamento meu):

Sobre a dimensão relacional

[...] a relação entre mãe e filho é uma dupla relação que implica uma ação cooperativa, muito além de pautas individuais de conduta separadas entre si. (1961, p. 99)

Sobre a compreensão psicossociodinâmica, processo de historicidade (o encadeamento de momentos forma um processo histórico) e desenvolvimento

Esta coexistência, coação e coexperiência que na fase primária exemplifica o relacionamento da criança com as pessoas e coisas ao seu redor são características da *matriz de identidade*. Esta *matriz de identidade* estabelece o fundamento do primeiro processo de aprendizagem emocional da criança. (1977a, p. 61)

Mas o princípio do determinismo psíquico não pode ser levado longe demais quando é considerado ininterrupto e absoluto, como Freud sugeriu em sua *Psicopatologia da vida cotidiana*. Converteu-se então num fetiche. Bergson, ao converter em fetiche o "élan vital", situou-se no outro extremo. A negação total do determinismo é tão estéril quanto a sua aceitação total. Contudo, na minha teoria da espontaneidade existe lugar para um "determinismo operacional, funcional". De acordo com essa teoria, pode haver, no desenvolvimento de uma pessoa, momentos originais, começos verdadeiramente criadores e decisivos, sem qualquer "horror vacui", isto é, um temor de que não exista atrás dele um confortável passado donde promana. (1993, p. 153-4)

Sobre a possibilidade de leitura histórica da vida pessoal e sobre a internalização da matriz de identidade

O "centralismo" do olhar humano, sua autorreferência, quer dizer, a referência à sua "*matriz de identidade*", não cessa nunca de atuar. O homem segue sendo criança durante toda sua vida. (1967, p. 230) É provável que em algumas crianças a *matriz de identidade* se estenda além de seu momento habitual de término. Necessitam aparentemente um período prolongado de incubação psicológica (a mãe, o pai e outros egos-auxiliares que lhes prestam ajuda). (1961, p. 238) Em verdade, uma porcentagem considerável de indivíduos mostra a tendência de ser relegada ou isolada em grupos durante sua vida; a questão é saber se o ego-auxiliar, na forma de mãe, não teve, desde tempos imemoriais, uma função mais profunda do que ser mera fonte de alimento para a criança. (1977a, p. 122)

Sobre a compreensão da origem dos delírios e alucinações na doença mental [3]

As mensagens e sinais que "dirigem" o doente ou os que "recebe" podem ser inspirados por *telematrizes* ou *matrizes* de ação constituídas na primeira infância. (1972, p. 219)

Dispensando a teoria psicanalítica na explicação de uma paciente psicótica

O desenvolvimento precoce da dissociação entre fantasia e realidade na criança, a evolução sociométrica da formação de grupo e a teoria da criatividade nos bastam para compreender as vivências de Mary. (1966, p. 392.). O rodapé remete para o texto em foco, "Spontaneity theory of child development".)

A matriz de identidade é a origem da teletransferência e dos papéis

Na primeira fase da *matriz de identidade*, a criança não distingue ainda entre proximidade e distância. Mas gradualmente adquire o sentido de proximidade e distância e começa a ser atraída por pessoas e objetos ou a afastar-se deles. Esse é o primeiro reflexo social que indica a emergên-

---

3. Nesta época, 1934, Moreno ainda não tinha formulado o conceito de matriz de identidade.

111

cia do *fator tele* e constitui o núcleo de pautas posteriores de atração e rechaço e de emoções especializadas; em outras palavras, das forças sociais que posteriormente rodeiam o indivíduo. (1961, p. 110) Da brecha entre realidade e fantasia, surgem dois novos conjuntos de papéis. Enquanto ela não existia, todos os componentes reais e fantásticos estavam fundidos em uma série de papéis, os *papéis psicossomáticos* [...] Mas da divisão do universo em fenômenos reais e fantasiosos surgem gradualmente um mundo social e um mundo da fantasia, separados do mundo psicossomático da *matriz de identidade* [...] Denominam-se respectivamente *papéis sociais* [o pai] e *papéis psicodramáticos* [o deus]. (1961, p. 116) Estas estruturas de *papéis* podem, por sua vez, refletir vivências simbólicas que se originam no passado mais remoto do protagonista. (1966b, p. 392, referindo-se à "estrutura inconsciente dos papéis" de sua paciente psicótica Mary.)

Dado que "a mãe" [referindo-se ao papel de mãe e à capacidade de crianças representarem o papel da mãe] não é um *papel* único, mas um rácimo [aglomerado ou *cluster*] de papéis, algumas de suas manifestações mais antigas podem ser profundamente perturbadoras para uma criança, e tão enigmáticas que não será capaz de representá-lo. (1961, p. 239) Quanto mais os *papéis* se convertem numa parte do *eu*, mais difícil será para a criança, em anos ulteriores, representá-los, sobretudo quando ela tenta colocá-los em nível de aprendizagem conceitual, pois é no mais precoce estágio da assimilação de *papéis* (*matriz de identidade*) que a criança está experimentando uma forma de existência que é tanto pré-inconsciente como pré-consciente; é, estritamente, uma vida de atos. (1977a, p. 173) Estas cinco etapas [da matriz de identidade] representam as bases psicológicas para todos os processos de desempenho de papéis e para fenômenos tais como a imitação, a identificação, a projeção e a transferência. (1961, p. 102)

Creio que as características de personalidade do psicoterapeuta são as responsáveis conscientes-inconscientes pela escolha de sua escola psicoterápica. Alguns optam por linhas verbais, outros por enfoques corporais, outros ainda por abordagens estratégicas ou de ação. Essas mesmas condições de personalidade fazem que se aprecie mais ou menos determinada parte do corpo teórico de uma obra científica.

Outro fator que define as preferências teóricas de um psicoterapeuta são as influências anteriores. Psicodramaticamente, pode-se dizer que a matriz de identidade profissional determina o percurso do psicoterapeuta. Ninguém pode negar suas raízes, seja aceitando-as, seja fugindo delas. Os autores brasileiros valorizam partes distintas do corpo teórico do psicodrama. Não tenho a menor dúvida de que, assim como transcrevi trechos de Moreno que valorizam a matriz de identidade, outro autor, com tendências diferentes, poderá fazer outras tantas citações com validação oposta. Alguns realçam a sociometria e a teoria de grupo como um todo, outros a noção de tele, a teoria dos papéis ou a teoria da espontaneidade. Sergio Perazzo (1994) considera que o núcleo central do psicodrama é constituído pela articulação entre a sociometria, a teoria de papéis e a teoria da espontaneidade-criatividade. Já Moysés Aguiar (1988) resgata os princípios do teatro espontâneo no psicodrama. Wilson Castello de Almeida (1988) ressalta o método fenomenológico-existencial como intrínseco à socionomia.

Procurando ser coerente com os comentários acima, creio que minha escolha pelo psicodrama, entre outros aspectos que não consigo alcançar, seguiu uma atração pela ação, pela objetividade (possibilidade de concretizar conflitos por meio da dramatização), pelo aspecto visual e artístico, aqui compreendido em sentido amplo, como a capacidade de protagonista, diretor e grupo produzirem a beleza cênica. Nesse sentido, a beleza pode ser definida como todo e qualquer ato que desprenda espontaneidade, transformando-o em criativo. Minhas posições teóricas em relação ao psicodrama obedecem às influências profissionais anteriores. Quando tomei contato com o psicodrama, trabalhava com o referencial psicanalítico. Estudei Moreno, especialmente a matriz de identidade, por uma óptica psicodinâmica. O resultado desse tipo de leitura produziu algumas ideias que ganharam corpo e acabaram sendo publicadas no decorrer dos anos. É claro que no início esse processo aconteceu de maneira inconsciente, e somente anos depois pude me dar conta de que tinha realizado essa fusão. A matriz de identidade de Moreno, tal como ele a apresenta, possibilita uma compreensão dinâmica do ser humano. Essa leitura torna-se consideravelmente mais completa se forem integrados elementos da psicodinâmica psicanalítica. Creio que isso é possível sem a descaracterização teórica do psicodrama. Procuro desenvolver uma psicossociodinâmica baseada na matriz de identidade, mas influenciada pela *psicanálise relacional*, que vem a ser, resumidamente, a parte da psicanálise que trata da dinâmica das relações (transferência e triangulação, por exemplo), sejam elas externas ou internalizadas. A *psicanálise relacional* descarta a parte *hidráulica* da psicanálise clássica que trata da circulação e do bloqueio da libido. Aceita a teoria da sexualidade infantil, despojada do exagero interpretativo, e sem a compulsividade sexual do freudismo do início do século. Deixa em posição secundária as instâncias do ego, id e superego. Sendo assim, na teoria moreniana entendo a *matriz de identidade* como a porta de entrada da psicodinâmica. Há uma tentativa de fusão, como já disse, assim como existem as fusões musicais (*fusion*)[4], entre a *matriz de identidade* e a *psicanálise relacional*, que procuram preservar a nomenclatura e a linguagem psicodramáticas. Apesar da grandiloquência, mas já me desculpando pela pretensão, podemos dizer que, se a bossa-nova representa a influência da música norte-americana sobre o samba, nem por isso ela deixou de ser música brasileira.

Concordo com Garrido Martin (1984) que dois eixos principais polarizam a antropologia moreniana: a espontaneidade, em sua dimensão individual, e a tele, em sua projeção social. O número de citações de Moreno referentes à espontaneidade em relação aos seus outros conceitos não deixa dúvida quanto à primazia dela em seu pensamento[5]. Apesar de racionalmente concordar com essa análise, constato que minha aproximação de sua teoria dirigiu-se por outras *razões* ou outras *emoções*. Para mim, o aspecto mais importante da obra moreniana é a dimensão relacional, grupal, sociométrica. É encantador saber, por exemplo, que o que é chamado de complexo de Édipo, na verdade, é a resultante do complexo de Édipo, do complexo

---

4. Ver nota 4 do Capítulo 3, p. 77.
5. Jonathan Fox (1987) lembra que para Moreno a natureza humana é caracterizada por uma ilimitada capacidade para a ação espontânea e criativa, e que daí deriva a perspectiva otimista de sua obra. Concordo, porém acrescento que o conceito de encontro também se situa nessa perspectiva otimista, uma vez que acena com a possibilidade de um momento transcendente ao cotidiano.

114

de Jocasta e do complexo de Laio na matriz de identidade, ou seja, o indivíduo é produto de uma série de interações relacionais (genéticas, psicológicas ou sociais) sociométricas em seu átomo social primário[6].

Dentro, então, do âmbito relacional, valorizo, em primeiro lugar, os conceitos de teletransferência (e não tele e transferência, porque os considero um só processo), encontro, matriz de identidade e momento. Apreendo a teoria psicodramática como uma unidade em que cada conceito se relaciona com outro e todos com um. É dentro dessa visão global que o homem forma a personalidade na *matriz de identidade*, relaciona-se por meio de *papéis*, faz vínculos *télico-transferenciais*, tem ou não *encontros* e libera *espontaneidade* em seus *momentos* de *criatividade*. Nessa compreensão, a espontaneidade é decorrência do homem em movimento, em *relação*. Nessa atitude, o primeiro olhar é para a dimensão relacional e o segundo para a liberação-coarctação de espontaneidade envolvida no processo. Isso não significa uma desconsideração, mas uma consideração específica da espontaneidade na teoria socionômica. Do ponto de vista prático — em uma dramatização, por exemplo —, acredito que a fluência espontânea seja mais importante que resoluções formais de conflitos, embora toda resolução real de conflitos implique liberação de espontaneidade. Abrir canais de espontaneidade é a meta principal do psicodramatista.

Finalizando, gostaria de tecer breves comentários sobre alguns tópicos ainda não abordados. Em primeiro lugar, gostaria de comentar que, após a edição do livro *Psicodrama da loucura*, vários pontos sobre minhas contribuições para o conceito de matriz de identidade foram mais bem elaborados e outros acrescentados, mas este não é o lugar mais adequado para falar de todos. Um deles, no entanto, foi levantado pertinentemente por Geraldo Massaro (1995): a fase de *triangulação* se iniciaria antes, e não depois, como consta no livro, do *reconhecimento do eu e do tu*. O *terceiro* do triângulo ajuda a *desfundir* a simbiose, ele é a *cunha na* e o *resgate da* mistura simbiótica.

Não concebo o desenvolvimento da matriz de identidade de forma linear, segundo um "tempo cronológico". Concebo-a de acordo com um "tempo lógico", que não obedece necessariamente a uma

---

6. Ver *Édipo: psicodrama do destino* (Volpe, 1990).

ordenação. Se o "tempo cronológico" estivesse representado por uma linha horizontal, o "tempo lógico" estaria simbolizado por uma linha vertical.[7]

Mariângela Pinto da Fonseca Wechsler ilustra bem essa característica dizendo que desenha a matriz de identidade "não mais de uma forma linear, mas sim como uma 'espiral', a qual é a forma analógica de se compreender como se dá a construção do conhecimento" (1997, p. 22).

Outro ponto que gostaria de esclarecer é que concebo a matriz de identidade como um esquema compreensivo e não explicativo-causal do desenvolvimento humano. Como Wilson Castello de Almeida (1988) ensina, o método explicativo refere-se às ciências físico-naturais e remete às causas do fenômeno. É, por exemplo, o método que rege a etiologia médica no estudo das doenças, e que Freud tentou transpor para a psicanálise.

Moreno (1993, p. 154) critica o exagero do determinismo psicológico ou do método explicativo causal da psicanálise:

O desejo de encontrar determinantes para toda e qualquer experiência, e para esses determinantes outros determinantes, e para estes outros ainda mais remotos, e assim por diante, leva a uma perseguição interminável de causas.

Já a compreensão fenomenológica permite a "captação das vivências sem uso de explicações, pretendendo-se uma informação, a mais clara e exata possível, da experiência vivida subjetivamente" (Castello de Almeida, 1988, p. 33). O método compreensivo é o reino do *o que* e do *como*. O método explicativo causal é o reino do porquê. Castello de Almeida comenta, ainda, a propósito do uso dos dois métodos: "Não há possibilidade de se isolar ou de se querer anular um dos métodos. As duas modalidades — compreensão e explicação — não se excluem, pelo contrário, podem se completar. Somente a oportunidade de seu uso é que deverá ser judiciosamente escolhida" (1988, p. 34).

---

7. Para mais informações, consultar Fonseca (2010).

A aplicação do método compreensivo ou do explicativo na concepção da matriz de identidade traz resultados diversos, como pude registrar. Realizando supervisões clínicas e lendo trabalhos científicos, observei que muitos psicodramatistas empregam o esquema do desenvolvimento da matriz de identidade de maneira explicativo-causal. Tentam assim *explicar*, em termos de causa-efeito, as atitudes e os sintomas do paciente por meio da matriz de identidade. Em minha prática, utilizo o conceito de matriz de identidade pairando à distância do explicativo-causal. Concentro-me na compreensão do fenômeno. Não procuro explicar o paciente por intermédio da matriz de identidade. Se isso acontecer, será por decorrência natural do processo compreensivo. Quando necessito de explicação — e esta será sempre em um momento posterior, à distância da ação terapêutica —, recorro aos conhecimentos psiquiátricos e psicodinâmicos nos quais os elementos da matriz de identidade estão incluídos.

O último ponto que gostaria de comentar diz respeito à possibilidade de aplicar as fases do desenvolvimento da matriz de identidade no estudo da evolução dos grupos (terapêuticos e não terapêuticos)[8]. Ainda no livro *Psicodrama da loucura*, coloco essa possibilidade argumentando que grupos não são crianças, e, portanto, é preciso levar essa diferença em conta. No entanto, matriz de identidade é grupo, na medida em que é constituída originalmente por várias pessoas do relacionamento familiar e social da criança, e pela energia relacional que as envolve (*placenta social*). Mas, na ocasião em que escrevi sobre a evolução da dinâmica dos grupos, o fator que me serviu de inspiração foi a possibilidade de usar a mesma nomenclatura empregada no esquema do desenvolvimento da matriz de identidade. Propus observar a evolução dos grupos segundo quatro fases: 1) *fase de indiferenciação* (as pessoas não se conhecem, estão ansiosas, temem a vida grupal); 2) *fase de reconhecimento grupal* (as pessoas começam a perceber-se e a perceber os outros no grupo); 3) *fase de triangulação* (aparecimento de triângulos grupais, frequentemente, em relação ao coordenador); 4) *fase de circu-*

---

8. Para mais esclarecimentos, consultar Espina Barrio (1995), que cita seis diferentes abordagens no estudo do desenvolvimento dos grupos. Consultar também Fleury (1999) sobre "A dinâmica do grupo e suas leis".

larização/inversão (surge uma identidade grupal, o *eu-eles* dá lugar ao *eu-nós*). Essas quatro fases, é claro, também não ocorrem de forma linear, mas obedecem a um movimento em espiral, com progressos e regressos naturais e constantes. Recentemente, deparei com um trecho de Moreno (1993, p. 385) que trata do mesmo objeto e era desconhecido quando escrevi sobre o tema. Trata-se do subcapítulo "A abordagem de grupo no psicodrama". Lá, analisando o *desenvolvimento da estrutura do público*, por meio de gráficos, ele propõe *quatro fases de interação e integração progressivas:* 1) *fase amorfa;* 2) *fase de conhecimento recíproco;* 3) *fase de ação;* 4) *fase de relações mútuas.* Na justaposição das quatro fases dos dois esquemas, tem-se: 1) *fase de indiferenciação-fase amorfa;* 2) *fase de reconhecimento grupal-fase de conhecimento recíproco;* 3) *fase de triangulação-fase de ação;* 4) *fase de circularização/ inversão-fase de relações mútuas.* A estreita correlação das fases evolutivas dos grupos, apresentadas nos dois esquemas, deixa-me aliviado e a imaginar que valeu a ousadia.

PARTE II

PSICODRAMA, PSIQUIATRIA E MEDICINA

5

O DOENTE, A DOENÇA E O CORPO
Corpo físico, psicológico e energético*

Recebo um paciente (P) encaminhado por cardiologista. É um homem de 51 anos, realizado financeiramente, casado e com dois filhos adultos. Apresenta uma deficiência circulatória coronariana com indicação cirúrgica. Além das dores pré-cordiais, demonstra uma reação psicológica *exagerada*, segundo seu clínico. Ao receber o diagnóstico deprimiu-se, passou a ter crises de choro e assumiu uma atitude pessimista em relação aos resultados do tratamento. Foi encaminhado ao psiquiatra, a fim de melhorar suas condições psicológicas para a cirurgia. Escolhi a segunda sessão, de três realizadas em uma semana, relatada aqui de forma sintética, por revelar de modo significativo o conteúdo a que este trabalho se propõe.

Inicia-se o trabalho com o paciente deitado. Peço que se acomode, feche os olhos e não se movimente mais até o final do trabalho (para maiores detalhes, consultar o Capítulo 2, "Psicodrama interno"). Sugiro que preste atenção às sensações corporais e que desconsidere os eventuais pensamentos. Relato a seguir os principais momentos do *psicodrama interno* realizado:

---

* Trabalho apresentado no II Congresso Internacional sobre o Corpo, Rio de Janeiro, maio de 1987, e no Congresso Aniversário 25 Años del Sicodrama en Argentina, Buenos Aires, agosto de 1988. Publicado na *Revista Brasileira de Pesquisa em Psicologia*, v. 2, nº 1, 1989, pp. 73-6; e *Revista Brasileira de Psicodrama*, v. 2, fac, 1, 1994, pp. 41-8.

1. A sensação predominante é um suave peso no peito (região pré-cordial).

2. Concentra-se na região e delimita a sensação como a forma de um ovo de 20 por 30 cm, aproximadamente.

3. Visualiza a cor do ovo: cinza.

4. Focando a atenção no ovo cinza, relata que este se transforma em uma pedra cinzenta.

5. A pedra vai crescendo. Sugiro que olhe a cena de fora (técnica do espelho). Ele vê a si mesmo com a pedra no peito. A técnica do espelho permite uma distância necessária e protetora para a cena seguinte.

6. A pedra cresce enormemente e aquele P que está na cena estoura como se fosse um boneco de borracha inflado. O P que observa fica aturdido.

7. Sente tonturas. Assinala uma sensação de vento soprando contra ele.

8. Atento ao vento, visualiza-se caminhando em uma rua de grande movimento de pedestres. Identifica a rua Direita, no centro de São Paulo. Está vestido com trajes da década de 1940. Usa terno e chapéu e está muito magro (na década de 1940, P era um menino, mas na cena aparece como adulto).

9. Colocando atenção no ato de caminhar, transporta-se para um deserto. Está absolutamente só, andando. Usa um chapéu de abas largas. Sublinha a sensação desagradável de solidão. Peço que preste atenção na sensação, que é a ponte para a visualização da próxima cena.

10. Visualiza-se menino, aparentemente com 5 anos. A noite está caindo, é frio. Está em sua cidade natal. Está perdido, não consegue encontrar sua casa. Tem medo e chora. Perdeu-se do irmão mais velho com quem havia ido ao parque de diversões. Anseia pela mãe e por sua casa.

11. Sugiro que olhe o menino (técnica do espelho) e que assista ao desenrolar da cena como se estivesse em um sonho.

12. Está chorando e chamando pela mãe. Seu *corpo físico* (na sessão) apresenta leves tremores e tem lágrimas nos olhos. Encontra, finalmente, a casa. Entra correndo pelo portão e joga-se nos braços da mãe, que o recebe carinhosamente.

13. Sente o calor do colo e o cheiro da mãe. Experimenta uma sensação de plenitude.

14. Sente o corpo formigando e relaxado. Solicito que visualize a cor do formigamento. Após um breve silêncio, refere que a cor é rosa-brilhante. Sugiro que acompanhe a cor rosa-brilhante espalhando-se pelo corpo.

15. Começo a operação de retorno, indicando que quando estiver com o corpo preenchido pela cor rosa-brilhante volte à sala onde estamos e observe (visual interno) a sensação de seu corpo adulto com a mesma cor. Peço-lhe também que olhe seu corpo colorido de cima (espelho) e que "curta" o visual.

16. Aos poucos, vai retornando ao estado normal de consciência, movimentando-se e abrindo os olhos. Sente-se bem.

Conversamos sobre as sensações vivenciadas. Na consulta seguinte comentamos e analisamos o material da sessão anterior. Comunica-me que marcou a cirurgia. Está apreensivo mas confiante. Faz planos de mudar o ritmo de trabalho e "aproveitar mais a vida". Passo a tecer algumas reflexões teóricas a partir do caso.

Autotele e autotransferência

O primeiro comentário refere-se ao fato de que a revivência do passado não está somente ligada aos processos transferenciais, mas também aos télicos. P manifesta uma reação inadequada em relação à sua doença. Conjeturo que o menino perdido do passado represente o adulto amedrontado do presente. P estaria repetindo indiscriminadamente o passado e distorcendo a realidade circunstancial do presente. Por outro lado, foi também por meio do passado que resgatou cargas energéticas positivas — télicas — para restabelecer o equilíbrio homeostático.

Nessa linha de pensamento, impõe-se a necessidade do conhecimento do conceito de *autotele*, de que Moreno fala de modo tão passageiro em sua obra, e, por extensão, do conceito de *autotransferência* que proponho aqui.

Moreno refere-se à *autotele* quando discute o "átomo social de um mundo psicótico" ("Terapia psicodramática de choque — caso clínico de Elizabeth"). Dada sua importância, transcrevo suas palavras:

[...] mas a posição de um indivíduo psicótico dentro de seu átomo social torna conveniente a consideração minuciosa de suas relações consigo mesmo. Durante o nascimento, a criança tem experiências não só com as outras pessoas, mas também consigo mesma, em diferentes papéis. Como resultado de suas telerrelações começa não só a experimentar a si mesma, mas a considerar-se como alguém frente a quem as outras pessoas reagem de certa forma e a respeito das quais ela se comporta de determinada maneira. Pouco a pouco, desenvolve uma imagem de si mesma. Esta pode ser muito diferente daquela que os outros têm dela, mas lhe é significativa. A distância entre o que é e como atua, por uma parte, e o que pensa de si mesma, por outra, pode tornar-se cada vez maior. Finalmente, poder-se-ia dizer que ela tem ao lado de seu "eu real" um outro "eu", que exclui progressivamente. Entre o "eu real" e o "eu exterior" desenvolve-se uma estranha afinidade afetiva que se pode chamar de relação consigo mesmo ou autotele.[...]
Como mostramos, em um átomo social normal um indivíduo tem sempre, ao lado de relações baseadas na tele para com os outros, uma relação consigo mesmo ou "autotele", que é substituída no sociograma de um psicótico por múltiplos papéis. A "autotele" original explode, então, em numerosos fragmentos [...]. (1966b, pp. 346-7)

Compreendo, então, que a "autotele explodida", como diz Moreno, é substituída por algo que coerentemente se poderia chamar de *autotransferência*.

Trata-se de um *processo autotele-autotransferência*, no qual o homem oscila permanentemente. Esse processo rege a percepção, captação ou consciência de si mesmo, ou seja, a relação do indivíduo consigo mesmo (eu-eu)[1]. E essa regência insere-se na esfera da *fantasia-realidade* porque nunca somos exatamente o que imaginamos ser. A *autoimagem*

---

1. A questão da autotele-autotransferência está englobada no capítulo maior da teletransferência. Meus conceitos sobre o sistema teletransferência poderão ser consultados no Capítulo 16, "Revisitando Moreno — Psicodrama ou neopsicodrama?"

que oscila entre o (auto)télico e o (auto)transferencial contém um aspecto corporal externo e um interno. O interno refere-se aos órgãos internos que não vemos, mas que de alguma forma sentimos. O aspecto externo diz respeito à apreensão estética de si mesmo. Como a saúde é descrita classicamente como um estado de *silêncio dos órgãos*, a doença seria o *ruído dos órgãos*. No caso de P, o coração passa a fazer *barulho*. P reage inicialmente com autotransferência. Sente-se perdido e abandonado. A realidade clínica em si é preocupante, mas torna-se mais grave quando surge uma reação autotransferencial. Deposita no coração (símbolo do afeto) sua sensação de solidão e desespero.

Outra bipolaridade a discutir, além da *teletransferência e autote-le-autotransferência*, é a referente à *vida-morte*. Trata-se da mesma bipolaridade que rege a *saúde-doença*. A estrutura intrínseca de ambas é o binômio *relação-separação*, elemento existencial básico desde que se chega ao mundo até o momento em que se parte dele. O ser humano oscila da gestação (relação) ao parto (separação), dos cuidados maternos (relação) ao prescindir deles (separação), do amor (relação) ao término do amor, ou seja, à rejeição (separação). O estado de doença sensibiliza a consciência da *vida-morte* e, portanto, da *relação-separação*. P teme a morte-abandono-separação, deseja a vida-saúde-relação. Ao receber uma dose de *relação (mãe)-vida-saúde*, reequilibra o processo.

Corpo físico, psicológico (simbólico), energético

Neste momento, podemos fazer uma distinção entre o *corpo físico* e o *corpo simbólico* ou *psicológico*. O *corpo físico* de P estava doente. Em termos médicos, apresentava uma cardiopatia com lesões específicas, e impunha-se uma intervenção cirúrgica. O *corpo simbólico* ou *psicológico* continha um mundo afetivo subjacente que estava latente e que a doença fez emergir. O *corpo psicológico* ou *simbólico* está representado neste caso por todos os corpos que o paciente assumiu durante o psicodrama interno, especialmente o do menino perdido em busca da mãe. Antes da intervenção cirúrgica no *corpo físico*, interviemos no *corpo simbólico* ou *psicológico*.

A interação entre o *corpo físico* e o *simbólico* resulta no terceiro: o *corpo energético*. Tanto mais harmonioso será o *corpo energético* quanto melhor for a fluência espontânea entre os *corpos físico e simbólico*. Uma fluência espontânea obstruída geraria um *corpo energético* carregado, caso pudéssemos medir seu potencial energético. Creio que o conceito de *aura* guarde alguma semelhança com essa ideia. Leio na imprensa leiga referências ao aparelho criado pelo russo Kirlian, que mediria o potencial bioeletromagnético no nível da pele; no entanto, essas experiências carecem de comprovação científica. De qualquer modo, a ciência oficial dispõe de técnicas que permitem medir o nível eletromagnético de determinados órgãos do corpo: eletromiografia, eletrocardiograma, eletroencefalograma etc. Acredito que o conceito de corpo energético poderá se mostrar alterado antes mesmo que uma doença se manifeste *oficialmente*.

Imagens internas

O psicodrama interno comportou-se como uma *cirurgia psicológica*, e o processo de aquecimento como *anestesia*. O aquecimento possibilitou um estado de consciência propício às visualizações internas. Nesse caso, o aquecimento compreendeu a *atenção* consciente e deliberada em relação ao corpo, a diminuição do fluxo de pensamentos, a imobilidade física e o relaxamento muscular.

O processo de imagens visuais internas foi assinalado por Freud. Ele as correlaciona aos sonhos. Segundo Greenson (1982, pp. 425-7), as imagens internas constituem um processo primitivo, portanto, mais próximo dos processos inconscientes do que a representação verbal. Cito trechos do autor:

> Mesmo depois da aquisição da fala, o pensamento da criança é, essencialmente, dominado por representações pictóricas [...] Há estampagens mais primitivas que derivam de estados corporais e sentimentos infantis que não podem ser recordados, mas que podem dar origem a imagens e sensações mentais em sonhos.

Acrescento: que podem dar origem a imagens visuais no psicodrama interno. Assim como o "sonho é, essencialmente, uma experiência visual, a maioria das recordações adultas da primeira infância vem a nós sob a forma de cenas ou quadros" (Greenson, 1982). As imagens visuais internas do psicodrama interno são parentes do sonho e constituem uma janela para a memória consciente-inconsciente. Parafraseando Greenson ao dizer que "o sonho é a mais livre das associações livres", sugiro que as imagens internas do psicodrama interno, depois do sonho, são as mais livres das associações livres. Neste campo, o das associações livres, teríamos de abrir chaves e subdividi-las em associações livres de ideias e de imagens, o que julgo serem processos substancialmente diferentes. Mas a incursão nesse território fica para outra oportunidade.

Ainda sobre as visualizações das imagens internas, não me preocupo com o significado das cores. Tampouco sigo qualquer código explicativo que correlaciona cores a emoções. Proponho-me, como de resto, a ser facilitador e ampliador dos fenômenos ocorridos durante o procedimento. No caso de P aparecem duas cores, cinza e rosa-brilhante, que por si mesmas falam das bipolaridades citadas (doença-saúde, morte-vida, separação-relação). Não me atrevo a ir além disso.

6

PSICOLOGIA DO ADOECER*

Desde pequenos experimentamos a dor e a enfermidade. As doenças próprias da infância constituem nossa primeira experiência no *papel de doente*. Este e seu respectivo contrapapel, o de *cuidador de doentes*, além do vínculo daí decorrente, originaram-se, portanto, no âmbito familiar. Ao adoecer, a criança é cuidada pelos adultos que compõem sua rede relacional de inserção social, a matriz de identidade (Moreno, 1993). Essa vivência é internalizada de maneira a constituir a estrutura básica dos papéis de doente e de cuidador de doentes do futuro adulto. Como o ser humano, salvo exceção, morre de alguma doença, a díade saúde-doença é uma constante do início ao fim da vida.

O papel profissional de cuidador, no qual se inserem os de médico, psicólogo, assistente social, fisioterapeuta — enfim, de paramédicos em geral — e os de educadores, tem origem nas próprias experiências de fragilidade da infância. Em certa medida, o papel profissional de cuidador contém a experiência anterior de ter sido doente ou aluno e de ter sido cuidado. Neste texto, privilegio o estudo dos papéis e do vínculo cuidador-paciente, mas as considerações que seguem podem ser facilmente transponíveis para a díade cuidador-aluno.

---

* Texto baseado em apresentação realizada no Congresso Brasileiro de Ginecologia e Obstetrícia, São Paulo, 1989. Agradeço às psicólogas Norka Bonetti e Ana Rita Ielo Amaro Machado o incentivo para dar forma final ao texto.

Papéis: estruturas relacionais

Os papéis representam as bases vinculares do relacionamento humano. Os papéis de doente e de cuidador constituem o alicerce das relações médico-paciente e psicólogo-paciente, entre outras do gênero, e expressam aspectos individuais e coletivos. A maneira como uma pessoa adoece reflete seu perfil histórico-psicológico e o contexto cultural onde cresceu. Moreno observa que os papéis desempenhados na idade adulta, os sociais, como o *papel de doente*, contêm estruturalmente as marcas dos papéis psicossomáticos e dos psicológicos desempenhados na infância. Os papéis psicossomáticos representam a forma pela qual a criança estabelece suas primeiras relações na matriz de identidade (papel de ingeridor, urinador, defecador, dormidor, respirador etc.). Os papéis psicológicos referem-se às vivências do imaginário ou da fantasia durante o desenvolvimento neuropsicológico. Sendo assim, o papel social de *doente* contém todos os registros psicossociológicos referentes às vivências do adoecer na infância.

Sistema teletransferência

Vejamos ainda algumas observações genéricas sobre a dinâmica relacional humana. Todas as relações estão envolvidas pelo *sistema teletransferência*. *Tele* refere-se à correta percepção, apreensão ou captação, em duplo sentido, da experiência relacional entre duas ou mais pessoas. A *transferência*, ao contrário, situa-se nas relações em que pelo menos um de seus componentes apresenta uma percepção, apreensão ou captação distorcida do outro, ou dos outros. Isso acontece pela projeção do mundo interno de um dos elementos sobre o(s) outro(s), objeto(s) de sua polarização emocional. Podemos ter, então, relações transferenciais em um único sentido: de A para B ou de B para A, e, em duplo sentido, de A para B e de B para A. Se de um ponto de vista teórico as relações são télicas ou transferenciais, de um ponto de vista prático talvez seja mais coerente afirmar que elas são mistas, teletransferenciais, e oscilam de forma contínua entre os dois polos. Temos, portanto, dependendo do momento, relações mais télicas ou mais transferenciais.

As relações tendem ao polo transferencial quando há um acréscimo de ansiedade na situação (*locus*). Em situações de crise, existe uma predisposição para as pessoas apresentarem reações transferenciais. Um indivíduo fica gripado e leva vida normal. Outro, supostamente com a mesma gripe, toma medicação e vai trabalhar. Um terceiro se enche de remédios, não vai trabalhar, fica na cama e solicita cuidados maternais da esposa. São três reações com diferentes níveis télico-transferenciais que solicitam respostas (complementares) igualmente télico-transferenciais. O terceiro sujeito apresentou respostas regressivas ou, se quiserem, reagiu com pautas infantis de comportamento. É importante esclarecer que todos apresentam reações transferenciais e que elas não são, em si, sinônimo de doença. O aspecto patológico da transferência revela-se a partir da intensidade, frequência ou continuidade de seu aparecimento nos diferentes papéis sociais de um indivíduo.

Se transportarmos o estudo das relações humanas para o âmbito da relação médico-paciente, teremos um mundo a analisar. Ao procurar o médico, o paciente tem um sistema de alarme disparado: perigo à vista! O estado ansioso, como vimos, é um convite para o nascimento de reações transferenciais. O ser humano que está *por trás* do papel de médico reage às solicitações transferenciais de seu paciente também a partir de características de sua personalidade e de acordo com sua história de vida. É preciso então levar em conta a possibilidade de relações contratransferenciais. O sistema teletransferência (que inclui a contrateletransferência) é o substrato psicológico da relação médico-paciente em todas as especialidades médicas. Nas psicoterapias, o sistema teletransferência também é a estrutura relacional básica. Algumas psicoterapias privilegiam o trabalho da relação estabelecida entre paciente e psicoterapeuta (aqui e agora); outras, apesar de não a desconsiderarem, focalizam sua ação no material de vida do paciente (lá e então), ou seja, nas relações que o paciente possui lá fora, em sua vida. Mas a relação paciente-terapeuta subjaz sempre a qualquer outro material trabalhado na sessão psicoterapêutica.

A habilidade para lidar com relações (sistema teletransferência) *vem do berço*, vem da matriz de identidade[1]. Desenvolve-se na prática da vida, sendo passível de ser aprimorada em grupos de treinamento profissional (*role-playing*). O talento genuíno para lidar com relações (*inteligência interpessoal*) define grande parte do sucesso de um médico ou de um terapeuta, aliado, é claro, ao conhecimento teórico e ao domínio técnico de sua especialidade.

Se levarmos em conta que o sistema teletransferência não abrange apenas as relações pessoa-pessoa, mas engloba as relações pessoa-objeto, poderemos incluir neste estudo as relações dos pacientes e dos médicos com as instituições prestadoras de serviços médicos, ou seja, as relações *paciente-instituição* e *médico-instituição*. As instituições recebem cargas afetivas teletransferenciais tanto de pacientes como de médicos, paramédicos e funcionários em geral. Os hospitais e ambulatórios da previdência social, as instituições médicas governamentais e particulares (empresas de seguro-saúde) recebem, além de justas críticas do ponto de vista sociopolítico-administrativo, ataques originados de frustrações e desilusões pessoais: perda de pessoas queridas, diagnósticos temidos, sequelas físicas etc. Na análise da relação médico-paciente em instituição, há que se levar em conta esta variável: ela é muito diferente da relação que se estabelece no consultório médico privado, sem vínculos intermediários. No caso de convênios médicos, mesmo que a consulta ou o procedimento aconteça na clínica particular, é fácil entender que a relação médico-paciente está influenciada pelos sentimentos do profissional e do doente em relação à empresa conveniadora, e que o resultado terapêutico pode alterar-se com isso. Nesse sentido, a instituição intermedeia a relação médico-paciente, conforme o desenho a seguir:

---

1. A matriz de identidade é a fonte das influências genéticas, psicológicas, sociais e cósmicas do indivíduo, segundo Moreno (1993).

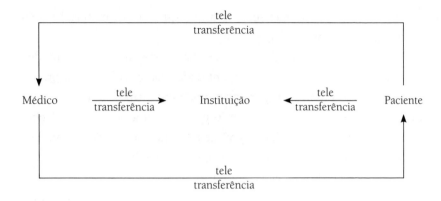

Relação-separação: três posições psicodinâmicas básicas

Moreno (1974) resume o desenvolvimento da matriz de identidade em três etapas: 1) etapa de identidade, do *eu* com o *tu*, do sujeito com os objetos circunvizinhos; 2) etapa do reconhecimento do *eu*, de sua singularidade como pessoa; e 3) etapa do reconhecimento do tu, do reconhecimento dos outros. A observação detalhada desse período do desenvolvimento psicológico revela pontos importantes para o estudo da psicossociodinâmica humana. Proponho a consideração de *três posições psicodinâmicas básicas* no trajeto que a criança percorre entre a etapa inicial de identidade total em relação ao ambiente circundante e as etapas do reconhecimento do *eu* e do *tu*. Elas coordenam a compreensão psicodinâmica da origem do *papel social de doente* do adulto e as nuanças psico(pato)lógicas do adoecer humano. As posições psicodinâmicas básicas estruturam o *aprendizado* do *relacionar-se* e do *separar-se*, o que, na verdade, constitui dois polos do mesmo processo: a *relação-separação*. Essas posições representam os alicerces da maneira como o futuro adulto estabelece relações (separações) consigo mesmo e com os outros.

A primeira posição psicodinâmica refere-se ao *aprendizado* da *relação-separação* propriamente dita. A segunda, relacionada de outra maneira à *relação-separação*, tem a ver com a formação do conceito autovalorativo, ou seja, à captação consciente-inconsciente do valor que a pessoa atribui a si mesma (autoestima) e do valor que percebe usufruir em seu meio social (estima). A terceira posição psicodinâmica básica é relativa à transformação qualitativa de uma relação dual em triangular, e à separação que o *terceiro* promove na unidade anterior.

A explanação sobre as posições psicodinâmicas básicas será apresentada em sequência didática, não obedecendo necessariamente a uma ordem cronológica. Na verdade, elas permanecem ativas durante toda a vida, sempre passíveis de serem retrabalhadas pela experiência existencial e pelas psicoterapias.

Relação-separação

A primeira posição coordena o "aprendizado" do "estar junto" e do "estar só". O par de opostos ("lei do dois" da natureza) relativo à relação-separação está sempre presente na vida humana: espermatozoide e óvulo, separados e unidos (ovo), gestação e parto, cuidados maternos (maternagem) e o prescindir deles, vida-morte etc. Pode-se dizer com John Bowlby (1981a) que o período básico da aprendizagem da vinculação-separação se dá desde o nascimento até, mais ou menos, os 5 ou 6 anos de idade. Nessa fase, as estruturas relacionais básicas da experiência de amar e ser amado, de amar e ser rejeitado e de rejeitar são internalizadas. A observação indica que a criança inicialmente se vincula aos seres humanos circundantes de maneira genérica, aceita os cuidados de forma indiscriminada. Com o amadurecimento neuropsicológico, ela passa a se vincular em uma ordem preferencial (sociometria primária), adquirindo a capacidade de escolher pessoas. Em nossa cultura, a mãe é a escolha primordial da criança, mas não raro a avó, a babá ou o pai podem ser os primeiros eleitos. De qualquer modo, a observação do pequeno mundo relacional da criança revela que existem escolhas preferenciais e uma gradação entre elas. A criança não elege quem lhe proporciona melhores cuidados técnicos de maternagem, mas escolhe alguém com quem se sinta mais aconchegada e que lhe inspire mais confiança (*holding* de Winnicott, 1978). A partir do desenvolvimento do apego (*attachment*), a criança prefere estar, por exemplo, com sua mamãe de "primeira viagem" do que com uma enfermeira altamente qualificada. Assim, seguindo critérios variáveis, os adultos também escolhem amigos, parceiros sexuais, cônjuges, médicos etc. Se o paciente possui várias indicações de profissionais competentes, ele realiza uma escolha humana, prefere o que lhe inspira mais confiança.

Considere-se o *polo* da separação. Toda vez que a pessoa eleita ameaça afastar-se, ou afasta-se de fato, a criança passa por uma série de reações emocionais. A primeira reação, diante da perda iminente, é de ansiedade. A segunda é de raiva, pelo fato de ter sido abandonada. A terceira etapa é representada pela tristeza que decorre da vivência de perda. A quarta e última significa a resolução do processo, ou seja, dentro de algum tempo a criança volta a ficar bem, relacionando-se de forma tranquila com o cuidador do momento. Essas fases repetem-se reiteradas vezes no dia a dia da criança e, por que não dizer, na vida toda de uma pessoa. Acrescente-se que existe uma contrapartida (resposta) afetiva dos cuidadores em relação às manifestações emocionais da criança, gerando uma rede relacional, um *átomo microssocial* de atrações, neutralidades e rejeições que constituem a *sociometria primária* da criança em sua matriz de identidade.

Em virtude do sofrimento inerente à separação, a criança organiza modos (*técnicas*) psicológicos para diminuir ou evitar a dor. A essa estrutura organizada de evitação do sofrimento dá-se o nome de processo *amortecedor* ou *formação de defesas*. Os *amortecedores* ou *defesas* são incorporados à maneira de ser da criança, passando também a fazer parte de sua personalidade. Por exemplo, para evitar o sofrimento da perda, a criança pode reagir com indiferença ou anestesia afetiva, como se sentisse pouco ou não sentisse nada (defesa esquizoide). Outras *técnicas amortecedoras* são conhecidas como defesas obsessivas, histéricas, fóbicas, paranoides etc. Enfim, *as marcas* das diferentes fases da separação (ansiedade, raiva-ódio, tristeza-depressão), acrescidas das *marcas* dos *amortecedores* ou *defesas*, delineiam sulcos na personalidade em formação, que vêm a ser os traços principais e secundários da personalidade. Essa estrutura psicológica primária serve de base para todos os processos de separação e perda do futuro adulto.

Ao adoecer, a pessoa sente a ameaça de perda da vida. Teme perder a relação com as outras pessoas e consigo mesma, receia a solidão da morte. E, assim como uma criança na iminência de ser abandonada pela mãe, reage com ansiedade, raiva, tristeza, acionando seus *amortecedores* ou *defesas*. A equipe médica é o primeiro anteparo a essas expressões de alarme. Deve-se lembrar que, às reações dos pacientes, somam-se as dos familiares, também ansiosos com a possibilidade de perda do paciente. Médicos e paramédicos conhecem bem pacientes e familiares que desenvolvem um apego ansioso: telefonam de forma insistente, exageram a gravidade dos sintomas, marcam consultas desnecessárias. Quando sobrevém a morte, a expressão do ódio dos familiares transparece por meio de ressentimento, difamação, processo legal, e até mesmo pela agressão física ou pelo assassinato do médico, como já aconteceu no Brasil.

Os pacientes terminais passam pelas etapas da separação de forma correlata. Logo após o diagnóstico, há a negação[2] da proximidade da morte. Ultrapassada essa fase, surge a consciência da gravidade da doença e o reconhecimento da possibilidade da morte. Aparece então uma revolta (raiva) que, não raro, se dirige contra a medicina e contra Deus. Segue-se a tristeza que, às vezes, encaminha-se para a depressão. Os que conseguem transpor as fases anteriores, pois alguns permanecem fixados nelas, atingem finalmente a aceitação do inevitável com paz e resignação. Nessa etapa acontecem, às vezes, resgates de relações conturbadas, tornando a despedida familiar mais harmônica. Os familiares, por sua vez, também passam pelas reações de separação. Existe um tempo familiar de preparação para a perda. Por esse motivo, a elaboração do luto de perdas abruptas (acidentes, por exemplo) é, em geral, mais difícil e mais longa, podendo surgir formações reativas variadas para atenuar a surpresa da perda. É como se tivesse faltado o tempo necessário para o ritual da despedida.

---

2. É comum constatar-se a negação da doença na prática clínica. Tanto o doente como a família podem negar os sinais da doença. Tem-se a evitação, o adiamento ou a postergação da consulta médica. Aparece o "não é nada", o "cura sozinho" e o "logo passa". Em psiquiatria acontece o mesmo: constroem-se explicações místicas, religiosas ou filosóficas para encobrir o desespero do diagnóstico oficial. Nessas ocasiões, parentes distantes, amigos e vizinhos conseguem *enxergar* melhor a situação do que os familiares próximos.

Conceito autovalorativo

Considere-se a *segunda posição psicodinâmica básica* no desenvolvimento da personalidade. Ela começa a funcionar antes do nascimento da criança, pois abrange as expectativas familiares sobre o novo ser. Esse sistema é responsável pela consciência de quem somos (identidade) e de quanto valemos (valor). Organiza a autoestima, a percepção e a elaboração da estima que os outros nos devotam. Coordena, em outras palavras, as dinâmicas referentes à formação do conceito autovalorativo (familiar, social, profissional etc.) do indivíduo. Assim como a primeira posição psicodinâmica básica, esta apresenta dois polos. O primeiro refere-se à sensação inebriante que a criança vivencia ao receber os influxos amorosos de seu grupo familiar (polo da relação): sente-se única e maravilhosa. Essa sensação estimula o desejo de mostrar-se, exibir-se. Corresponde a um momento de inflação do ego. O segundo polo significa a ausência ou diminuição dos influxos positivos, ou a presença de influxos negativos — ao ser repreendida ou castigada, por exemplo —, fazendo que não se sinta amada e/ou admirada pelos circundantes (separação): vivencia o desamor, sente-se a última, o ego murcha. Configura-se a *quebra* da sensação anterior, surge a *ferida narcísica* (Kohut, 1988a). Nessa circunstância, acrescento uma terceira possibilidade, a de a pessoa não se sentir nem a mais linda nem a mais feia, mas de perceber-se tão somente mediana, comum. Não ter destaque especial, mesmo não sendo um fracasso total, pode significar a falência de anseios grandiosos.

A repetição das vivências bipolares de grandiosidade (megalomania) e de inferioridade (micromania) impregna energético-emocionalmente a personalidade em constituição. Configura-se o *eu ideal*, baseado na vivência embriagante de receber amor e admiração incondicionais. A dimensão ideal delineia a possibilidade de perfeição a ser atingida. O contraponto do *eu ideal* é representado pelos *eus censores* que se encarregam de ativar a crítica e a autocrítica em relação aos níveis mínimos de perfeição a serem atingidos. Assim, o *eu ideal* serve de parâmetro positivo na busca do aperfeiçoamento e perseverança em ampliar habilidades, assim como de parâmetro negativo, quando se transforma em compulsão perfeccionista, gerando culpa,

136

depressão ou *fúria narcísica* (Kohut, 1988). A *fúria* tanto pode voltar-se contra o próprio indivíduo como contra aqueles considerados culpados dos fracassos. A contraparte do *eu ideal* é o *antieu ideal*. Constitui o oposto do *eu ideal*, representa tudo o que a pessoa não deseja ser. Em oposição à autoimagem ideal (físico-psicológica) existe, por consequência, a autoimagem anti-ideal, aquilo que se detestaria ser. Para uma pessoa de meia-idade, com dificuldades em aceitar o envelhecimento, por exemplo, a imagem ideal corresponde à juventude, enquanto a imagem anti-ideal aponta para a senilidade[3]. Do mesmo modo, para a pessoa doente, a imagem idealizada é a do estado de saúde. Alguns pacientes, conforme o grau de sofrimento envolvido, relatam que almejam, às vezes, tão somente uma pequena melhora, sentir-se como no dia anterior. De qualquer maneira, existe um ideal envolvido, seja ele relativo ou absoluto.

É importante lembrar que existe uma autoimagem interna e uma externa[4]. A interna é relativa à imagem que se faz do funcionamento dos órgãos internos. A externa diz respeito à autoimagem estética. A distorção da autoimagem engendra aspectos hipocondríacos internos e externos. A *hipocondria interna* corresponde à clássica preocupação obsessivo-fóbica (o ruminar ou remoer mental) com a saúde, o medo constante de adoecer, o apego aos remédios, sem que nenhum tratamento seja levado a cabo. A *hipocondria externa* (estética) é realçada pelos tempos narcísicos que vivemos. O culto ao corpo, a alimentação natural e as academias de ginástica revelam a faceta narcísica saudável de nossa época, mas seu exagero reflete uma evidente hipocondria moderna. Por extensão, pode haver uma ecologia correta e uma hipocondríaca, sendo às vezes difícil distingui-las. A correta diz respeito à atitude adequada em relação à preservação do meio ambiente. A hi-

---

3. Consultar "Pequena incursão sobre o narcisismo na terceira idade" no livro *Gerontodrama: a velhice em cena* (Costa, 1998).

4. Para Domingos Junqueira de Brito a autoimagem "é a totalidade interiormente organizada de informações e avaliações que a pessoa elabora a respeito de seu próprio conjunto de traços. É a visão e a forma conotada de cada um vivenciar sua própria identidade" ou "é o complexo conjunto de informações e avaliações que uma pessoa forma a respeito de si mesma" ou, ainda, "a leitura que cada um faz de sua própria identidade a partir de seus valores, desejos e esperanças" (1998, pp. 167-9).

pocondríaca corresponde ao fanatismo pela limpeza ambiental, traduzido por ideias prevalentes, perseverantes, deliroides ou até mesmo delirantes.

O bebê confunde o *dentro* com o *fora* e o *parcial* com o *total*. Responde às perdas parciais como se fossem totais. Isso acontece tanto em relação a si como em relação aos outros. Quando a mãe se afasta, reage dramaticamente como se estivesse perdendo-a para sempre; ao esvaziar-se a banheira, imagina que vai junto com a água; ao deparar com um estranho, irrompe em prantos, e assim por diante. Algumas dessas reações permanecem latentes, podendo vir à tona em situações de ansiedade na vida adulta. Tome-se o exemplo extremado do hipocondríaco, pois ele representa no exagero a reação do típico. Ele acha que o mal-estar parcial representa a doença total e que esta o levará inexoravelmente à morte. Ao atender uma pessoa nessas circunstâncias, o médico deve lembrar-se de que está lidando com um adulto, o paciente formal, e com uma criança (interna) assustada. Todos, inclusive o médico, possuem uma criança mais ou menos assustada dentro de si. O médico teme, como qualquer ser humano, a moléstia em seu corpo. Ao imaginar que domina a doença do outro, pode acreditar que controla a sua também. Aliás, a escolha da carreira médica denota um *gosto* pelo conhecimento e domínio das enfermidades. Em sentido amplo, pode-se dizer que esse *gosto por doenças* traduz, entre outras coisas, um núcleo hipocondríaco sublimado.

Depreende-se que o conceito de saúde (vida, juventude) está ligado ao de beleza, e o de doença (morte, envelhecimento), ao de feiura. Ficar doente significa, de alguma maneira, ficar feio, e isso acontece literalmente. Ao adoecer, a pessoa perde o viço, torna-se pálida, abatida, às vezes ictérica, emaciada ou caquética. Assim, o adoecer não traz só o medo de morrer, mas também o de enfeiar. Se isso já acontece no adoecer sem consequências físicas posteriores, ou seja, com *restitutio ad integrum*, é fácil imaginar o trauma psicológico que as sequelas físicas (cicatrizes, deficiências, amputações) representam. O adoecer representa então a ameaça de deixar de ser o *mais lindo* e a possibilidade de tornar-se o *mais feio*, e talvez o menos amado.

Triangulação

A terceira posição psicodinâmica formadora da personalidade estuda as relações a três na matriz de identidade: trata da *triangulação*. Representa a saída da criança do estreito corredor dual que estabeleceu com seus cuidadores. Esta é a abertura para sua futura comunicação social: do corredor para o triângulo, do triângulo para o círculo; da mãe para a família, da família para o grupo social. A triangulação alberga também as sementes da competição e do ciúme.

O *terceiro* pode representar o que *salva* a criança da mistura com a mãe, bem como o que a *rouba* dela. É uma questão de *timing* e de intensidade de ação. Na vida intrauterina e nos primeiros meses a criança está aconchegada no ventre biopsicológico da mãe. Permanecer, porém, nesse estado significará sua morte biológica (retardamento do parto) ou psicológica (falta de formação da própria identidade). O *terceiro* promove o corte da ligação simbiótica que, se antes fora boa, agora passa a não ser. Pode-se dizer até que, ao se consagrar essa separação, ocorre um segundo nascimento, o psicológico — a formação da identidade. Acontece uma *des-fusão* do *eu* da criança em relação à mãe. Se o *terceiro* (o pai), por um lado, pode representar o herói ao "executar o corte" no momento certo, por outro pode simbolizar o vilão ao promover a cisão antes ou depois do tempo oportuno; à separação precoce corresponde o arrancamento, e à tardia, a sufocação. Para esta análise ser completa deve-se levar em conta o que se passa com a mãe, com a criança e com o pai, com as díades mãe-criança, pai-criança, mãe-pai e entre os três juntos (triângulo), nesta nova constelação relacional. A ação do *terceiro* depende, na verdade, de um sincronismo a três. A resolução positiva do complexo triangular acontece com fluência espontânea, ao passo que a evolução conflituosa decorre com solavancos transferenciais.

A figura do médico, assim como o *terceiro* na matriz de identidade, surge tanto como salvador ("Deus no céu e o doutor na terra"), quanto como carrasco ("açougueiro", "mercenário", "máfia branca"), dependendo do sincronismo relacional entre *médico, paciente e saúde-doença*. Não me refiro a eventuais erros técnicos, tampouco ao despreparo profissional, e nem sequer às falhas do nosso sistema de saúde. Focalizo apenas os variados matizes psicológicos da relação médico-paciente na psico(pato)logia do adoecer. Uma paciente, por exemplo, tem a indicação tecnicamente correta de operar um mioma. O médico a adverte de que, devido à presença de hemorragia uterina, há necessidade de histerectomia imediata. Ele não leva em conta que a paciente é solteira e acalenta o sonho de ter filhos (e que o útero é um órgão simbólico da interioridade feminina). A paciente desespera-se e procura outro ginecologista. Este reitera a indicação cirúrgica, porém aceita que, "para a paciente se acostumar com a ideia", irá prescrever hormônios que diminuirão o sangramento e permitirão adiar a cirurgia. O exemplo revela a sintonia do segundo médico em relação ao sofrimento da paciente.

Uma configuração da versão bíblica da triangulação pode ser apreciada no Gênesis: Deus (o *terceiro*) *corta* a ligação do ser humano (o *primeiro*) com o paraíso (o *segundo*), expulsando-o de lá[5]. Se, por um lado, homem e mulher ganham identidade terrena, por outro perdem a condição de imortalidade e de saúde eterna de que gozavam no paraíso (atributos divinos). A mulher, além disso, passa a ter a dor como componente de sua identidade de gênero ("parirás com dor") e os *incômodos* da menstruação. O ser humano perde a *unidade*, recebe a *divisão*. A saúde eterna passa a ser *saúde-doença* e a vida eterna transforma-se em *vida-morte*. A oscilação entre os dois polos passa a ser o seu ciclo vital. Mas o homem *sente saudade* do período da *unidade*. Fantasia retornar ao estado de plenitude narcísica anterior. Busca por intermédio de superstições, curandeiros e charlatães o "mágico" retorno ao paraíso.

O médico, portanto, não cuida só de doença ou só de saúde, mas trabalha com o processo saúde-doença. Em rigor não existem médicos especializados em saúde (medicina preventiva e saúde pública) e médicos especializados em doenças (clínica e cirurgia). O médico entra como o terceiro na díade saúde-doença. Defronta-se com o processo saúde-doença ou *síndrome de expulsão do paraíso*. Ao promover a *cura*, ele *corta* a ligação do paciente com a doença (morte) e resgata-o para

---

5. "Com suor o aflar de tuas narinas/ comerás o pão/ até que o tornes à terra/ pois dela foste tomado/ Pois és pó e ao pó/ retornarás" (Campos, 1995).

a saúde (vida). Isso soa como se o doente estivesse retornando ao paraíso, onde o médico desempenha o papel de Deus. Esta é a sedutora tentação pela qual o profissional passa: poder sentir-se como um deus. Por isso, quando padece da *síndrome de onipotência-impotência*, o médico pensa que pode tudo ou então que não pode nada. A terceira posição psicodinâmica básica na formação da personalidade, a triangulação, trata, de maneira diferente, do mesmo fundamento das duas posições psicodinâmicas anteriores: a relação-separação. Esta rege todos os movimentos do homem na terra, inclusive as díades saúde-doença e vida-morte. Na relação médico-paciente, o terceiro surge na tríade *médico-paciente-saúde* ou *médico-paciente-doença*, incluindo seus aspectos institucionais.

Relação médico-paciente

Vejamos agora o vínculo médico-paciente na perspectiva dos papéis envolvidos nessa relação. Paciente e médico estabelecem uma relação não igualitária ou assimétrica na medida em que os papéis que lhe dão estrutura são diferentes. Um possui conhecimento técnico, o outro não. A relação não igualitária ou assimétrica é diferente das relações igualitárias ou simétricas, como o vínculo amigo-amigo, namorado-namorada. Existe uma diferença qualitativa, pois na primeira possibilidade um está ali para *receber* cuidados enquanto o outro para *oferecer* algo. Na segunda possibilidade, a de vínculo igualitário, há uma troca na qual ambos recebem e dão algo de mesma qualidade. É evidente que na prática não é bem assim, pois em todas as relações, até nas assimétricas, sempre se *dá* e *recebe*, mesmo que de maneira qualitativamente diferente. O médico não recebe a cura do paciente, mas *recebe* satisfação pelo seu desempenho e honorários pelo seu trabalho. Nas relações assimétricas existe expectativa ou ansiedade em receber, daquele que se imagina poder dar, algo que não se possui, ou que se deseja mais. Essa peculiaridade pode sugerir que um seja superior ao outro, favorecendo o aparecimento de reações e de relações transferenciais. É comum que o paciente faça projeções grandiosas na figura do médico. Tais projeções podem suscitar, às vezes, respostas extremadas da parte do profissional, tanto confirmando-as como frustrando-as de forma inadequada. Assim, diariamente o médico depara, consciente ou inconscientemente, no hospital, no ambulatório ou na clínica particular, com os meandros psicológicos de uma das mais antigas relações profissionais, a de médico-paciente.

O treinamento da relação médico-paciente continua sendo relegado a segundo plano nas escolas de medicina[6]. Nesse aspecto, os médicos saem da faculdade pautando-se mais pela intuição do que pelo conhecimento. O estudo da relação médico-paciente deveria receber durante o curso de medicina o mesmo nível de atenção que a farmacologia recebe, pois o *remédio médico* é tão importante quanto as drogas farmacológicas. Na verdade, a habilidade em "prescrever-se" na dose certa e na hora apropriada é o ponto de distinção entre o grande clínico e o médico comum. Michael Balint (1961) organizou grupos de clínicos gerais e de especialistas ingleses para se instrumentalizarem melhor para a relação com seus pacientes.

Depois de apontadas tantas dificuldades da relação médico-paciente, pode parecer que ela seja sempre penosa. Mas não é. Pelo contrário, o mais frequente é pautar-se pela autêntica gratidão, de um lado, e pela genuína alegria de ajudar, de outro.

---

6. Recomendo a leitura dos livros *Teatro pedagógico: bastidores da iniciação médica*, de Arthur Kaufman (1992), e *Armadilhas da comunicação. O médico, o paciente e o diálogo*, de Carmita Abdo (1996).

7

PSICOTERAPIA E MEDICAÇÃO*

Antes de iniciar propriamente a discussão, gostaria de tecer algumas considerações sobre minha condição profissional, uma vez que o tema implica uma duplicidade de papéis: *o de médico e o de psicoterapeuta.* Meu papel de psicodramatista ancora-se no de psicoterapeuta, este no de psiquiatra, e este, ainda, no de médico. Tal estrutura apresenta um enfoque multifacetado. Em minha prática diária, sou psicoterapeuta psicodramatista e médico psiquiatra. Utilizo psicoterapia e medicação.

O tema *psicoterapia e medicação* compreende dois aspectos: o primeiro refere-se à concomitância da psicoterapia e da medicação, em sentido genérico; o segundo diz respeito à prescrição medicamentosa que o próprio psicoterapeuta-psiquiatra pode fazer.

Sobre o primeiro tópico, psicoterapia mais medicação, não existem dúvidas de que elas se fazem necessárias em determinadas situações clínicas. Assim, pacientes psicóticos em surto, ou em fase de remissão com doses de manutenção, portadores de doenças afetivas, quadros depressivos de outras etiologias (neuróticos, reativos, climatéricos etc.), quadros ansiosos e fóbicos, agudos ou crônicos, de alta intensidade, devem receber prescrição farmacológica específica e atendimento psicoterápico.

---

* Publicado na revista *Temas*, v. 22, nº 43, 1992, pp. 30-5. Perazzo (1999) retoma o tema com humor em "A senha de Abulafia".

A atitude de nunca medicar, deixar de medicar, ou de não encaminhar para o psiquiatra clínico é preconceituosa e desumana, na medida em que intensos sofrimentos do paciente podem ser aliviados sem prejuízo para o processo psicoterápico. A crença de que a medicação interfere negativamente no processo psicoterápico é exagerada. Manifestações psicóticas, depressivas ou intensamente ansiosas obstaculizam o *insight*. Quadros depressivos, aparentemente leves mas cronificados, podem acentuar traços depressivos anteriores de personalidade.

Utilizo o critério de que os pacientes psicoterápico-psiquiátricos dividem-se em quatro grandes grupos: *normóticos*[1], *neuróticos, portadores de distúrbios de identidade* e *psicóticos*. Falo desses agrupamentos com mais detalhes no Capítulo 9. Considero *normóticos* aqueles que apresentam os *traços principais* da personalidade em equilíbrio, harmônicos e, portanto, não apresentando sintomas. No passado, essas pessoas não chegavam à psicoterapia. Com a expansão das indicações psicoterápicas (desenvolvimento de potencialidades, crises relacionais etc.), os normóticos passaram a compor a população rotineira do consultório psicoterápico. *Neuróticos* são os que possuem os traços principais em desequilíbrio, desarmônicos, apresentando, portanto, sinais e sintomas histerofóbicos, obsessivo-compulsivo-fóbicos, obsessivo-depressivos, obsessivo-fóbico-hipocondríacos etc. Os *portadores de distúrbios de identidade* manifestam-se por traços de personalidade que denotam uma dificuldade maior na fase de formação da identidade. Não se enquadram como neuróticos típicos, nem como psicóticos clássicos. Pertencem a este subgrupo no qual os indivíduos apresentam: doenças psicossomáticas, distúrbios de identidade sexual, *falsos-eus*, personalidades limítrofes (*borderlines*) e algumas formas de psicopatia (atuação, baixa contenção muscular de impulsos profundos, dificuldade de sentir culpa e efetuar reparações). Os *psicóticos* pertencem, nesta abordagem, à descrição formal da psiquiatria clínica (esquizofrenias, doenças afetivas, doenças degenerativas cerebrais etc.).

Todos esses tipos de pacientes podem apresentar psicodinâmicas psicóticas. Refiro-me a psicodinâmicas psicóticas inconscientes que

---

1. Moreno (1993) faz referência a pacientes normóticos, neuróticos e psicóticos.

144

eventualmente emergem em situações de alta ansiedade. Alguns normóticos, neuróticos e portadores de distúrbios de identidade podem apresentar surtos psicóticos com posterior retorno à personalidade de base. Isso, no entanto, não chega a consagrar uma psicose processual. O diagnóstico diferencial entre os quatro agrupamentos às vezes se torna difícil. Nesta eventualidade, não me refiro necessariamente ao grau de gravidade dos quadros clínicos. O *critério de gravidade* para a realização de diagnósticos clínicos em psiquiatria é enganoso. Vez por outra deparamos com uma descompensação neurótica mais grave quanto ao comprometimento da vida do paciente do que um quadro psicótico com rápida remissão total[2].

Voltando ao tema de medicar ou não durante a psicoterapia, o argumento de que a sedação possa prejudicar o estado de alerta do paciente tem procedência mas merece ponderação. É óbvio que medicar exageradamente, quer nas doses quer nas indicações, seria cair no outro extremo. Vejamos, de qualquer maneira, quando a medicação é indevida durante o processo psicoterápico. Tomemos o exemplo de um paciente que a partir da ampliação de seu campo de consciência, ou, dito de outra maneira, com um *eu observador* mais desenvolvido, passa a sofrer *choques* na percepção de si mesmo. A transformação da autoimagem, o acesso a verdades antes não reveladas, pode gerar ansiedade e/ou tristeza. Distingo tristeza de depressão, dando à primeira uma conotação natural e à segunda um sentido clinico-patológico. A depressão é passível de ser medicada, a tristeza não. A ansiedade e a tristeza fazem parte do processo de autoconhecimento, assim como a alegria pelo vislumbre de novos horizontes. É importante que o psicoterapeuta desenvolva também o *olho clínico* para discriminar entre a *boa* e a *má* ansiedade. A *ansiedade boa* é parte do *bom processo* psicoterápico. Ela instiga o indivíduo a prosseguir em suas descobertas, é energética. A *ansiedade má* é regressiva, sem resultados objetivos. Uma não deve ser medicada, a outra sim.

Examinemos agora o segundo aspecto da questão: o psicoterapeuta (com formação psiquiátrica) deve ou não medicar seus próprios pacientes psicoterápicos?

---

2. Estes e outros aspectos são bem estudados por Carol Sonenreich (1964) quando discute as agruras do diagnóstico psiquiátrico.

A psicanálise clássica, ortodoxa, aquela que tem no desenvolvimento e no manejo da transferência seu principal instrumento de trabalho — não me refiro às psicoterapias psicanalíticas ou de base analítica, que são transformações do método básico —, não comporta a concomitância da ação profissional. Seria romper com as condições de assepsia necessárias para o trabalho da situação transferencial.

Na psicanálise, por meio da projeção do mundo interno do analisando (transferência), o drama ou a dramatização acontece na figura do psicanalista. Ele é *um* e ele é *muitos* (o pai, a mãe, o irmão etc.). No psicodrama (e em outras psicoterapias), o processo não decorre somente do trabalho da relação transferencial. Isso não significa que não aconteça transferência. A diferença entre a psicanálise ortodoxa e o psicodrama (e outras linhas psicoterápicas que assim procedem), nesse aspecto, é que a primeira *incita* a transferência, pois a vê em seu trabalho como o principal instrumento de ação (*"dramatização" psicanalítica*), enquanto o segundo modelo propõe a relação real, télica, na qual acontece a *aliança terapêutica* (Greenson, 1982) com vistas à dramatização. Nesse sentido, o psicodramatista é *um* que auxilia o *outro* (protagonista) a construir o *drama* interior no cenário psicodramático.

Se observarmos o panorama das pessoas atendidas psicoterapicamente — incluídas aqui todas as modalidades de psicoterapia —, verificaremos que a grande maioria se submete a psicoterapias pós-freudianas ou alternativas à psicanálise clássica. Desde os primeiros dissidentes de Freud (Jung, Reich, Adler, Stekel etc.) até o advento das psicoterapias de ação, entre as quais o psicodrama foi pioneiro, constatam-se consideráveis mudanças nas propostas psicoterápicas. Uma delas é a de que o processo psicoterápico não necessita transcorrer somente no desenvolvimento e no trabalho da transferência. Moreno amplia o conceito de transferência ao propor o que hoje se pode sintetizar como o *sistema teletransferência*[3]. Esse sistema engloba o estudo de todas as relações que acontecem dentro e fora do *setting* terapêutico. Considera-se que, em uma relação (envolvendo dois ou mais indi-

---

3. Para discussão mais ampla do tema, consultar o Capítulo 6, "Psicologia do adoecer", sobretudo o tópico "Sistema teletransferência".

víduos), há uma oscilação constante da *teletransferência*. No contexto terapêutico também se detectam momentos mais télicos ou mais transferenciais. A relação télica é propícia para a ação dramática, pois ela favorece o estabelecimento da *aliança terapêutica* e a diminuição das *resistências*.

Pode-se questionar o quanto existe de télico em uma relação assimétrica como a relação terapêutica, mas é indubitável que, dependendo da atitude do terapeuta e das condições de personalidade do paciente, a relação télica poderá ser maior ou menor. Constituem exceções pacientes com psicodinâmica específica, que realizam um verdadeiro transbordamento transferencial, ou, pelo contrário, relacionam-se com o terapeuta como se este fosse um objeto (*retraimento transferencial*, que não deixa de ser uma forma de transferência).

Nesta alternativa *télico-transferencial* situo a possibilidade de o psicoterapeuta-psiquiatra medicar seu paciente. Na predominância de relações télicas, a medicação ocorre tranquilamente. Eventuais resistências poderão surgir, simbolicamente, por meio da medicação. É preciso que o médico conheça seu paciente e domine, do ponto de vista farmacológico, sua prescrição. Eventuais efeitos colaterais das drogas não poderão ser computados necessariamente à resistência. Isto nos leva a outra questão: a do desenvolvimento da contratransferência, situada nas ocasiões em que o médico é contrariado em seus projetos inconscientes de onipotência narcísica. Nos campos extremos da transferência, a medicação será *milagrosa* (paradisíaca, porque o paciente está tomando, incorporando o objeto de amor) ou *venenosa* (infernal, porque está incorporando o objeto de ódio). A habilidade técnica e o bom-senso do terapeuta permitirão resgatar eventuais aspectos simbólicos do fármaco prescrito, para aprofundar o processo psicoterápico. Reconheço que em determinadas condições transferenciais torna-se difícil, ou até mesmo impossível, psicoterapeutizar e medicar ao mesmo tempo. São momentos em que se deve dicotomizar a ação terapêutica: um profissional para a orientação psiquiátrica e outro para a psicoterapia. Quando existe uma relação terapêutica predominantemente transferencial, o mais oportuno é encaminhar o paciente para outro psiquiatra realizar o acompanhamento medicamentoso.

A esta altura é inevitável que o leitor pergunte se não é melhor dividir sempre as tarefas. Creio que não. Em minha prática clínica, prefiro eu mesmo medicar os pacientes que apresentam reações ansiosas e/ou depressivas passageiras, alguns quadros depressivos da meia e da terceira idade, quadros reativos a perdas (separação conjugal e luto crônico), acentuação de traços obsessivos e fóbicos, desde que as condições da relação paciente-terapeuta sejam preponderantemente télicas. Nessas condições, não se justifica o transtorno (inclusive financeiro) de outro vínculo profissional.

Pacientes em surto psicótico recebem terapêutica medicamentosa e *psicoterapia da crise*[4], na qual se inclui o atendimento familiar. Nessas situações, é de capital importância que a ansiedade do paciente, da família e também a do médico sejam trabalhadas. Em uma fase posterior (pós-surto), faço os encaminhamentos necessários desde que estejam em jogo três tratamentos: o medicamentoso, a *psicoterapia do paciente* e a *psicoterapia da família*. Os pacientes que necessitam de longo acompanhamento medicamentoso, ou que exigem grande atenção quanto à dosagem e efeitos colaterais, costumo encaminhar para seguimento clínico com outro médico, reservando-me somente a tarefa da psicoterapia.

O psiquiatra clínico que orienta a medicação deve estar habilitado para instrumentalizar adequadamente sua relação com o paciente (identificado) e com a família. Infelizmente, não é isso que se observa sempre. Os jovens psiquiatras clínicos estão sendo muito treinados para dominar a psicofarmacologia e pouco para lidar com a relação médico-paciente-família. Se lamentamos que colegas de outras especialidades se conduzem mal, do ponto de vista psicológico, na forma de comunicar diagnósticos graves e indicações cirúrgicas, é inconcebível que o psiquiatra clínico, por falta de treinamento específico, aumente a ansiedade da família ou entre no jogo patológico dela. Essas delicadas situações não raro provocam "trombadas" entre os profissionais que participam da equipe de atendimento (psiquiatra, psicotera-

---

4. A psicoterapia da crise inclui o *choque psicodramático* (Moreno, 1993), que propõe o trabalho psicodramático dos conteúdos psicodinâmicos do surto. Trabalham-se o delírio, as alucinações etc.

peuta, terapeuta familiar, terapeuta ocupacional etc.), com o prejuízo do paciente. Mais grave será se as "trombadas" forem originadas pela ação do psicoterapeuta ou do terapeuta familiar que, supostamente, são treinados para enfrentar tais situações. É verdade, porém, que as circunstâncias que envolvem a psicossociodinâmica psicótica provocam reações emocionais nos profissionais da equipe que transcendem o mero treinamento. Ocorre-me a possibilidade de adaptação dos grupos Balint[5] para o treinamento de psiquiatras clínicos no bom manejo da relação médico-paciente e da relação psiquiatra-família. De qualquer maneira, o psiquiatra clínico deve preparar-se para enfrentar, quase sempre, um longo trabalho com muitas frustrações aos seus anseios narcísicos: recorrências, recidivas, emergências, demências, internações.

O trabalho harmonioso da equipe de atendimento (psiquiatra, psicoterapeuta e terapeuta familiar) permitirá ao psicoterapeuta um espaço de trabalho livre da *invasão* familiar. Os pacientes psicóticos e portadores de distúrbios de identidade relatam às vezes que a relação com o psicoterapeuta é a única de suas vidas que não é devassada pela família. É claro que, quanto maior for a dependência emocional e financeira do paciente, maior será a interferência familiar.

Para finalizar, relato um levantamento, ainda que superficial, de minha clínica particular quanto ao critério *psicoterapia mais medicação*, que poderá ilustrar de forma prática alguns dos aspectos aqui discutidos: 70% dos pacientes recebem somente psicoterapia, 15% são medicados por mim e 15% são medicados por outros profissionais (aqui se incluem os pacientes que me foram encaminhados para psicoterapia por psiquiatras clínicos e os pacientes que encaminhei para medicação). Pretendo com esses dados definir um tipo de orientação clínica e facilitar o cotejo com outras experiências.

---

5. Michael Balint (1961, 1966) promoveu em Londres grupos de discussão de clínicos gerais e, mais tarde, de médicos especialistas. Sua meta era treiná-los para uma melhor instrumentalização da relação médico-paciente.

8

DIAGNÓSTICO DA PERSONALIDADE E DISTÚRBIOS DE IDENTIDADE*

Eu sou aquele que sou.

O Senhor apresentando-se a Moisés[1]

A dinâmica dos traços principais e secundários da personalidade traduz a expressão do indivíduo como um todo, em seu mundo relacional. Se de um ponto de vista teórico-existencial não cabe classificar as pessoas, pois o ser humano transcende as nosografias, do ponto de vista prático-clínico sabemos que os distúrbios da personalidade se agrupam de acordo com determinadas psicodinâmicas prevalentes. É impossível trabalhar em clínica psiquiátrica e psicoterápica sem aceitar essa evidência.

Um problema que se apresenta é o de distinguir os distúrbios em contraposição às características saudáveis da personalidade. Limites tênues exigem a atenção do clínico, o que nem sempre assegura resultados concludentes. Os critérios utilizados nos diagnósticos são movediços. Não pretendo enveredar pelo terreno polêmico da discussão diagnóstica das entidades nosológicas psiquiátricas, mas tão somente assinalar evidências que possam facilitar a abordagem clínica e favorecer a comunicação entre profissionais. Detenho-me mais na análise dos *distúrbios de identidade*, por constituírem uma manifestação clínica menos estudada enquanto tal. Segundo Fiorini (1985), o homem dos

---

* Publicado na *Revista Brasileira de Psicodrama*, v. 3, fasc. 1, 1995, pp. 21-30.
1. Inspiro-me em Muskat (1986, p. 51), que faz essa citação bíblica em seu texto sobre identidade.

lobos e o homem dos ratos, apresentados por Freud como neuróticos, poderiam estar incluídos nessa nova categoria.

A forma como uma criança percorre sua matriz de identidade[2] é um parâmetro de como ela será na vida adulta. Todas as fases da matriz são importantes, porém as primeiríssimas (*fase do duplo e do espelho*, ou, de outro modo, as *fases de indiferenciação, simbiose, reconhecimento do eu e reconhecimento do tu*) são definitivas em termos da demarcação dos sulcos que modulam os traços principais e secundários da personalidade.

De acordo com o resultado do percurso pela matriz de identidade, podem-se reconhecer agrupamentos de pessoas com predominância de determinados traços, características e psicodinâmicas. Baseado em Moreno (1977a), Kernberg (1979), Kohut (1984), Fiorini (1985) e em observações próprias, proponho quatro grupos sindrômicos: *psicóticos, portadores de distúrbios de identidade, neuróticos e normóticos.* Apesar da atual tendência da psiquiatria, especialmente a norte-americana (DSM, 1989), de pulverizar os grandes agrupamentos nosográficos em inúmeros *pequenos* diagnósticos, vale a manutenção deles no sentido prático, como veremos.

Normóticos, neuróticos e psicóticos

Os *normóticos* representam para Moreno (1964, p. 143) as pessoas que não são neuróticas nem psicóticas. Entendo que seriam as que constituem a *norma* estatística, e, portanto, a maioria da humanidade. Interpreto, porque Moreno não entra em detalhes, que os normóticos percorrem com mais harmonia o caminho da matriz de identidade, resultando em adultos também mais equilibrados quanto à sua psicodinâmica. Distinguem-se dos *neuróticos*, basicamente, por não apresentarem sintomas clínicos. Compreenda-se por sintoma "a

---

2. A matriz de identidade (Moreno, 1993) pode ser definida como o primeiro núcleo relacional da criança. Não significa somente o vínculo diádico mãe-filho, mas a resultante emocional de todas as interações envolvidas nesse núcleo primário. Assim, tem-se de levar em conta a rede relacional (pai-mãe, avós, tios etc.) que envolve o novo ser, em uma complexa e sistêmica inserção, na qual fatores biológicos, psicológicos e socioculturais estão entrelaçados.

manifestação de uma alteração orgânica ou funcional percebida pelo médico ou pelo paciente" (Cardenal, 1958). O normótico busca psicoterapia devido a dificuldades relacionais, situacionais e existenciais.

Em meu livro *Psicodrama da loucura* (Fonseca, 1980), introduzo o conceito de *núcleos transferenciais* (ou *psicóticos*) da personalidade. Eles podem estar em atividade ou em repouso. De acordo com o grau de atividade, tem-se um *nível transferencial* (ou *psicótico*) de funcionamento da personalidade. Nesse sentido, os normóticos apresentam um baixo nível transferencial, ao passo que os *neuróticos*, os *portadores de distúrbios de identidade* e os *psicóticos* apresentam, em graus diferentes e em situações variadas, um nível transferencial mais alto.

A descompensação de *traços principais* da personalidade, em determinadas proporções, e a emergência de cargas negativas traduzem o aparecimento de um quadro neurótico. Pode-se dizer, em outras palavras, que o *neurótico* é o normótico descompensado e, portanto, apresentando sintomas. Os neuróticos são comumente conhecidos na clínica psiquiátrica e psicoterápica segundo a preponderância dos *traços principais* em desequilíbrio. Assim, classicamente, temos os obsessivos, os histéricos e os fóbicos[3]. Uma observação clínica detalhada mostrará, no entanto, que frequentemente os neuróticos apresentam a psicoplastia dos traços de forma combinada: obsessivo-fóbicos ou fóbico-obsessivos e histerofóbicos ou fóbico-histéricos. Tonalidades neuróticas do tipo hipocondríaco, depressivo e outras estão associadas como *traços secundários* aos *traços principais* descritos acima.

São considerados *psicóticos*, tradicionalmente, os indivíduos que apresentam surtos psicóticos (quadros delirantes e/ou alucinatórios). Porém, temos de analisar o indivíduo não somente durante o surto psicótico, mas também fora dele, no intersurto, que é o estado em que ele vive a maior parte de sua vida. Esse critério global na continuidade da vida permite verificar se existe — e como existe — esse funcionamento psicótico. Normóticos, neuróticos e portadores de distúrbios de identidade (sobre os quais falarei a seguir) podem apresentar qua-

---

3. Para uma leitura relacional do perfil fóbico, consultar Gheller (1992) e Carezzato (1999).

152

dros psicóticos agudos com retorno ao estado anterior. Outros pacientes não voltam a esse estado, passando a funcionar com um *defeito* (*sequela*) psicótico de personalidade. Nesse grupo, destacam-se as esquizofrenias e as psicoses orgânicas. Devem-se ainda distinguir as *dinâmicas psicóticas* dos *estados psicóticos*. Psicoterapeutas sem experiência psiquiátrica às vezes confundem uma *dinâmica psicótica*, que pode aparecer em qualquer paciente das síndromes ora discutidas, com um *estado psicótico*, que constitui um quadro clínico estruturado com elementos diagnósticos específicos.

Distúrbios de identidade

Muitas pessoas que procuram psicoterapia não se integram na descrição das instâncias acima relacionadas. Uma observação cuidadosa revelará que são pessoas com características diversas das dos normóticos, neuróticos e psicóticos. A este agrupamento, conhecido na literatura como *portadores de transtornos* ou *distúrbios narcísicos*, personalidades imaturas, neuroses de caráter, portadores de distúrbios de personalidade, psicopatias, narcisismo patológico, denomino *distúrbios de identidade*[4]. Assim procedo para assinalar que essas manifestações têm origem na fase em que o ser humano realiza sua identidade, ou seja, *a fase do reconhecimento do eu* ou *fase do espelho* da matriz de identidade. Compreenda-se *identidade* como o processo pelo qual a criança *des-funde-se* do *caótico indiferenciado* no qual se origina, ganhando consciência de si (singularidade) e do outro (alteridade), por meio dos vínculos (em suas duas polaridades: relação-separação) que vai estabelecendo em sua matriz de identidade. Pode-se dizer, então, que esse processo se inicia na matriz de identidade, em relação à identidade do *eu*, e continua a vida inteira em busca do eu *profundo* ou eu *real*.

---

4. Para um estudo mais abrangente, sugiro o livro *Sobrevivência emocional*, de Rosa Cukier (1998). Recomendo também os artigos de Teodoro Herranz Castillo (1996), "Transtornos narcisista y borderline: ¿Una frontera permeable?", de Vera Rolim (1997), "Sentimento de ódio no narcisismo", e de Carlos Calvente (1999), "Narcisismo – Primer universo".

Os portadores de distúrbios de identidade realizam a travessia da matriz de identidade de modo prejudicado. Lançam mão, de maneira característica, de um número de defesas (amortecedores) que, no seu todo, são insuficientes para o funcionamento harmônico da personalidade. Moreno (1976a, p. 26) comenta que "esses desequilíbrios geram um atraso no surgimento de um eu real e, como tal experimentado, intensificam os distúrbios do eu".

Em uma certa fase da construção da matriz de identidade, o bebê vivencia a sensação de que é lindo, admirado e amado. No dizer de Kohut (1984), a criança registra o "brilho do olhar da mãe". Esta impregnação energética[5] desenvolve e imprime na primeira a sensação de grandiosidade e exibicionismo. Por outro lado, quando tais coisas deixam de acontecer, o pequeno sente a *quebra* dessas sensações embriagantes, mergulhando na dor provocada por essa *ferida narcísica* (Kohut, 1984). O equilíbrio-desequilíbrio dessa dualidade (relação-separação, amor-rejeição, prazer-dor) significa o fiel da balança que divide, de um lado saudável, a autoestima e a tolerância à frustração, e de outro, patológico, os distúrbios de identidade. Nessa fase engendra-se também o aprendizado de que a pessoa não é sempre especial, ou seja, a melhor ou a pior, mas que, dolorosamente para alguns, é somente mediana, medíocre[6].

Surgem os rudimentos de um *eu ideal* que seria sempre admirado, amado, em contraposição ao *eu* que não recebe esses influxos positivos. Em termos de desenvolvimento, trata-se do início da díade *ser-parecer*: "se eu não sou o que gostaria, tento parecer". A *autoimagem* se firma ou se turva de acordo com os influxos recebidos do *outro*, que passa a ser discriminado ou confundido como um *tu ideal* (o que elogia) ou um *tu frustrador* (o que critica)[7].

---

5. Prefiro utilizar a palavra energia do que recorrer às expressões *libido, catex* e *contra-catex* (Freud, 1967a), *orgon* (Reich, 1962), *energia psíquica* (Jung, 1954), *espontaneidade* (Moreno, 1993), *energia Ki* (filosofia oriental). Refiro-me à energia armazenável e não armazenável, mensurável e não mensurável que envolve as relações humanas, em todas as suas variações.

6. Latim *mediocris*: "que não é bom nem mau, ou que está entre bom e mau; que não é grande nem pequeno" (Figueiredo, 1949).

7. Na construção da identidade, envolvem-se várias instâncias que distingo como *eu, autoimagem, eu ideal, eus parciais, eus censores* e *eu profundo* ou *eu real*. Por considerar a estruturação da identidade um processo eminentemente relacional, valorizo também os conceitos de *tu* ou *outro, tu ideal, tu frustrador*.

Os transtornos do período de formação do *conceito autovalorativo* da personalidade manifestam-se, em uma gradação, por pessoas inseguras quanto à sua identidade e quanto à consciência do valor de si mesmas. Apresentam acentuadas dificuldades relacionais com consequentes sofrimentos próprios e daqueles aos quais se ligam. Revelam, portanto, sérias dificuldades de inserção social e profissional. Na expressão psicológica e psicopatológica dos distúrbios de identidade, o clínico depara, genericamente, com uma larga variedade de traços, sinais e sintomas: ansiedade, excentricidade, dramaticidade, histrionismo, esquizoidia, atitudes antissociais, elementos paranoides, fóbicos, obsessivo-compulsivos e depressivos, manifestações passivo-agressivas e de dependência. Com frequência esses pacientes sucumbem às drogas na busca de uma muleta química para suas claudicantes personalidades.

As perguntas prevalentes são: *quem sou?*, *quanto valho?*, *como pareço?*. Nesse sentido, a *doença* é a *dúvida* sobre si mesmo. A autoimagem mal delineada oscila entre a grandiosidade e a desvalorização catastrófica. Os portadores de distúrbios de identidade alternam entre o *eu ideal* e o *eu*, este considerado um fracasso, ou são os melhores ou os piores. Buscam a confirmação da existência e o valor de si mesmos por meio dos olhos do *outro*. Não estão genuinamente interessados no *outro*, mas no aplauso deste. Criam uma dependência em relação à pessoa que lhes é significativa e os complementa narcisicamente. *Feridos* na matriz de identidade, tentam diminuir sua dor por intermédio de dinâmicas relacionais compensatórias, mas não raro sucumbem ao vaivém desordenado da culpa, depressão, vergonha e *fúria* (Kohut, 1984). A depressão e a culpa originam-se com os ideais grandiosos que não conseguiram atingir.

Clinicamente, distinguem-se três tipos de culpa: a *esquizoide*, a *reparatória* e a *narcísica* ou *euísta*. Na *culpa esquizoide* o indivíduo acredita que o mal está dentro dele, que ele é intrinsecamente mau. O dano ao outro acontece em decorrência automática da relação; por meio do outro ele tem consciência de sua maldade. Isso faz que evite situações relacionais para poupar-se desses penosos sentimentos: adota uma atitude de isolamento. A *culpa reparatória* significa o reconhecimento do ódio em relação a um *tu frustrante* e à consciência moral

155

(ética) que o feriu. Essa consciência leva à *desculpa*. Já a *culpa narcísica* ou *euísta* representa o ódio voltado contra si mesmo pelo fato de não ter atingido a *performance ideal*. O nível de intensidade da culpa dá sua conotação saudável ou patológica. Nesse sentido, não se pode esquecer da *culpa inata* ou *existencial*, de que nos fala Buber (1957a). Para ele, a culpa, independentemente de neurose ou psicose, é um sentimento ontológico do ser humano que faz da aceitação do erro o elemento inseparável da verdade.

A *depressão* e a *culpa narcísica* apresentam uma estrutura relacional dual, ou seja, o confronto do *eu ideal* com o *eu*. Já a vergonha, que também tem conotação narcísica, contém uma estrutura triádica na medida em que inclui a exposição ao olhar do *outro* como precipitante do cotejo real-ideal: *eu ideal, eu* e o *outro*. A vergonha é a decepção de si mesmo perante o outro. A fraqueza que era interna (âmbito psicológico), e portanto privada, expõe-se (âmbito social), passa para o domínio público.

O transfundo depressivo nos distúrbios de identidade contém uma faceta heteroagressiva incomum em outros estados depressivos. Os *tus ideais* decepcionam simplesmente por serem *tus*, transformando-se em *tus frustradores*, portanto, passíveis de receber agressão. *Fúria* é a expressão auto ou heteroagressiva, quando a autoimagem idealizada desaba. Os portadores de distúrbios de identidade, por temerem a ruptura da autoimagem, apresentam uma sensibilidade paranoide que se manifesta por traços autorreferentes: *o que acham de mim?, o que pensam de mim?, não gostam de mim?*.

O *eu global* é formado por inúmeros *eus parciais*. Uma deficiência na autoapreensão dessa estrutura leva à confusão do *eu parcial* com o *eu global*. Uma observação referente ao parcial pode ser entendida como ao total. Esse aspecto manifesta-se por uma extrema sensibilidade às críticas. A observação sobre um detalhe pode ganhar a conotação de uma ofensa global.

A dúvida básica quanto à autoimagem invade todos os campos relacionais. A insegurança também se reflete na apreensão do *eu corporal*. O *eu corporal interno* refere-se à consciência fisiológica dos órgãos internos (autoimagem fisiológica). O *eu corporal externo* rege a consciência corporal externa (*autoimagem estética*), ou seja, a forma como o indivíduo se percebe exteriormente. Como a saúde é classicamente definida como o *silêncio dos órgãos*, pode-se dizer que os portadores de distúrbios de identidade apresentam *ruídos*, que se manifestam por distúrbios psicossomáticos e ruminações obsessivas em relação a "grilos" estéticos e hipocondríacos. Assim sendo, para o hipocondríaco, como diz Winnicott (1990), o problema é a dúvida sobre a doença, e não a doença. Do mesmo modo, na esfera sexual, acontecem disfunções, dúvidas e insatisfações. Os distúrbios de identidade sexual manifestam-se em duas esferas: a identidade sexual de gênero (*sou homem ou mulher?*) e a identidade sexual relacional, ou seja, a referente à definição da atração sexual (*quem me atrai?*). Os portadores de distúrbios de identidade sexual apresentam uma vasta gama de manifestações que vão desde os distúrbios de identidade de gênero, passam pelas patologias sadomasoquistas e chegam às disfunções sexuais[8].

A organização lábil das defesas (amortecedores) psicológicas nos portadores de distúrbios de identidade faz que se manifestem concomitantemente *traços principais* histéricos, fóbicos e obsessivos, o que não é comum nos neuróticos e normóticos. Nestes, a combinação predominante é de dois (dos três citados) traços neuróticos principais. Nos distúrbios de identidade, outros traços podem emergir, dependendo do nível de ansiedade, constituindo às vezes a imagem de um caleidoscópio de sinais e sintomas.

Classificação[9]

Segundo o predomínio de traços, sinais e sintomas, embora frequentemente apareçam mesclados, os distúrbios de identidade agrupam-se em: *doenças psicossomáticas, distúrbios de identidade sexual, portadores de falso eu* ou *personalidades como se, psicopatias* e *personalidades limítrofes* (com os psicóticos).

---

8. Ver Parte IV, "Psicodrama e sexualidade".
9. Sigo a classificação usada por Fiorini (1985) com pequenas alterações: incluo o subgrupo das psicopatias e denomino *distúrbios de identidade sexual* o que ele chama de *perversões sexuais*.

As *doenças psicossomáticas* compreendem os distúrbios profundos do *eu corporal* (interno e externo). Manifestam-se por quadros clínicos variados, tais como a anorexia e bulimia nervosas, certos tipos de reumatismo, a síndrome dos polioperados — também conhecida com a equivocada denominação de síndrome de Munchausen, em que os pacientes induzem os médicos (desavisados) a operá-los inúmeras vezes —, alguns distúrbios gastrintestinais crônicos etc. Tenho reservas em aceitar todas as doenças comumente incluídas como psicossomáticas, por existir uma tendência na medicina de rotular como tais os quadros clínicos de etiologia não esclarecida.

Os *distúrbios de identidade sexual* dizem respeito às distorções do *eu sexual*. Referem-se às dúvidas e angústias em relação a indefinições da identidade sexual. Englobam os quadros clínicos outrora referidos na literatura psicanalítica como perversões sexuais.

Os portadores de *falso eu* ou *personalidades como se* representam no teatro interno de suas mentes a figura do *eu ideal*. Mas esse *falso eu* é frágil, sucumbe às interpolações de resistências naturais da vida. O *falso eu* funciona como uma casca sobre o *eu real*. Quando a casca quebra, emerge a depressão ou a psicose.

Os *psicopatas*[10] são também denominados *atuadores*. Essa categoria agrupa pessoas que se caracterizam por uma escassa capacidade para assumir culpas e são portadoras de uma couraça muscular insuficiente para conter impulsos internos, especialmente agressivos. Existe uma gradação na intensidade desses traços, de maneira que se podem incluir pessoas que se situam desde o *anormal* (no sentido estatístico), mas não patológico, até o francamente patológico[11]. Por esse motivo, muitos criminosos são classificados nesta tipologia, mas alguns homens de sucesso social também podem ser incluídos nela.

As *personalidades limítrofes* ou *borderlines* apresentam difícil diagnóstico diferencial em relação às psicoses. A evolução ao longo dos anos, considerando-se os períodos de surto e intersurto, permitirá o diagnóstico adequado. Além das dúvidas básicas quanto à identidade

---

10. Conservo a denominação *psicopatia* pelo fato de, apesar dos preconceitos nela contidos e dos intentos em substituí-la, ser uma expressão consagrada.

11. Ver Apêndice a este capítulo.

existencial e relacional, demonstram uma grande labilidade emocional, oscilando entre estados deliroides ou delirantes e de ansiedade psicótica e depressão. Os surtos psicóticos instalam-se e remitem com a mesma facilidade.

Todos construímos uma identidade e, portanto, experimentamos as vicissitudes existenciais dos períodos evolutivos aqui descritos. As psicodinâmicas relatadas como pertencentes aos *distúrbios de identidade* são, na verdade, patrimônio psicológico de todos os seres humanos. O que distingue essas pessoas, que agregam de forma marcada as características descritas, é o complexo fato de terem sofrido mais, por condições interno-externas, no período de formação da identidade, e de buscar desesperadamente no presente o que não conseguiram no passado. Quero enfatizar que a conotação patológica obedece a uma escala gradual de intensidade: em um extremo encontramos as características normais do traço; no outro, as patológicas. Nos distúrbios de identidade, as manifestações são maciças e mais dolorosamente evidentes.

APÊNDICE*

PERSONALIDADE PSICOPÁTICA SEGUNDO KURT SCHNEIDER[12]

Kurt Schneider (1965) considera a personalidade um complexo de relações existentes entre o *orgânico*, a *sensibilidade vital* e a *vida instintiva*. A personalidade humana seria a soma de *sentimentos, apreciações, tendências* e *vontades*. Ele coloca a personalidade psicopática no grupo das personalidades *anormais*, procurando deixar claro que o conceito repousa no *normal médio* (estatístico), e não no *normal de valor*, que seria o correspondente ao ideal subjetivo pessoal, sendo anormal o que estivesse em contradição com a figura ideal. As personalidades anormais seriam então desvios de um tipo médio de personalidade, variações a partir de uma zona mediana de personalidades que temos presente no espírito, sem poder defini-las além disso. Todas as personalidades que de

---

* Publicado no *Boletim da Clínica Psiquiátrica do Hospital das Clínicas da FMUSP*, v. 8, nº 3, 1969. Agradeço a Carol Sonenreich o incentivo para sua republicação.

12. Introduzo este texto sobre personalidades psicopáticas mais por razões históricas do que clínicas, uma vez que as expressões psicopata e "pp" passaram a ser jargão psiquiátrico ou dos trabalhadores da área de saúde mental. Não raras vezes, são usadas pejorativamente, refletindo mais uma ofensa do que uma atitude diagnóstica. Na época do CID e DSM, o leitor pode avaliar as ideias originais de Kurt Schneider e verificar que sua antiga classificação não é tão diferente da atual. O DSM-III-R, por exemplo, arrola no índice de diagnósticos os seguintes tipos de personalidade: astênica, ciclotímica, obsessivo-compulsiva, histérica, imatura, impulsiva, masoquista, sociopática, que guardam correlações com a classificação aqui apresentada.

uma maneira ou de outra se particularizam ou se distinguem, todas as especialmente marcantes por um traço qualquer devem cair no conceito de anormal. Tanto o santo como o poeta ou o insensível criminoso exorbitam do normal médio.

Das personalidades anormais, distingue como personalidades *psicopáticas* as que "sofrem por sua anormalidade ou que devido a ela fazem sofrer a sociedade". Essa delimitação repousa em razões práticas e é arbitrária. Segundo o autor, o conceito de personalidade anormal é científico, mas não o de personalidade psicopática. Trata-se de uma definição referente a um ponto de vista valorativo (sociológico), havendo portanto um impedimento no seu emprego puramente psicológico. Ao falar então de personalidade psicopática é necessário ter em mente que seu conceito é ultrapassado pelo de personalidade anormal, mais extenso e não valorativo. As personalidades anormais (e com elas as psicopáticas) não são necessariamente *mórbidas* (relacionadas a estado ou condição de doença). Não existe fundamento para referi-las a doenças ou más-formações. Tampouco se poderia imaginar seu correlato somático a não ser como anormalidade estrutural ou funcional de ordem quantitativa. As personalidades psicopáticas devem, portanto, ser fundamentalmente separadas das psicoses ciclotímicas e esquizofrênicas, cuja morbilidade se apoia em motivos bem fundamentados. Não existem transições, embora a interpretação de um caso particular possa originar dificuldades.

Os portadores de personalidade psicopática constituem um peso para si mesmos e para os outros. Com efeito, muitos psicopatas costumam ser perturbadores e muitos perturbadores sofrem e fazem sofrer. Faz-se mister, no entanto, levar em conta que a formulação schneideriana não trata simplesmente de um sofrimento, mas do sofrimento causado pelo caráter anormal da personalidade propriamente dita. A demarcação entre os que sofrem e os que fazem sofrer não é clara, não mais do que os limites desses dois grupos com os das outras personalidades anormais. Certas personalidades anormais comportam-se segundo o momento, de maneira que é preciso chamá-las ora de personalidades psicopáticas, ora de personalidades anormais, simplesmente.

Schneider prossegue, mostrando as limitações e as ambiguidades de seu conceito, provavelmente na premonição de erros e falsos empregos que fatalmente acabaram acontecendo. Pede precaução quanto à segunda parte da definição ("que fazem sofrer a sociedade"), pois subentende também uma avaliação. O sofrimento da sociedade é um critério aproximativo, demonstrando considerável subjetividade. Exemplifica: "o homem anormal que dirige um grupo revolucionário representa para alguns um perturbador, para outros um libertador, e, para utilizar a formulação em pauta, um psicopata, se for o caso". A propósito, quando se dá o simples nome de psicopata aos malfeitores, a todos aqueles que fazem a sociedade sofrer, caímos numa acepção sociológica e política que nada tem a ver com a do mestre alemão. Os psicopatas são personalidades anormais que, conforme a situação, são levados a expressar seus conflitos. Portanto, apenas na medida em que os perturbadores são essencialmente personalidades anormais é que eles se constituem psicopatas. A atitude negativa em relação à sociedade é secundária à personalidade anormal.

No passado, empregava-se o termo *psicopatia* para todas as manifestações de que se ocupa a psicopatologia. Hoje, tornou-se lugar-comum o emprego dos termos *psicopatia* e *psicopata*. No entanto, Ziehen (*apud* Schneider, 1965) coloca-se contra o uso isolado da palavra, preferindo grafar sempre a expressão completa: *personalidade psicopática*. De tudo isso, além do exposto, deve existir ainda a necessidade de o clínico indicar a que conceito se submete quando fala em personalidade psicopática, pois além do de Kurt Schneider existem os conceitos de Kräepelin, Kahn e Homburger, Gruhle, Kretschmer e Ewald, Tramer (*apud* Schneider, 1965).

Classificação

A classificação das personalidades anormais realiza-se estabelecendo tipos em relação às características mais destacadas e dominantes. Schneider não acredita ser possível uma patocaracterologia pura, sistemática, e sim uma patocaracterologia das características. Ele agrupa os traços da personalidade segundo uma ordem que se costuma denominar tipos psicopáticos. Oferece, como prefere dizer, uma classificação não sistemática onde são descritos tipos de personalidade psicopática, entre os quais são possíveis múltiplas combinações. Nela incluem-se desde tipos acentuados até pessoas que apresentam traços leves, com a possibilidade de uma série de gradações.

Os *psicopatas hipertímicos*, também denominados *ativos*, são descritos como tipos de personalidades com estado de ânimo fundamentalmente alegre, temperamento vivo (*sanguíneo*) e ativo. Não raras vezes são bondosos, dispostos a ajudar, eficientes, porém carecem de firmeza e profundidade. Em geral, são pouco dignos de confiança, sem sentido crítico, descuidados e fáceis de influenciar. Mostram um ingênuo sentimento de suficiência e talvez por isso sejam otimistas. Constituem pessoas voltadas para o imediato e o real. A conduta é informal, desprovida de sentido das distâncias e demasiadamente livre. Junto aos *hipertímicos equilibrados* existem também os *hipertímicos agitados* ou *excitados*, cujo estado de ânimo não é fundamentalmente alegre. Compreende-se que devido ao temperamento vivo e ao elevado sentimento de suficiência incorram facilmente em querelas. Nesses momentos, os bons princípios são rapidamente esquecidos. E assim prosseguem irrefletidamente seu caminho.

Os *psicopatas depressivos* vivem sob um estado de ânimo mais ou menos permanentemente deprimido, sob uma concepção pessimista, ou pelo menos cética, da vida. Uma constante angústia vital e cósmica gravita sobre eles. Falta a capacidade de alegrar-se ingenuamente. Em tudo veem o lado mau, nada parece correto. As ruminações mentais impedem o cumprimento dos deveres cotidianos. Nunca cessam as preocupações, que são de todo o gênero: autorreprovações, dúvidas sobre o valor e o sentido da existência. As experiências penosas são vividas de modo profundo e persistente. Por outro lado, o efeito dos acontecimentos alegres, se acontecer, dura pouco. É como se constantemente pesasse algo grave que vem das profundezas do próprio ser. Um sofrimento não é espantado por uma alegria, e sim por outro sofrimento. Nem sempre tudo isso é aparente: o depressivo possui numerosas máscaras. Outros consideram o sofrimento um mérito, buscando refúgio em concepções religiosas e filosóficas que valorizam a culpa e o automartírio. Existem variantes melancólicas, bondosas, tímidas, fáceis de desanimar, assim como variantes de mal-humorados, frios, rígidos, obstinados, desconfiados, irritáveis e críticos. Existem também os depressivos malvados.

Não muito distantes dos depressivos encontram-se os *psicopatas inseguros de si mesmos*. São sempre ligeiramente deprimidos, com deficiente confiança em si mesmos. A falta de liberdade interior e a timidez dos inseguros de si mesmos são, em certas ocasiões, rigidamente compensadas por uma aparência segura, inclusive arrogante, ou por meio de aspecto chamativo (não querem passar despercebidos). Isso pode aplicar-se em particular às pessoas cuja insegurança se radica no próprio físico ou no terreno social. Os escrúpulos e sentimentos de insuficiência repercutem frequentemente na conduta ética. Estão sempre lutando com escrúpulos de consciência e, quando fracassam, colocam em primeiro lugar a culpa em si mesmos. Kretschmer (1963) descreveu com insuperável intuição os escrupulosos éticos como *sensitivos*, assim como os *desenvolvimentos paranoides* que ocasionalmente abrigam. Sobre o terreno da *sensitividade* surgem as obsessões. As ideias obsessivas aparecem, às vezes, bruscamente desencadeadas por uma palavra ou frase, e não raro acompanhadas de sensações corporais (vertigem, palpitação). Tais ocorrências obsessivas originam-se do constante sentimento de culpa e de autoinsuficiência, próprios dos portadores de personalidade insegura de si. Não conseguem gozar a vida e vêm-se sempre assaltados por ruminações de consciência. Vivem em constante temor de ter descuidado algo ou de ter feito alguma coisa errada. São flagrados proferindo autorreprovações sem saber por quê.

Complexos sentimentos supervalorizados dominam os *psicopatas fanáticos*. Apresentam personalidade marcadamente ativa e expansiva. O fanático, como sucede ao querelante, luta por seu direito real ou suposto. Realiza constantes manifestações em favor de suas ideias. Existem também fanáticos silenciosos, excêntricos, puramente fantasistas, pouco ou nada combativos — são os *fanáticos pacíficos*. Às vezes, surgem *desenvolvimentos paranoides* que dão um colorido persecutório ou megalomaníaco ao quadro.

Psicopatas necessitados de estima constituem personalidades que desejam aparentar mais do que são, o que caracteriza para Jaspers (1955) a essência do histérico, denominação que Schneider nunca emprega. Trata-se, portanto, de personalidades inautênticas. A necessidade de estima pode se mostrar mediante um modo de ser excêntrico. Com a finalidade de atrair atenção, eles assumem opiniões e atitudes estranhas. Outra atitude possível é a de autolouvor, assim como a de relatar histórias ou representar cenas em que se realce a própria personalidade, para o que se requer muita fantasia. Trata-se da *pseudologia fantástica*, denominação um tanto antiquada, segundo Schneider. Com o afã de representar um papel que lhe é negado na vida real, o *pseudólogo* faz teatro para os demais e para si mesmo (mitomania). Seria a atitude de uma criança que brinca identificando-se inteiramente com seu papel.

Psicopatas lábeis de ânimo são pessoas nas quais surgem oscilações de ânimo de índole irritável-depressiva. Em muitas ocasiões, torna-se difícil assegurar se essas mudanças de humor são reativas. De qualquer maneira, em determinados dias reagem de um modo mais fácil e duradouramente depressivo do que em outros. Trata-se de uma reatividade depressiva aumentada e reforçada sobre um fundo não reativo. De tais mudanças de humor surgem múltiplas ações impulsivas aparentemente incompreensíveis, tais como episódios de alcoolismo etc.

Psicopatas explosivos são pessoas que estouram ao menor pretexto. São excitáveis, irritáveis e facilmente chegam à cólera. Suas reações são primitivas e inesperadas. Qualquer coisa os fere. A reação explosiva parece acontecer antes mesmo que avaliem o significado das palavras do outro.

São designados como *psicopatas desalmados* os que carecem de compaixão, vergonha, sentido de honra, remorso, consciência. São, com frequência, sombrios, frios, impulsivos, cruéis. Os *desalmados* são fundamentalmente incorrigíveis ou ineducáveis, já que nos casos acentuados falta a base sobre a qual uma influência construtiva poderia atuar. Ao tratar dos *criminosos desalmados*, não se deve esquecer que também existem *desalmados sociais*. A inteligência é frequentemente notável nestes últimos.

Os *psicopatas abúlicos* entregam-se sem resistência a todos os influxos. São sugestionáveis também às influências positivas, o que explica a facilidade em conduzi-los quando internados em estabelecimentos correcionais. Uma vez em liberdade, são vítimas da primeira influência que lhes aparece. Seu aspecto social é o de instabilidade.

Os *psicopatas astênicos* não apresentam necessariamente uma constituição física astênica ou leptossomática. Emprega-se o termo no sentido caracterológico. Distinguem-se duas subformas. A primeira compreende indivíduos que se sentem *psiquicamente insuficientes*. Suas lamentações são generalizadas: escassa capacidade de produção, incapacidade para concentrar-se, diminuição da memória etc. Sofrem, ademais, vivências de estranheza: tudo lhes parece longínquo, irreal, falso. Com frequência tais estados são provocados, ou ao menos mantidos, pela auto-observação compulsiva. A segunda subforma é constituída por indivíduos que dedicam observação obsessiva ao aspecto somático. Tentam impor o controle da consciência sobre as funções fisiológicas. As alterações funcionais reais tornam-se ampliadas e fixadas psicogenicamente. Esses auto-observadores não vivem para fora, contemplam constantemente seu próprio interior e perdem, em relação ao acontecer corporal, a ingenuidade necessária para o seu funcionamento espontâneo. Schneider propõe chamar o primeiro subgrupo de *psicopatas astênicos propriamente ditos* e o segundo, de *somatopatas astênicos*. Entre um polo e outro existe uma variedade de tipos.

Comentários

Na segunda edição espanhola do livro *Patopsicologia clínica*, traduzida da sexta edição alemã, Kurt Schneider (1963) faz um retrospecto crítico e explicativo de seu conceito. Aborda de início a utilização clínico-diagnóstica que alguns autores fazem dos tipos psicopáticos, afirmando ser uma analogia injustificada. Um psicopata depressivo, por exemplo, é simplesmente *uma pessoa que é assim*. Aos seres humanos, às personalidades, não se podem colocar etiquetas diagnósticas como às doenças ou às sequelas psíquicas de doenças. Cabe, isto sim, sublinhar aspectos que as caracterizam de um modo acentuado. Estas qualidades destacadas por meio de denominações são eleitas entre outras muitas e relativas ao sentido e à finalidade de sua consideração.

É, portanto, difícil descrever os tipos psicopáticos de maneira completa e demonstrativa. Schneider diz que a descrição pode ser realizada de modo plástico e com a deliberada reserva que utilizou ao construir sua tipologia. Frequentemente surgem desvios, não há manutenção de traços pertencentes ao tipo, e acaba-se por cair no individual, no concreto, no retrato pessoal. Juntam-se à descrição outros traços que não se acham necessariamente vinculados à qualidade eleita para a designação. Assim, ao caracterizar um psicopata depressivo, não se deve limitar à descrição do estado de ânimo, fundamentalmente deprimido, mas é preciso descrever se ele é dado a cavilações religiosas, se é um silencioso humanitário ou um ativo cumpridor de deveres. Não cabe pensar se a maioria dos depressivos possui tais ou quais traços. Certas qualidades excluem-se, outras coincidem. Um hipertímico equilibrado pode não se achar inseguro de si mesmo; pode, porém, ser explosivo; astênicos podem ser depressivos, e assim por diante. Existem, no entanto, determinadas relações, combinações, complexos de traços que se repetem. Mas a descrição concreta excede sempre aquilo que até certo ponto constitui a regra.

Ao considerar esses argumentos, desvia-se totalmente dos tipos puros. Devido à multiplicidade de configurações, é raro que uma qualidade alcance um predomínio absoluto. Schneider conclui que é impossível caracterizar seres humanos somente com base em classificações e tipologias. O resultado dessa tentativa é sempre incompleto. Raras vezes se consignam com satisfação as qualificações de determinado tipo; em geral, limita-se à mera designação de psicopata. "Iríamos submergir num mar de dúvidas se quiséssemos classificar e distribuir segundo tipos todos os psicopatas vistos em uma clínica, durante um ano" (Schneider, 1965). São palavras textuais do psiquiatra alemão.

Quanto à imutabilidade da personalidade dos psicopatas, Schneider afirma, para surpresa de muitos psiquiatras tradicionais, que flutuações e transformações são possíveis tanto na parte que denomina *fundo não vivenciável* da personalidade, como também por meio de vivências e experiências do destino pessoal. O texto ressalta, também, a possibilidade da deflagração de *episódios* psicopáticos que poderiam conter causas endógenas ou reativas. Essas considerações levam a consequências clínicas inevitáveis, tais como a de jamais permitir que um clínico coloque um *rótulo* definitivo em alguém, como se esse ato encerrasse sua tarefa profissional. Se isso acontecer, o psiquiatra deixará de lado o conteúdo, as premissas, as motivações e as oscilações do ser humano em questão. Negará também o aspecto biográfico do indivíduo e a possibilidade de ele estabelecer relações terapêuticas com outras pessoas.

Kurt Schneider comenta que algumas concepções clínicas empregadas durante longo tempo estão saindo de moda. O conceito de psicopatia também começa a cair e seguramente sua época passará. Mas apenas a denominação, não o fato. No trabalho diário da clínica, essa *abreviatura*, embora um tanto inadequada, ainda é útil, mesmo que sirva somente como um breve ponto de interrogação em contraposição à psicose. Finaliza: "Adotem-se concepções tipológicas das personalidades psicopáticas com todas as reservas expostas e recordando a problemática que se oculta atrás de cada uma dessas denominações de tipos. Se assim se fizer, a referida tipologia será ainda útil e apta para ser empregada. Pois, ainda reconhecendo a fundamental limitação de seu valor com respeito ao conhecimento, ela pode mostrar muito do que é humano" (Schneider, 1965).

PARTE III

PSICODRAMA, DINÂMICA DE GRUPO E PSICOTERAPIA

9

A PLURALIDADE DO PSICODRAMA

Psicoterapia da relação, psicoterapia de grupo relacional psicodramática e psicodrama *

A pluralidade do psicodrama no Brasil é o reflexo de seu desenvolvimento. A diferenciação de uma escola psicoterápica acontece com a evolução profissional de seus integrantes, ou seja, a singularidade deles gera a pluralidade do movimento. Esse fenômeno já ocorreu com outras linhas psicoterápicas e com o psicodrama em outros países. Só para citar um exemplo, os psicodramatistas argentinos que não seguem Rojas-Bermúdez não se conformam que este se autodenomine representante da escola argentina de psicodrama (em que pese o fato de ele ter sido indubitavelmente o pioneiro do psicodrama nesse país). Um colega argentino dizia, desconsolado, que seria o mesmo que o time de futebol do Boca Juniors se autointitulasse seleção argentina.

O movimento psicanalítico, por ser mais antigo, fornece dados oportunos para essa reflexão. Em uma primeira fase, os discípulos de Freud que divergiam do mestre eram expulsos (Jung, Reich etc.). A segunda fase é representada pelo advento das ideias de Melanie Klein. Anna Freud, que também trabalhava com crianças, opõe-se a elas. Estabelece-se uma polêmica que mobiliza toda a Sociedade Britânica de Psicanálise. O modo de contornar o problema foi estabelecer dois cursos de formação: um freudiano e outro que incluía as propostas

---

* Trabalho apresentado no VIII Congresso Brasileiro de Psicodrama, São Paulo, SP, 1992.

kleinianas. Logo surgiu, porém, um terceiro grupo, intermediário entre as duas correntes anteriores. O surgimento de outros líderes encarregou-se de diluir as divergências. Ainda no movimento psicanalítico, como fato mais recente, temos o advento do lacanismo e a expulsão de seu líder, Lacan, da Sociedade Internacional de Psicanálise. É claro que esses dramas político-científicos passam pelo drama humano: amor, rejeição, ódio, ambição, luta pelo poder, narcisismo etc.

O movimento psicodramático brasileiro começou no final dos anos 1960. Já em 1970, fruto de cisões internacionais, especialmente argentinas, originou duas instituições: Associação Brasileira de Psicodrama e Sociodrama (ABPS) e Sociedade de Psicodrama de São Paulo (SOPSP). Não havia divergências científicas, somente políticas. Não possuíamos maturidade psicodramática para formular conceitos técnicos e teóricos próprios. Nos anos seguintes, assistimos a uma série de outras cisões políticas. Criaram-se inúmeras pequenas entidades com professores pouco experientes, o que resultou em prejuízo na qualidade da formação psicodramática. Não podemos esquecer o fator econômico, em um país pobre como o nosso. A formação em psicodrama, apesar dos pesares, e em contraposição a outros treinamentos, era relativamente barata. Isso permitiu que muitos profissionais em início de carreira fizessem sua formação em psicodrama, para depois, em melhores condições financeiras, empreenderem outros treinamentos mais dispendiosos. Muitos psicodramatistas dos anos 1970 são hoje psicanalistas. Certamente o psicodrama contribuiu para flexibilizar suas mentes. Aqueles que permaneceram no psicodrama ganharam experiência prática e aprofundamento teórico. Inúmeras dissertações de mestrado e teses de doutorado sobre psicodrama vêm sendo defendidas em nossas universidades. Os congressos brasileiros de psicodrama refletem a maturidade desse movimento[1].

O perfil atual do psicodrama brasileiro demonstra uma discriminação de linhas, tendências e escolas, representadas em um grande número de livros sobre psicodrama. Observo alguns psicodramatistas brasileiros com ideias originais. Constato uma variedade de influên-

---

1. Consultar Alves (1988) e Cesarino (1999) sobre a história do psicodrama no Brasil.

cias em minhas concepções; tento fazer uma articulação entre elas. Em psicoterapia individual, trabalho com a *psicoterapia da relação*, que, mais do que um método, suponho seja uma atitude filosófica. Ela permeia todo o meu trabalho. Como descrevi nos primeiros capítulos, não passei ao exercício dessa forma de trabalho por uma deliberação consciente. Fui assistindo, no passar dos anos, à transformação de meu fazer psicoterápico individual e grupal.

Nesta discussão é necessário que se faça uma distinção entre os *grupos processuais* de longo curso e os *grupos momento* (*atos terapêuticos*) que se realizam em uma única vez, tal como acontece no *psicodrama público*. No primeiro caso, temos a *psicoterapia de grupo processual*; no segundo, a *psicoterapia-momento*. A pluralidade do psicodrama, portanto, não acontece somente em relação a linhas, escolas ou tendências, mas também em relação às modalidades de sua prática.

Concordo que possa ser aborrecido ficar dando nomes e títulos específicos a estes ou àqueles procedimentos psicoterápicos. Seria mais simples se dissesse que faço psicoterapia processual de grupo e psicodrama público com técnica psicodramática, mas isso seria vago em termos descritivos. O rigor na denominação revela uma tentativa didática de passar ao leitor a maneira como trabalho com grupos. Em termos de grupo processual, faço psicoterapia psicodramática de grupo, ou ainda, *psicoterapia de grupo relacional psicodramática*. Incluo a palavra *relacional* para realçar o enfoque filosófico e a inclusão das técnicas descritas nos dois capítulos iniciais. Em termos de grupo-momento, dirijo atos terapêuticos, participo de sessões abertas, faço psicodrama público.

Iniciei meu trabalho com grupos terapêuticos empregando a técnica psicanalítica[2]. Fazia somente interpretações grupais, do grupo como um todo, depois passei a realizar interpretações individuais dentro do grupo e, finalmente, introduzi o psicodrama. Consolidei a atitude terapêutica de privilegiar o trabalho terapêutico das relações *internalizadas* (mundo interno) do paciente e as relações *externas*, presentes, reais, no grupo terapêutico. Enfoco a sociometria internalizada (a *novela interior*)

---

2. Ver trabalho "O início de um grupo" (Fonseca, 1966).

— o *grupo interno* — e a sociometria viva, exposta diante dos olhos do terapeuta, que é a dinâmica ou a sociometria grupal — o *grupo externo*. Nesse sentido, o psicoterapeuta de grupo é sempre um *sociodramatista*. A psicoterapia de grupo tem em comum com a psicoterapia familiar o fato de seus componentes estarem presentes na sessão. A diferença consiste em que uma trabalha com um grupo primário, a família, e a outra com um grupo secundário.

O *psicodrama público*, a mais curta das psicoterapias, foi apresentada por Moreno como decorrência de suas experiências com o *teatro da espontaneidade*. Se era possível apresentar uma peça de teatro criada pelo público, pelos atores e pelo diretor em um único *mis-en-scène*, também seria possível realizar o *tratamento* de um grupo e de uma pessoa de uma só vez. Essa possibilidade favoreceu o aparecimento das demonstrações de técnicas ao vivo (*workshops*), em contraposição aos relatos de casos clínicos pré-preparados (nos quais, em geral, os profissionais relatam somente os seus sucessos), aos dos *grupos de encontro*, que tiveram seu apogeu nas décadas de 1960 e 1970, aos das *maratonas* de fim de semana e de muitas outras formas flexíveis de psicoterapias grupais. Não podemos esquecer ainda que as chamadas *psicoterapias breves*, ou *focais*, também receberam de alguma maneira influências da psicoterapia brevíssima que é o *ato terapêutico psicodramático*, o *psicodrama público* ou *sessão aberta de psicodrama*, como veremos.

O psicodrama realizado em grupos que se reúnem semanalmente é uma *psicoterapia processual de grupo*. Inspira-se na psicoterapia psicanalítica de grupo, que segue o modelo da psicanálise individual: sessões reiteradas e continuidade do processo terapêutico a longo prazo. Ao adquirir o Sanatório Beacon Hill (mais tarde transformado no Instituto Moreno de treinamento em psicodrama), em 1936, Moreno passa a realizar sessões psicodramáticas diárias com os pacientes internados e com os que retornam para seguimento clínico. Os grupos apresentavam uma dinâmica inconstante, devido às altas clínicas e às entradas de novos pacientes. Apesar de constituírem uma experiência diferente do psicodrama público, os grupos ainda não guardavam as características dos grupos semanais (processuais) contemporâneos. Nesse período, originam-se os *protocolos* de casos clínicos de Moreno. Uma revisão de tais protocolos revela que Moreno já operava com o que mais tarde denominou-se *psicoterapia breve*. As psicoterapias psicodramáticas de Moreno tinham a duração máxima de dez meses.

Moreno teve uma *fase mística* (*Palavras do pai*), uma *fase teatral* (*Teatro da espontaneidade*), uma *fase sociométrica* (*Who shall survive?*). E também uma *fase psiquiátrica e psicoterápica*, que culmina com a publicação de seu primeiro livro específico sobre psicoterapia (*Psychodrama I*), em 1946. A *fase psiquiátrica e psicoterápica* permitiu que ele fundamentasse um método psicoterápico: o psicodrama.

Moreno não abandona, no entanto, o psicodrama público. Continua realizando-o pelo mundo afora, em congressos, hospitais, escolas. Trabalha protagonistas individuais, temas grupais e síndromes culturais como o fez, por exemplo, com a Guerra Fria (conflito político-ideológico entre Estados Unidos e União Soviética) e com a morte de Kennedy. Preserva as sessões abertas (*open sessions*) no teatro terapêutico de Nova York e depois no Instituto Moreno, em Beacon.

O *psicodrama público* é o verdadeiro psicodrama de J. L. Moreno. Dirigir uma sessão *aberta* em que não se conhece o grupo, nem o protagonista, nem os egos-auxiliares (originados do grupo) é o supremo desafio para o psicodramatista. Ele não conta como trabalha, ele demonstra. O psicodrama público não tem *script* previsível, é novo a cada apresentação. O ritual se repete, mas o produto é sempre inesperado. Quem e como será o protagonista? Como será a direção? Qual será a ressonância do grupo? Nada é previsível, tudo é novidade! A sociodinâmica do psicodrama público não se insere na dinâmica dos pequenos grupos, tampouco na psicologia das massas. Os *cinco instrumentos*, as *três etapas da sessão* e as *técnicas* do psicodrama são os trilhos por onde corre o trem da espontaneidade. A espontaneidade no psicodrama é diferente da espontaneidade do *happening*, que é anárquica e narcísica (Moreno, 1984). No psicodrama, há um embate do *protagonista* com o *diretor*. Eles não são adversários, são aliados contra o inimigo comum: o conflito ou a doença. Quem vencerá? Eles começam o trajeto psicodramático. Esquivam-se das *resistências*. Esgueiram-se pelos labirintos *transferenciais*. Recebem o *clique télico*, chegam à *espontaneidade*. Algo é posto para fora (*acting-out*) e reorganizado na *catarse de integração*.

Costumo trabalhar em sessões abertas dirigindo algumas palavras ao público, a fim de prepará-lo para o que vai acontecer. Falo, especialmente quando se trata de uma plateia leiga, de forma sucinta, a respeito das etapas da sessão e dos instrumentos do psicodrama. Procedo, então, ao *aquecimento* baseado na técnica do *videoteipe*[3] (técnica de visualizações internas). Seguem-se a apresentação dos candidatos, a eleição sociométrica do protagonista e a dramatização. Na terceira fase da sessão, incentivo mais o compartilhar do que o analisar.

Os psicodramatistas contemporâneos apresentam diferenças técnicas — *pluralidades* — especialmente em seu modo de atuar em psicoterapia individual. Essas diferenças são menos evidentes na direção de grupos terapêuticos processuais e praticamente desaparecem quando se trata do psicodrama público. É claro que as características pessoais, ou os *modos dos papéis de cada um*, influem na maneira de dirigir, mas as diferenças técnicas são mínimas nessa modalidade de trabalho. Mesmo psicodramatistas com origens e formações diferentes se conduzem de forma semelhante em psicodrama público. Recordo-me de Paul Lemoine, psicodramatista e psicanalista lacaniano francês, dirigindo no Daimon (julho, 1988). Ele anunciava não realizar o *warming-up*, mas na verdade não dava ênfase às técnicas específicas de aquecimento. Procedia ao aquecimento de forma verbal. As diferenças entre os diretores de psicodrama público assentam-se, basicamente, na compreensão psicodinâmica e na consequente passagem de cenas (cortes de uma cena para outra). Cada profissional a realiza de acordo com seu referencial teórico. Moreno não deixou nada sobre psicoterapia individual, deixou pouco sobre psicoterapia processual de grupo e muito sobre psicodrama público. O psicodrama público é a forma mais acabada de psicodrama que Moreno nos deixou. O *psicodrama público*, ou *sessão aberta* de psicodrama, ou *ato terapêutico* psicodramático, ou que nome se queira dar a essa prática, aproxima todos os psicodramatistas.

A característica pública das *sessões abertas* permite a plena apreensão dos valores socioculturais (*contexto social*) presentes. Esse fato transforma o psicodrama-sociodrama público em um poderoso ins-

---

3. Ver técnicas da psicoterapia da relação no Capítulo 1.

trumento para o tratamento das síndromes culturais de uma sociedade. O objetivo é oferecer possibilidades para a comunidade organizar-se diante de uma dificuldade comum. Tal é o caso dos sociodramas e axiodramas que abordam epidemias[4], guerras, convulsões sociais etc. Constituem sociopsicoterapias *in situ*. O psicodrama público demonstra uma especial efetividade em situações de elaboração de sentimentos que envolvem rituais sociais de passagem: casamento, nascimento, separação e morte. A elaboração do luto crônico, por exemplo, com frequência não consegue ser realizada somente em psicoterapia individual. A morte situa-se na esfera do individual (psicológico) e do coletivo (social): a dor é pessoal, mas os rituais de elaboração da perda são sociais. O velório, o enterro, as missas, as visitas de pêsames, enfim, os rituais de despedida conclamam a participação da comunidade. O psicodrama público, por assim dizer, *chama* a comunidade de volta para reelaborar o que não foi realizado totalmente na primeira vez. Em outras palavras, podemos dizer que o psicodrama público exorciza, com o aval do grupo, os fantasmas pessoais de um sofredor[5].

Outra pluralidade do psicodrama refere-se à sua prática específica. Há dificuldades em discriminar suas modalidades de ação: *teatro espontâneo, sociodrama, axiodrama* e *psicodrama*, pois, na verdade, são práticas que se entrelaçam[6]. Creio que uma solução pragmática para esse impasse seja defini-las segundo o *contrato de trabalho* que se estabelece, implícita ou explicitamente, com o grupo. Assim, defino como *psicodrama* (terapêutico), *stricto sensu*, se há um contrato para tratar pessoas no grupo; como *sociodrama*, se o contrato se refere ao tratamento de um grupo que apresenta dificuldades relacionais; como *axiodrama*, se o grupo deseja aprofundar e questionar valores da socie-

---

4. Para mais esclarecimentos, consultar Ana Maria Fonseca Zampieri (1996).
5. Um interessante exemplo deste tipo de situação poderá ser visto no Capítulo 18.
6. Para Davoli (1995), o teatro espontâneo é o próprio procedimento psicodramático. Aguiar (1998) coloca todas as modalidades psicodramáticas como derivadas do teatro espontâneo. Gonçalves (1998) comenta que a proposta (de teatro-teatro espontâneo) do grupo Vagas Estrelas tem objetivos pedagógicos bem definidos. Herranz (1999) escreve que o teatro espontâneo tem como objetivo o espetáculo, mesmo que se produza uma mobilização emocional mais forte no espectador. Karp (1998) lembra que Moreno propunha três formas principais de psicodrama: o totalmente espontâneo, o planejado e o ensaiado, sendo as duas últimas menos utilizadas.

dade; e, como *teatro espontâneo*, se a proposta básica é o desenvolvimento da espontaneidade de seus membros por meio do *exercício* do desempenho de papéis, sem preocupação terapêutica principal[7]. O privilégio, então, se dirige para o objetivo maior da proposta. Ninguém nega que uma boa conversa com um amigo ou uma relação amorosa possam ser terapêuticas, mas elas não consolidam uma psicoterapia propriamente dita, pois são mera decorrência do propósito primordial.

Relato agora uma experiência realizada há alguns anos na tentativa de aproximar os *grupos processuais* de longo curso com os *atos terapêuticos*. Na ocasião, questionava o excesso de verbalização dos grupos terapêuticos semanais, a conversa defensiva a serviço da resistência. Examinava a possibilidade de grupos terapêuticos processuais, de longo e médio curso, vivenciarem uma terapia de ação dramática consistente. Promovi a fusão de três grupos terapêuticos que se reuniam uma vez por semana, transformando-os em um grande grupo (22 pessoas), o *grupão*. Passamos a realizar três sessões semanais com duas horas de duração. Determinou-se um prazo de aproximadamente dois anos para o término. Também fazia parte do contrato trabalhar com protagonistas individuais nas três primeiras semanas do mês. A quarta semana era dedicada somente a trabalhos grupais: jogos dramáticos, exercícios corporais, treinamento da espontaneidade e trabalho sociométrico. No decorrer do trabalho com o grupo houve alguns abandonos, términos e paradas[8]. Os pacientes-alunos, pacientes que realizam concomitantemente sua formação psicodramática, puderam vivenciar com plenitude o vasto campo da linguagem psicodramática. Faltou um espaço grupal maior para a elaboração verbal das catarses integrativas e *insights* dramáticos, como também de algumas situações transferenciais intragrupais (embora os pacientes pudessem recorrer a

---

7. Consultar: Davoli (1995), Silva Junior (1997) sobre o *teatro da ressignificação*, Aguiar (1998), Gonçalves (1998) sobre a experiência com o *teatro-psicodrama*, ou, de forma mais rigorosa, com o *teatro-teatro espontâneo*, pois a proposta não é primordialmente terapêutica, e Pawel (texto não publicado) sobre o *playback theater*.

8. No Capítulo 1 refiro-me às diferenças entre *término, parada* e *abandono* em psicoterapia. Para outras informações, ver "Análise objetiva e subjetiva dos abandonos em grupoterapia" (Eva *et al.*, 1966).

sessões individuais). De qualquer modo, a partir do momento em que a dinâmica grupal se consolidou, foi possível trabalhar vários complexos relacionais (acasalamentos, triangulações, subgrupos etc.). Houve uma celebração de término quando então o grupo se autoavaliou. A experiência lembrou o percurso dinâmico de *comunidades terapêuticas* e de *comunidades não terapêuticas* (de caráter filosófico e político[9]) que conheci nos anos 1970. Há uma proximidade afetiva dos membros do grupo entre si, e deles com o terapeuta, maior do que nos grupos tradicionais. Foi uma experiência trabalhosa, mas gratificante e inesquecível.

Finalizando, apresento um breve resumo dos principais pontos abordados neste texto. Discutiu-se que, por intermédio da singularidade do psicodramatista, atinge-se a *pluralidade* do movimento psicodramático brasileiro. Trabalho com psicoterapia da relação, psicoterapia psicodramática relacional de grupo e psicodrama. Reservo a denominação *psicodrama* para a prática do psicodrama público (sessões abertas, atos terapêuticos). Considero esta última modalidade o verdadeiro psicodrama de Moreno, sua forma de expressão mais pura. Ressalvo que essa discriminação está a serviço de um rigor técnico e didático, pois todas as formas atuais de psicodrama podem, na verdade, ser colocadas sob a égide do psicodrama contemporâneo.

---

9. Consultar trabalho sobre comunidades não terapêuticas de inspiração anarquista no Uruguai (Fonseca, 1970).

APÊNDICE

O PROTAGONISTA BRANCO*

Considerações sobre emergentes grupais

Gostaria de abordar neste texto um aspecto particular da dinâmica da sessão de psicodrama. Refiro-me a situações nas quais a terceira etapa da sessão (comentários, análises e compartilhamento) não se faz em relação ao paciente que protagonizou a dramatização, e sim em relação a outro membro do grupo. Imerso na dinâmica grupal, o *protagonista branco*[10] emerge na terceira etapa da sessão para captar a síntese final. Vejamos alguns exemplos.

Caso 1

No pós-grupo da última sessão, o paciente manifestou aos companheiros problemas que gostaria de levar à sessão seguinte (a presente). Chega atrasado, quando já se faz o aquecimento específico de um protagonista. Na fase de comentários, fala de seu descrédito nos cole-

---

* Texto publicado na revista *Psicodrama*, nº 1, 1970, pp. 31-3, lançada durante o histórico V Congresso Internacional de Psicodrama, realizado no Masp, em São Paulo, em 1970. O artigo, publicado com o título "Breves considerações sobre emergentes grupais em psicodrama" (1970), representa minha passagem da psicoterapia analítica de grupo para o psicodrama.

10. Emprego o termo *branco* no sentido tradicional da medicina, para descrever algo ausente no quadro clínico, em geral a dor. Por exemplo, no *infarto branco* há ausência de dor, o paciente não se dá conta do problema, porém seu coração registra fisicamente a marca da insuficiência circulatória sofrida.

180

gas de grupo que saberiam de seus problemas e não tinham aguardado sua chegada para o início da sessão. O grupo lhe mostra que não poderia ficar esperando e, se tanto desejava a sessão, deveria ter chegado na hora. O diretor acrescenta dados de outras situações de vida em que agiu de forma semelhante. Quase toda a terceira etapa da sessão é utilizada na discussão da conduta grupal desse *protagonista branco*.

Caso 2

Uma paciente relata, em tom jocoso, brigas com o marido. O grupo toma o relato divertidamente e passa a falar de outros assuntos. Surge outro protagonista. Na fase dos comentários, refere ter "desligado" da sessão. Os companheiros comentam que estaria assim pelo fato de seu problema não ter sido dramatizado. Aqui também os comentários centram-se na paciente que não chegou a dramatizar. Na sessão subsequente foi protagonista, ficando patente sua necessidade de buscar atenção e afeto de maneira frustrante para si mesma.

Caso 3

Na etapa de aquecimento, a paciente A diz não estar se sentindo bem, mas manifesta "não querer contar nada". O grupo guarda silêncio por alguns instantes e logo retoma a conversação. Emerge o protagonista B. Quando este se prepara para subir ao tablado (início da dramatização), A inicia sua narrativa. O grupo se volta para A, capta seu desejo de interromper e, em atitude corretiva, retorna a B. A dramatização segue, sendo que na terceira etapa os comentários se fazem em relação a B, que dramatizou, e a A que não dramatizou, como se fossem dois protagonistas.

Vejamos algumas considerações com base nos exemplos. Como o protagonista na sessão de psicodrama frequentemente é o emergente grupal, coloca-se a questão sobre o tipo de dinâmica que dá sustentação a supostamente dois protagonistas[11]. Uma possibilidade é que essa situação possa ocorrer pelo erro do diretor em detectar o verdadeiro protagonista[12]. Em lugar de a dramatização acontecer com este último, ela se dá com um *protagonista aparente*. O grupo, guiado pela sua dinâmica, *corrige* o diretor, fazendo que os comentários recaiam também sobre o verdadeiro (*protagonista branco*), que havia sido relegado. Se houvesse tempo, o *protagonista branco* provavelmente protagonizaria uma dramatização. Uma observação, a ser confirmada, refere-se à frequência com que o *protagonista branco* apresenta elementos de personalidade preponderantemente histéricos, narcísicos, bem como voracidade ou escassa capacidade para suportar frustrações. Exatamente por isso, o trabalho do diretor deve ser cuidadoso, de maneira a não propiciar sentimentos persecutórios e causar *inibição-desilusão-frustração* (Eva *et al.*, 1967), culminando em abandono. Por outro lado, a situação bem manejada pode se constituir numa experiência psicoterápica de grande valor.

Finalmente, gostaria de abordar uma eventualidade que pode ser confundida com o tema. Seria a ausência do protagonista da sessão anterior. A sessão pode ser realizada com base nessa falta que, na verdade, não deixa de ser uma *presença*. Suponhamos que um protagonista demonstre ideias de suicídio, não sendo levado a sério pelo grupo. Na sessão seguinte ele falta. O grupo conjetura sobre a possibilidade de concretização daquelas ideias. Nesse caso, porém, o faltoso não é um *protagonista branco*, mas o *iniciador* de clima grupal de ansiedade, medo e culpa. O protagonista é o grupo.

Esta é a apresentação preliminar de um tema que eu gostaria de desenvolver com a colaboração dos colegas de psicodrama.

---

11. Concordo com Luis Falivene Alves (1994) com relação à distinção entre emergente grupal e protagonista. No caso, existiriam dois emergentes grupais, uma vez que, segundo esse autor, o protagonista somente é definido no contexto dramático. Segundo ele ainda, existem pré-protagonistas e protagonistas intermediários. Mas em 1970, época em que este texto foi escrito, eu não tinha clara a diferença nem dispunha do excelente artigo de Falivene Alves.
12. Em 1970, trabalhava ainda com um modelo psicodramático rojas-bermudiano, no qual a responsabilidade de eleição do protagonista recaía mais sobre o diretor e menos sobre o grupo.

10

TENDÊNCIAS DA PSICOTERAPIA*
O lugar do psicodrama

Fui convidado mais de uma vez para falar sobre as perspectivas da psicoterapia no século XXI. Isso demonstra a curiosidade que o novo século vem despertando. Este texto é o resultado dessas apresentações. Desenvolvi, por meio de uma contextualização histórica, alguns pontos de reflexão sobre a medicina, a psiquiatria, a psicologia e a psicoterapia. Lamento não dispor dos papéis de cientista social e de antropologo, a fim de propor uma análise mais profunda do tema.

Para ter uma visão do século XXI, em termos da história da psicoterapia, é preciso que se tenha uma ideia do século passado. Comento, pois, de forma abreviada, a trajetória de Freud, o pai não só da psicanálise mas também das psicoterapias.

A psicanálise

Todo revolucionário tem de ser extremista para conseguir seus desígnios — basta ver os exemplos da história —, e Freud o foi, especialmente no que diz respeito à teoria da sexualidade. Os modernos

---

* Apresentado no IV Congresso Nacional de Psicoterapia, Dinâmica de Grupo e Psicodrama, Uberaba, MG, 12 out. 1995, no I Simpósio de Psiquiatria Psicodinâmica, Centro de Convenções Rebouças, São Paulo, 20 abr. 1996, e no Seminário Inter-Institucional de Psicologia, Pelotas, RS, 7 out. 96. Publicado na revista *Temas*, nº 49, 1995.

estudos de sexologia confirmam muitas das propostas freudianas e desconsideram outras, como as afirmações referentes à sexualidade feminina (o orgasmo da mulher seria clitoridiano e vaginal, sendo este considerado maduro e o primeiro imaturo ou infantil) e à masturbação (levaria à histeria e à psicastenia). A fundamentação psicanalítica (etiológica) de quadros psicóticos é questionada nos dias de hoje. A ideia de que a homossexualidade latente por si só pudesse levar à paranoia também é discutível. Enfim, muitas *verdades* freudianas perderam validade, assim como muitas *verdades* atuais cairão por terra. Porém, entre acertos e erros, dissidências e exageros, a psicanálise transcendeu a medicina e a psicologia, impregnando toda a cultura do século XX.

Os anos 1940 e 1950 assistiram ao apogeu das ideias psicanalíticas (no Brasil esse fenômeno revelou-se mais nitidamente nos anos 1950 e 1960). Tudo passou a ser "psicológico" — *psicocentrismo* — e "sexual" — *sexocentrismo*. As doenças de causa desconhecida passaram a ser potencialmente de origem psicológica — doenças do colágeno (lúpus eritematoso, artrite reumatoide e outras), úlcera péptica, vitiligo, psoríase, retocolite-ulcerativa etc. Com base na explicação psicodinâmica dos esquecimentos, dos enganos e da visão psicanalítica das neuroses e psicoses, tudo passou a ser passível de interpretação: "Freud explica". Se por um lado essa divulgação serviu para a democratização da linguagem psicanalítica, por outro, incentivou um exagero interpretativo. A cultura tornou-se psicológica e interpretativa, surgiu a *interpretose*. Os métodos e tratamentos biológicos — convulsoterapia elétrica (eletrochoque) e química (cardiazol), insulinoterapia — passaram a ser execrados. Trabalhos recentes resgatam a indicação da eletroconvulsoterapia para alguns quadros clínicos específicos. A imagem da cirurgia neuropsiquiátrica ficou maculada pela sombra das lobotomias indiscriminadas, fruto de modismos anteriores. Valeu o exagero da crítica, porque a psiquiatria começou a mudar. Por coincidência, apareceram os neurolépticos (década de 1950) — inicialmente a clorpromazina (Amplictil), logo depois a levopromazina (Neozine) e mais tarde o haloperidol (Haldol) — que promoveram uma revolução na psiquiatria, uma verdadeira segunda libertação dos doentes mentais (a primeira tendo sido promovida por Pinel).

Organicismo, psicologismo e os velhos paradigmas

O embate de forças entre as correntes organicistas e psicodinâmicas na psiquiatria do começo do século XX continua agora entre as correntes bioquímicas e psicológicas. A *emocionalização* dessa disputa inclui luta pelo poder e vantagens mercadológicas. Porém, antes de tudo, reflete uma característica humana: a competitividade. Esta, como outros aspectos do ser humano, traduz-se por um lado positivo e um negativo. A competição positiva é propulsora do progresso. Ela respeita argumentos contrários, inverte papéis com opositores e jamais se pauta pelo fanatismo. Nessas circunstâncias, paira a certeza de que a verdade é relativa e não absoluta, que não se podem ver as partes sem se ver o todo. Descartes criticava os filósofos escolásticos medievais que usavam o estéril método *disputativo*, em que se argumentava de modo semelhante a favor ou contra qualquer coisa, sem argumentos decisivos para nada. Aristóteles chama de *apaideusia* a "falta de educação no sentido de falta de instrução, alguém querer ter o mesmo grau de certeza em todos os campos do conhecimento" (Nascimento, 1995, p. 25).

A dicotomia do orgânico e do psíquico, ou dos psiquiatras organicistas e psicodinamistas do início do século XX, foi se diluindo a partir do momento em que as ideias psicanalíticas foram sendo absorvidas pela cultura. Nos Estados Unidos, surgiu o movimento da *psiquiatria dinâmica* no final da década de 1940, com reflexos na Argentina e no Brasil nos anos 1960 e 1970 (o livro *Psiquiatria dinâmica* de Franz Alexander teve sua edição americana em 1947 e argentina em 1958). Essa corrente propunha uma abordagem psicodinâmica da doença mental, na qual eram levados em conta os aspectos orgânicos e psicológicos. Nesse período, começa a haver um equilíbrio de forças entre as duas correntes, disso resultando uma *safra* de psiquiatras clínicos com formação psicodinâmica. Testemunha dessa época, em São Paulo (no Hospital do Servidor Público Estadual e no Hospital das Clínicas), como aluno e como professor, recordo que a ênfase do treinamento psiquiátrico era homogênea e abrangente. Podíamos ser, ou melhor, devíamos ser psiquiatras clínicos e psicoterapeutas. Nos dias de hoje, devido ao avanço das pesquisas em neuropsicobiologia[1], voltamos a viver um período dicotômico em que os representantes de ambas as correntes não cruzam funções, mas rivalizam condutas e acabam se olhando com desconfiança. A ignorância mútua é responsável por situações constrangedoras em que psiquiatras psicoterapeutas prescrevem drogas de forma sofrível (por ignorância em psicofarmacologia) e psiquiatras clínicos se relacionam desastrosamente com pacientes e familiares (por falta de sensibilidade relacional). Talvez seja mesmo impossível exercer, agora, as duas funções com a mesma eficiência de outrora, mas com certeza será possível uma relação mais flexível entre ambas.

As tentativas de superação das diferenças científicas no século XX, apesar da boa vontade, não resultaram em grande coisa. Desde que iniciei meus estudos em medicina, e já faz um bom tempo, ouço que devemos ter um enfoque biopsicossocial das doenças, mas isso passou a ser um enunciado mais teórico do que prático. Não que haja má vontade em segui-lo, ele é tão bonito! É que é difícil pô-lo em prática com os paradigmas científicos atuais. A mesma coisa se pode dizer da interdisciplinaridade. Ninguém se coloca contra, todos a apregoam. Mas de verdade, para valer, não a superficial ou pró-forma, qual é a interdisciplinaridade que existe em nossas universidades? Recentemente discutindo sobre interdisciplinaridade em uma universidade, alguém lembrou que o único elo entre seus departamentos era o ônibus circular que os servia.

Creio que muitas de nossas polêmicas possam ser consideravelmente arejadas se houver uma visão abrangente dos fenômenos humanos. Assim como já aconteceu com a astronomia, pode ser que ainda estejamos achando, em psiquiatria, que a Terra é plana ou que o Sol gira em torno da Terra e que esta é o centro do universo. Voltando ao tema deste tópico, uma análise cuidadosa revelará que tanto o *organicismo* como o *psicologismo* estão baseados nos mesmos parâmetros que regeram toda a ciência nesse período. Refiro-me ao paradigma cartesia-

---

1. A partir da década de 1960, em termos de conceitos fisiopatológicos, passou-se da crença simplista de que as doenças mentais não tinham causa física aparente para a era dos neurotransmissores, depois para a dos receptores e agora já estamos na era molecular.

no da divisão corpo-mente e ao newtoniano do determinismo causalista. A concepção de que o universo é uma grande *máquina* regida por leis mecânicas que determinam todas as causas dos fenômenos foi aceita integralmente pela medicina. O homem passou a ser encarado como uma máquina cujas peças apresentam desgaste, necessitando de retirada e reposição. Acrescente-se a isso o imperialismo da certeza matemática que impregnou toda ciência do século XX. Como se fazer ciência forte, *hard science*, fosse chegar a certezas e fazer ciência fraca, *soft science*, permanecer com as incertezas.

Apesar de os físicos aceitarem que a física moderna transcendeu a postura cartesiana e mecanicista, evoluindo em direção a novos paradigmas, existe uma natural resistência em medicina e psicologia para essas novas referências. Na verdade, a concepção reducionista e divisionista continua sendo muito sedutora por ter trazido e continuar trazendo progressos espetaculares. A medicina do futuro vai continuar dividindo o homem, não mais órgão por órgão, mas gene por gene. Insiste-se em negar que, se este modelo é bom para o desenvolvimento de certas áreas da medicina, ele é inócuo para outras. Ninguém questiona o grande avanço da medicina a partir da descoberta da correlação entre bactérias e doenças, ou do aparecimento dos antibióticos, ou da evolução da técnica cirúrgica. Porém, sabe-se também que a maioria das pessoas igualmente expostas às bactérias não contrai doenças, outras medicadas com antibióticos não respondem a eles, e que muitos pacientes operados em uma década não o seriam em outra. A indicação de amigdalectomias nos anos 1950 e 1960, de gastrectomias nos anos 1960 e 1970 e de implantes coronarianos (pontes de safena e de mamária) nos anos 1970 e 1980 foi absolutamente maior do que a atual, mostrando que indicações *científicas* também obedecem a modismos. Até poucos anos escondia-se do paciente que ele era portador de câncer. Alegava-se que isso poderia levá-lo ao desespero, ao suicídio. Hoje a ordem é contar tudo, mesmo que o paciente não deseje saber. Recentemente, acompanhei psicoterapicamente um paciente com aids que negou até a morte que estivesse com a doença, apesar de todas as informações e evidências em contrário. Não seria mais prático proporcionar um treinamento para o estudante de medicina apurar a sensibilidade e perceber o que o paciente deseja ou não saber sobre seu estado de saúde?

O campo da medicina é muito mais amplo do que o proposto pela medicina tradicional, mas essa ignorância não é dos médicos, e sim da cultura. Por exemplo, no Ocidente, o sucesso de um médico, em sua clínica privada, é medido pelo número de doentes que ele atende. Na China, isso significaria um desastre profissional. Lá, o bom médico é aquele que evita que seus pacientes adoeçam. Aqui, a ênfase recai na medicina curativa, enquanto lá, na preventiva. O povo japonês encara com reservas os transplantes de órgãos, pois corpo e alma constituiriam uma unidade, assim como homem e natureza.

Para uma melhor compreensão da medicina moderna é necessário que se recorra a alguns dados históricos da medicina americana, norteadora de toda a medicina ocidental, inclusive, é claro, da nossa — caminhamos no diapasão da tecnologia americana. O modelo biomédico atual é fruto do Relatório Flexner, publicado em 1910, e que serviu de base para a reformulação do ensino médico americano. Esse relatório atendia à solicitação da Associação Americana de Medicina, a fim de melhorar a qualidade de ensino e de canalizar verbas de fundações recém-estabelecidas (entre elas, as fundações Rockfeller e Carnegie) para as escolas de medicina. Esse fato estabeleceu a parceria entre a medicina e o *big business* americano (inclua-se a indústria farmacêutica e a de aparelhos e instrumentos) "que passou a dominar até hoje todo o sistema de assistência à saúde" (Capra, 1988, p. 151). O resultado dessa política significou uma medicina reducionista no sentido biológico, com menos clínicos gerais e mais especialistas, mais pedidos de exames complementares e indicações cirúrgicas, além de excessiva prescrição de medicamentos. O atendimento de casos graves e de pacientes internados foi mais valorizado do que os casos comuns e ambulatoriais, não se levando em conta que estes são a esmagadora maioria da clínica cotidiana. Esse modelo biomédico atingiu o *status* de um dogma. Ele não é questionado pelos médicos.

A estrutura cartesiana-newtoniana da abordagem biomédica, apesar de ter sido e de continuar sendo útil, é insuficiente para a compreensão de todos os sofrimentos humanos. O grande salto no progresso da ciência em geral, e da medicina em particular, acontecerá com base em uma atitude filosófica diferente. Ainda no século XX, assistimos a algumas tentativas de suplantar as velhas estruturas científicas, entre elas a teoria sistêmica, o construtivismo e o holismo. Se não conseguiram a revolução que pretendiam, pelo menos ofereceram novas formas de abordagem dos fenômenos humanos. Romperam com o enfoque linear, determinista e unicausalista, apresentando os conceitos de circularidade e de retroalimentação. Por exemplo, o componente A pode afetar o componente B; B pode afetar C; e C pode retroalimentar A e assim fechar o circuito. Quando um sistema sofre interrupções, as causas são múltiplas, pois elas se realimentam reciprocamente, tornando-se irrelevante a busca unicausal da suposta falha. Capra transpõe esses conceitos para a medicina dizendo que "esse estado de interligação não linear dos organismos vivos indica que as tentativas convencionais da ciência biomédica de associar doenças a causas únicas são muito problemáticas. Além disso, mostra a falácia do 'determinismo genético'" (Capra, 1988, p. 262). A perspectiva sistêmica deixa claro que os genes não são os determinantes exclusivos do funcionamento de um organismo, tal como a engrenagem determina o funcionamento de um relógio. Os genes são, outrossim, partes integrantes de um todo ordenado e, portanto, adaptam-se à sua organização sistêmica.

A psicologia, como não podia deixar de ser, também foi moldada na mesma dicotomia cartesiana-newtoniana, resultando disso as mesmas ambiguidades do modelo biomédico. As duas grandes correntes da psicologia no início do século, o behaviorismo e a psicanálise, se pautam no modelo mecanicista, determinista e causalista. O behaviorismo, que gerou a terapia comportamental e a terapia cognitiva, reduz o comportamento humano a uma sequência mecânica de respostas condicionadas. A psicanálise, da mesma forma, assenta sua estrutura nas leis da física, especialmente na mecânica, na hidráulica e na termodinâmica. Dessa maneira, Freud explica todas as manifestações psicológicas e psicopatológicas segundo uma cadeia linear de relações de causa e efeito. Tudo que era biológico para o organicista passa a ser psicológico para o psicanalista. Há que se encarar com reservas as *teorias* que explicam tudo. Vive-se um exagero de *por quês* e uma falta de *comos*[2].

Reconhecer essas limitações nas psicoterapias do século XX não significa nenhum desdouro para seus criadores e seguidores. Pelo contrário, tudo isso foi bom, mas não podemos parar aí. A descrição reducionista pode ser útil e, em alguns casos, necessária: "Ela só é perigosa quando interpretada como se fosse a explicação completa. Reducionismo e holismo, análise e síntese são enfoques complementares que, usados em equilíbrio adequado, nos ajudam a chegar a um conhecimento mais profundo" (Capra, 1988, p. 116).

O psicodrama e os novos paradigmas

Neste item valho-me do texto de Valongo (1996). Na verdade, faço uma síntese de seu excelente trabalho. Recorro também a Seixas (1992), que propõe uma correlação entre a teoria sistêmica-cibernética e a teoria moreniana, a Tozoni Reis (1992), quando discute a proposta metodológica da socionomia moreniana, e a Castello de Almeida (1994b), que disserta sobre o *lugar do psicodrama* na metodologia científica[3].

Muitas das críticas que Moreno recebe em relação à sua obra referem-se ao fato de a considerarem intuitiva, em detrimento de uma linha lógica e racional, de privilegiar exageradamente a descrição do *todo* com prejuízo da análise das partes e de não explicar as doenças mentais em termos de causa-efeito. As tentativas de suplantar os velhos modelos reducionistas não raro são rotuladas de superficiais ou inconsistentes. Há como uma estranheza em se olhar o mundo sem os

---

2. Moreno apresenta o psicodrama como uma alternativa a essas duas metodologias: "As escolas behavioristas têm se limitado a observar e a efetuar experimentos com o comportamento 'externo' dos indivíduos, deixando de fora importantes porções do subjetivo. Muitos métodos psicológicos, como a psicanálise, colocaram-se no extremo oposto, focalizando o subjetivo mas limitando ao mínimo o estudo do comportamento direto e recorrendo ao uso de complicados sistemas de interpretação simbólica" (1993, p. 47). Jonathan D. Moreno (1998) acrescenta que o behaviorismo de seu pai era mais próximo ao de George Herbert Mead e John Dewey do que o de John Watson ou de B. F. Skinner. Creio que o behaviorismo de Moreno é mais estratégico do que propriamente comportamental.

3. Landini (1998) retoma com propriedade o tema.

velhos paradigmas lineares e causalistas. A Gestalt-terapia e o psicodrama incluem-se neste novo modelo. O psiquiatra espanhol Pablo Población (1992, p. 146) diz:

> Nós tentamos uma compreensão sistêmica do psicodrama [...] Há anos defendemos que Moreno foi um pioneiro da sistêmica no campo das estruturas sociais, o que ele denominava de um modo globalizante de socionomia [...] O paradigma da posição sistêmica moreniana está em seus conceitos, muito debatidos na atualidade, de que não existe papel sem contrapapel, e que o papel nasce de uma relação e configura posteriormente as relações, que a família constitui uma unidade que tem que ser tratada como tal etc.

Se se levar em conta que a obra de Moreno foi praticamente toda escrita na primeira metade do século XX, quando os paradigmas da ciência apontavam para o lado oposto da metodologia moreniana, ou seja, pregavam a análise das partes e o rigor da causalidade no estudo dos fenômenos, pode-se compreender as dificuldades que teve na implantação de suas ideias.

Já em sua primeira obra, um poema denominado "Convite a um encontro" (1914), Moreno deixa clara sua visão relacional. Faz parte dela o trecho que agora é famoso:

> [...] um encontro de dois: olho a olho, face a face/ E quando estiveres perto, tirarei os teus olhos/ e os colocarei no lugar dos meus/ e tu tirarás os meus / e os colocará no lugar dos teus/ então, eu o olharei com teus olhos/ e tu me olharás com os meus [...]

Em *As palavras do Pai* (1920), Moreno introduz uma visão surpreendente da relação hierárquica do homem com Deus. Coerente com suas influências hassídicas, apresenta a relação criador-criatura estruturada em uma mútua dependência, uma relação horizontal, em que ambos os polos são essenciais para o equilíbrio do sistema. Deus não seria nada sem o Homem e este não seria nada sem Deus. Deus e Homem são cocriadores: o primeiro é o diretor e o segundo o ego auxiliar do psicodrama da vida. Moreno vai adiante, traz a possibilidade do Deus na primeira pessoa: o Deus-Criatividade, o Deus em Mim, o Deus-Eu. Ainda em *As palavras do Pai*, Moreno (1992a, p. 68) antecipa os princípios da teoria sistêmica:

Como pode uma coisa/criar outra coisa,/sem que esta outra coisa/crie a primeira?

Como pode uma primeira coisa,/criar uma segunda,/sem que a segunda/

Também crie a primeira?

Como pode uma segunda coisa/criar uma terceira,/sem que a terceira/

Também crie a segunda?

Como pode uma terceira coisa/criar uma quarta/sem que a quarta/

Também crie a terceira?

Como pode um pai gerar um filho,/sem que o filho

Também gere seu pai?

Como pode um avô/gerar um neto,/a não ser que o neto/

Seja um avô para seu avô?

O primeiro criou o último

e o fim criou o começo./Eu criei o mundo,/e, portanto,

Eu devo ter criado a Mim mesmo.

Em *Teatro da espontaneidade* (1924), com base na observação do desempenho de papéis dos atores espontâneos em cena, Moreno revela a possibilidade de treinamento da espontaneidade. Preocupa-se com o fato de a espontaneidade poder se tornar *rançosa*, transformando-se em *espontaneísmo*, o que significaria o caminho equivocado da criatividade. Isso o leva a buscar técnicas para desenvolver a espontaneidade *saudável*: o teatro espontâneo, o jornal vivo, a psicomúsica, a psicodança, o *role-playing*, o psicodrama.

Em *Who shall survive?* (1934), Moreno esforça-se para provar, segundo os critérios científicos da época, que a humanidade é composta de grupos regidos por leis sociodinâmicas, segundo forças de atração, repulsão e neutralidade. As estruturas grupais são compostas por pessoas isoladas, pares, triângulos, círculos, redes, estrelas, líderes sociométricos, átomos sociais, cadeias, correntes psicológicas etc. Essas configurações são passíveis de ser apreendidas (medidas) por meio do teste sociométrico e mapeadas em sociogramas.

Em 1946, finalmente, Moreno apresenta, em *Psicodrama I* (que depois tem sequência em *Psicodrama II* e *III*), um novo método psicoterápico, coerente com suas ideias filosóficas anteriores. O objetivo principal da nova abordagem psicoterápica não é analisar o paciente segundo os critérios lineares de causa-efeito dos sintomas — embora isso, eventualmente, possa acontecer —, mas liberar sua espontaneidade estrangulada pelos conflitos pessoais e interpessoais acumulados ao longo de sua história.

Se me pedissem para citar um, e somente um, dentre todos os elementos da teoria moreniana, como o mais importante, eu escolheria o enfoque relacional de sua filosofia. O aspecto relacional aparece em todos os seus conceitos. Seja na teoria de papéis (papel e contrapapel), no conceito de telerrelação e de encontro, na sociometria, na matriz de identidade (rede relacional primária da criança), e assim por diante. Para Moreno, a humanidade é constituída por uma rede de relações aparentes e subjacentes em interação. A *tricotomia social* é constituída pela sociedade externa, tangível, pela *matriz sociométrica*, estrutura sociométrica invisível à observação macroscópica e pela *realidade social*, síntese dinâmica das duas precedentes. Mais útil que outras explicações sobre o enfoque relacional da teoria psicodramática, vale uma citação do próprio Moreno, preciosamente pinçada por Valongo em seu já citado trabalho:

> Se observarmos o universo, vemos a vida de seus organismos interligada, em estado de interdependência; se olharmos, com particular atenção, os organismos que habitam a Terra, podemos notar dois aspectos desse estado de interdependência: uma estrutura horizontal ou geográfica e uma estrutura vertical. Observamos também que organismos mais altamente diferenciados necessitam e dependem dos menos diferenciados. É esta ordem de coisas heterogêneas que faz que tanto a bactéria como as algas sejam indispensáveis às estruturas mais complexas que não podem passar sem elas; é esta ordem que permite a criaturas tão vulneráveis e dependentes como o homem a possibilidade de sobrevivência. (Moreno, 1992a)

Moreno possui antenas, intui novos paradigmas, tenta orientar sua obra dentro deles. Falta-lhe, entretanto, a linguagem adequada, simplesmente porque ela não existe, não é a linguagem de seu tempo, é a linguagem do futuro, de um tempo que mal chegou a viver (faleceu em 1974)[4]. Capta as transformações, porém não é preciso ao expressá-las. Na sucessão natural dos paradigmas científicos, anuncia um novo paradigma, mas é obrigado a usar a linguagem do anterior[5]. Moreno antecipa-se ao seu tempo. É um visionário, no sentido daquele que tem uma visão — uma *pré-visão* — do futuro.

Capra (1988) discute a transformação dos critérios científicos. Propõe a transformação dos valores assertivos em valores integrativos: do racional para o intuitivo, do fragmentado para o holístico, do linear para o não linear, da competição para a cooperação, da expansão para a receptividade, do domínio para a parceria. Esta nova visão de realidade "baseia-se na consciência do estado de inter-relação e interdependência essencial de todos os fenômenos físicos, biológicos, sociais e culturais" (Capra, 1988, p. 259). Nesse pensamento, embora "possamos discernir partes individuais em qualquer sistema, a natureza do todo é sempre diferente da mera soma de suas partes" (Capra, 1988, p. 261).

Ainda segundo Capra, as propostas básicas do pensamento sistêmico são: 1) o todo é maior que a soma das partes; 2) para compreender o todo é preciso levar em conta as *relações* das partes entre si, em diferentes possibilidades combinatórias; 3) em consequência dos dois itens anteriores, o conhecimento, antes tido como objetivo, passa a ser um conhecimento relacional contextual; 4) em vez de indagar-se pelo conteúdo, observam-se as configurações de relações que se repetem, ou seja, chega-se a um modelo; 5) um modelo não pode ser medido ou pesado, mas pode ser mapeado (há a sobreposição da qualidade em relação à quantidade); 6) a noção de hierarquia passa a ser vista por meio da rede que a constitui; 7) na medida em que a vida é encarada como uma configuração dinâmica dos componentes em seu

---

4. Wedja Granja Costa comenta que "Moreno percebeu a deficiência dos métodos científicos disponíveis para o trabalho com as dimensões humanas" (1996, p. 87).
5. Até agora podemos nomear os seguintes paradigmas: copernicano, cartesiano, darwiniano e sistêmico. Aguarda-se, no terceiro milênio, o surgimento de um novo paradigma científico.

todo, reconhece-se o fluxo energético que flui pelo sistema, fala-se em processo de estruturas vivas.

A visão relacional do psicodrama é absolutamente correlacionável à teoria sistêmica. Valongo (1996) sublinha até mesmo a coincidência de termos em ambos os enfoques: rede, relações, modelos, processos, mapeamento etc. Essas justaposições permitem que a autora afirme:

> Ver sistemicamente é ver psicodramaticamente, é colocar-se dentro do contexto, percebendo as partes, as relações, os modelos, sem perder a visão do todo, acompanhando os processos de forma flexível e dinâmica, compreendendo a oscilação dos opostos, e sabendo-se uno com o universo.

A era dos grupos

Fruto do desenvolvimento dos estudos sobre dinâmica de grupo durante a Segunda Guerra Mundial, inicia-se a fusão do psicológico com o social. Os anos 1950, 1960 e 1970 marcam a *era dos grupos*. A psicoterapia psicanalítica de grupo, a grupanálise, o psicodrama, a abordagem centrada na pessoa, a Gestalt-terapia passam a enfatizar a abordagem grupal. Nos Estados Unidos, dois locais destacam-se na propagação do movimento dos grupos: Beacon, com o World Center of Psychodrama comandado por J. L. Moreno, e Bethel, com o NTL (National Training Laboratory) liderado por Kurt Lewin. Mais tarde, o Instituto Esalen também se destaca como um templo dos grupos e das psicoterapias alternativas. Esse período de apogeu da dinâmica e da psicoterapia de grupo coincide com a cultura *hippie* e suas propostas de vida comunitária. É também a fase do movimento das comunidades terapêuticas, liderado por Maxwell Jones, na Inglaterra, e difundido em todo o mundo ocidental[6]. No Brasil, a experiência mais importante nesta linha de abordagem terapêutica aconteceu na Clínica Pinel, em Porto Alegre, liderada por Marcelo Blaya.

Esse período marca também o advento da antipsiquiatria, iniciado por Ronald Laing e David Cooper, na Inglaterra. Como disse no

---

6. Consultar Russo (1999) sobre a história dos grupos terapêuticos.

início, toda revolução — ou tentativa de — contém um extremismo. Se a antipsiquiatria pecou pelo excesso de romantismo, no qual o enlouquecer ganhava contornos de autodesenvolvimento e a dinâmica sociofamiliar era, supostamente, a causadora da loucura (de qualquer modo, já era um avanço em termos da teoria anterior da *mãe esquizofrenogênica*), por outro lado, ela — a antipsiquiatria — contribuiu para humanizar os hospitais psiquiátricos, ajudou a diminuir o preconceito em relação ao doente mental e abriu as portas para a psicoterapia familiar. A antipsiquiatria foi precursora da discutida revolução psiquiátrica italiana promovida por Franco Basaglia.

A síndrome cultural narcísica do fim de século

Nos anos 1980, nos segmentos médios e superiores, genericamente, surge a onda cultural do individualismo, do crescimento interior por meio de práticas meditativas individuais, do culto à beleza do corpo e à saúde. Propõe-se um modo de vida sofisticado, próprio do Primeiro Mundo, enaltecem-se as *grandes* jogadas financeiras, realizadas, às vezes, ao simples apertar de uma tecla do computador. É o reino do *clean*, a prevalência do *eu* sobre o *nós*, a *me decade* para os americanos, ou a geração do *leva vantagem* para os brasileiros. Trata-se do *yuppie* em contraposição ao *hippie*. O grupal é substituído pelo individual e o público, pelo privado. As comunidades e as repúblicas são substituídas por pequenos apartamentos individuais. Deixa-se de fazer psicoterapia de grupo para se fazer psicoterapia individual, ou, simplesmente, tomar o "Prozac nosso de cada dia". A limpeza, a ordem e a beleza passam a ser a meta idealizada. Os cabelos longos e desgrenhados tornam-se curtos e com gel. Se, por um lado, esse momento cultural propõe hábitos saudáveis, por outro, em seu exagero, revela evidentes traços hipocondríacos e narcísicos. Não se deve esquecer que uma leitura psicológica do nazismo se traduz pelo ideal narcísico de pureza, perfeição, beleza e superioridade. Coincidentemente ou não, no campo político observa-se o ressurgimento da *direita*, que se reflete em vários campos da atividade humana. Um evidente conservadorismo também impregna as ciências. O sociólogo francês Lucien Sfez (1996) denomina a utopia médica de purificar geneticamente os seres humanos e o planeta de *religião ecobiológica*. Os textos sagrados da nova religião estariam sendo escritos nos laboratórios de genética e ecologia. Esse mesmo autor ilustra como o método *clean* invadiu a medicina: encontrou nos Estados Unidos mulheres fazendo mastectomias preventivas. E por que não prostatectomias, histerectomias e, quem sabe, cerebrectomias preventivas? É neste contexto científico-cultural maior que se devem situar a psiquiatria e a psicoterapia, se se pretende transcender o método meramente *disputativo*. Tudo indica que o *neorganicismo* ou *bioquimismo* da psiquiatria atual esteja inserido nessa nova ordem mundial de valores. Esta é a síndrome científico-cultural que vivemos: a *síndrome cultural narcísica do final de século*.

Chegamos à *década do cérebro*, nesse contexto. O presidente Bill Clinton e o Congresso Americano denominam a década de 1990 a *década do cérebro*, de modo a enfatizar o reforço nas pesquisas de fisiologia e fisiopatologia cerebral. Começa uma nova fase e também — por que não? — uma nova moda na psiquiatria: a justificativa bioquímica para explicar os quadros psicopatológicos e os traços de personalidade. Assim como no passado, tudo que fora orgânico e depois psicológico passa a ser bioquímico ou genético. Sfez ironiza, dizendo que é como se tivéssemos o *diabo dentro do corpo*: os genes da depressão, drogadição, quem sabe os dos sem-teto.

Perspectivas das psicoterapias para o século XXI

O início do século continuará assistindo, na psiquiatria, à disputa entre o "**partido psicológico**" e o "**partido organicista**" ou "**bioquimista**". Seria fácil preconizar uma atitude ideal de isenção emocional entre *partidos*. Porém, além de irreal, ela não permitiria, por meio da consciência dos sentimentos suscitados, a canalização positiva de sua energia construtiva. Como diz Forbes (1994, p. 5): "Entre a psicodinâmica e a psiquiatria há uma tensão dialética com duplo benefício, quando seus agentes permitem ser questionados, o que, infelizmente, nem sempre é o caso".

Continuando o exercício de futurologia, é de se prever a descoberta do componente genético de alguns transtornos mentais e de algumas características da personalidade que terão seus aspectos psicossociais revalorizados e, por consequência, seu manejo psicoterápico redimensionado. Haverá um enxugamento da indicação indiscriminada de psicoterapia, resultando numa retração do número de profissionais na área psicológica (isto já começa a acontecer).

A psicanálise, ligada à Associação Internacional de Psicanálise (IPA), e os núcleos lacanianos representarão a ortodoxia responsável pela pesquisa do inconsciente, não se preocupando propriamente com o aspecto psicoterápico de sua prática. A psicanálise ortodoxa terá uma postura elitista, mas necessária para a preservação dos princípios freudianos e para o fornecimento de subsídios para as psicoterapias psicodinâmicas. Os psicanalistas que desejarem sobreviver financeiramente terão de flexibilizar sua prática, especialmente no que diz respeito à exigência do número de sessões semanais: as quatro ou cinco sessões semanais constituirão uma lembrança histórica. As novas escolas psicoterápicas, mesmo as inspiradas na psicanálise, fugirão dos *velhos* paradigmas centrados no pênis e no seio, buscando outros mais globalizantes. Haverá uma tendência a fundir os elementos encontrados no laboratório e no divã.

A psicoterapia, em sentido genérico, como prática que se propõe a ajudar pessoas com sofrimentos psicológicos, vai se adaptar à nova ordem científica, cultural e econômica. Entre elas existe a tendência à comprovação de resultados. Essa é uma pressão que, apesar dos protestos, implantará uma política de objetividade na psicoterapia. Outro fator de pressão situa-se na tendência do mundo ocidental a submeter o atendimento médico aos seguros-saúde. Dessa maneira, as psicoterapias ficarão atreladas às companhias de seguro, privadas ou públicas, que exigirão psicoterapias breves, pouco dispendiosas e com resultados comprovados[7]. Esse fato já acontece em alguns países. No que tange à objetividade e rapidez (*sic*), prevê-se um largo uso de técnicas estratégicas e de ação (psicoterapia cognitiva, psicodrama[8], Gestalt-terapia, programação neurolinguística, entre outras). Nesse sentido, ainda se-

---

7. Ver "Psicodrama tematizado" (Kaufman, 1994) e "Terapia tematizada grupal com tempo limitado" (Perez Navarro, 1995).
8. Ver *Psicoterapia breve. Abordagem sistematizada de situações de crise*, do psicodramatista Ferreira-Santos (1990) e "Psicoterapia dinâmica breve: critérios de seleção de pacientes em atendimento institucional" (Schoueri, 1998).

rão valorizadas as técnicas que empregam estados alterados de consciência como porta de entrada para o seu veículo terapêutico, como o psicodrama interno (trabalho psicoterápico com imagens visuais internas), e as diferentes técnicas de hipnose e de autossugestão (psicoterapia ericksoniana, por exemplo).

Assistiremos à união de técnicas psicoterápicas ocidentais com técnicas orientais de meditação, visualização e ampliação da consciência. Haverá também a fusão de técnicas cibernéticas como o *biofeedback* (a pessoa, por exemplo, visualiza sua pressão arterial e aprende a ter controle sobre ela), e o *pet scan* (*positron emission tomography* — quando se consegue, por exemplo, a visualização da luz das artérias) com técnicas orientais de relaxamento e visualização interna. Esse tipo de enfoque tem toda a chance de ser empregado na abordagem psicoterápica de patologias funcionais e orgânicas em diferentes especialidades médicas. Carl Simonton, na oncologia, e Dean Ornish, na cardiologia, iniciaram um movimento que só tende a crescer dentro da medicina: a introdução da psicoterapia (individual e de grupo) e de técnicas de visualização internas como coadjuvantes dos procedimentos médicos tradicionais.

A psicoterapia de família, que pertence ao campo das psicoterapias grupais, aqui incluindo a psicoterapia de casal e as psicoterapias vinculares (diferentes arranjos sociométricos intrafamiliares), pelo caráter direto de sua abordagem e pela brevidade (segundo algumas escolas) de seu processo, continuará tendo grande desenvolvimento. As pesquisas geracionais incluirão aspectos genéticos e psicológicos no estudo do perfil familiar e da personalidade de seus integrantes.

A IAGP (Associação Internacional de Psicoterapia de Grupo) assinala na década de 1990 um decréscimo considerável na afiliação de novas entidades em relação aos anos 1970. Esse dado demonstra que, ou as entidades com intenção de se filiar já o fizeram em anos passados, ou, o mais provável, o movimento da psicoterapia de grupo não apresenta a mesma força[9].

A observação local ratifica esse dado: na cidade de São Paulo são realizados hoje menos grupos processuais (psicanalíticos e psicodra-

---

9. Ver "Sobre a demanda nas psicoterapias de grupo" (Bragante *et al.*, 1997).

máticos) do que nos anos 1970 e 1980. Isso não acontece porque se tenha chegado à conclusão de que a grupoterapia seja uma terapêutica menos efetiva. Ela continua tão eficaz quanto antes. Significa que a psicoterapia de grupo viaja, como vimos, na contramão da cultura atual. A *síndrome cultural narcísica do fim do século* se opõe ao grupal, ao público e ao comunitário. No entanto, o emprego de técnicas grupais em *workshops*, vivências, demonstrações de técnicas, cursos, seleção de pessoal e treinamento continua crescendo. Penso que no século XXI os grupos terapêuticos, acompanhando a tendência de resultados comentada anteriormente, receberão o enfoque estratégico das psicoterapias breves e das psicoterapias temáticas (grupos de obesos, de fóbicos etc.). As técnicas grupais continuarão sendo úteis nas abordagens comunitárias voltadas para a medicina preventiva e para a saúde pública. A psicoterapia individual apresenta características que a grupoterapia não tem: exclusividade e aconchego. Mas a psicoterapia de grupo oferece o que a individual não possui: inserção relacional na rede grupal e observação por meio dos múltiplos olhares terapêuticos do grupo. Psicoterapia individual e de grupo tornam o processo psicoterápico completo.

Como os movimentos culturais acontecem em ondas — são oscilantes, vão e voltam, embora sempre filtrados pelos valores da época —, é possível que tenhamos uma nova *era dos grupos*. Ela viria embutida em uma reação contra os valores remanescentes do *yuppismo* e da *síndrome cultural narcísica do fim do século*. Seria uma fase *neo-hippie*. Teríamos uma revalorização do grupal, do comunitário e da psicoterapia processual de grupo. Mas não tenho certeza se isto é uma previsão ou o desejo saudoso do autor em relação aos valores de sua juventude.

11

OS PAPÉIS DE COLONIZADO E DE COLONIZADOR*
Por uma identidade do psicodrama brasileiro

> *Tupi or not tupi that is the question* [...] *Só me interessa o que não é meu* [...]
>
> Oswald de Andrade. *Manifesto antropófago* (1928)

Confesso que minha primeira reação ao ser convidado a falar sobre esse tema foi pensar que se tratava de tarefa exclusiva de cientistas sociais. O que pode dizer um psiquiatra sobre colonizadores e colonizados? Passada a primeira impressão, imaginei que, como psicoterapeuta, talvez abordasse algum aspecto psicodinâmico envolvido no processo. E, como psicodramatista, pudesse lançar mão da teoria de papéis de J. L. Moreno, uma vez que o título se refere aos "papéis de..." Afinal de contas, Moreno (1993) enfatiza os aspectos socioculturais na formação da personalidade: "A matriz de identidade é a placenta social da criança".

Passo, então, a fazer uma síntese de alguns conceitos morenianos e de algumas contribuições teóricas pessoais que serão úteis na posterior discussão dos papéis de colonizado e de colonizador.

A teoria de papéis de Moreno

Moreno concebe o desenvolvimento humano com base na matriz de identidade, berço biopsicossócio-cósmico da criança, que provê os

---

* Apresentado no I Encuentro Latinoamericano de Psicologia Analítica, Punta del Leste, Uruguai, 17 a 21 abr. 19/98, com o título "Os papéis de colonizado e colonizador na América Latina", e no XI Congresso Brasileiro de Psicodrama, Campos do Jordão, SP, 4 a 7 nov. 1998. Publicado na *Revista Brasileira de Psicodrama*, v. 7, n. 1, 1999, pp. 49-62. Consultar texto com o mesmo título de autoria de Geraldo Massaro (1999).

elementos para a formação das características do futuro adulto. Pode-se entendê-la como uma rede relacional de sustentação, em que os aspectos genéticos, psicológicos e culturais permeiam as interações com o novo ser.

O desenvolvimento do bebê na matriz de identidade acontece inicialmente por meio dos papéis psicossomáticos. Eles são responsáveis pelas primeiras interações do bebê com seu meio. Nos papéis psicossomáticos de ingeridor, defecador, urinador, respirador, dormidor etc., os aspectos biológicos, psicológicos e culturais estão mesclados e implícitos. O ato de mamar relaciona-se com o aspecto instintivo da alimentação, com a rede psicológica que envolve o bebê e com os costumes culturais referentes à amamentação. Portanto, a relação, o vínculo, não depende só de um, mas de dois, e não só de dois, mas de muitos, na medida em que a rede envoltória da relação é composta por múltiplas influências. Por isso, não seria um erro afirmar que as relações representam sempre grupos de pessoas, e que o "eu sozinho" é mera abstração, ou que a psicologia individual, no fundo, é sempre uma psicologia de grupo.

Na sequência do desenvolvimento, surgem os papéis psicológicos. Para melhor compreender suas funções — e valendo-me da contribuição de outros psicodramatistas (Perazzo, 1995b; Naffah Neto, 1995) — chamarei-os aqui de papéis da fantasia ou do imaginário; estes são responsáveis, como o próprio nome diz, pelo mundo da fantasia (consciente-inconsciente). Inicialmente, não há distinção entre fantasia e realidade. Porém, ao acontecer essa discriminação, essa "brecha", surgem os papéis sociais. Estes são jogados no contexto da realidade social de acordo com as normas culturais vigentes.

A estrutura dos papéis pode, então, ser compreendida como composta internamente pelos papéis psicossomáticos, intermediariamente pelos papéis da fantasia ou do imaginário e, finalmente, pelos papéis sociais, que são os aparentes, em contraposição aos papéis latentes que possuímos. É importante lembrar que a vida consciente e inconsciente está envolvida nesse processo, e que os papéis constituem um denominador comum entre o individual e o social. Na teoria socionômica de Moreno, os "papéis são unidades culturais de conduta" (1993). Ao analisar o papel tem-se, portanto, o psicológico e o social integrados. Na vertente moreniana, a personalidade surge do jogo de papéis, de maneira que o desenvolvimento psicológico representa o aprendizado de desempenhar papéis na vida.

Podemos dizer ainda que desempenhar papéis equivale a estabelecer relações ou vínculos operacionais, uma vez que um papel só pode ser desempenhado com a existência de seu contrapapel. O que seria do médico sem o paciente e vice-versa, ou do professor sem o aluno, e assim por diante? Em um vínculo espontâneo e criativo, existe uma inversão natural de papéis. A relação fluente caracteriza-se pela flexibilidade de "um" poder colocar-se no lugar do "outro". Já na relação imposta, não democrática, a inversão de papéis não acontece em duplo sentido. Observe-se ainda que no jogo espontâneo de papéis complementares existe uma intencionalidade mútua de ordem consciente-inconsciente. Isso acontece tanto no ato de mamar, em que criança e mãe "desejam" participar do ato (papéis não igualitários ou assimétricos), como na relação sexual, quando dois amantes se desejam mutuamente (papéis igualitários ou simétricos). Há, portanto, um compromisso e uma corresponsabilidade (no sentido de resposta autêntica) no que se refere ao ato a ser executado.

Modos e modalidades de papéis

Em um trabalho recente (Fonseca, 1998), proponho que, no exercício dos papéis psicossomáticos e do imaginário, desenvolvem-se *modos e modalidades de papéis* que vão marcar os papéis sociais e, portanto, cunhar uma forma de ser do futuro adulto. Vejamos, de forma bastante resumida, como isso acontece.

No desenvolvimento neuropsicológico, estabelece-se a consciência do "dentro" e do "fora" e do respectivo movimento entre um estado e outro, o "dentro-fora". A criança passa, então, a perceber *o que e como algo entra nela, o que e como algo sai dela* (reconhecimento do eu), *o que e como ela pode colocar dentro do outro* e *o que e como pode acolher algo do outro dentro de si* (reconhecimento do tu).

De acordo com essas possibilidades, estabelecem-se duas fases relacionais do desenvolvimento, que denomino fases *incorporativa-eliminadora e intrusiva-receptora*. Dependendo das circunstâncias psicológicas, do "clima" afetivo vivenciado pela criança, têm-se, como resultado, diferentes características nos papéis que estão se formando.

Podemos dizer, em sentido amplo, que a parte incorporativa da fase incorporativa-eliminadora é responsável, em diferentes gradações e intensidades, pelo "aprendizado" do *receber-tomar-arrancar* (*roubar*) e de seu oposto, o *recusar-rejeitar-repudiar* (*nojo*). Constitui diferentes modos de vivenciar *o que entra e como entra* nas fronteiras do indivíduo. A parte eliminadora da zona incorporativa-eliminadora encarrega-se do "aprendizado" do processo de *dar* (*soltar*)-*lançar-atirar* (*expulsar*) e do oposto, *conservar* (*economizar*)-*reter-aprisionar*. Representa diferentes formas de vivenciar *o que e como algo sai* do indivíduo.

A fase intrusiva-receptora, da mesma forma, segundo seu modo de ação, engendra diferentes modalidades de papéis. Responsável pelos modos de *entrar* (*preencher*)-*penetrar* (*explorar*)-*invadir* (*conquistar*), a parte intrusiva constitui diferentes maneiras de entrar nos limites do outro. Ao englobar os modos de *acolher-guardar-esconder*, a parte receptora constitui diferentes modalidades de receber o outro dentro de si.

A variação dos modos e modalidades dos papéis pode ser estudada não somente por intermédio da gradação da intensidade de suas características, mas também do teor de atividade-passividade (masculino-feminino) em seu desempenho. A análise de atitudes e comportamentos humanos, expressos por meio do desempenho de papéis, fica enriquecida se suas características forem consideradas de acordo com as circunstâncias das relações em que se estabelecem. Assim, o conceito de saudável e patológico tem muito mais que ver com a flexibilidade e a adequação de um papel em seu vínculo (com seu contrapapel) do que com uma análise apriorística de seu valor.

As diferentes gradações de um modo (por exemplo, o *entrar-penetrar-invadir* ou *acolher-guardar-esconder*) podem ser adequadas ou inadequadas, dependendo do equilíbrio relacional que exista no vínculo estudado. O que é inadequado no modo "invasivo" de um ladrão pode ser adequado em um soldado que "penetra" em território inimigo. Assim como é agressivo o ato de "invadir" sexualmente uma mulher, sem seu consentimento, e engravidá-la, será também agressivo uma mulher atrair sexualmente um homem e "esconder" (*arrancar-roubar*) seu propósito de gravidez.

Creio que se abre, de acordo com esse referencial, uma série infindável de combinações e interações possíveis dentro dos *modos* e *modalidades* de papéis e de seus vínculos.

Os papéis de colonizador e colonizado

Acredito que agora me defronto com a parte mais difícil deste texto, ou seja, a de tentar integrar os conceitos emitidos com os papéis de colonizador-colonizado. A primeira objeção é a de que elementos do desenvolvimento psicológico individual não servem para análises sociais e políticas. Observação, em parte, pertinente. Não se deve esquecer, porém, de que no século XX a psicologia — e especialmente a psicanálise — transcendeu seus limites e, salvo alguns exageros, contribuiu para a compreensão de outras áreas do conhecimento humano. Assim, proponho que, pelo menos como exercício, observem-se as correlações possíveis entre os conceitos teóricos discutidos e os papéis de colonizador e de colonizado.

Vimos que um vínculo harmônico pressupõe papéis complementares que preenchem o critério de intencionalidade mútua. Nessa intencionalidade estariam presentes os aspectos conscientes e inconscientes do processo. Acontece, portanto, nesse caso, uma inversão automática de papéis, na qual se observa uma confirmação do outro como pessoa. Do ato produzido emana uma fluência espontânea. Existe uma aceitação recíproca que aparece envolvida em um clima lúdico, às vezes prazeroso e, outras, até mesmo sensual. Está implícito um "desejo" pelo ato a ser executado. Até mesmo em atos agressivos que envolvem, por exemplo, combatentes, pode haver a mútua intencionalidade.

Na relação estabelecida entre os papéis de colonizado e colonizador, isso não acontece. Não existe intencionalidade mútua, não existe reciprocidade. A intenção é unilateral. Apesar disso, a estrutura vincular, no que se refere aos papéis complementares, permanece. Do ponto de vista da teoria de papéis, o papel de colonizador, apesar de imposto, suscita o de colonizado. De acordo com o perfil de ambos e da forma como o vínculo se estabelece, tem-se o resultado da colonização.

Assim, levando-se em conta as características culturais dos colonizadores, sejam ingleses, franceses, holandeses, espanhóis ou portugueses, e dos colonizados, sejam índios brasileiros, descendentes dos incas, astecas ou africanos, tem-se o resultado do ato colonizatório. Em qualquer das possibilidades, porém, o colonizador "escolhe" o colonizado pelo que este pode ter de valioso a ser explorado. Não oferece: impõe valores culturais e religiosos como forma de submissão e poder. A catequese é uma forma sutil de violência, uma vez que o colonizado, supostamente, conviveria bem com os seus deuses.

A "verdade" do colonizador é absoluta. O que os missionários religiosos trouxeram aos indígenas latino-americanos? Trouxeram paz ou medo? Ensinaram a noção de inferno e pecado, entre outros o sexual, mas ironicamente ensinaram também "novas" posições sexuais, como a chamada "posição missioneira", que vem a ser a posição "papai-mamãe", desconhecida pelos indígenas. Pregaram a monogamia, mesmo aparente ou falsa, em contraposição à tendência poligâmica dos índios. Faziam a apologia da bondade, mas demonstravam, não raramente, um componente sádico, próprio do papel de conquistador.

Valho-me, neste texto, do excelente livro do sociólogo brasileiro José de Souza Martins (1993), *A chegada do estranho*, especialmente do capítulo "Antropofagia e barroco na cultura latino-americana", a fim de acrescentar os dados sociológicos de que pessoalmente não disponho. Ele faz referência ao primeiro historiador brasileiro (século XVII), frei Vicente do Salvador. Segundo este pioneiro da história brasileira, os portugueses, "na luta da fé contra a falta de fé", enfiavam os prisioneiros indígenas nos canhões para dispará-los contra os que resistiam. Isso aconteceu contra os índios potiguares há mais de trezentos anos; no entanto, essa tribo até hoje luta, na Paraíba, pela preservação de suas raízes.

Observamos que o colonizador-conquistador-invasor não inverte papéis com o colonizado-conquistado-invadido. Quebra-se a intencionalidade mútua em favor de uma intencionalidade única. O colonizador não está interessado em trocar de lugar, mesmo porque ele não reconhece valores no outro. Melanie Klein (1996, p. 375) explica a destrutividade do colonizador como a manifestação de impulsos agressivos infantis "contra bebês imaginários dentro do corpo da mãe, assim como o ódio concreto contra irmãos recém-nascidos". O desejo de reparação, para a mesma autora, expressa-se pela tentativa de repovoar o novo país com pessoas de sua própria nacionalidade. Ou seja, mesmo a "reparação" desconsidera a identidade do povo nativo. As marcas do colonizador-colonizado permanecem durante séculos. Passamos em nosso país por um processo de privatização de instituições públicas. Quando houve a privatização do sistema de telefonia de São Paulo, os compradores, antigos colonizadores, mudaram a denominação da companhia servidora mas grafaram o novo nome em português incorreto ("Telefonica"). Lançaram um material publicitário na televisão sem nenhuma característica paulista ou brasileira. A cena se passava em uma estação de metrô chamada "Retiro", que, segundo o jornalista Clóvis Rossi, do jornal *Folha de S. Paulo*, com esse nome só existe em Buenos Aires ou Madri. O descaso reflete a falta de inversão de papéis.

Já o colonizado consegue a inversão, mesmo que de maneira agressiva, pois é obrigado a reconhecer a força do invasor. Uma forma de inversão pode ser identificada no ritual do canibalismo. O inimigo é devorado para que sua força seja incorporada. O católico invasor se horroriza com isso, mas esquece que o sacramento da comunhão representa, simbolicamente, um ato antropofágico: "come-se" o corpo e "bebe-se" o sangue de Cristo.

Martins (1993, p. 21) afirma que, nos anos 1960, os índios parkatejês foram bastante afetados pelas doenças dos brancos. Muitos morreram e faltavam mulheres para cuidar das crianças, já que os homens que sobraram se ocupavam da caça. O cacique decidiu, então, levar as crianças para os brancos: "Vocês são os vencedores. Têm, pois, o dever de criar os nossos filhos". Anos depois, a tribo recuperou-se e foi atrás de suas crianças, que já não eram mais crianças. Segundo o relato, há histórias emocionantes de jovens que só então descobriram ser índios. A maioria retornou.

De acordo com as observações em *modos e modalidades de papéis*, segundo as fases *incorporativa-eliminadora* e *intrusiva-receptora*, devemos analisar os tópicos *o que e como algo entra em mim* e *o que e como posso (ou não) acolher algo do outro dentro de mim*. Nas gradações possíveis no jogo de papéis envolvidos, no que se refere à colonização histórica original, primária, o papel de colonizador guarda as características de *entrar-penetrar* (*explorar*)-*invadir* (*conquistar*), e o papel do colonizado, de *recusar-rejeitar-repudiar*.

Um pouco a contragosto — porque, evidentemente, minha identificação é com o colonizado —, sou obrigado a reconhecer que um colonizador que não penetrasse-invadisse-conquistasse não seria um colonizador. Podemos imaginar que existam colonizadores melhores ou piores, porém creio que o resultado de uma colonização, até por coerência com a teoria apresentada, depende do vínculo estabelecido, e não somente de um dos papéis envolvidos.

Na fluência dessas ideias, não podemos deixar de pensar no efeito, em longo prazo, da colonização. O jogo natural da inversão de papéis realizado pelo colonizado, continuamente reiterado durante anos ou séculos, resulta em uma internalização ou *incorporação* do papel de colonizador. O colonizado atinge, então, uma identidade dupla, passando a exibir muitas características do colonizador (linguagem etc.). Ele se confunde nessa ambiguidade, não sabendo mais se é colonizado ou colonizador, ou os dois ao mesmo tempo. Chegando ao extremo da confusão, deseja ser igual ao colonizador. As características do colonizador passam a representar o ideal narcísico a ser atingido pelo colonizado. E, às vezes, acontece a tentativa de repetição esdrúxula do ciclo: o colonizado aspirar a ser colonizador e possuir seus pequenos colonizados! Essa talvez seja a pior das mutilações da conquista.

Levando-se em conta que os papéis de colonizador e de colonizado podem ser fundadores ou ancoradores de outros papéis sociais, pode-se imaginar como suas características marcam outras situações — como as relações homem-mulher, patrão-empregado, pai-filho etc. Em uma tentativa de reforma agrária, em uma região do Peru, os camponeses que antes trabalhavam para os latifundiários organizaram-se em cooperativas. Depois de algum tempo, alguns dirigentes das cooperativas tornaram-se corruptos, passando a manifestar as características sociais dos latifundiários, inclusive mantendo, ostensivamente, casas de amantes na cidade. "Ascenderam" à condição de opressores. Os índios djapás, no Amazonas, sem terem contato com os brancos, tornaram-se servos da tribo aculturada dos canamaris, que empregaram com os primeiros os mesmos métodos "aprendidos" com os seringalistas. Outro exemplo que colho no já citado texto de Martins (1993, p. 23) refere-se a um jovem camponês que, em uma longa viagem de ônibus, usava óculos *ray-ban* (estilo general McArthur). Frequentemente, o jovem os retirava para limpar as lentes, gesto que fazia com o maior cuidado para não estragar o selo dourado da marca. Arremata o sociólogo: "Ele não usava os óculos para ver, mas para ser visto".

Nós, colonizados da América Latina, padecemos da síndrome de ambiguidade, de dupla identidade. Somos colonizados e desejamos ser colonizadores — de nós mesmos ou entre nós mesmos. Martins (1993, p. 20) diz que até hoje padecemos de uma antropofagia ritual, cultural, responsável pela tradição de assimilar o outro, incorporar sua cultura e seus modos. Impossível não lembrar Macunaíma, de Mário de Andrade, nosso herói sem caráter, "síntese perfeita do caráter nacional brasileiro". Os camponeses mexicanos, vitoriosos em sua gloriosa revolução, entraram na Cidade do México como se seguissem uma procissão de aldeia. Levavam o estandarte de Nossa Senhora de Guadalupe, pedindo a caridade de um pedaço de pão. "Eles eram os vencedores, mas não o sabiam ou não sabiam sê-lo!" (Martins, 1993, p. 23). Quando Che Guevara foi morto na selva boliviana, um grupo de pobres camponeses gritava: "Assassino, assassino!" Porém, ao aproximar-se do corpo, uma das camponesas do grupo exclamou: "Como era jovem, como era belo!" (Martins, 1993, p. 22).

Essas são as marcas da subalternidade, pois o colonizado se identifica com o inferior. Sente vergonha e procura disfarçar sua aparente fragilidade. Mas quem esconde tem medo, medo de ser descoberto. Teme o olhar crítico do outro-estrangeiro, identificado como superior. Esse é o "olhar desigual", orientado por valores simbólicos da nacionalidade, a que Vitale (1994, p. 125) faz referência quando discute a vergonha de ser brasileiro. Octavio Paz, o grande pensador mexicano, conta que certa vez, ao entrar em casa, perguntou da soleira da porta se havia alguém. A empregada, de origem índia, respondeu lá de dentro: "Não há *ninguém* em casa!"

Como colonizados, internalizamos o outro sem nos reconstruirmos. Somos nós e nossos inimigos. Somos uma confusão de identidades. Martins (1993) chama essas contradições, em que o trágico convive com o cômico, de barroco latino-americano. Mas essa tragicomédia revela uma identidade que se esboça. Evoluímos e regredimos de acordo com as diferentes influências históricas, sucumbindo aqui e acolá a novas colonizações secundárias. Os negros norte-americanos, por exemplo, abandonaram a estratégia de tentar parecer brancos, alisando os cabelos nas décadas de 1940 e 1950, para assumir, agora, ostensivamente, sua origem africana. Trata-se de um processo de identidade que ainda não terminou, pois eles nem são brancos norte-americanos, nem são somente africanos. São afro-americanos, como dizem, mas carregam também dentro de si uma duplicidade: são norte-americanos e colonizadores, de um lado, e africanos colonizados, de outro.

Por uma identidade do psicodrama brasileiro

Com o objetivo de trazer a discussão para nossa área, é importante discriminar, como já foi esboçado anteriormente, a colonização primária da secundária. A primária é referente à conquista original. A secundária engloba todo e qualquer processo acontecido posteriormente, porém guardando características estruturais semelhantes, mesmo que de maneira dissimulada. Se na colonização primária não resta escolha ao colonizado, é uma questão de força, na colonização secundária isso nem sempre acontece. Nela, apesar da pressão do colonizador, existe uma corresponsabilidade. Se o colonizador *entra-penetra-explora-invade-conquista*, o colonizado *acolhe-guarda-esconde*. Se há um componente sádico no papel de colonizador, com certeza haverá também um componente masoquista no papel de colonizado secundário, que sente certo prazer em ser conquistado. Ele é ambivalente: odeia por um lado, mas por outro ama e imita o conquistador, mesmo que ridiculamente, pelo ideal que gostaria de atingir. Conforma-se e aceita a situação.

Não existem vítimas nessa possibilidade. Basta de "vitimismo"! Esse é o diagnóstico responsável de nossa situação intelectual de colonizados. Vivemos uma contradição interna, mas é preciso assumir a parte da responsabilidade que nos cabe. Até o início do século XX, no Colégio Dom Pedro II, no Rio de Janeiro, ensinava-se a geografia da cidade de Paris! E não eram os franceses que nos obrigavam a isso. Necessitamos de uma técnica socioterápica, um sociodrama nacional, a fim de buscarmos a verdadeira identidade brasileira. A colonização secundária acontece em todas as áreas, na economia, na política, na arte, na ciência.

Acontece também nas ciências que nos competem: na psiquiatria, na psicologia, na psicoterapia e no psicodrama. Vejam-se alguns fatos esparsos, apanhados aqui e ali, mas que também demonstram, nesse campo, essa confusão de identidade. A psiquiatria brasileira passou por várias influências, sendo as mais marcantes a alemã e a francesa. Atualmente, sofre a influência preponderante da psiquiatria norte-americana. Um bom número de nossos jovens psiquiatras, especialmente os vinculados à carreira universitária, passa algum tempo nos Estados Unidos. Quando retornam, trazem não só novos conhecimentos científicos, mas também hábitos periféricos que pouco têm que ver com a nossa cultura. Por exemplo, durante o trabalho usam gravata e um avental com várias canetas coloridas no bolso superior. É um uniforme que dá *status* e remete ao fato de que o indivíduo já estudou, ou deseja estudar, nos Estados Unidos. É uma moda que, além de pouco adequada ao nosso clima tropical e subtropical, nega uma longa luta que os médicos de outras gerações travaram para aculturar (deseuropeizar) sua maneira de vestir.

Moreno, em sua teoria de papéis, refere-se a uma gradação de liberdade da espontaneidade no desempenho de papéis: o *role-taking*, que corresponde a assumir ou adotar um papel, incluindo portanto o seu aprendizado; o *role-playing*, que significa representar, desempenhar plenamente um papel; e, finalmente, o *role-creating*, a possibilidade de criar, inventar e contribuir com base na prática de um papel. Faz parte do aprendizado treinar, copiar e imitar modelos. O aluno deseja ser igual ao professor quando "crescer". Faz parte do exercício de um papel aperfeiçoar, trocar informações, continuar a crescer. Faz parte da criatividade ousar, ultrapassar as "conservas culturais", encontrar novos modelos.

Há alguns anos, trabalhei na formação de psicodramatistas em diferentes cidades do Brasil. A fim de facilitar a tarefa — para eles e para mim —, eu compactava os grupos de treinamento em oito horas seguidas de trabalho, um sábado por mês. Certa vez, um dos alunos aproximou-se e, orgulhosamente, comunicou-me que iniciara seu primeiro grupo terapêutico. Parabenizei-o e perguntei-lhe em que dia da semana realizava o grupo. Respondeu-me surpreso: "Ora, faço um sábado por mês!" Não lhe ocorria que pudesse trabalhar com grupos em outros dias da semana e com sessões semanais de menor duração.

Em um psicodrama público a que assisti, recentemente, nos Estados Unidos, o diretor norte-americano dirigia seu protagonista norte-americano. Havia uma dramaticidade, uma grandiloquência, um espírito de salvação no ar que me lembravam os pregadores religiosos. Mas a dramatização apresentava fluência, diretor e protagonista se entendiam: o resultado era positivo. Foi impossível, porém, não me perguntar como seria o mesmo psicodrama (a mesma temática), com protagonista e diretor brasileiros. Seria diferente, nem pior nem melhor, mas bem diferente, porque somos povos de culturas distintas, vivendo e expressando sentimentos de forma diversa. Agora, seria ridículo um psicodramatista brasileiro pretender dirigir como um norte-americano e vice-versa, quando o vice-versa nem passa pela cabeça do norte-americano.

As origens do psicodrama brasileiro estão ligadas aos estrangeiros. No Rio de Janeiro e em Minas Gerais, o psicodrama nasceu graças ao trabalho desenvolvido pelo francês Pierre Weil. Em São Paulo, tivemos duas influências básicas, a primeira com Jaime G. Rojas-Bermúdez e a segunda com Dalmiro M. Bustos, ambos argentinos (Rojas-Bermúdez é nascido na Colômbia, mas fez sua formação acadêmica em Buenos Aires). Desses locais originais, o psicodrama foi levado pelos próprios brasileiros para outras regiões do país. Portanto, também temos experiência como colonizadores.

Qualquer estudioso que deseje se debruçar sobre o manancial de dados que a história do psicodrama no Brasil contém certamente trará valiosos elementos para a reflexão do tema, o papel de colonizador e de colonizado. É certo que nenhum psicodramatista brasileiro, ao empreender essa tarefa, estará isento do sistema teletransferencial que envolve o processo (nossos "colonizadores" foram nossos terapeutas), mas, discordando de Moreno, até mesmo a transferência pode ser criativa às vezes.

Não é meu objetivo, pelo menos por ora, realizar essa empreitada. Pretendo apenas pontuar a tendência brasileira, latino-americana, como se viu, de assumir o papel de colonizado. É preciso levar em conta que o psicodrama, apesar de ter um corpo teórico com premissas universais, propõe uma prática que é permeada pelo contexto sociocultural onde acontece. Isso implica, entre outras coisas, um modo relacional que norteia os vínculos dos "colonizados" com seus iguais e com os "colonizadores".

Meu intuito é ressaltar a responsabilidade do colonizado no resultado da "colonização secundária". Isso acontece em todas as áreas sociais, inclusive na profissional. A tarefa de cuidar da identidade do psicodrama brasileiro em sua fase de construção é nossa. Temos o desafio de delinear um perfil da prática psicodramática e de contribuir para o corpo teórico do psicodrama contemporâneo brasileiro.

A primeira reflexão que ocorre, por exemplo, pensando no modelo argentino de psicodrama no Brasil[1], é que, apesar da proximidade geográfica e de eventuais semelhanças de cultura, existem muitas diferenças. Basta observar a música dos dois países para perceber isso. O tango e o samba são belos, mas totalmente diferentes, tanto no movimento como na melodia e no conteúdo das letras. Não vou aborrecer o leitor tentando provar as diferenças, que são óbvias. O mesmo vale para o modelo norte-americano ou francês de psicodrama.

Quero somente ressaltar a importância de que, tal qual na música, tenhamos um psicodrama autenticamente brasileiro. A psicoterapia e o psicodrama brasileiros carecem de um movimento tropicalista que não nega as influências estrangeiras, mas as transforma. Essa aspiração remete, porém, a algumas dúvidas: pode-se afirmar que já existe um psicodrama brasileiro na maneira como ele é praticado e pensado pelos seus líderes? Quatro brasileiros (Anna Maria Knobel, Rosa Cukier, Maria Rita Seixas e José Fonseca) apresentaram-se no XIII Congresso Internacional de Psicoterapia de Grupo, em Londres, (1998), em um evento contínuo (quatro dias sucessivos, no mesmo horário)

---

1. Chamo de modelo argentino de psicodrama no Brasil a contribuição trazida por inúmeros profissionais argentinos convidados a ministrar cursos, vivências e seminários nos últimos trinta anos, e que transcende as influências principais de Rojas-Bermúdez e Bustos.

sob o título de "The Brazilian connection". A experiência foi repetida no congresso seguinte (XIV), em Jerusalém (2000), com outra equipe (Maria Amalia Faller Vitale, Rosa Cukier, Sandra Fedullo Colombo e José Fonseca). Muitos estrangeiros compareceram e aparentemente apreciaram o *psicodrama brasileiro*[2]. Talvez seja um indício de que nossa identidade psicodramática começa a surgir, mesmo levando-se em conta que o processo de identidade é cambiante e nunca encontra uma forma acabada, um fim.

Outra questão: a influência dos colonizadores já foi absorvida e integrada? Tenho mais dúvidas do que certezas, mas intuo que é tempo de refletirmos sobre o tema. Peço aos colegas psicodramatistas brasileiros que sejam meus duplos e expressem o que apenas estou conseguindo esboçar.

---

2. Romaña (1998) efetua interessante pesquisa com psicodramatistas. Em um dos tópicos, pergunta: "Na sua opinião, e como psicodramatista, o que é brasilidade? O que é ser brasileiro?"

PARTE IV

PSICODRAMA E SEXUALIDADE

12

A SEXUALIDADE COMO INSTRUMENTO RELACIONAL*

O sexo é um grande mistério.

Henry Miller, *O mundo do sexo*

Convidado a falar sobre o desenvolvimento psicossexual para terapeutas sexuais, tomei conhecimento dos exercícios propostos visando ao contato do indivíduo com a própria sexualidade. Ocorreu-me então refletir sobre a relação do *eu* consigo mesmo (*eu-eu*) e do *eu* com o *tu*, com o *outro* (*eu-tu*), em termos do desenvolvimento sexual. Que fases da evolução psicossexual influiriam (e como) nas funções e disfunções sexuais? Moreno não se preocupa em abordar a sexualidade de maneira específica. Oferece uma teoria abrangente de caráter existencial e uma técnica objetiva, o psicodrama, para a pesquisa da sexualidade. Em uma de suas poucas referências à sexualidade, comenta: "A dedicação corporal do bebê à mãe é precursora do comportamento ulterior no papel sexual" (Moreno, 1993, p. 28). Em "O processo de aquecimento preparatório no ato sexual" (Moreno, 1993, p. 261), propõe o método psicodramático na abordagem de disfunções sexuais[1].

---

* Agradeço a Moacir Costa, que, ao me convidar inúmeras vezes para falar sobre sexualidade e psicodrama, incitou-me a escrever sobre o tema, e a Fátima Fontes, pelas excelentes sugestões e estímulo na redação final.

1. Ronaldo Pamplona da Costa, em comunicação verbal no GEM-Daimon, ressalta o caráter pioneiro dessa abordagem, pelo menos vinte anos antes das técnicas de terapia sexual de Masters e Johnson.

Psicodrama, psicanálise e sexualidade

Parto do ponto de vista segundo o qual a relação humana, como um todo, precede à sexualidade. O homem é movido pelo *instinto de relação*. A sexualidade é um dos seus instrumentos relacionais e os distúrbios sexuais seriam, por conseguinte, responsáveis por uma parte dos distúrbios relacionais. O transtorno sexual pertence, portanto, a uma dificuldade relacional maior que se manifesta, dadas as circunstâncias, como sexual. Opor-se às clássicas colocações de Freud sobre a sexualidade, mesmo estando no limiar de um novo século e na iminência de novas ideias, não é tarefa cômoda. Mas, depois de tantos anos de clínica, prefiro correr o risco da ousadia e expor minhas próprias concepções.

Aceito a psicodinâmica freudiana em sua essência, despida dos exageros em relação à sexualidade e ao complexo de Édipo. Em minhas hipóteses clínicas, dispenso as instâncias ego, id, superego. Prefiro pensar em termos de um *eu global*, composto de inúmeros *eus parciais*, incluindo-se os *eus censores*, que se expressam por meio de papéis latentes e emergentes. O conglomerado ou constelação de *eus parciais* que constituem o *eu sexual global* são expressos pelos papéis sexuais[2], que contêm em sua estrutura os componentes psicossomático, psicológico e social. No entendimento do inconsciente, tenho dificuldade em aceitar as colocações freudianas de que a palavra precede à imagem, mesmo levando-se em conta que foram formuladas antes do advento do cinema e da televisão. Minha concepção de *energia* tem mais a ver com a espontaneidade-criatividade de Moreno do que com a libido de Freud. A noção de libido está atrelada aos conceitos da física clássica, da termodinâmica, sendo compreendida como uma categoria armazenável de energia. Já a espontaneidade é concebida como algo *armazenável* e *não armazenável*, mais de acordo com a visão sistêmica e com os princípios da física quântica. Quanto mais espontaneidade é liberada, mais espontaneidade é criada. Finalmente, entendo a descrição freudiana dos instintos de vida e de morte em três posições e não em duas. Freud, ao descrever o instinto de morte, deixa

---

2. Perazzo (1986) discute o papel "sexual" e o seu desenvolvimento até o encontro.

entrever que, ao lado de uma tendência destrutiva, existe um impulso criativo de transcendência do ser humano. Sendo assim, imagino que seja mais didático pensarmos em *instinto de construção, instinto de destruição* e *instinto da transcendência*, aquele que busca o *nada*, a paz, e que representa a *saudade* da essência, o período anterior e posterior (morte) à personalidade, correspondente aos estados de consciência alcançados pela meditação, ou pelas vivências na esfera do *não pensamento*, do vazio interior. O instinto de transcendência é responsável pelo componente místico do ser humano e pela sua busca do sagrado. Um homem, mesmo sendo ateu, ou seja, não acreditando em um Deus personalizado e em vidas futuras e passadas, pode ser místico, porque fazem parte de sua essência a curiosidade e o respeito por uma dimensão universal maior (*mist*-ério e *míst*-ico possuem a mesma raiz). Compreendo que esse componente deva ser distinguido do instinto de morte pelas diferenças qualitativas que apresenta.

Creio que uma das mais importantes características psicológicas de Freud tenha sido sua seriedade. Como referi em outra parte, nos traços de personalidade temos um lado positivo e um negativo. A seriedade, em seu aspecto positivo, deu a Freud consistência científica e credibilidade profissional. Porém, o exagero desse traço, agravado por uma longa doença, manifestou-se por um ceticismo e uma amargura que, provavelmente, tornaram sua produção mais sombria do que poderia ter sido. Em uma entrevista, quando já havia entrado nos 70 anos, Freud afirmou que não era pessimista. Talvez não chegasse a ser, mas tampouco se pode dizer que de sua obra emana alegria. Creio, por consequência, que a visão freudiana da sexualidade deixou de receber um tratamento mais descontraído. Que a ligação da sexualidade com a estética, com a beleza (não me refiro à sublimação e sim à sexualidade em si), foi menos enfatizada do que poderia ter sido. Mas voltemos ao ponto de vista psicodinâmico-relacional-psicodramático da sexualidade.

Outro comentário prévio, ainda, à discussão propriamente dita do tema diz respeito à integração entre amor e sexualidade. Parto do princípio de que o amor faz parte de um processo mais amplo que envolve o contrário do amor — o ódio — no outro polo da relação estabelecida. O processo *amor-ódio* considera a esfera psicológica da relação amorosa. A sexualidade considera a esfera biológica da mesma relação. Essa divisão, meramente didática, significa que em uma relação sexual, do ponto de vista psicológico, o processo amor-ódio sempre está envolvido. Alguns argumentam que pode existir sexo sem amor. Porém, conceitualmente, o processo amor-ódio engloba todos os relacionamentos nos quais a sexualidade se faz presente.

Também compreendo a relação amorosa com base em uma posição relacional-sociométrica, em que existem escolhas recíprocas congruentes e incongruentes em termos positivos, negativos e neutros. Essas escolhas geram diferentes reações nas pessoas envolvidas: prazer, alegria, tristeza, raiva, indiferença etc. Assim, o chamado sexo sem amor, ou com desamor, ou com ódio, tem sempre o processo amor-ódio implícito. Emprego então a palavra *amor* em um sentido amplo e a palavra *sexo* em um sentido específico. Falo do amor em *lato sensu* e da sexualidade em *stricto sensu*.

A simples constatação de que a relação sexual significa o contato físico mais íntimo entre duas pessoas leva à compreensão do potencial simbólico que ela contém. Essa proximidade faz emergir eventuais conflitos, porventura existentes em um dos parceiros, no outro, ou na relação dos dois. Nessa perspectiva, uma relação sexual pode ser frustrante se um dos elementos apresenta dificuldades, se os dois apresentam, ou mesmo se nenhum as apresentava anteriormente, desde que a relação esteja prejudicada por fatores psicológicos inerentes às circunstâncias do momento.

Se tomarmos o parâmetro físico como simbólico do psicológico, quando duas pessoas se desnudam, se mostram tais como são fisicamente, sem disfarces nem artifícios, sentem o cheiro uma da outra, misturam saliva e mucos, se interpenetram, acontece um forte intercâmbio *energético*. Esse misterioso fenômeno *metabólico* que corresponde à bioquímica do amor começa, agora, a ser estudado pela ciência. Até bem pouco tempo sua abordagem pertencia ao campo da religião e do esoterismo.

Imaginemos duas pessoas frente a frente, a alguns metros uma da outra. Elas estão nuas e se olhando. Vão se aproximando, lentamente. Quando estão próximas, se tocam, se abraçam e se fundem. Voltemos à imagem inicial: as duas se aproximando uma da outra. Uma começa a sentir medo ou desconfiança. Seu corpo se crispa e evita o outro corpo; este também titubeia. Quando a proximidade aumenta, um foge assustado, ou os dois, cada qual para seu lado. Pelo estudo do conteúdo simbólico dos movimentos dos corpos, podemos saber, de alguma forma, como são essas pessoas. Em uma relação heterossexual, um homem (uma mulher) mostra-se no contexto da relação em si, com aquela determinada e específica mulher (homem), no contexto da relação com as mulheres (homens) em geral, e, em um contexto maior, com o mundo. Temos então três círculos concêntricos: a relação sexual com uma pessoa específica do outro sexo, a relação sexual com pessoas do outro sexo e a relação genérica, com todos os outros seres humanos.

A sexualidade como instrumento relacional

Os traços da personalidade adulta são esculpidos pelas vivências das fases do desenvolvimento neuropsicológico. Nessa época são cunhadas as configurações psicológicas que representarão a forma de ser da pessoa (*marca registrada*) e que lhe darão identidade. A concepção do desenvolvimento sexual em fases obedece ao critério de que sobre a *essência* energética com a qual se nasce se sobrepõem camadas de experiências psicológicas vividas e internalizadas. Sugiro que se imaginem essas fases de influências psicossociológicas se sobrepondo concentricamente, de modo similar ao processo de crescimento das árvores. Nessa comparação, o tronco da árvore corresponde à personalidade ou *eu* e os galhos aos papéis sociais da vida adulta. Os papéis (galhos) obedecem exatamente à mesma estrutura da personalidade (tronco).

Os papéis (galhos) são os braços da personalidade (tronco) e servem para o relacionamento com os contrapapéis (papéis, braços ou galhos de outras árvores [pessoas]). Ao estudar um papel social de uma pessoa, estuda-se, de alguma forma, também a sua personalidade, pois ambos têm a mesma estrutura. Um estudo completo requer a observação dos papéis (galhos) expressos e latentes e dos *cachos* (*clusters* de Moreno) de papéis. Com esse procedimento, sabe-se como é a "árvore" no presente e depreende-se a história de seu desenvolvimento. O estudo dos papéis sexuais obedece ao mesmo procedimento. Os papéis sexuais, como todos os outros, são constituídos pelos papéis psicossomáticos, papéis da fantasia ou da imaginação (papéis psicológicos ou psicodramáticos para Moreno)[3] e papéis sociais. Os papéis psicossomáticos representam a base biológica, os da fantasia significam a estrutura psicológica e os sociais traduzem a impregnação social e cultural da sexualidade.

Para a apresentação das fases do desenvolvimento psicológico, que percorrem o caminho desde o nascimento até a idade adulta, utilizo o esquema exposto em meu livro *Psicodrama da loucura* (Fonseca, 1980). Valho-me do conceito de matriz de identidade de Moreno (1961) como base para as contribuições psicossociodinâmicas que venho propondo. Relaciono as seguintes fases da matriz de identidade: indiferenciação, simbiose, reconhecimento do *eu*, reconhecimento do *tu*, relações em corredor, pré-inversão de papéis ou desempenhar o papel do outro, triangulação, circularização, inversão de papéis e encontro. Tento transpô-las para o estudo da sexualidade. Tomo como base algumas delas, deixo de lado outras e introduzo a descrição de novas fases, fruto de reflexões posteriores. As fases apresentam um movimento dinâmico, com alternâncias e sucessões. Elas não obedecem necessariamente a uma ordem cronológica. Como assinala Wechsler (1998), essa abordagem não é realizada em uma perspectiva linear, e sim como uma "espiral", que é a forma analógica de estudo da construção do conhecimento. Melanie Klein (1996), em 1935, deixa de lado o termo *fase* para a utilizar a palavra *posição*. Propõe a mudança para deixar claro que essas configurações não pertencem somente à infância, mas passam a fazer parte também do psiquismo adulto. É nesse sentido que a descrição que segue deve ser entendida. Meu propósito é estabelecer correlações entre as fases do desenvolvimento psicossexual e os modos de ser nas relações amorosas (sexuais) adultas.

---

3. Ver Capítulo 11, "Os papéis de colonizado e de colonizador"

Indiferenciação sexual

Quando a criança nasce, e até um certo período de vida, ela não tem consciência de sua identidade sexual. Não sabe se é do sexo masculino ou feminino. Vive uma *mistura* existencial ou, se é que se pode dizer, uma simbiose unilateral com a mãe.

Relação-separação

Nessa fase a criança inicia o *aprendizado* da *relação-separação* (ou vinculação). Esse aprendizado constitui o alicerce estrutural dos papéis envolvidos na relação amorosa. Em outras palavras, pode-se dizer que a criança aprende os pares de opostos essenciais para a vida: relação-separação, amor-rejeição, ser rejeitado-rejeitar, amor-ódio, e todas as variações, arranjos e modos de acomodação dessas estruturas psicológicas. Com essa pauta de respostas internalizadas, responderá às escolhas (escolher e ser escolhido) sexuais adultas.

Quando a criança é pequena (antes dos seis meses), demonstra uma atração inespecífica por seres humanos. Não importa se são pessoas conhecidas ou não. Não possui discriminação neuropsicológica para tanto. Observações diretas do bebê demonstram sua atração natural por sons e figuras humanas. Aos poucos, a discriminação para pessoas *conhecidas-desconhecidas* vai surgindo (tele), de forma que a um determinado tempo a criança elege pessoas preferenciais (vínculos), segundo lhe proporcionem tranquilidade, segurança e prazer. Com as pessoas *eleitas* aprende o prazer da presença e a dor da separação. Ao indício de separação, reage com uma pauta observável de reações emocionais: *ansiedade, raiva, tristeza*. Na sequência, volta ao estado normal, elabora a perda e inicia o aprendizado do processo de separação. Neste último período, tem origem a formação de condutas evitativas da dor da separação: os *mecanismos de defesa* ou *amortecedores* da *separação-perda*.

A atração sexual é comparável a uma luz de alerta que se acende, independentemente do lugar ou da circunstância. Ela existe à margem da ponderação racional ou da vontade, é instintiva, apesar de permeada pelos valores culturais. A atração sexual, que na puberdade é difusa, acaba se definindo por figuras preferenciais (namorado-namorada; marido-esposa, amante-amante), segundo a *sociometria do sexo*.

Para a concretização da escolha, há que existir a contrapartida positiva do outro (sociometria a dois). Nessa situação, surge a *ansiedade-medo-desespero da separação* (rejeição) e, ao não ser contra-escolhido, a *raiva-ódio* e a *tristeza-depressão*. Os mecanismos de defesa, amortecedores da dor psicológica, entram então em funcionamento. Essas experiências, assim como na matriz de identidade da infância, definem o dia a dia das atrações sexuais e das relações amorosas.

Eu sexual ideal

No transcurso das fases da matriz de identidade, processa-se a identidade existencial, sexual e relacional do indivíduo. Inspiro-me no Capítulo 8, "Diagnóstico da personalidade e distúrbios de identidade", para discorrer sobre o tema. Em certa fase da matriz de identidade, prepondera o registro de que o bebê é lindo, admirado e amado. No dizer de Kohut (1984), a criança registra o brilho do olhar da mãe. Essa impregnação energética desenvolve e imprime na primeira a sensação de grandiosidade e exibicionismo[4]. Por outro lado, quando esse fato não acontece, o pequeno sente a "quebra" dessas sensações embriagantes, mergulhando na dor provocada por essa "ferida". O equilíbrio-desequilíbrio dessa dualidade (relação-separação, amor-rejeição, prazer-dor) significa o fiel da balança que divide, de um lado saudável, a autoestima e a tolerância à frustração, e de outro, patológico, os "distúrbios de identidade". Dessa maneira começam a surgir rudimentos de um *eu ideal* (que seria sempre admirado, amado), em contraposição ao *eu*. Pode-se dizer que se inicia a díade *ser-parecer*. A autoimagem se firma, ou se turva, de acordo com os influxos recebidos do outro, que passa a ser discriminado ou confundido como um *tu ideal*, um *tu frustrador* ou simplesmente *tu*.

---

4. Williams observa que a essa fase do desenvolvimento caberia a expressão de Moreno: *megalomania normalis*. Mas acrescenta que "à medida que os anos passam, todos nos vemos forçados a nos tornar mais humildes" (1994, p. 259).

Essas primeiras experiências infantis são revividas de maneira transformada no relacionamento amoroso. O objeto de nosso amor é brindado com o brilho de nosso olhar. E nós recebemos o *brilho do olhar do companheiro(a)*, o que nos faz sentir os mais belos, os mais sedutores etc. A ausência desse brilho nos deixa tristes ou furiosos. No fundo, todos desejam ser considerados os melhores amantes. Cria-se, portanto, um conceito valorativo e autovalorativo de quão bom amante é o indivíduo. Essa tensão tanto pode incentivar na busca do aperfeiçoamento como também levar à busca compulsiva de uma *performance* sexual inatingível.

Um paciente relata medo de se casar novamente. Justifica que suas mulheres anteriores tornaram sua vida um *inferno*. Todas eram *loucamente* apaixonadas, ciumentas e possessivas. Ele não fora apaixonado por nenhuma delas, mas fora apaixonado pela paixão delas (por ele). Necessitava do *brilho do olhar louco* mas apaixonado das mulheres. Nesses momentos, sentia-se no *céu*, apesar de pagar o preço do inferno conjugal por eles.

Relações em corredor

Quero dizer com essa expressão que a criança, nessa fase, faz relacionamentos exclusivistas e possessivos. Ela já tem uma identidade, distingue o outro, mas sente que este existe só para si. Seriam reflexos de seu recente passado em que se sentia una (simbiose) com a mãe. Sente-se única e central nos relacionamentos. Nessa fase, a criança só tem olhos para a mãe e deseja os olhos da mãe só para si.

Pode-se dizer que as marcas dessa fase ressurgem, de algum modo, nas relações amorosas. Caracterizam-se pelo desejo de exclusividade e, de forma distorcida, pela posse e obsessão do outro (*tu*). Os crimes passionais demonstram os aspectos compulsivos das *relações em corredor*. A fantasia adulta de possuir um companheiro completo e definitivo para toda a vida tem origem nessas vivências primárias. Saio da relação com minha mãe (ou matriz de identidade), cresço e encontro outra relação igual ou semelhante, para sempre. Ou desejo um parceiro que supra o não vivido antes, o que faltou. A busca do parceiro-mãe (matriz), independentemente do sexo que se tenha, consolida, a princípio, o fracasso de algo que já não pode mais ser obtido.

A *paixão amorosa* apresenta uma estrutura psicológica baseada nas *relações em corredor*. A paixão corresponde a um estado de exaltação do humor. É a "embriaguez" do amor, em que a droga é o outro. Do ponto de vista saudável, significa a celebração organísmica de dois seres que se encontram. A presença dos dois desencadeia reações bioquímicas internas, provocando alterações do estado de consciência ("embriaguez"). Esse curto-circuito psicoquímico (alquímico?) tem um período de duração. A continuidade é o amor ou a desilusão (*ressaca da paixão*). Divido a paixão em saudável e patológica. No primeiro caso, denomino *paixão télica*; no segundo, *paixão transferencial*. Esta se caracteriza pela projeção de anseios arcaicos, não resolvidos, no novo companheiro. Tal circunstância confere um valor mágico e redentor ao outro, com a consequente frustração quando sobrevém a prova de realidade do cotidiano. A *paixão transferencial* significa a persistência de vínculos regressivos, e não a sua transformação. A *paixão télica* é *reversiva*, como se verá no Capítulo 14, "Sociometria sexual — Formas de sexualidade"; ela transcende o passado e se apresenta como uma vivência enriquecedora do presente.

O clímax da *paixão télica* é a exaltação da vida. O auge da *paixão transferencial* é a exaltação da morte. O filme *Império dos sentidos*, do diretor japonês N. Oshima, retrata a consunção de dois apaixonados até a morte.

Reconhecimento do eu sexual

Esta fase refere-se ao período em que a criança se dá conta do próprio corpo, tomando consciência dos genitais. Percebe a diferença entre os sexos. Realiza a identidade sexual: *sou um menino, sou do sexo masculino* ou *sou uma menina, sou do sexo feminino*. A fase do *reconhecimento do eu sexual* também pode ser chamada fase do *espelho sexual*. A partir daí se forma a identidade de *gênero*, compreendida aqui como uma construção social.

Antes do *reconhecimento do eu sexual*, a criança já tomou consciência de que existe como indivíduo (*reconhecimento existencial*), separada da mãe ou da matriz de identidade: *Eu existo, sou uma pessoa distinta das outras*. No *estudo* prático de si mesma, a criança olha, manipula, registra sensações corporais, compara-se com outras crianças e adultos, enfim, vai definindo uma consciência do sexo e da sexualidade. As brincadeiras homossexuais desse período denotam o estado autocentrado do conhecimento sexual. O *reconhecimento do eu sexual*, dessa maneira, pode ser compreendido como uma fase homossexual natural do desenvolvimento. A masturbação, instrumento de autoconhecimento sexual, também pode ser compreendida como uma relação "homossexual", na medida em que é uma transa do *eu* com o *eu* (do mesmo sexo), independentemente de poder haver uma fantasia com um *tu* de outro sexo.

Os aspectos fisiopsicossociais envolvidos no reconhecimento do *eu sexual* manifestam-se em três subfases ou crises. A primeira corresponde ao período da infância. A segunda, após um período de latência, manifesta-se na puberdade-adolescência, quando o corpo e os genitais assumem a conformação adulta. O terceiro período de reconhecimento do *eu sexual* acontece na *terceira idade*, quando surge uma nova e definitiva transformação da sexualidade.

Reconhecimento do tu sexual

A fase do *reconhecimento do tu sexual* acontece concomitantemente à fase do *reconhecimento do eu sexual*. A distinção entre as duas é meramente didática. O autoconhecimento possui um critério comparativo implícito, em que se buscam semelhanças e diferenças com as outras pessoas. *Como eu sou* tem a ver também com o *como os outros são*. Como são as outras pessoas do mesmo sexo e as outras pessoas do sexo oposto. Pode-se falar em *espelho de si mesmo* e em *espelho do outro*. A criança descobre as diferenças definitivas entre a identidade masculina e feminina, incluindo-se em uma delas. Na infância acontecem as brincadeiras de *médico*, de *casinha*, de *marido-mulher* etc. Essa mesma fase, em sua segunda erupção, na adolescência, manifesta-se pelo interesse sexual, agora definido. As brincadeiras da infância são substituídas pelos jogos eróticos da adolescência.

O *tu sexual* representa a primeira internalização do sexo oposto. No caso do menino, por exemplo, o padrão feminino é dado por meio da inter-relação com as mulheres pertencentes à sua matriz de identidade (mãe, avós, tias, irmãs etc.). A configuração internalizada do sexo oposto na matriz de identidade significa importante referencial na escolha dos futuros companheiros sexuais. Nos extremos há a busca compulsiva dos mesmos padrões infantis ou o oposto deles. Ou seja, escolhem-se companheiros sexuais segundo critérios conscientes-inconscientes que fatalmente passam pela matriz de identidade.

Pré-inversão de papéis ou desempenhar o papel do outro

Esta fase está a serviço da continuidade do reconhecimento do *eu* e do *tu sexual*. Abrange o terreno da fantasia como treinamento das ações sexuais (*prepar-ação*) futuras. Distingo a *fantasia-imaginação* da *fantasia-ação*. A primeira engloba todas as situações sexuais imaginadas como excitantes e prazerosas. O adolescente masculino *transa* em fantasia com a atriz famosa, com a vizinha, com a amiga da irmã. A menina *transa*, da mesma forma, com o galã, com o professor. A *fantasia-imaginação* decorre no espaço da interioridade. Quando um adolescente fantasia uma cena, interpreta seu próprio papel em um nível de expectativa, ou de idealização de si mesmo, e interpreta também o papel da mulher que está na cena imaginária. Já no caso do *brincar de médico* ou *de casinha*, há uma situação de *fantasia-ação*, ou seja, uma dramatização espontânea com o envolvimento e a participação lúdica e corporal de outra pessoa. *Desempenhar o papel do outro* representa um treinamento (*role-playing*) interno-externo de papéis sexuais próprios e complementares.

Triangulação sexual

Escapar da mistura simbiótica materna representa um segundo nascimento, o psicológico. Se na esfera da concepção biológica, na fecundação, existe um processo de participação igualitária entre o pai e mãe, na gestação, no parto e na amamentação, mãe e criança interagem em um clima de profunda inclusividade. Mas, a um certo tempo, para a sobrevivência psicológica de ambas, é necessária a separação. Surge, então, a figura do *terceiro* (pai) para promover o corte do cordão umbilical psicológico e transformar a díade em trio. No desenvolvimento harmônico da triangulação, existe a confluência de três forças: o pai busca o filho, este ao pai, enquanto a mãe facilita a aproximação. Esse resgate psicológico significa as bases da identidade sexual. O menino recebe a impregnação energética da masculinidade. A menina desfunde-se da mistura materna e aprende a ser *outra* mulher. Volto a discutir o tema no próximo capítulo: "Identidade sexual".

A fase de triangulação engendra as bases da comparação-competição. Quando a criança se compara com outra pessoa do mesmo sexo, está implícita uma comparação e uma possível competição, ainda sem objeto definido de vitória. Mais tarde, o objeto de disputa se torna mais claro. A resolução desse complexo comunicacional acontece com o advento da culpa, por se odiar a quem se ama, e o nascimento e a internalização dos *eus censores*. A triangulação significa, assim, a quebra do ovo simbiótico entre a criança (o *primeiro*) e a mãe (o *segundo*) pelo aparecimento do *terceiro*, o pai.

O aspecto comparativo-competitivo da triangulação apresenta uma dimensão social: o ciúme[5]. Os caracteres físico-sexuais no adolescente são comparados aos padrões da cultura. Ela oferece estereótipos de beleza e poder que servem de modelo a ser igualado. Os elementos sobre a psicossociodinâmica do *eu sexual ideal*, já comentados, se sobrepõem a esse tópico. Essa comparação-competição gera ansiedade-medo-insegurança. *Eu preciso ser melhor do que ele para que tu me prefiras.* Quando o *eu* está na cama com seu *tu*, sente o *ele* sempre rondando. Essa situação implica três tarefas: obter prazer, proporcionar prazer e vencer o competidor sexual. Essa dinâmica tem sua concretização no *ménage-à-trois*. Se o parceiro estiver na mesma, ou seja, também, levando o *terceiro*, teremos quatro na cama e sua concretização no *swing*. A fase de triangulação na adolescência é ilustrada nos depoimentos jactanciosos dos rapazes. É como se estivessem dizendo: *Olha, sou melhor do que vocês!* E para si mesmos: *Mas não sou ainda o que gostaria de ser.*

---

5. Consultar *Ciúme — O lado amargo do amor* (Ferreira-Santos, 2007).

Circularização sexual

A circularização tem nas *rodinhas*, nos papos sobre sexo e nas confidências sua mais clara ilustração. A *patota* dá força. Na infância de uma forma, e na adolescência de outra, conversas sobre sexo recebem a cumplicidade do grupo. Na vida adulta, contar piadas sexuais e fofocar sobre a vida sexual dos outros tem a mesma conotação (sexo circularizado). O sexo grupal em que todos praticam e todos observam tem a ver com essa dinâmica.

Inversão de papéis sexuais

A inversão de papéis sexuais significa a culminância do processo do desenvolvimento sexual. Ela acontece quando o homem *conhece* a mulher e esta ao homem. Representa a capacidade de se colocar nos dois polos: no masculino e no feminino, no ativo e no passivo, no dar e no receber. Traduz a possibilidade de apreender a sensibilidade do outro sexo. É saber acariciar com a mão e captar a sensação no corpo do outro.

Encontro sexual[6]

O *encontro* é decorrência da inversão de papéis. É um fenômeno de culminância télica. O *encontro sexual* precipita um estado modificado de consciência. Ele é acionado pela transcendência de uma excitação sexual maior. Tanto pode acontecer em consequência de um orgasmo atípico, como pela ausência dele, como veremos no Capítulo 15, "Sexualidade e evolução pessoal". Esses estados aproximam-se dos êxtases místicos. Sexualidade e religião têm mais em comum do que em geral os religiosos pretendem. O romancista inglês D. H. Lawrence, autor de *O amante de Lady Chatterley*, exalta a sexualidade como um meio de atingir a verdade e a plena realização do ser. O escritor americano Henry Miller, autor da trilogia *Sexus*, *Plexus* e *Nexus*, em que

---

6. Tiba (1986) analisa o encontro sexual segundo a teoria do núcleo do *eu* de Rojas-Bermúdez.

pese sua aparente vulgaridade na descrição do ato sexual, coloca o sexo como uma possibilidade de libertação interior. Talvez por esse motivo foram autores proibidos durante anos em muitos países. Essas observações obedecem à concepção, referida no início do capítulo, de que, em torno de um núcleo energético vital — a *essência* —, desenvolvem-se camadas de influências ambientais — a personalidade. Em situações críticas (clímax) de intensa dor, perigo ou prazer, dilui-se, momentaneamente, a personalidade e acontece o recontato com a essência. Trata-se de uma "morte" momentânea da personalidade, da identidade psicológica. Nesse momento se faz presente a dialética dos opostos: morte-vida.

13

IDENTIDADE SEXUAL

Identidade existencial, identidade sexual e identidade sexual relacional[1]

Segundo Greenson (1982), o percurso da formação da identidade heterossexual pode ser resumido em três pontos básicos. Tome-se o exemplo de um menino:

1. Eu sou eu, João, uma pessoa.
2. Eu sou eu, João, um menino.
3. Eu sou eu, João, um menino, o que significa que gosto de fazer coisas de sexo com as meninas.

A maneira pela qual o indivíduo vivencia esses pontos resulta em sua definição sexual adulta. Na fase de *indiferenciação*, de *simbiose*, ou do *duplo* (Capítulo 12), os meninos estão *misturados* a uma mulher que é a mãe. Supostamente, permanecem marcas dessa dupla identidade, feminino-masculina. Sou *homem*, ou *mulher*, ou *quanto tenho de mulher?* São medos comuns na infância e na adolescência.

---

1. O mais adequado seria falar em identidade de gênero (Stoller, 1993). Para outras informações, consultar Echenique e Fassa (1992). Recomendo também a leitura do artigo "Sexualidades e espontaneidade criadora" (Merengué, 1999).

O homem, mais comumente do que a mulher, tem medo e raiva de ser identificado como homossexual, o que significaria ter partes femininas. A mulher, nessa perspectiva, conseguiria a identidade sexual mais facilmente: separa-se de uma mulher (mãe) e *aprende* a ser mulher com essa mesma mulher, ou seja, parte para o *reconhecimento do eu sexual* com a própria mãe. Como diz Winnicott (1975), o feminino *é*, enquanto o masculino *se faz*. Greenson (1982) refere-se a essa possibilidade para justificar que a maioria das dúvidas quanto à identidade sexual reside nos homens. Este fato é corroborado pelo índice, consideravelmente maior, de homens que buscam cirurgias para mudança de sexo. Da mesma maneira, constata-se um número absolutamente maior de travestis e transexuais masculinos do que femininos.

As marcas negativas da fase do *reconhecimento do eu sexual* e do *eu sexual ideal* (Capítulo 12) manifestam-se por inseguranças e dúvidas quanto ao esquema corporal, como um todo, e aos genitais, em particular. As preocupações com o tamanho do pênis, por exemplo, são absolutamente comuns em nossa cultura. A ansiedade de *performance*, tanto no homem como na mulher, é outro exemplo. Até que ponto sou um homem (ou uma mulher) completo(a) e melhor?

De um ponto de vista didático, a fase do *reconhecimento do tu sexual* promove o *conhecimento* sexual das pessoas do outro sexo. O *desconhecimento* do outro (sexo) levanta um componente ansioso que varia de acordo com as características da outra pessoa e com o tipo de relação estabelecida. Uma nova relação amorosa sempre representa algum grau de ansiedade, que se dilui em seu desenrolar ou quando existe uma melhor *inversão de papéis*. O homem *deseja-teme* a mulher, e esta ao homem. Assim como a mulher admira-inveja o pênis, o homem admira-inveja a capacidade feminina da gestação.

Prosseguindo no esquema de formação da identidade, com relação ao homossexual tem-se:

1. Eu sou eu, João.
2. Eu sou eu, João, um menino.
3. Eu sou eu, João, que apesar de ser menino gosto de fazer coisas de sexo com meninos.

Existe, portanto, em relação ao heterossexual, diferença somente no ponto 3, já que o homossexual masculino aceita sua identidade sexual como masculina. Sua identidade sexual relacional, no entanto, está dirigida para pessoas do mesmo sexo.

Nos transexuais observa-se:

1. Eu sou eu, João.
2. Eu sou eu, João, que apesar de ser menino gostaria de — ou desejo — ser menina (Joana).
3. Eu sou eu, João, que apesar de ser menino gostaria de — ou desejo — ser menina (Joana), e gosto de fazer coisas de sexo com meninos.

Nesse caso, temos alterações nos pontos 2 e 3. Permanece a identidade nuclear (eu sou eu, uma pessoa que recebeu o nome de João, apesar de não concordar com ele) preservada. Essas pessoas buscam a identidade feminina por intermédio de hormônios e cirurgias plásticas. Promovem a mudança do nome masculino para um feminino.

O ponto 1 está alterado nos distúrbios de identidade existencial, quando o indivíduo está confuso em relação à sua existência no mundo: *Quem sou eu?*, *Eu existo?* Esses quadros clínicos manifestam-se em diferentes síndromes de transtorno de identidade e psicóticos.

Homossexualidade

Valho-me da definição da identidade homossexual para discutir o tema da identidade sexual como um todo[2]. A atração sexual por pessoas do mesmo sexo, na idade adulta, deve ser distinguida da fase homossexual, denominada neste enfoque de fase de *reconhecimento do eu sexual* ou, ainda, fase do *espelho sexual* (Capítulo 12), trajetória pela qual todos, homo e heterossexuais, passam.

Vejamos, especulativamente, o caminho que um indivíduo percorre para estabelecer padrões homossexuais. Os exemplos serão de pessoas do sexo masculino, pelo fato de minha experiência clínica ser

---

2. Ver "Os papéis e seus modos", no Capítulo 3.

consideravelmente maior com homossexuais masculinos. Deixo de comentar eventuais aspectos orgânicos, bioquímicos e genéticos que estão sendo pesquisados na gênese da homossexualidade. Mesmo que isso venha a ser comprovado, e acredito que venha, pelo menos em parte os aspectos psicológicos continuarão presentes.

A observação da manifestação homossexual revela, em primeiro lugar, que existem muitas variações em sua apresentação, como a preferência sexual por ser ativo ou passivo. Em segundo lugar, nota-se que alguns aspectos psicossociodinâmicos são recorrentes nessas pessoas. Em linguagem psicodramática, pode-se dizer que o átomo social primário (sociometria primária) — ou matriz de identidade — dos homossexuais demonstra algumas coincidências. No entanto, não se pode afirmar que esses dados sejam característicos de homossexualidade, pois os encontramos também em famílias de heterossexuais. O bom-senso conduz à constatação de que existem sutis gradações psicológicas na conformação da identidade sexual. O resultado dessas gradações define se o indivíduo será hétero, bi ou homossexual, e de que forma, ou com que características, exercerá sua sexualidade.

Utilizando o esquema do desenvolvimento da sexualidade apresentado no capítulo anterior, ressalto alguns pontos no desenvolvimento do homossexual masculino. A observação revela que o futuro homossexual estabelece uma relação identificatória forte com a mãe (ou figura feminina), de caráter simbiótico. Nessa circunstância, não separa completamente o *eu* do *tu*, permanece misturado com a mulher. Ao processar o período de separação da mãe, toma consciência de que é outro indivíduo e, logo depois, de que é de outro sexo. Nesse ponto, ele deveria dispor de um modelo sexual masculino suficientemente atrativo para *aprender* a ser homem. Identificado como sendo do gênero masculino, o indivíduo inicia o processo relacional com as pessoas do outro sexo, as mulheres, e percebe o que sente por elas. Que tipo de atração, curiosidade e prazer tem ou não por elas? Elas geram medo? Que tipo de medo?

É frequente encontrar homossexuais masculinos que apresentam um persistente anel de ligação transferencial com a mãe, e esta com eles, dando a entender que essas mães estão igualmente confusas em sua identidade em relação aos filhos. A mãe que guarda ódio, consciente e/ou inconsciente, aos homens — e por consequência ao pai de seu filho — acaba por dificultar a comunicação do menino com o pai, frustrando dessa maneira a possibilidade de imitação e identificação masculinas. Quando, por qualquer circunstância, o pai é realmente ausente e/ou omisso, ou ainda frágil ou fraco em sua estrutura psicológica e social, falta-lhe poder de atração para que o filho admire-o e ame-o. O conflito se agrava ainda mais quando o pai apresenta dificuldades relacionais com figuras masculinas e rejeita o filho. A este resta permanecer no território materno, da feminilidade e, às vezes, da homossexualidade.

Como foi comentado, essa psicossociodinâmica obedece a sutis gradações relacionais, aparecendo tanto em homossexuais como em heterossexuais. Existem, por exemplo, homens com evidentes traços femininos de personalidade que não são, necessariamente, homossexuais. A necessidade do menino de admirar o pai, amar um homem, pode se transformar em ódio quando frustrada. Um paciente revive uma cena da infância em que procura mostrar habilidade manual ao pai (busca do amor do pai), propondo consertar um utensílio da casa. O pai desconsidera a capacidade do filho e o afasta. Na cena psicodramática, o menino explode em ódio e tristeza. Permanece o *vazio de homem* a ser preenchido durante a vida.

Os ídolos masculinos da infância e da adolescência apresentam um caráter identificatório. No homossexual, a admiração ao ídolo é sexualizada de maneira consciente. Um paciente relata que na adolescência procurava manter relações com homens mais velhos que lhe dessem dinheiro, apesar de não ter dificuldades financeiras. Concretiza a cena psicodramática com uma imagem simbólica em que aparece triste, ombros curvados. Vem o homem mais velho por trás, pega-o pelos ombros, apoia o joelho em suas nádegas e deixa-o em uma posição ereta, peito aberto, "mais homem". Simbolicamente, o homem mais velho injetaria masculinidade no jovem.

Observa-se na clínica psicoterápica de homossexuais uma busca especular da imagem masculina idealizada. O homossexual, às vezes, busca no companheiro a imagem perdida de si mesmo. A busca é especular, procura completar-se em algo que sente incompleto. Um paciente desejava o "homem do Marlboro" (referência à publicidade de cigarros, em que aparecia um vaqueiro de aspecto másculo). Esse homem de seus devaneios deveria ser heterossexual. Com humor, acrescentava que, se o vaqueiro desejasse transar com ele, perderia toda a graça, pois estaria demonstrando homossexualidade. Esse mesmo paciente detestava boates e ambientes gays, não suportava "bichices e desmunhecações".

Tanto nas práticas sexuais ativas como nas passivas, o homossexual depara com a busca narcísica da autoimagem perdida ou não realizada. Se o homossexual passivo deseja receber um homem dentro de si, o homossexual ativo satisfaz-se sendo supostamente esse homem que seria "mais homem" que o outro. Nessa dinâmica transparece a expressão comparativa-competitiva entre os parceiros.

A busca angustiante da autoimagem sexual pode manifestar-se por práticas homossexuais compulsivas na frequência e sadomasoquistas na forma. Um paciente relata que, ao sentir-se "enlouquecido" por sexo, dirige-se a banheiros públicos, onde realiza atos sexuais variados (especialmente felação) com parceiros sucessivos. Depois de algumas horas, sente-se aliviado, de um lado, mas sujo e culpado, de outro. Outro paciente conta que, ao ser "tomado" pelo desejo sexual, busca, de preferência, soldados, negros e trabalhadores braçais (para ele, estereótipos de masculinidade). Depois das relações sexuais, sente ódio dos parceiros, humilhando-os intelectual e economicamente. Observa-se clinicamente uma gradação de ansiedade na busca da masculinidade do *outro*. Essa gradação revela o grau de *amor-inveja-ódio* envolvido no processo. Pode ser resumida em quatro etapas: *receber*, *tomar*, *roubar* e *arrancar*[3] — no caso, a masculinidade do outro. Os dois últimos exemplos clínicos revelam momentos de desesperada necessidade sexual que se traduzem em uma atuação descontrolada. Se na manifestação do patológico revela-se o extremado do típico, os exemplos valem para reflexão do *normal*.

O interesse erótico de mulheres pelo homossexual pode levantar aspectos fóbicos que surgem, como medo de ser engolido, sufocado,

---

3. Consultar o livro de Ronaldo Pamplona da Costa (1994), *Os onze sexos* (mulheres heterossexuais, homens heterossexuais, homens homossexuais, mulheres lésbicas, mulheres bissexuais, homens bissexuais, os travestis, as travestis, os transexuais, as transexuais e os hermafroditas). Consultar também *Masculino/feminina*, de Luiz Cuschnir (1992).

aniquilado (medo de perder a identidade e retornar à fase do caótico indiferenciado, de simbiose). Mecanismos de defesa podem transformar o componente fóbico em frieza, indiferença ou, ao contrário, em aliança amistosa para neutralizar a ameaça da investida sexual feminina. Um protagonista homossexual, em uma cena de psicodrama, divide as mulheres em dois tipos: *a mulher santa e pura e a mulher debochada e puta*. Ante esta, que gera medo, sente-se diminuído como homem. A primeira recebe gozações, é desconsiderada, já que aparentemente não o ameaça. Na inversão de papéis, ao desempenhar a santa, aos poucos vai transformando-a em tão puta quanto a outra. A conclusão é que ambas são despudoradas, cruéis e desafiadoras.

Gradações da sexualidade

Proponho uma escala, com diferentes gradações e possibilidades de identidade sexual. Em um extremo estão os transexuais, depois os homossexuais, a seguir os bissexuais, e, finalmente, os heterossexuais. Outra escala, que contempla a função-disfunção sexual masculina, revela, em um extremo, a impotência sexual em diferentes níveis, depois a ejaculação precoce, a ejaculação tardia e, finalmente, o desempenho sexual satisfatório. Nas mulheres, seguindo a mesma referência, vem o vaginismo (contração muscular involuntária que impede a penetração), a dispareunia (dor recorrente no ato sexual), a anorgasmia em diferentes níveis, e o desempenho sexual satisfatório[4].

A escala, tendo implícita a ideia de gradação ou movimento, remete à questão da saúde-doença. O que é doente e o que é saudável do ponto de vista sexual? Os diferentes níveis de qualidade vivencial das fases evolutivas da personalidade e da sexualidade determinam o grau de *saúde-doença sexual* de uma pessoa. O limite entre saúde e doença é tênue. Se é um erro do passado da psiquiatria rotular todo homossexual de doente, também não é correto dizer o contrário, que todo homossexual é sadio. É importante compreender que a definição do papel sexual em homo ou hétero, por si só, não permite determi-

---

4. Considero nesta discussão os indivíduos anatomicamente normais. Não incluo, portanto, os hermafroditas, que, em princípio, já apresentam a identidade sexual perturbada em decorrência de anomalias anatômicas.

nar o grau de patologia-saúde de uma pessoa. Existem manifestações homossexuais patológicas e manifestações heterossexuais patológicas. Uma avaliação apurada do nível de saúde-doença de uma pessoa deve incluir o estudo de outros papéis e a observação da personalidade como um todo. A homossexualidade, em princípio, é uma variação da norma estatística. A definição homossexual da população é, numericamente, bem menor do que a heterossexual. O fato de o homossexual ser minoria social engendra dificuldades relacionais que, em decorrência, se transformam em sobrecarga psicológica. Além de o homossexual enfrentar o fato de que, em geral, as minorias não são respeitadas pelas maiorias, ele espelha a projeção de medos, inseguranças e dúvidas da maioria heterossexual. Nessa discussão, que em certos aspectos é mais sociológica que psicológica, é bom lembrar que a homossexualidade não é uma opção, como se costuma dizer, mas uma imposição instintiva. O desejo sexual não desaparece com ponderações racionais, ou com "bons" conselhos. O tesão pode ser *administrado*, mas não determinado racionalmente. A única escolha possível é refrear ou dar liberdade ao impulso hétero ou homossexual presente, ou *sublimá-lo* por meio de atividades esportivas, artísticas ou religiosas.

Uma última consideração, não específica à homossexualidade, mas que a engloba, refere-se ao esquema de desenvolvimento sexual aqui apresentado. O *ser humano ideal* evoluiria perfeitamente através das fases descritas, como um deus de harmonia e saúde sexual. Como seria esse indivíduo? Compreenderia de forma profunda e espontânea as situações de amor e rejeição. Teria ótima identidade sexual (*reconhecimento do eu sexual*) e excelente percepção do sexo oposto (*reconhecimento do tu sexual*). Resolveria situações triangulares sem conflitos, inverteria papéis com toda propriedade, apresentaria capacidade de entrega, e, livre de couraças musculares, subiria aos céus em orgasmos múltiplos.

Psicoterapia de homossexuais

No Capítulo 8, "Diagnóstico da personalidade e distúrbios de identidade", enfoco os pacientes psicoterápicos, segundo suas diferentes características de personalidade, em quatro agrupamentos: *normóticos, neuróticos, portadores de distúrbios* ou de *transtornos de identidade* e *psicóticos*. Um levantamento do atendimento de homossexuais em minha clínica particular revela que, em relação aos agrupamentos relatados acima, eles se distribuem predominantemente como neuróticos e portadores de distúrbios de identidade sexual. Esses dados, no entanto, não se referem à realidade social, tampouco significam que eu já não tenha atendido homossexuais psicóticos ou normóticos.

O processo psicoterápico de homossexuais visa à harmonização de conflitos, entre os quais os referentes à formação da identidade existencial, da identidade sexual e da identidade sexual relacional. Isso significaria, em termos "cirúrgicos", uma operação em planos profundos. Não costumo colocar metas *a priori* em uma psicoterapia; tento *descobrir o caminho caminhando*. Porém, se me pedissem para sintetizar alguns passos no processo psicoterápico de homossexuais, diria que um ponto importante é o *exorcismo* das figuras paterno-maternas. Quero dizer com *exorcismo* que não basta compreender (perdoar) os conflitos, é necessário (re)vivenciá-los em seus três polos sociométricos (atração, neutralidade e rejeição). O problema não está na mãe, no pai ou na criança. A questão pertence à rede relacional estabelecida no passado e que se mantém viva (não transformada) dentro do paciente. O psicodrama é uma técnica valiosa nesse sentido, pois facilita ao protagonista desempenhar, no cenário psicodramático, o pai e a mãe que teve, e o pai e a mãe que gostaria de ter tido. Quando consegue a reorganização dessa sociometria interna, que eventualmente também é trabalhada em seus aspectos télico-transferenciais (amor-ódio) com o psicoterapeuta, o paciente se liberta de velhos *scripts* que o aprisionavam dentro de si. Isso tanto pode significar a possibilidade de experiências heterossexuais, antes postergadas, como também um redimensionamento mais harmônico de sua vida homossexual.

14

SOCIOMETRIA SEXUAL
Formas de sexualidade

Um moço amava uma donzela, mas ela preferia outro, que a outra donzela amava.

Heinrich Heine

A sociometria[1] do sexo segue as colocações de Moreno (1972) sobre as possibilidades de relacionamento interpessoal: atração, rejeição e neutralidade (*ne uter*, em latim, ou seja, nem um nem outro) ou indiferença.

A escolha sociométrica acontece sempre com base em um *critério*, em um agrupamento de pessoas. Se o critério for estudar, as opções serão quem escolho (positivo) para estudar comigo, quem não escolho (negativo) e quem me é indiferente ou neutro. O critério comum permite, de acordo com a explicitação das escolhas recíprocas dos seus integrantes, o estudo de redes aparentes e subterrâneas da sociodinâmica grupal. Se o critério for a atração sexual, chega-se à rede de interações múltiplas e complexas de quem atrai positivamente, quem não atrai e quem é indiferente para manter um relacionamento sexual. A partir do resultado, sabe-se quem escolhe quem, quais as escolhas *congruentes* ou *incongruentes*, e qual a situação (cotação) do indivíduo em termos de atratividade sexual dentro do grupo. Se se pretende ir mais longe com o *teste sociométrico*, mede-se a capacidade perceptiva do indivíduo quanto às escolhas que irá receber. Esse *perceptual*, por meio do índice de acerto-erro do indivíduo em questão, dará o índice

---

1. Sociometria é o método criado por J. L. Moreno, pelo qual ele se propõe a estudar e medir as interações relacionais dentro de um grupo.

de sua capacidade télica. Como exemplo extremo e à guisa de ilustração, uma pessoa pode acreditar que terá todas as escolhas positivas e não conseguir nenhuma, e vice-versa.

A atração sexual é um componente intrínseco do ser humano. Basta existir pessoas reunidas para ela surgir; na sala de aula, no metrô, na igreja ou no grupo terapêutico. As antenas sexuais estão permanentemente ligadas, mesmo que não haja disposição ou deliberação consciente para se buscar uma aproximação sexual.

Existem tipos de pessoas que provocam desejo sexual (positivos), tipos neutros e tipos repulsivos (negativos). O desejo sexual repousa em dimensões biológicas, psicológicas e socioculturais. Para alguns, existiria ainda a esfera cósmica do processo de escolhas sexuais e amorosas.

Ouspensky (1961) coloca quatro tipos básicos de pessoas que, nas escolhas mútuas, constroem o céu e o inferno das relações amorosas. No tipo 1 estão as raras pessoas que atraem irresistivelmente. Essas pessoas permanecem sempre novas e desconhecidas. Existem elementos de fascínio e irrealidade nessas relações. As pessoas do tipo 2 inspiram uma atração mais tranquila, que se acomoda às formas convencionais das relações amorosas. O sentimento de amor pode converter-se em amizade e simpatia, e até mesmo diminuir ou desaparecer, mas sempre resta uma grata e doce recordação. As pessoas do tipo 3 inspiram indiferença. Quando jovens e formosas conseguem, às vezes, afetar a fantasia sexual, mas isso logo se desvanece. As primeiras satisfações sexuais usualmente esgotam o interesse. A persistência da relação pode gerar antipatia e hostilidade. Já as pessoas do tipo 4 despertam repugnância. Relações sexuais com esse tipo de pessoas guardam em seu bojo algum conteúdo trágico, dada a contrariedade da natureza sexual. A continuidade da relação converte-se em violação da individualidade, podendo levar à infrassexualidade.

A história de povos antigos revela que o *sacramento do matrimônio* era realizado por um *iniciado* (sacerdote) que captava os tipos sexuais das pessoas que se propunham ao casamento. De acordo com seus conhecimentos iniciáticos, recomendava ou não a união. Essa seria a origem do ritual do casamento oficiado por um sacerdote.

A ideia da gravitação mútua dos tipos sexuais faz parte da alegoria das metades separadas (do homem e da mulher) que se buscam uma à outra. Nessa linha, conta-se que, no Olimpo, um deus se destacava por sua beleza incomum, o que provocava a inveja dos demais. A inveja era tanta que o possuidor de tamanha beleza acabou por partir-se ao meio. As duas metades deram origem ao homem e à mulher. E, quando eles se *encontram* no amor, uma centelha divina é disparada.

Do ponto de vista psicodramático, a gravitação mútua dos tipos sexuais revela-se de acordo com possibilidades télico-transferenciais. As escolhas télico-transferenciais apresentam um componente consciente e um inconsciente. As relações amorosas télicas caracterizam-se por uma acuidade nas escolhas recíprocas. As escolhas transferenciais englobam as relações equivocadas e as percepções distorcidas. Por exemplo, uma relação constituída por um homem do tipo 1 e uma mulher do tipo 4, ou vice-versa. Assim, diferentes combinações transferenciais podem ocorrer. Pelo exposto, as díades mais harmônicas recaem nas possibilidades combinatórias dos tipos 1 e 2, ou seja: homem 1 com mulher 1; homem 2 com mulher 2; homem 1 com mulher 2; homem 2 com mulher 1.

Um outro aspecto a ser considerado se refere à duração das forças gravitacionais de atração sexual. Assim como a paixão tem uma fase, também o nível de atração sexual entre os parceiros possui um ciclo de polaridades que se transforma com o tempo. Isso significa que os casais podem passar por oscilações de tipos de atração (de 1 a 4) durante o relacionamento. Administrar essas variações, manter ou terminar relações, submeter-se ou contrapor-se às pressões familiares e culturais talvez signifique a sabedoria que poucos casais atingem[2].

Formas de sexualidade

A atração recíproca dos pares sexuais constitui uma das principais forças motoras da vida. A intensidade e a qualidade de suas manifestações determinam importantes características pessoais. O ser humano saudável apresenta uma evidente atração pelo sexo. Muitas vezes, o primeiro sintoma de uma doença física ou psicológica é a

---

2. Ver *O vínculo amoroso*, de Luiza Ricotta (1994).

perda dessa atração. Como os extremos se tocam, observa-se também um interesse exacerbado pelo sexo em algumas alterações da saúde. Quanto mais rica intelectual e emocionalmente é uma pessoa, mais elevada será sua compreensão do sexo e do que está ligado a ele. A beleza do ato amoroso liga a sexualidade à estética. Erotismo, sensualidade e arte estão interligados.

A natureza criou no ser humano mais atração sexual do que a especificamente necessária para o propósito da continuidade da vida ou da preservação da espécie. Esse *excesso* pode tomar direções negativas ou positivas. Freud (1968) fala da *sublimação* da libido por meio da arte. Alguns sistemas religiosos antigos também fazem referência à transmutação de energia sexual em termos de evolução espiritual. Outros pregam o exercício ritual da sexualidade orientado para o desenvolvimento da consciência. Já o moralismo e a repressão seriam formas negativas de se lidar com a energia sexual. As formas positivas do direcionamento da sexualidade estão sob a égide da *fluência*; as negativas, sob a tirania da reclusão.

Sexualidade superior, normal e inferior

A sexualidade pode ser compreendida segundo Ouspensky (1961) em três categorias: *infrassexualidade* ou *sexualidade inferior*, *sexualidade normal* e *suprassexualidade* ou *sexualidade superior*.

A *sexualidade inferior* ou *infrassexualidade* manifesta-se explícita ou implicitamente. Está dentro dos limites do crime, da libertinagem e do moralismo doentio. A *infrassexualidade* faz parte de rituais de seitas religiosas de baixa espiritualidade. Toda manifestação que degrada e rebaixa o sexo pertence à *infrassexualidade*. Se o sexo é alegre, está muito longe de ser cômico. As manifestações pornográficas que desrespeitam o ato sexual fazem parte da *infrassexualidade*. Existe uma diferença entre pornografia e arte erótica. Enquanto a primeira ridiculariza, a segunda enaltece a poesia do movimento amoroso. A *infrassexualidade* esgota a energia psíquica; a pessoa que a pratica fica exaurida. Na *sexualidade normal*, ao contrário, a energia psíquica empregada é recobrada graças ao caráter positivo das sensações, pensamentos e emoções envolvidos. Após o *sexo normal*, a pessoa sente-se revigorada e feliz, e não esvaziada e melancólica.

É da espécie humana (e de algumas outras) demonstrar carinho e excitação sexual por meio de apertos, abraços, beijos e mordidas. Elementos sadomasoquistas são próprios do amor e do sexo. As demonstrações sadomasoquistas tanto podem representar uma manifestação saudável (*sexualidade superior* e *normal*) como podem ser patológicas e pertencer à *sexualidade inferior*. O que as distingue é a energia que delas se desprende. As primeiras são construtivas, ligadas à vida; as segundas são destrutivas, ligadas à morte. Nos crimes sexuais há uma dimensão patológica das descargas sadomasoquistas. Não basta matar, é necessário torturar com os requintes da perversidade.

Em antigas doutrinas religiosas, a finalidade mais alta da sexualidade estava dirigida a um objetivo superior, ou seja, à possibilidade de crescimento ou nascimento espiritual. As religiões escolásticas e eclesiásticas, como o budismo, o judaísmo, o cristianismo e o islamismo, temeram o apelo que as práticas da *sexualidade superior* pudessem exercer em relação ao povo. Aboliram, então, a categoria da *sexualidade superior*, que trata da transmutação da energia sexual por meio da prática sexual. Acharam-na perigosa. Mantiveram, porém, a categoria que propõe a transmutação da energia sexual em espiritual pela abstinência sexual. Só a ausência de prática sexual (e)levaria a Deus.

A filosofia judaico-cristã, com sua díade *prazer-culpa*, criou o *sexo-culpa* ou *sexo-pecado*. Algumas religiões antigas, no entanto, anteriores a esses valores, consideravam a sexualidade expressão da divindade e, portanto, objeto de adoração. Muitas expressões nesse sentido são encontradas em antigas religiões da Grécia, Roma, Creta, Egito e Índia. As esculturas religiosas mostram falos, imagens e danças cerimoniais eróticas. A filosofia tântrica baseia-se na revivência sexual da união do casal cósmico Shiva e Shakti. Shiva é o princípio masculino, símbolo do poder transcendente, e Shakti é a energia feminina, representação intuitiva da sabedoria.

Regressão e reversão

Alguns autores assinalam que existe uma regressão libidinal durante o ato sexual. Acrescentam que nessas circunstâncias as fases oral, anal e genital do desenvolvimento psicológico são revividas. É verdade que a excitação sexual manifesta-se por meio de modificações fisiológicas bem marcadas, como o aumento da frequência respiratória e cardíaca, a dilatação das pupilas, a vasodilatação periférica e o entumescimento e lubrificação dos órgãos sexuais. Ou seja, há uma sensibilização erótica de todo o corpo, e em especial das zonas erógenas. Não se pode dizer, no entanto, que haja uma simples regressão. A *qualidade* da excitação sexual adulta é diferente do estado libidinal das primeiras fases do desenvolvimento sexual. Até mesmo porque uma acontece na infância e outra na idade adulta. A revivência dessas zonas na *sexualidade normal* e na *suprassexualidade* possui uma *qualidade* diferente em relação à infância. Tanto na *brincadeira infantil* como no *jogo sexual* adulto existe um comportamento lúdico que reflete espontaneidade, prazer e entrega ao momento. Mas não creio que essas características possam necessariamente ser chamadas de regressivas. Na relação sexual entram em jogo reminiscências narcísicas (inconscientes), nas quais a pessoa se sente a mais linda, a melhor, a única. Na sexualidade patológica (*infrassexualidade*) as reminiscências narcísicas são frustrantes, depressivas e agressivas.

No sentido de classificar as manifestações sexuais discutidas acima, proponho a utilização dos conceitos de *regressão* e *reversão*[3]. A *regressão* tem como seu polo oposto o progresso. *Regressão-progresso* pautam-se por um movimento desordenado rumo a alguma coisa ou a algum lugar. Por exemplo, São Paulo é tida como uma cidade de grande *progresso*, no entanto seu crescimento é desorganizado, caótico. Fala-se que tal pessoa teve uma *regressão* psicótica, ou seja, que passou a apresentar padrões psicológicos supostamente infantis e inadequados para sua idade. A *reversão* tem como polo oposto o *processo*. *Reversão-processo* pautam-se por um movimento organizado e harmônico. Tanto *regressão* como *reversão* fazem o caminho para trás, seu único ponto em comum, pois apresentam qualidades organizatórias completamente diferentes. *Progresso* e *processo* movimentam-se para a frente, mas também com qualidades estruturais absolutamente distintas.

---

3. Inspiro-me em conceitos enunciados por Ronald Laing quando de sua vinda ao Brasil, em 1978.

A regressão é um retorno a padrões organizatórios antigos, a um passado não transformado. Pertence ao mundo da *transferência*. A reversão, embora tenha conexões com o passado, apresenta um padrão organizatório presente, superior ao estágio anterior. Está no mundo da *tele*. Portanto, a reversão pertence a um processo evolutivo, faz parte de um ser que cresce. Na reversão existe um *passado transformado*. Conclui-se que a *sexualidade normal* e a *suprassexualidade* possuem uma estrutura *reversiva*. A *infrassexualidade* contém estruturas *regressivas*.

15

SEXUALIDADE E EVOLUÇÃO PESSOAL*

Mas tudo faltaria se faltasse o sexo.

Walt Whitman

Pensei muito em como desenvolver este tema de maneira clara e objetiva. Para abordá-lo teoricamente, teria de consultar e citar alguns tratados sobre o assunto, o que foge de meus propósitos no momento. Resolvi então fazê-lo por meio de um relato clínico.

Há algum tempo atendi psicoterapicamente um homem de 35 anos durante um ano. Ele morava em uma cidade distante, pelo que só podia comparecer às consultas a cada quinze dias e, às vezes, apenas mensalmente. Aceitei sua sugestão de que me escrevesse no intervalo entre as consultas. Dez anos depois, voltei a vê-lo para a abordagem focal de outra problemática. Nesse retorno repassamos muitos dos episódios que ele havia relatado na época de seu primeiro atendimento. Pude então esclarecer, provavelmente mais para mim do que para ele, alguns pontos nebulosos de suas estranhas vivências. Com base nesses dados, com sua permissão e com licença literária, reconstruo sua trajetória.

Apesar de jovem, era casado havia dez anos e tinha três filhos. Casara-se com uma antiga colega de escola que namorou desde a adolescência. Apresentava uma estrutura de personalidade obsessivo-fóbica. Não apresentava, porém, sintomas correspondentes a esse

---

* Trabalho apresentado na Sociedade de Psicodrama de São Paulo, em novembro de 1992.

tipo de estrutura psicológica, ou seja, não tinha *queixas* obsessivas e nem fóbicas. Considerei-o *normótico* (ver o Capítulo 8, "Diagnóstico da personalidade e distúrbios de identidade"). Era um rapaz talentoso que facilmente conseguiu destaque na vida profissional, como executivo em uma grande empresa. Sempre fora tímido com as mulheres. Confessava ter sido fiel à esposa mais em decorrência da timidez do que por deliberação. Iniciara um romance com uma mulher casada e preocupava-se com as consequências da nova relação. Para sua surpresa, não sentia culpa. Sua autoestima aumentou à medida que a amante, descrita como muito atraente e experiente, elogiava seu desempenho sexual. Demonstrou uma alegria quase infantil ao ser aprovado por uma mulher adulta. Nesse sentido, sua esposa seria a mulher-menina que fazia par com o homem-menino.

Os encontros sexuais aconteciam em motéis. Após o receio de serem reconhecidos por pessoas da cidade durante o trajeto, finalmente encontravam refúgio em um lugar seguro. Esses momentos representavam "uma ilha de paz" no burburinho de suas vidas.

Os encontros, que no início se caracterizavam por forte volúpia, passaram depois a apresentar outra sequência. Assim que chegavam, banhavam-se, comiam, tomavam vinho e eventualmente fumavam um "baseado". As carícias eram entremeadas por longas conversas, que às vezes duravam horas. A excitação sexual dessa forma mantinha-se em um platô durante muito tempo. Aos poucos, a conversa diminuía e o diálogo corporal aumentava. Em silêncio acariciavam-se e exploravam-se sensorialmente. A fase da penetração é descrita como diferente das experiências anteriores:

> Todo meu corpo ondulava. Achava que estava com movimentos femininos, mas não me importava. Queria me descobrir, queria me conhecer. Fui perdendo o medo de mim mesmo e percebendo que passei a ficar menos medroso da vida. Até então eu me considerava experiente sexualmente, mas minha experiência se resumia a alguns encontros com prostitutas e à minha mulher. Me dei conta do quanto era tímido na cama. Ousei explorar a intimidade do corpo de minha namorada e, surpreendentemente, ela gostava. Tinha uma ideia muito puritana das mulheres. Se alguém me dissesse isso antes, eu me ofenderia.

Seus orgasmos passaram a ser mais longos e prazerosos. Quando muito jovem, apresentara manifestações de ejaculação precoce que melhoraram com o casamento. Correlacionava esses episódios a situações de ansiedade. Nos primeiros encontros com a amante, preocupado com a *performance* sexual, elas voltaram a acontecer. Segue mais um trecho de nosso protagonista:

Com o correr dos meses, fui notando uma grande modificação na minha forma de me relacionar sexualmente. Cada vez menos me preocupava com o orgasmo final. Passei a curtir os detalhes das sensações. Por exemplo, do ponto de vista visual ficava encantado com os contornos do corpo dela. Percebia que diferentes visualizações eram possíveis conforme meus olhos estivessem mais perto ou mais longe, e conforme estivessem abertos ou semicerrados. Descobri detalhes de formas e movimentos. Observava a interseção de linhas e os contrastes do claro-escuro. A sombra e a luz ganharam um novo significado. Eu que nunca me interessara por artes plásticas passei a admirar quadros. Passei a comprar os fascículos de uma coleção dos grandes pintores. Todos os meus sentidos se desenvolveram, especialmente o olfato, o tato e a visão. Tudo era mais calmo e intenso. Mas a experiência mais marcante ocorreu alguns meses depois. Tínhamos conversado e nos agradado bastante. Durante todo esse tempo permaneci dentro dela, sem movimentos (frequentemente, eu me recostava na cabeceira da cama, de forma que permanecia meio sentado, meio deitado, e ela ficava por cima). Aí começaram a surgir ondas suaves no meu plexo solar. Percebi que algo semelhante acontecia também com ela. Fomos nos abandonando e deixando acontecer. As ondas foram aumentando lentamente. Permanecemos muito tempo assim, em total silêncio, mas absolutamente conscientes. Vivi uma sucessão de sensações. Aconteceu como se eu estivesse dividido em dois: um que sentia e outro que observa. É como se houvesse um casal na cama, e eu um pouco mais acima, pairando e observando. A certo momento tive a sensação de que levitávamos. Nunca fui espírita e, para falar a verdade, nunca gostei dessas coisas, mas tive a percepção de que algo muito diferente estava acontecendo. A partir de um ponto comecei a ver luzes, cores e formas. Tudo era nítido. Fica difícil expressar em palavras. A partir de um momento não sabia quem era eu e quem era ela. É como se fôssemos um só. É como se eu não tivesse nome. Eu era eu e não era eu. Isso não me desesperava, pelo contrário, me trazia paz. Era como se estivesse vivo e morto ao mesmo tempo. A "morte", que sempre me apavorou, era vivida com tranquilidade. Assisti na televisão ao depoimento de pessoas que estiveram perto da morte. O que vivi era muito parecido com isso. Enfim, depois de um tempo indefinido (tempo é modo de falar, pois não existia tempo), comecei a sentir que estava tendo um orgasmo, mas não era um orgasmo comum. Senti saindo de mim uma energia azulada, enquanto minha cabeça era banhada por uma luz clara e brilhante. O corpo inteiro vibrava. Lentamente fomos voltando à "terra". Permanecemos um dentro do outro, quietos e abraçados. Ela começou a chorar um choro manso. Disse que era um choro de saudade. Não fiz perguntas, pois compreendi...

Inicialmente houve a tendência de supervalorizar a importância da amante na experiência. Porém, ela não lhe *deu* as sensações, nem ele *deu* a ela. Ambos vivenciaram um momento especial, um *através* do outro. O *através* é essencial para compreender que ninguém dá prazer a ninguém. Tem-se prazer através do *outro*. Não há lugar para o maior ou menor, nem para o melhor ou pior. Cada um é responsável pelo seu próprio prazer. O *outro* é catalizador de nosso próprio prazer. Os parceiros sexuais são corresponsáveis. Entenda-se responsabilidade como a capacidade e o discernimento de responder a estímulos internos e externos, contendo-os ou liberando-os.

Nos dias subsequentes, nosso protagonista manifestava um estado de exaltação. Sentia-se forte, corajoso. Dormia tarde e acordava cedo. Passou a tomar iniciativas que antes não tivera coragem de empreender. Temi que estivesse entrando em um estado hipomaníaco. O treinamento psiquiátrico forma e, às vezes, deforma, de modo a patologizar indevidamente estados emocionais. Felizmente, pude perceber que não se tratava de uma exaltação patológica do humor. Mostrava-se confiante, cheio de ideias e projetos. Sentia-se alegre e seguro. Muitas coisas começaram a se transformar em sua vida. O romance com a amante continuou. Mas, para surpresa e decepção dos leitores mais românticos, sentiu-se encorajado para conhecer outras mulheres.

Aconteceu, então, o que denominou "uma volta ao passado": manteve relacionamentos com mulheres desejadas na juventude que, na ocasião, não tivera coragem de abordar. Tomou a decisão de separar-se da esposa, o que lhe trouxe muita culpa. Mas esta, que antes o paralisava, agora já não o impedia de tomar decisões. Pediu demissão da empresa em que trabalhava e montou seu próprio negócio. Experimentava a sensação de ser verdadeiro consigo mesmo e com os outros. Nada escondia da amante, que acompanhava, atônita, as transformações na vida do companheiro. Os parentes achavam que ele tinha enlouquecido. Os pais diziam que estava jogando fora a segurança da família e do emprego. Os amigos homens falavam que não era necessário separar-se para ter casos fora do casamento. Alguns casais afastaram-se dele, outros optaram por permanecer amigos da ex-mulher. Era considerado um "mau exemplo" pelas esposas dos amigos. Enfim, como em todas as revoluções, sejam pessoais, sociais ou políticas, há que se enfrentar as poderosas forças da repressão. Pensou em mudar de cidade, mas a forte ligação com os filhos o impediu. Até mesmo a amante, provavelmente assustada com as transformações dele, resolveu "investir" no próprio casamento e terminou a relação. Sentiu-se solitário e triste, mas aos poucos suplantou a fase. Uma nova vida se anunciava, tudo por acontecer. Teve várias namoradas, seus negócios prosperaram, alguns amigos voltaram ao convívio, outros foram acrescentados. Anos mais tarde, casou-se novamente. Conseguiu um relacionamento harmônico e feliz. Mas isso é uma outra história, fica para uma outra vez...

Proponho uma reflexão sobre alguns pontos da vivência desse homem. Em primeiro lugar, chama atenção que ele procure ajuda terapêutica quando está em pleno processo (ou crise) de crescimento. Isso se depreende do fato de ter começado a psicoterapia quando já iniciara o relacionamento com a amante. Como muitas vezes observei, algumas pessoas intuem que uma fase de transformações está por vir. Nessa circunstância, o psicoterapeuta é convidado a ser mais um acompanhante do que um cointerventor do processo. Outra questão é saber quanto à experiência sexual em si: ela foi relevante? Ou seja, as experiências sexuais foram determinantes ou consequência do processo de transformação pessoal? Cabe fazer uma distinção entre *mudança* e *transformação*. *Mudança* significa a alteração natural da vida, decorrência natural da passagem do tempo cronológico. Não há necessidade de esforço, acontece por si. Já a *transformação* exige uma intenção, um esforço consciente e deliberado voltado para o crescimento interior. Se ambos os processos fossem movidos à energia, a *transformação* consumiria um combustível mais refinado. Quando nosso protagonista reuniu forças para transgredir conscientemente, do ponto de vista pessoal e sociofamiliar, já estava em processo de transformação. Do ponto de vista psicodinâmico, pode-se dizer que houve uma permeabilização-flexibilização da estrutura obsessivo-fóbica, permitindo a liberação (liberar-ação) de conteúdos afetivos e sexuais aprisionados. Houve um impulso de saúde e crescimento. Houve um desenvolvimento do *eu observador*, como aparece descrito simbolicamente no próprio relato de nosso personagem, quando se vê "observado por si mesmo". Nesse sentido, a crise vivenciada ganha a conotação de *loucura saudável*. Essa colocação lembra os *antipsiquiatras* das décadas de 1960 e 1970, que compreendiam a loucura como uma tentativa de autocura. Lembra, também, o *similia similibus curantur* da homeopatia. No caso, a loucura curando a loucura. Tento agora alguma compreensão teórica do relato.

A leitura tântrica da experiência permite uma série de correlações. O tantrismo é uma filosofia oriental ampla que propõe o ritual sexual como um dos caminhos da transcendência. Na prática sexual tântrica existe a deliberação de os parceiros experimentarem um estado modificado de consciência místico. Buscam a união dos princípios masculino e feminino, ou seja, a harmonia dos opostos no sentido de atingir a *totalidade*. Com base no resgate dos opostos, os parceiros ganhariam a completude. Os polos opostos não seriam contradições, mas complementaridades. Na tradição tântrica, a fusão do feminino-masculino contém a dimensão do sagrado, como se Deus se fizesse presente. A prática sexual tântrica propõe a escolha de um local apropriado, onde os parceiros não possam ser interrompidos em sua mútua devoção, o banho ritual e a utilização de óleos aromáticos, além da refeição (composta de alimentos afrodisíacos) acompanhada de vinho (alguns rituais prescrevem a ingestão de outras drogas). As carícias e massagens antecipatórias recebem uma atenção especial. O encaminhamento — poder-se-ia dizer *aquecimento* — do jogo sexual é realizado com um foco de atenção sensorial. Esse procedimento permite o retardamento ou a inexistência do orgasmo físico. Dessa maneira haveria a fluência da energia sexual para os centros superiores e a possibilidade do êxtase. Creio que a experiência relatada guarda correlações com essa descrição.

Do ponto de vista dos papéis envolvidos na experiência, constata-se que houve um desenvolvimento do papel sexual e de papéis sociais, tanto profissionais como familiares. Os papéis de amante, filho, marido, pai e executivo sofreram profundas transformações. Significaram o rompimento com o passado e a perspectiva de um futuro antes não vislumbrado. Essas observações reforçam as colocações de Moreno (1993) e Bustos (1999) sobre os *cachos* (*clusters*) de papéis: existe comunicação entre os papéis com possibilidade de beneficiamento recíproco. Ainda do ponto de vista psicodramático, os acontecimentos podem ser interpretados como uma *catarse de integração* no cenário da vida, na medida em que nosso protagonista pôs para fora (*das ding ausser sich*)[1] seu mundo interno e a partir daí promoveu a reorganização dele, com as respectivas consequências em sua vida social.

Segundo as observações a respeito do desenvolvimento da sexualidade discutidas no Capítulo 12, "A sexualidade como instrumento relacional", compreende-se que a vivência de nosso protagonista se insere no contexto do *encontro* sexual. Este pode ser sintetizado como uma vivência espontânea de inversão de papéis entre os participantes, perda e fusão de identidades, dissolução momentânea da *personalidade* (*despersonalização*) e contato com a *essência*, sensação de vida-morte (*petite morte*), fuga do tempo cronológico e vivência do *tempo eterno*. Permanece o registro de um momento inefável.

De acordo com o Capítulo 14, "Sociometria sexual — Formas de sexualidade", a vivência relatada pertence à *sexualidade superior*. Como foi comentado, as experiências amorosa e mística guardam similaridade. O êxtase amoroso e o místico desprenderiam um mesmo tipo de energia ou, em outras palavras, apresentariam uma qualidade vivencial similar. Anand (1992) constata, com base em questionários e entrevistas, que o sexo pode ser uma porta de entrada importante para sensações místicas ou encontros com o sagrado. Acrescenta que o "sexo sagrado", ou seja, a experiência do êxtase, poderá constituir-se em uma nova revolução sexual.

---

1. Consultar "O estar fora de si protagônico: algumas anotações" (Merengué, 1994).

Jung (1990) estuda, em *Mysterium coniunctionis*, a concepção alquímica da união dos opostos. Os alquimistas pretendiam, por meio da união (*coniunctio*) de substâncias, o objetivo maior, ou seja, a produção do ouro. As matérias, homem e mulher, por meio de um método (*Non fieri transitum nisi per medium* — não ocorre a passagem a não ser por um meio) misterioso, podem se transformar no ouro do espírito.

O êxtase mobiliza os centros superiores da personalidade (centro emocional e centro intelectual superiores — ver o Capítulo 2, "Psicodrama interno"). Do ponto de vista fisiológico, ocorrem reações bioquímicas responsáveis pela inibição-liberação de neurotransmissores que controlam as insólitas sensações vivenciadas. A moderna psicofarmacologia deverá preocupar-se não só com as manifestações patológicas (alucinações, delírios) do ser humano, mas também com os estados de êxtase sexual e místico.

O clímax sexual (*peak experience*) descrito faz parte das vivências grandiosas do ser humano. Constituem situações que transcendem o cotidiano, sendo vivenciadas no contexto narcísico da personalidade. Correlacionam-se ao *eu sexual ideal* descrito no Capítulo 12, "A sexualidade como instrumento relacional". No caso, constituem vivências narcísicas saudáveis, havendo a vivência de fluência e harmonia. A aproximação desses estados com a espontaneidade-criatividade de Moreno (1993) é inevitável. Para ele, a primeira característica do ato criativo é sua espontaneidade. A segunda é a sensação de surpresa, de inesperado. A terceira é a sensação de irrealidade, na medida em que o nexo causal do processo de vida é rompido. A quarta característica significa a transformação *sui generis* de paciente para agente, ou seja, a marca que distingue a criatura do criador. A quinta característica do ato criativo é a de produzir efeitos miméticos. Para Moreno, no ato criativo o homem incorpora Deus.

Os estados de consciência vivenciados pelo paciente durante os momentos culminantes da experiência podem ser compreendidos como *estados modificados de consciência*. Aqui também estariam enquadrados os transes místicos e religiosos, por exemplo, das seitas evangélicas e afro-brasileiras[2]. Como psiquiatra, pude acompanhar clinicamente

---

2. Merengué (1994) chama a atenção para a teatralidade dos rituais católicos, pentecostais e afro-brasileiros. Motta (2002) lembra a interação entre o teatro e a religião na Idade Média.

alguns quadros psicóticos desencadeados por esses tipos de transe. Pessoas portadoras de uma estrutura frágil de personalidade apresentam dificuldade para conter e elaborar a experiência. Felizmente, não foi o caso de nosso protagonista, que a utilizou como fator de crescimento. Esse tipo de vivência lembra determinadas drogas que, dependendo da dose, tanto podem ser remédio como veneno, tanto curam como matam.

O amor-sexo situa-se na esfera do *relacional*. Relação-separação tem a ver com vida-morte, começo-fim. Sexualidade, amor e relação estão na órbita do *eu-tu* e na busca do *tu eterno* (Deus) de que nos fala o filósofo da relação, Martin Buber.

O fascínio que a sexualidade exerce está ligado ao amor em sentido amplo. A união homem-mulher consolidou-se como um caminho para o Absoluto: "No Senhor, nem a mulher é independente do homem, nem o homem, independente da mulher" (Coríntios XI, 11). Esse "reencontro" aparece em todos os grandes mitos relacionais: no amor platônico, base do romance único, nos mitos do Andrógino, em Orfeu e Eurídice, em Pigmaleão e Galateia, e em outros mitos, de todas as culturas e de todas as épocas.

PARTE V

REVISITANDO

16

REVISITANDO MORENO
(1974-1992)

1. O psicodrama e a psiquiatria

Moreno e a antipsiquiatria[1]

Antes de falar especificamente de psicodrama, acho imprescindíveis algumas palavras, mesmo que já as tenham escutado. A primeira é sobre o fato de a psiquiatria se distanciar dos critérios da medicina clássica e se inserir nas chamadas ciências humanas. E isso não significa que ela deixe de ser medicina. Acontece que deve haver flexibilidade para não se permanecer, apesar das dificuldades, enfiando o diagnóstico psiquiátrico no grande saco dos diagnósticos médicos tradicionais: "Ainda que poderosas pressões institucionais prestem apoio maciço à tradição de manter os problemas psiquiátricos dentro do invólucro conceitual da medicina, o desafio científico resulta claro. A tarefa consiste em redefinir o problema da doença mental, de modo que se possa incluí-la na categoria geral das ciências humanas" (Szasz, 1973, p. 295).

Isso requer, é claro, uma revisão minuciosa de muitos de nossos conceitos a respeito de psicopatologia e de psicoterapia. Não sei se o homem está evoluindo, mas com certeza está, pelo menos, modifican-

---

1. Apresentado no III Encontro Psiquiátrico do Hospital das Clínicas, São Paulo, SP, 1974.

do-se. A cultura e a sociedade demonstram uma transformação permanente. A clínica psiquiátrica não poderia deixar de mudar também. Alonso Fernandez (1974), falando da psicopatologia da era tecnocrática, refere-se ao *metacosmos artificial* criado pela evolução técnica. E, a partir desse metacosmos, se daria o aparecimento da mentalidade humana tecnificada. Essa estrutura mental caracteriza-se por um processo de hipocondrização — o homem está obcecado pelo conforto desnecessário, pelo consumo supérfluo. Transforma-se num ser racionalista e racionalizante. A comunicação direta, homem a homem, decresce para dar lugar ao progresso da comunicação maciça e à distância. As relações se tornam eminentemente competitivas. A burocratização — sistema desumanizado, impessoal e rígido em seus aspectos funcionais e normativos — exige um esforço constante de adaptação. O filósofo Martin Buber (1969) diria que o homem chafurda no mundo estéril do *eu-isso*, perdendo a chance de se encontrar no mundo da relação, do *eu-tu*.

Como resultado dessas transformações, o homem vem perdendo a vocação para criar as chamadas *neuroses histéricas*: a maneira de ser esquizofrênico tem mudado, a doença mental como que se desdramatiza. A solidão do mundo de hoje, no entanto, é virtuosa em criar *neuroses viscerais*, doenças psicossomáticas, angústias, depressões e toxicomanias:

> E, então, no doente, o que está comprometido sempre é o homem, e ao transformar-se o homem mudam os modos de expressar-se as doenças. Isto se produz em toda classe de doenças. Mas estas transformações que os doentes experimentam ante o influxo de fatores sociais e culturais, esta plasticidade é muito mais intensa nas doenças psíquicas do que em todos os demais gêneros de doenças (Alonso Fernandez, 1974, p. 222).

Se a sociedade, a cultura e o homem se transformam, os conceitos e a metodologia da ciência também se modificam. Cada vez mais a psiquiatria recebe contribuições de outras disciplinas. Restrinjo-me aqui à contribuição da metodologia fenomenológico-existencial que se constitui "numa revolução metodológica baseada em uma revolução filosófica" (Seguin, 1973). O existencialismo não aceita o estudo do homem como a ciência objetivista postula — com base em observações estáticas, seguidas de sínteses racionais; análises de fenômenos isolados como se fossem objetos, acompanhadas de explicações similares às ciências naturais. O existencialismo considera que a possibilidade de captar, vivenciar e experienciar a verdade do objeto total é anterior às análises e sínteses de sensações, às abstrações de conceitos, à percepção do objeto. Trata-se do homem em relação única e intransferível com seu mundo. A vida é uma sucessão de *momentos*, em que passado, presente e futuro se fundem. Somente nessa relação dialógica temos, não o homem parcial, mas o homem global. Sem essa perspectiva, correremos o risco, no dizer de Laing (1971), de conhecer tudo sobre a psicopatologia da esquizofrenia sem conseguir compreender um único esquizofrênico. Moreno (1966, p. 20) não deixa dúvidas quanto à sua inserção existencialista:

No começo foi a existência. Mas a existência sem alguém ou algo que exista não tem sentido. No começo foi a palavra, a ideia — mas o ato foi anterior. No começo foi o ato, mas o ato não é possível sem o agente, sem um objeto em direção ao qual se dirija e sem um tu a quem encontrar. No começo foi o encontro, tal como o descrevi em meus primeiros escritos (1914).

Da vertente existencialista surgiram as escolas de análise existencial. Mais recentemente, Laing (1971) e Cooper (1972) nutriram-se na mesma fonte, lançando os fundamentos existenciais-fenomenológicos para uma ciência das pessoas. Muito tempo antes, porém, Moreno já havia iniciado essa tarefa. Em minha tese de doutorado (Fonseca, 1972), mostro as correlações entre a filosofia dialógica de Martin Buber (tido por muitos como existencialistas) e a teoria moreniana. Essas correlações se baseiam principalmente nas influências hassídicas e existencialistas dos dois. Ambos são pensadores dialógicos — suas ideias convergem para o *encontro:*

Cada sessão psicodramática é uma experiência existencial e pode oferecer informação válida para uma sólida teoria da existência, (Moreno, 1967, p. 345)

Os terapeutas existencialistas do continente europeu converteram-se, em grande parte, em psicodramatistas, no sentido que ele [Moreno] confere a isso, apesar de não terem advertido conscientemente todas suas implicações. (Medard Boss, in Moreno, 1967, p. 348)

Na confluência de Moreno com o existencialismo acontece o encontro com os antipsiquiatras e psicoterapeutas existenciais. Ao conhecer Laing e Cooper, o psicodramatista se surpreende com posições semelhantes às de Moreno. Não é por acaso que Bustos diz:

É, também, evidente que algumas teorias atuais sobre o conceito de doença tem sua raiz em trabalhos de Moreno. Nos trabalhos de Laing e Cooper sobre esquizofrenia e os de Bateson, Jackson etc., sobre duplo vínculo, homeostase (teoria da comunicação), se adverte um claro parentesco com formulações de Moreno que datam de 1930. No entanto, raramente esses autores o mencionam em suas bibliografias. Moreno postulou que o homem doente resulta de um sistema de vínculos deficitários, onde longe de se estimular a fé em si mesmo e a espontaneidade, se faz um culto à submissão, à dependência e à subordinação ao já existente como intocável. (Bustos, 1975, p. 25)

Moreno não chegou a sofrer influência dos modernos existencialistas. Quando ele lançou as bases de sua obra, Sartre era apenas uma criança. Porém, é inegável que Kierkegaard[2] nutriu alguns conceitos morenianos. Já Laing e Cooper foram muito influenciados pela fenomenologia e pelo existencialismo modernos, especialmente por Sartre, que lhes prefaciou *Reason and violence* em 1964.

Os psicoterapeutas existenciais, como May, Maslow, Rogers, Allport e outros, guardam estreitas correlações com Moreno. O primeiro deles lamenta faltar um conceito de *encontro*, no qual a *transferência* teria um significado genuíno. Segundo ele, a transferência deve ser entendida como a distorsão do encontro. Discorrendo sobre a comunicação terapeuta-paciente, o mesmo May explica que ela ocorre em diferentes níveis, entre os quais existiriam comunicações *subliminares*

---

2. Para Sören Kierkegaard, a existência humana significa essencialmente a possibilidade de relacionamento.

empáticas e telepáticas. May lamenta a falta de conceitos, facilmente encontrados e consagrados na teoria moreniana, tais como encontro e teletransferência (Moreno, 1993).

Maslow e May apresentam conceitos coincidentes aos de Moreno. Este, desde seus primeiros escritos, ressalta que o ato criador é mais importante do que a obra acabada, que se transforma em *conserva cultural*. O momento da criação é maior que o seu produto. A criatividade é liberada na presença de espontaneidade. O homem está mal preparado para as situações inesperadas, pois embotou sua capacidade espontânea. Agarra-se ao passado, às conservas, com medo de inovar. Teme ser espontâneo e assumir suas criações, seu futuro. Cito dois trechos que demonstram as semelhanças desses autores em relação a Moreno:

> As pressuposições determinadas tornam possível compreender tudo sobre a arte, exceto o ato criativo e a arte em si mesma. (May, 1974, p. 33)
> Somente a pessoa flexivelmente criativa pode realmente administrar o futuro, somente aquele que pode fazer face a inovações com confiança e sem medo. Estou convencido de que muito do que chamamos agora de psicologia é o estudo dos artifícios que usamos para evitar a ansiedade da inovação absoluta, acreditando que o futuro será igual ao passado. (Maslow, 1974, p. 37)

Quando da realização do I Congresso Internacional de Psicodrama (Paris, 1964), Moreno (1966) colocou a psiquiatria demarcada por três revoluções. A primeira teve como centro o hospital, e seus principais líderes foram Pinel, Esquirol e Kräeplin. A segunda revolução foi centrada na psique e liderada por Mesmer, Charcot, Janet e Freud. A terceira revolução seria centrada na comunidade e no mundo. Teriam sido seus precursores Marx, Kierkegaard, Nietzsche e Bergson, já que suas obras se constituíram em prelúdios aos métodos grupais e de ação. Nesse enfoque sociológico, Moreno acredita que os conceitos psiquiátricos de neurose e psicose não servem aos processos grupais ou de massa. Um grupo de indivíduos poderia ser *normativo* ou *sociátrico* com suas síndromes respectivas: *normose* ou *sociose*.

Moreno nunca deu ênfase aos diagnósticos psiquiátricos tradicionais. Isso é o que se depreende de seus protocolos de trabalho. O diagnóstico clássico aparece como uma apresentação sem maior importância. A preocupação está em como o paciente age e expressa seu mundo. Poder-se-ia pensar em falta de formação psiquiátrica, porém foi aluno do professor Otto Pötzl e seu interno na Clínica Psiquiátrica de Viena.

Torna-se fácil entender que, se Laing e Cooper recebem tantas críticas e reservas da psiquiatria clássica, o que não poderia ter ocorrido com Moreno nas décadas de 1920, 1930, 1940 e 1950 quando reinava, sem oposição, o *objetivismo científico*?[3]. William Alanson White, psiquiatra norte-americano entusiasmado com o psicodrama, previu as resistências da psiquiatria clássica a Moreno. White dizia que os primeiros a aceitar as ideias morenianas seriam os psicólogos sociais, depois viriam os antropólogos e os psicólogos: "Terão que transcorrer muitos anos até que os médicos prestem atenção às suas palavras, mas os últimos serão os psiquiatras" (*apud* Pundik, 1969, p. 31).

Em "Psicodrama de um sonho", em 1941, Moreno trabalha psicodramaticamente um sonho do paciente Martin, que um dia saiu de casa e se proclamou Deus, sem fazer referência ao diagnóstico. A partir desse trabalho, chama a atenção para o fato de os sonhos apresentarem, além de conteúdos manifestos e latentes, o conteúdo existencial e de ação *in situ*. Em "Enfoque psicodramático de um caso de demência precoce", de 1937, apresenta o paciente William sem se comprometer com o diagnóstico, "que em sua história clínica foi classificado, de maneira usual, como um caso de demência precoce" (Moreno, 1966b, p. 342). Nesse caso, percebe-se muito da atitude poética com que Laing e Cooper veem a produção psicótica:

> [...] traduzimos cuidadosamente as expressões, gestos, ideias delirantes e alucinações do paciente para uma linguagem poética, como base para construir uma realidade poética, um mundo auxiliar. Em outras palavras, assumimos a atitude do poeta e, talvez, mais ainda, do dramaturgo. Os egos-auxiliares, uma vez familiarizados com essa linguagem poética e com a estrutura do mundo auxiliar, poderiam atuar nesse mundo, assu-

---

3. Mascarenhas (1997) comenta que a proposta de Moreno, altamente revolucionária para a época (década de 1940), em relação ao paciente que acreditava ser Hitler, era aceitar o seu delírio e criar um dispositivo grupal que o contivesse.

mir papéis adequados às necessidades do paciente e falar e viver com ele em seu próprio idioma e em seu próprio universo. Consideramo-lo, digamos assim, como um poeta possuído, no momento, pelas criações da própria fantasia, a criação de um louco, um rei Lear ou um Otelo, e, como queríamos penetrar no drama de sua confusão mental, tínhamos que aprender a gramática de sua lógica e assumir um papel que se ajustasse exatamente ao seu universo. (Moreno, 1966, p. 342)

Em "Terapia psicodramática de choque", de 1938, Moreno comenta que os tratamentos farmacodinâmicos não conseguem reequilibrar a personalidade do paciente a ponto de impedir recaídas psicóticas. Propõe o *choque psicodramático* como um processo que consiste em reintroduzir o paciente que saiu de um quadro psicótico em uma segunda psicose experimental — *Simillia similibus curantur*. Seria como um treinamento no manejo dos núcleos psicóticos para evitar novos surtos. Laing e Cooper insistem que o surto psicótico não é, necessariamente, algo mau, que deva ser debelado de maneira violenta (eletrochoque, por exemplo). Para eles, o quadro psicótico representa uma viagem exploratória em cujo retorno o indivíduo pode chegar enriquecido. Da mesma maneira, quando Moreno propõe seu choque psicodramático, ele explica que ele impede o paciente de *liberar-se prematuramente* do surto (Moreno, 1966, p. 345). Prolonga-o artificialmente no *como se*, no sentido de desenvolver um domínio espontâneo de si mesmo.

Outro aspecto importante observado por Moreno é que o *átomo social* do psicótico se vê inundado e coberto por um novo *átomo social*, no qual entram os papéis produzidos pelo mundo delirante. Frequentemente o seu *eu* se vê obrigado a desempenhar vários papéis delirantes, como se surgisse um outro *eu*. Essa mudança brusca nas *telerrelações* do *átomo social* consiste numa experiência tremenda para o paciente e para os elementos ao seu redor (do *átomo social*, em geral familiares). Nessa perspectiva de valor do *átomo social*, da família, da comunicação interpessoal, Moreno propõe a psicoterapia familiar, o diagnóstico sociométrico das interações intragrupais. Amplia o enfoque da psicoterapia individual para o casal, para o grupo, para a família e para a sociedade. O clássico caso Barbara, que deu nascimento ao psicodrama, já foi uma psicoterapia familiar na medida em que introduziu o marido (George) no tratamento. Antes dos teóricos da comunicação e da corrente antipsiquiátrica, Moreno introduziu a família na abordagem psicoterápica de psicóticos. Quando assiste a Mary, uma jovem que apresentava um noivo delirante (John), ele introduz suas duas irmãs no tratamento:

> Suas duas irmãs solteiras, as duas católicas e virgens, chegaram a ficar muito perturbadas pelas representações. As duas, antes do tratamento, haviam tratado de tirar John da cabeça, mas à medida que o tratamento continuava, sentiam-se muito mais próximas da irmã doente; elas também haviam tido seus noivos fantasmas, mas foram muito mais controladas. (Moreno, 1968, p. 34)

Como se sabe, Laing, Esterson, Cooper, assim como Bateson e colaboradores, com base em um enfoque relacional da psiquiatria, repudiam o estudo, em si, do indivíduo psicótico, propondo a abordagem das redes comunicacionais psicóticas. Apresentam o estudo da família e a psicoterapia familiar como tentativas de desmontar as comunicações psicóticas, as pseudomutualidades e os duplos vínculos.

Para Moreno, o ser humano não pode ser encarado de forma isolada. Não existe médico sem paciente, nem a mulher pode ser mãe sem a existência do filho. A unidade só existe quando as duas partes se encontram. É sempre o papel com seu contrapapel. O *eu* e o *outro*. O *eu* sozinho não existe, é uma abstração — o *eu* só se realiza na presença do *outro*. Laing e Cooper também apresentam essa perspectiva dialógica do ser humano. E a transpõem para a psiquiatria. Cooper (1971) encara a esquizofrenia não como uma entidade nosológica, mas como um conjunto mais ou menos especificável de pautas de interação pessoais. A esquizofrenia não seria algo que ocorre com uma pessoa, mas entre pessoas. Laing diz que o psicótico é incapaz de sentir-se *junto com* os outros, e propõe que a sanidade ou psicose seja testada pelo grau de conjunção ou disjunção entre pessoas.

Em "Mary: um caso de paranoia tratado com psicodrama", Moreno (1968, pp. 5-39) novamente dá pouca importância ao diagnóstico em si (diga-se de passagem que, em termos clássicos, esse diagnóstico poderia ser facilmente questionado). Coloca todos os seus esforços em seu esquema terapêutico (período de realização, substituição e clarificação). Como já foi visto, não tenta debelar o quadro delirante, mas realizá-lo psicodramaticamente, e a partir daí atuar terapeuticamente. Moreno vê na impossibilidade de realização, de expressão do mundo interno, o perigo da psicose. Os santos e os profetas sempre manifestaram o desejo de realização e interpretação de seus dramas. São também dramaturgos, autodramaturgos. O psicótico é um dramaturgo confundido. Trata de criar novos seres (delírio-alucinação), como um Deus. Mas se confunde quando não encontra na vida as personagens que criou. Falta-lhe a espontaneidade-criatividade necessária para completar sua busca dramática. Normalmente as dores desaparecem depois do parto. O psicótico tem todas as dores do parto sem o nascimento verdadeiro. É como uma gestação sem fim. No trecho de Moreno a seguir, percebe-se, como em Laing e Cooper, a crítica à psiquiatria tradicional; ele critica também a obsessão da psiquiatria e da sociedade, na impossibilidade de *curar totalmente*, em recluir aqueles que relutam em funcionar dentro dos modelos impostos da chamada normalidade:

> Como consequência de nossa adesão à ideia do comportamento socionormal, inclinamo-nos à terapia da realidade. Nossa ideia de cura é o retorno do paciente à condição mental e física anterior à doença. Nossa costumeira parte de triunfo é liberá-lo de suas alucinações e invenções e levá-lo à realidade. Mas o inconveniente é que o paciente, muitas vezes, não pode renunciar à sua psicose; é o resultado de muitos anos de trabalho criativo e demasiado pesado para deixá-lo. A terapia psicodramática, ao aceitar a realidade da psicose, deu um passo importante adiante e, ainda mais, ao dar-lhe oportunidade de realizar-se totalmente. Mas isto não é suficiente do ponto de vista mais elevado. Nossa meta deve ser integrar o paciente em todos os seus padrões, mesmo que desviados, em seu meio, como se fosse um fato quase normal e quase natural e torná-lo útil em várias atividades; isto é "terapia psicodramática" levada às suas últimas conclusões. Pode acontecer que por nossa obsessão com ideias conformistas paguemos o elevado preço de organizar instituições mentais especiais. (Moreno, 1968, p. 38)

Entendo a teoria moreniana como uma unidade centrada no encontro: "O psicodrama é uma forma elaborada de 'encontro' e precisamente foi a experiência do encontro a força original que levou ao desenvolvimento deste método" (Moreno, 1968, p. 37).

O homem, para Moreno, além de um ser biológico, psicológico e social, é sobretudo um ser cósmico. Do cosmos vem e para o cosmos vai. Em sua *matriz de identidade*, explica o desenvolvimento do ser humano partindo de uma fase de indiferenciação de identidade existencial, quando necessita de um duplo (mãe) para sobreviver; passando para a etapa seguinte, quando se reconhece, se identifica como pessoa (espelho), atingindo depois o período de reconhecimento do *outro*, do *tu*, por intermédio do jogo de inversão de papéis. À medida que consegue se colocar no lugar do outro, ganha conhecimentos de outras realidades e, consequentemente, de si mesmo. Assim, por meio da inversão de papéis, da experienciação do outro, adquire condições para a relação dialógica, para o *encontro*. O *encontro* seria, ainda, o resgate dos liames cósmicos originais.

A diferença entre *saúde* e *doença* seria uma questão de caminho, sentido, direção. Alguns buscam a *saúde* para frente, por meio da *inversão-experienciação do outro*, do *encontro*. Outros a buscam para trás, regressivamente. Buscam o cosmos da mesma maneira, mas no sentido inverso. Retornam ou estão fixados em fases anteriores, permanecem na doença. Essa foi a visão da *saúde/doença mental*, por intermédio de Moreno e Buber, que apresentei em trabalho anterior (Fonseca, 1972). Coloquei a capacidade para *inversão de papéis/experienciação do outro* como um método de avaliação da personalidade.

A plena capacidade para a *inversão/experienciação do outro* e para o *encontro* seria um momento ideal de saúde. A incapacidade seria o oposto. O psicótico, impotente de maneira ampla para o *encontro*, para o *eu-tu*, estaria refugiado e isolado em seu *eu*. No desespero de sua solidão, fabrica um *tu* delirante para acompanhá-lo. A doença mental, nesse enfoque, é a patologia do *encontro*, uma patologia entre o *eu* e o *tu*, uma patologia da comunicação, uma patologia relacional.

Como já foi visto, esses posicionamentos coincidem também com os de Laing e Cooper. E mesmo em relação ao desenvolvimento da matriz de identidade de Moreno existem nítidas correlações. Em "O fantasma do jardim abandonado: um estudo da esquizofrenia crônica", Laing (1971) focaliza sua paciente Julie que, em termos psicodramáticos, teria se desenvolvido mal em sua matriz de identidade, não se identifica como pessoa, mas sente-se ligada (simbioticamente) à mãe como se fosse una com ela: "Foi considerada precoce no andar (logo depois de completar um ano) e gritava quando não conseguia chegar bem rápido até a mãe, que se encontrava do outro lado da sala [...] Até três ou quatro anos 'ficava quase louca' se a mãe saía de sua vista um só instante" (Laing, 1971, p. 196).

Isto sugere que ela não fora jamais realmente *desmamada*, porque nunca alcançara o estágio em que o *desmame* poderia ocorrer, em sentido simbólico. Já que nunca estabeleceu um *self* autônomo, não podia enfrentar as questões de presença e ausência, da capacidade de estar sozinha consigo mesma, até a descoberta de que a presença física de outra pessoa não era necessária à sua existência, por mais que as necessidades ou desejos tivessem sido frustrados. Julie não podia ser ela mesma nem na presença, nem na ausência da mãe. E, que a mãe recorde, a filha nunca esteve fisicamente fora de seu alcance até completar três anos. Julie sentia-se ameaçada de confundir-se com os objetos (indiferenciação). Ela passava grande parte de seu tempo lutando com esta dificuldade: "Isso é chuva. Eu poderia ser chuva. Aquela cadeira [...] aquela parede. Eu poderia ser aquela parede. É terrível para uma moça ser uma parede".

Em outro ponto, Laing coloca o enfoque da doença como a patologia do encontro: "Constitui a tese deste estudo que a esquizofrenia é o possível resultado de uma dificuldade acima do normal em ser uma pessoa total com o outro, e em partilhar de uma maneira ditada pelo grupo comum (isto é, o grupo comunitário) de sentir-se a si mesmo no mundo" (Laing, 1971, p. 209).

Em "Um caso fronteiriço — David", Laing (1971) explica que o esquizoide não completou seu processo de desenvolvimento. Em linguagem psicodramática, pode-se dizer que o esquizoide tem dificuldades de inverter papéis porque não conseguiu realizar adequadamente o reconhecimento do *eu* e do *tu*:

> O indivíduo esquizoide tenta, em um sentido, ser onipotente, encerrando-se em seu próprio ser, sem recorrer a um relacionamento criativo com outro, modalidades de relacionamento que exijam a presença efetiva para ele de outras pessoas e do mundo exterior [...] O esquizoide teme um relacionamento dialético vivo, com pessoas vivas, reais. Só

consegue relacionar-se com gente despersonalizada, fantasmas de suas fantasias (imagens), talvez objetos, talvez animais. (Laing, 1971, p. 74)

Cooper é ainda mais claro em sua aproximação da teoria psico-dramática quanto ao desenvolvimento psicológico:

Basicamente ocorre algo assim: mãe e filho constituem uma unidade biológica original que persiste até algum tempo depois do fato físico do nascimento da criança. Logo, passo a passo, as ações da mãe, se são corretas em certo sentido definível, engendram um campo de práxis com a possibilidade de reciprocidade. Nele existem duas pessoas, cada uma das quais pode fazer coisas com a outra e à outra [...] Este princípio de ação que afeta a outro, ou início pessoal, é o segundo nascimento ou nascimento existencial que dialeticamente transcende o nível reflexo organísmico original e, por meio de um novo nível de organização sin-tética, inicia uma dialética entre pessoas [...] De modo que o processo de converter-se em pessoa pode distorcer-se, e isso nos primeiros meses de idade. (Cooper, 1971, p. 34)

Isso significa que mãe e filho engendram um campo de ações recíprocas, no qual a criança deve aprender sua autonomia como pes-soa e, em seguida, relacionar-se com a mãe como duas pessoas distin-tas, como em um treinamento para os futuros relacionamentos. Na deformação de alguma etapa, persistem a ligação simbiótica mãe-filho, a falta do reconhecimento como pessoa e a perda da possibilidade de se vincular aos outros e, mais ainda, de se lançar em experiências significativas, de entrega mútua.

Muitos outros pontos de contato entre os antipsiquiatras e Moreno poderiam ser assinalados, tanto no que concerne ao enfoque teórico quanto aos aspectos práticos. Conceitos morenianos de espontaneida-de, tele, inversão de papéis etc. bem como a valorização da consciência do corpo surgem frequentemente nos textos de Laing e Cooper:

Basta dizer no momento que toda criança é, virtualmente, ao menos enquanto o doutrinamento escolar não começou, uma artista, uma vi-sionária e uma revolucionária. (Cooper, 1972, p. 33)
No entanto, cada vez que nasce uma criança há uma possibilidade de redenção. Cada criança é um ser novo, um profeta potencial, um novo

príncipe, uma nova faísca que rebenta nas trevas exteriores. Como se poderá dizer que já não há lugar para a esperança? (Laing, 1972, p. 29) Existe uma terceira dimensão da investigação da criança, que foi grandemente descuidada. Em lugar de considerar a criança desde o ponto de vista dos organismos inferiores, tratando de interpretá-la como um pequeno animal, em termos de psicologia animal, e em lugar de interpretá-la como um pequeno neurótico ou um pequeno selvagem, é pertinente considerar sistematicamente a criança desde a plataforma dos mais elevados exemplos concretos de realização e expressão humanas — queremos nos referir, literalmente, aos gênios da raça — e a interpretá-la como um gênio potencial [...] O que está na medula de sua apaixonada existência deve ser a coisa mais positiva e substancial que está latente em toda criança. É deformada no curso de sua existência, e podemos perdê-la de vista por causa de interpretações unilaterais. (Moreno, 1961, p. 87)

Vejo Moreno, Laing e Cooper na psiquiatria e outros em demais campos de atividade, em que pesem suas eventuais falhas ou exageros, como visionários que lançam brados de alerta para os caminhos nos quais o homem vem se enveredando. São aqueles que lutam com aquilo de que dispõem, para desmascarar a alienação, a robotização e a escravidão disfarçada que sufocam a espontaneidade, a criatividade e o *encontro cara a cara*.

Por meio da visão dialógica do ser humano é evidente que o diagnóstico psiquiátrico tradicional perde sentido, na medida em que é realizado unilateralmente. O processo verdadeiro da *diagnosis* é o do conhecimento do vínculo, da relação — é o esclarecimento do *inter*. É o que se passa *entre* pai e filho, *entre* os amantes, *entre* o médico e o paciente, e os inclui. O *inter* é o produto de dinâmica dos dois, dos três ou dos *n* que se incluem na relação.

Acredito que as melhores descrições de pessoas, de interação de pessoas, de pessoas em situações e circunstâncias, sejam as dos romancistas, e eles não possuem linguagem técnica psicológica ou psiquiátrica. Às vezes se aprende mais sobre o ser humano lendo um bom romance do que consultando volumosos tratados de psiquiatria.

O artista plástico começa seu aprendizado copiando modelos. Necessita do conhecimento básico do desenho e da pintura. Com o amadurecimento profissional, consegue o desprendimento espontâneo-criativo necessário para transmitir sua visão pessoal e única das coisas da vida. A formação do psiquiatra corre paralela. A iniciação admite certa rigidez teórica, mas persistir nela significa não chegar aos limites da espontaneidade-criatividade. Corresponderia, na comparação anterior, a permanecer na fase da cópia fria e enganosa da realidade. O mundo do artista, o paciente do médico, o médico do paciente, não existem por si só. Existem em interações intermináveis, e cada momento de interação é um mundo diferente.

Os antigos diagnósticos psiquiátricos estão deixando de ser rótulos, por mais fortes que sejam as pressões das *conservas culturais* psiquiátricas. Eles terão de ser revistos. Enquadram-se numa fase transitória, em que se constituem numa linguagem psiquiátrica ou, talvez, numa linguagem dos psiquiatras.

A psiquiatria está mudando sua gramática. Muitos termos psiquiátricos estão deixando de ser substantivos para se tornar adjetivos. Se digo um fóbico, um esquizofrênico, um psicótico, o meu colega mais ou menos entende, porque não deixa de existir uma certa realidade clínica ou então porque nos acostumamos (ou nos deformamos) a nos expressar assim. Mas, quando me expresso dessa forma, estou dizendo tudo e ao mesmo tempo nada.

2. Psicodrama ou neopsicodrama?[4]

Em um congresso recente de psicodrama, assisti a uma mesa-redonda sobre a maneira de o psicodramatista fazer psicoterapia individual (dual). Nenhum dos relatores mencionou o fato de Moreno ser contra essa modalidade de psicoterapia. Ele acreditava que existia somente uma psicoterapia eficaz, a de grupo, e, portanto, o psicodrama. Em situações fortuitas, Moreno relata atendimentos individuais que perdem força, no mar de críticas que destina a esse método de trabalho.

Levando em conta esses aspectos, perguntei então aos participantes da mesa — na qual cada um expôs como fazia psicoterapia indi-

---

4. Publicado na revista *Psicodrama*, 1992.

vidual, dual, bipessoal, psicodramática — se não situavam a psicoterapia psicodramática individual como uma nova maneira de fazer psicodrama, ou seja, um psicodrama moderno, contemporâneo, um *neopsicodrama*. Dos quatro relatores, três confirmaram que, assim colocada a questão, suas práticas se incluiriam no *neopsicodrama*. O quarto participante ponderou que usar a expressão *neopsicodrama* poderia significar "um rompimento com o pai". Preferia considerar as novas técnicas como sendo resultado da evolução do método psicodramático.

Esse acontecimento me inspirou a aprofundar o tema que não poderia ser realizado sem a análise de alguns casos clínicos de Moreno. Optei por revisar os atendimentos que Moreno (1961) relata na seção VI, "Psicodrama", de seu livro *Psicodrama*.

As ponderações que seguem foram facilitadas pela leitura da fascinante biografia de Moreno escrita por René F. Marineau (1989). Por essa fonte, pude alinhavar partes da obra de Moreno que estavam soltas para mim.

Em primeiro lugar, Moreno nunca desejou ser psiquiatra, pelo menos até quase os 50 anos de idade. Na escola de medicina, quando passou pela disciplina de psiquiatria (seminários semanais de duas horas de duração durante um semestre) e por um estágio no Steinhof Psychiatric Hospital, "ele particularmente não gostou do que viu" (Marineau, 1989). De fato, seus interesses voltavam-se para se tornar um "médico de família". Graduando-se em medicina, estabeleceu-se como clínico geral em Bad Vöslau. Suas experiências psicoterápicas com Barbara, ou melhor dizendo, com Barbara e George, depois com Diora e Robert e com algo que já se assemelhava à psicoterapia de família ("teatro recíproco"), também não transitam pela psiquiatria clínica da época: são antes experiências fundadas no teatro e na sociologia. Em uma visão retrospectiva, Moreno coloca Barbara como a primeira paciente do psicodrama. Mas, na ocasião em si, nada leva a crer que Moreno estivesse disposto a se tornar um psicoterapeuta. É possível que o fato de George e Robert, coincidentemente, terem se suicidado mais tarde tenha preocupado Moreno de maneira suficiente para que ele não trabalhasse com "loucos". Esses acontecimentos repercutiram negativamente na pequena Viena da década de 1920.

Mais tarde, indo para os Estados Unidos, após dificuldades para conseguir seu visto de permanência e sua licença de médico, estabelece-se como clínico. Nos anos seguintes, realiza apresentações ocasionais de *teatro da espontaneidade*, *teatro do improviso* e *jornal vivo*; trabalha na escola de meninas de Hudson, onde desenvolve suas ideias sobre sociometria, como é do conhecimento do leitor. Mas o psicodrama não está ainda articulado como prática clínica. Moreno não trabalha como psicoterapeuta, nem como psiquiatra. Somente em 1936, aos 47 anos, adquire o Sanatório Beacon Hill, e aí, pode-se dizer, entra oficialmente para a psicoterapia e psiquiatria. Como sublinha Marineau, Beacon Hill é a experiência clínica que estava faltando para o desenvolvimento do psicodrama. Beacon Hill tratava seus pacientes internados de forma tradicional, para a época. Moreno introduz as sessões psicodramáticas com a participação dos pacientes e da equipe paramédica (este último grupo dá origem aos egos-auxiliares). Os pacientes que vêm para consultas de seguimento (*follow-up*) são incluídos nessas sessões.

Para que o leitor se situe, a cidade de Beacon era, e ainda é, muito pequena. Além disso, a população da cidade não gostava e tinha medo de possuir um hospital psiquiátrico dentro de seus limites. Naqueles tempos, mais do que nestes, havia preconceito em relação aos doentes mentais. Os pacientes de Moreno vinham de outros lugares, às vezes distantes, para internação, ou, quando em alta, para consultas de seguimento. Sendo assim, Moreno nunca trabalhava com a psicoterapia processual que conhecemos. Nunca foi um psicoterapeuta no sentido em que hoje concebemos essa figura, ou seja, como alguém que trabalha atendendo um paciente após outro, durante oito ou mais horas diárias. Seu contato com os pacientes tampouco era, como acontece entre nós, de uma ou mais vezes por semana.

A experiência de Moreno com grupos terapêuticos ocorre de maneira semelhante. Os grupos são cambiantes, de acordo com a presença de pacientes internados ou que receberam alta e aparecem para retorno. Quando Beacon se transforma em centro de treinamento psicodramático, os grupos guardam as mesmas características.

Esses fatos demonstram que a experiência de Moreno em atendimento individual ou grupal é completamente diferente de tudo o que faz hoje um psicodramatista contemporâneo. Essas diferenças devem ser levadas em conta quando suas propostas técnicas e teóricas são analisadas. Moreno baseia-se em uma prática que não é a nossa. A transposição pura e simples das propostas morenianas para o nosso dia a dia psicoterápico é ingênua e enganosa. Moreno despreza o uso da técnica psicodramática no consultório tradicional. Ele a propõe para o teatro terapêutico, para grupos abertos. Postula a "psicoterapia momento", não a "psicoterapia processo". Mas desgostemos ou não a Moreno, é a esta última que procedemos. As relações interpessoais de um mesmo grupo que se reúne semanalmente, durante meses e anos a fio, são completamente diferentes das interações pessoais de um grupo de curta duração (um psicodrama público, ou um grupo de encontro de fim de semana, por exemplo). As relações entre paciente e terapeuta que se encontram esporadicamente são completamente diversas das relações estabelecidas nos contatos semanais de longo curso. Este é um dos motivos, entre outros, de Moreno minimizar a importância da transferência no *setting* terapêutico. A relação transferencial é essencialmente processual. Em seu método de trabalho — curto, esporádico — Moreno não dispunha de condições para percebê-la e valorizá-la devidamente. Voltarei a esse ponto mais adiante.

Moreno torna-se, então, psicoterapeuta e psiquiatra sem uma rigorosa formação anterior, aliás como muitos pioneiros nesse campo. E trabalha com uma realidade clínica bastante diferente da atual. Se por um lado essas condições conferem uma ingenuidade psiquiátrica, por outro permitem, por meio de sua inteligência e perspicácia, fazer colocações novas, não viciadas. Suas observações conseguem, de alguma maneira, atingir a instituição psicanalítica e psiquiátrica da época. Nesse sentido, antecipa-se às ideias da antipsiquiatria de vinte anos depois.

Em "Um caso de neurose de ansiedade complicado por um conflito conjugal", Moreno (1993, p. 240) relata um caso típico de neurose obsessivo-compulsiva sem fazer nenhuma menção a isso. No entanto, consegue, de forma criativa, detectar uma "neurose de tempo", "uma neurose de espaço" e também uma "neurose de término" (as aspas, neste último caso, são minhas).

Em "Abordagem psicodramática da gagueira" (Moreno, 1993, p. 273), ele sugere o "idioma de Joe", uma espécie de "diálogo do absurdo" que consiste em emitir sons e palavras carentes de sentido, unir vogais e consoantes em todas as combinações possíveis. A ideia é brilhante para uma cena, mas constitui pouco para o tratamento da gagueira.

Por essas e outras Moreno não ganha peso na comunidade psiquiátrica. Não que não o desejasse. Seu filho Jonathan Moreno (Moreno, 1989) relata que o pai concorreu à presidência da American Psychiatric Association (APA), dizendo que o fazia porque a instituição nunca havia eleito um gênio para presidente. Claro que perdeu.

Em "Abordagem psicodramática dos problemas infantis" (Moreno, 1993, p. 275), dramatiza, inspirado pela teoria comportamental (behaviorismo). Pretende *dessensibilizar* um menino que é agressivo com a mãe na hora de ir para cama. Para isso, interpola resistências fazendo-o atuar em cenas nas quais contracena com a mãe (desempenhada por um ego-auxiliar) inicialmente no papel de rainha, depois no de professora, esposa do prefeito, enfermeira etc. Não existe no texto nenhuma palavra sobre a história do vínculo mãe-filho ou da família. Ataca somente o sintoma. Nos comentários, nada aparece sobre a estrutura teórica que o inspirou.

Em "Abordagem psicodramática de um caso de demência precoce" (Moreno, 1993, p. 277), estuda o paciente William, "que havia sido classificado como portador de demência precoce". Evita discutir diagnósticos psiquiátricos. Poder-se-ia dizer que estaria comprometido com uma postura fenomenológico-existencial e, portanto, não valorizaria diagnósticos tradicionais. Mas mesmo essa posição está muito bem representada na psiquiatria por meio de obras monumentais. Para citar um só exemplo, lembraria de Karl Jaspers, psiquiatra e filósofo alemão, autor de *Psicopatologia geral* (com edições alemãs em 1913, 1919, 1922 e 1946, logo, contemporâneas às de Moreno), verdadeira bíblia da psiquiatria fenomenológica. Na verdade, Moreno refere-se a Jaspers criticando-o por seu "existencialismo intelectual" e por se aproximar "mais de Dilthey e Freud do que de Kierkegaard" (Moreno, 1967, p. 339). Moreno evita o terreno inseguro do diagnóstico clínico, da psicopatologia, da psicodinâmica e do diagnóstico da personalidade, propondo a observação clínica em ação psicodramática. Pena que não consegue fazer a articulação de ambos os níveis, tarefa que cabe aos psicodramatistas contemporâneos.

Sabemos que Moreno frequentemente confunde conceitos de outros autores. Naffah Neto, em contundente ensaio, refere-se a Moreno como um "narcisista desastrado" (1990, p. 17) que "pretendeu, com meia dúzia de frases eloquentes e conclusivas, reparar e ultrapassar a suposta falta de visão de um Nietzsche, de um Bergson, de um Freud, de um Marx. Neste âmbito tudo cheira a ilusionismo, a magia barata, a teatro de circo" (1990, p. 15). A propósito, tornou-se comum em nosso meio apresentar Moreno como médico e filósofo, mas na verdade ele estudou filosofia apenas um ano, pelo menos academicamente, enquanto aguardava vaga para o curso de medicina.

Mas Moreno não confunde somente os conceitos dos outros. Confunde, às vezes, os seus próprios. Na tentativa de minimizar o valor da transferência, relata que seu paciente psicótico (William) "não mostrou sinal algum de transferência, seja relacionado ao psiquiatra ou aos assistentes", mas esqueceu-se de que Freud contraindicava a psicanálise para psicóticos, exatamente por estes não desenvolverem a relação transferencial, condição *sine qua non* para a consecução do processo psicanalítico (atualmente essa afirmação de Freud mereceria reparos, uma vez que não mais se considera que os psicóticos não desenvolvem transferência). Continua Moreno dizendo que, no entanto, seu paciente apresentava "numerosas e bem desenvolvidas relações tele". William

mostrava-se indiferente a certas cores como o vermelho e o amarelo. Sua tele era positiva para o branco e o azul [...] Sua tele relativa a certos alimentos como os ovos e a carne era negativa. Era positiva para a maioria das frutas e vegetais verdes [...] Tinha uma tele para algumas pessoas, mas, com frequência, somente num papel específico e por razões estéticas, e ainda mais amiúde para o papel numa cena e posição específica. Por exemplo, gostava que um jovem assistente se ajoelhasse no canto de uma sala, com a cabeça inclinada, mas não gostava que ele se ajoelhasse em qualquer outra sala ou em qualquer outro canto. (Moreno, 1993, p. 278)

Esse relato me faz recordar de um paciente que tratei há anos. Naquela época, a grande maioria dos táxis de São Paulo era constituída por carros DKW e Fuscas. Esse moço só tomava táxis DKW. Aos poucos pude compreender que assim agia porque os DKW tinham motor na frente, e os Fuscas, motor atrás. Em seu simbolismo delirante, acreditava que se entrasse em um Fusca se transformaria em homossexual, porque estes carros tinham o motor traseiro. Poder-se-ia dizer então que apresentava tele positiva para DKW e negativa para Fusca, ou tele para DKW e transferência para Fusca? Claro que não! Ambas as escolhas estavam imersas no mundo delirante do paciente. Tanto a escolha positiva como a negativa eram transferenciais: o paciente transferia e projetava conteúdos subjetivos psicóticos (internos) em objetos de seu mundo relacional. Vejo da mesma forma o paciente de Moreno. A referência delirante a alimentos, cores, posturas e gestos, próprios e alheios, é um achado absolutamente corriqueiro em psicóticos, sobretudo no grau de regressão que seu paciente apresentava. Não posso aceitar que se tratasse de tele positiva, negativa ou neutra. Tudo era delírio, tudo era transferencial, ainda que uma pessoa delirante também possa estabelecer relações télicas, pois sempre se encontrarão setores saudáveis em sua personalidade. Essas colocações de Moreno, portanto, não me convencem.

No já citado "Um caso de neurose de ansiedade complicado por um conflito conjugal" (Moreno, 1993, p. 240), a transferência desenvolvida pelo paciente (Robert) em relação ao médico (Moreno) é clara, mas passa despercebida, ou não é valorizada. Robert vai demonstrando no decorrer das sessões, das quais sua esposa (Mary) também toma parte, uma preocupação crescente em ser reprovado (não amado) por Moreno. Teme também que Moreno goste mais de Mary do que dele. Durante uma cena, Robert expressa claramente a situação triangular, em um solilóquio: "O doutor está me observando. Pensa que Mary está melhor do que eu". Existe também a informação de que Robert sempre teve medo de expressar seus reais sentimentos em relação aos pais. O próprio Moreno reconhece que o paciente poderia ter desempenhado melhor os papéis se tivesse sido aquecido por outra pessoa investida de menos autoridade que ele. Nenhum comentário, porém, foi feito sobre as características transferenciais da relação. Não é à toa que Franz Alexander (1967) adverte que Moreno "adota uma posição extrema ao sustentar a igualdade quantitativa da transferência e contratransferência, como se a relação paciente-terapeuta fosse simétrica e se pudesse fazer arbitrariamente uma inversão de papéis completa". Ainda sobre as dúvidas de Moreno em relação à importância da transferência, Alexander relembra que o tema tem sido um artigo de fé para os psicanalistas de todas as linhas já há quarenta anos (escreve na década de 1950) e não se trata de uma ideia poética, mas de uma observação resultante da experiência corroborada por um grande número de observadores devidamente preparados.

Permito-me algumas considerações sobre o conceito de teletransferência. Em primeiro lugar, é importante que se sublinhe a atitude de Moreno estudar o homem com base na saúde, na normalidade, e não na doença como Freud o fez. Moreno frisa inclusive que a maioria dos seres humanos é normal (*normóticos*). Em segundo lugar, tem-se de levar em conta sua compulsiva contraposição a Freud e a todos os pais de ideias, enfim, aos criadores (e criativos) em geral. Não reconhece valor nos colegas, não enaltece qualidades alheias, não assume influências. É como se fosse o pai de si mesmo. Corroborando essa colocação, Marineau (1989) refere que até o período vienense Moreno era Jacob Levy (assim consta em seu diploma de medicina). Emigrando para os Estados Unidos, acrescenta o primeiro nome de seu pai (Moreno Nissim Levy) como seu último sobrenome, passa a ser Jacob Levy Moreno e "inicia uma nova dinastia".

Creio que a extensão do conceito freudiano de transferência realizada por Moreno é de inegável importância. Além de uma mudança de atitude, Moreno acrescenta de forma taxativa, por meio de uma única palavra — *tele* —, o que alguns pós-freudianos buscam até hoje. Acredito também que sejam pertinentes, ainda, as críticas de Moreno aos usos e abusos do manejo da transferência que alguns psicanalistas prepotentemente executam. Anna Freud, Greenson (1982) e outros se esforçam para explicar que concebem também uma relação *real* entre paciente e analista. Greenson cunha a expressão *aliança terapêutica* com as partes sadias (*télicas*) do analisando, ou propõe que o analista reconheça seus erros expressamente, de modo a reforçar essa relação *real*. Moreno se alinha, nessas colocações, aos dissidentes freudianos que questionavam a exagerada importância da transferência na psicanálise. Propunham a possibilidade de uma ação psicoterapêutica eficaz sem a participação direta da relação transferencial. Jung (1987) chega a afirmar, após o rompimento com Freud, que a transferência seria sempre um obstáculo, nunca uma vantagem psicoterápica. Mário Jacoby (1987) comenta que mais tarde Jung emite opiniões mais ponderadas.

Pessoalmente, não faço mais distinção entre as concepções psicodramáticas e psicanalíticas de transferência. Para mim, transferência não acontece somente no *setting* psicoterápico ou psicanalítico. Acontece em qualquer lugar e em quaisquer relações. Acredito que os vínculos não igualitários (compostos pela interação de papéis não igualitários como professor-aluno, terapeuta-paciente etc.) são convidativos para que a transferência se estabeleça. Esta não precisa ser necessariamente em duplo sentido, mas até pode acontecer. Diferente da tele, que é sempre em duplo sentido, entre as pessoas ou papéis envolvidos (sempre as pessoas estão em algum papel)[5]. Entendo também que *tele* e *transferência* são um mesmo processo e por isso podemos denominá-lo de *sistema teletransferência*. Para compreendê-lo é necessário que se leve em conta o conceito de *ideal*. Tome-se um parâmetro filosófico: Deus significa perfeição e harmonia supremas, significa unidade, e estar com Ele é ser uno (com Ele). Por oposição, o diabo seria o parcial, o dividido e, portanto, o representante do conflito (o desarmônico). Nessa comparação, a tele é o caminho do céu e a transferência, a estrada para o inferno. A tele total e a transferência total são abstrações ideais necessárias para a compreensão desses conceitos. A culminância da tele é o *encontro*, o máximo de liberação espontâneo-criativa. É a saúde. O pico da transferência é a regressão completa, a doença. Deve-se considerar ainda que o *sistema teletransferência* é mutável no tempo e no espaço. Em uma mesma relação há uma variação contínua de teletransferência. De acordo com a rede

---

5. Nesse sentido vale a citação de Reis (1996): "As relações télicas, do ponto de vista da percepção, seriam configuradas pelas *mutualidades*. As relações transferenciais, pelas *incongruências*".

sociométrica em que se estuda uma dada relação bipessoal, por exemplo, também existem alternâncias. Assim, a teletransferência entre A e B sofre contínuas modificações quando se inserem C, D, E etc. A tele grupal, por consequência, é igualmente mutável. Essas considerações, do ponto de vista clínico, remetem a outros aspectos. Moreno diz que os papéis são experiências interpessoais. Mas um mesmo indivíduo apresenta uma *plêiade* de papéis latentes e emergentes (atuantes) dentro de si. Como seria a relação entre eles? Considero que a personalidade (*eu*) é composta por uma infinidade de *eus parciais* que se expressam por meio de papéis (*fusão de elementos privados, sociais e culturais*). A interação dos diferentes *eus parciais* entre si estabelece relações teletransferenciais internas. Fala-se então da *autotele* (mencionada por Moreno), e por que não da *autotransferência*? Um indivíduo que se julga Napoleão tem uma percepção delirante de si mesmo e, portanto, está em autotransferência (projeta elementos produzidos internamente sobre si mesmo e, consequentemente, sobre os outros). A autotele perfeita é a de Deus. As criaturas humanas possuem inúmeros pontos cegos e deformações na percepção de si mesmas. Por meio de *insights*, visões instantâneas de aspectos antes não visualizados de *eus parciais internos*, amplia-se a autotele. A psicoterapia é, portanto, um processo que busca ampliar a autotele e diminuir a autotransferência. A *autotele-autotransferência* é o sistema que estuda as relações do indivíduo consigo mesmo. A teletransferência estuda as relações interpessoais. O *sistema teletransferência* estuda as relações do indivíduo consigo mesmo e com os outros.

Por continuidade, torna-se impossível não discutir a polarização de opiniões entre o *intrapsíquico* e o *interpessoal* que acontece em nosso meio. Creio que tanto um como outro são momentos de um mesmo processo. O dentro e o fora estão em constante movimento. O conteúdo *do dentro* é o mesmo *do fora*, se bem que com conotações diferentes. Ronald Laing (1978) lança mão de uma experiência um tanto desagradável, mas bastante didática, para esclarecer a questão. Toma-se de um copo d'água e coloca-se um gole na boca. Devolve-se o gole ao copo. Tenta-se tomar mais um gole. É possível que se sinta nojo, nojo de si mesmo. A água que estava dentro está fora, e no entanto algo mudou. A água é a mesma e, no entanto, não é. Algo semelhante acontece com os conteúdos afetivos. Esse vaivém é constante desde que se nasce, ou desde antes do nascimento — dentro e fora da barriga da mãe. Assim, também, acontece na *matriz de identidade*, em que o meio interage com o bebê e este com o meio. Um bebê recebe as influências da família (biopsicossocial), mas esta recebe as influências do bebê. A família já não será a mesma, estará modificada definitivamente (e não só sociometricamente) com a vinda do novo ser (Erickson, 1976). A *realidade interna* e a *realidade externa* do bebê também sofrem um constante movimento, de maneira que é difícil discriminar o que é genético do ambiental. O interno e o externo compõem um tecido mesclado pela influência de ambos.

Jung (*apud* Jacoby, 1987) observa a importância do *intra* e do *inter* no processo de individuação: "A individuação tem dois aspectos principais: em primeiro lugar, é um processo interno e subjetivo de integração e, em segundo lugar, é um processo igualmente indispensável de relacionamento objetivo. Um não pode existir sem o outro, embora, algumas vezes, um ou outro predomine".

A vida é um contínuo relacionamento de você com você mesmo e de você com os outros. Trata-se do *eu-eu*, *eu-tu*, *eu-ele*(a), *eu-nós*, *eu-vós* e o *eu-ele*(a)s. O que tenho dentro de mim expresso consciente e inconscientemente nos meus relacionamentos, e a experiência deles se inclui em mim.

A diferença entre o inter e o intrapsíquico recai na ênfase do estudo que se realiza. Moreno procura dar ênfase ao inter, tanto que subdenomina a seção VI do livro *Psicodrama* de "O psicodrama e a psicopatologia das relações interpessoais". De fato, ele procura ser coerente com essa proposta em "Tratamento intermediário (*in situ*) de um triângulo matrimonial" (Moreno, 1993, p. 289), quando propõe a abordagem interpessoal do triângulo composto pela sra. A, pelo sr. A. e pela sra. K. Não leva em conta as possíveis neuroses individuais dos participantes. Tenta tratar a síndrome sociocultural desse sistema ou subsistema, em termos de uma possível harmonização comunicacional. Nesse caso, ele não propicia confrontos das díades ou do trio. Moreno (1977, p. 235) usa o que denomina a *técnica do ego-auxiliar*, em que *explica* ("I explained his wife's situation to him") a cada componente do triângulo como os outros se sentem. Não posso me furtar de comentar que, se ele tivesse desempenhado o papel do outro ou dos outros, em vez de *explicá-los*, teria procedido à atitude que proponho na *psicoterapia de relação* (Fonseca, 1991).

Voltando a Robert, Moreno relata que seu paciente sempre temeu pela separação dos pais, pois estes brigavam continuamente. A certa altura do tratamento, Robert se dá conta de que é parecido com o pai em certos traços psicológicos, e em outros, com a mãe: "O achar que tudo está desarrumado, isso é o que tenho de minha mãe. O apressar-me e me sentir atrasado, é o que tenho de meu pai". Segue-se então a observação de Moreno: "Evidentemente, tratava de harmonizar seu pai e sua mãe de uma maneira original, ao fazer da peculiaridade destacada de cada um deles uma parte de seu próprio ego, para demonstrar que não tinham que se separar, que podiam viver em harmonia *dentro dele* [grifo meu]. Mas ele, por sua vez, se converteu em neurótico" (Moreno, 1961, p. 271). Seguindo as próprias palavras de Moreno, o paciente converteu-se em neurótico para possuir seus pais indissoluvelmente unidos dentro de si. Com isso, compensava a dor de uma eventual separação externa. Aqui, a ênfase de Moreno é no intrapsíquico (determinismo histórico-psicológico[6]), com base no interpessoal.

Enfim, assim como trouxe para discussão alguns casos clínicos de Moreno, poderia ter escolhidos outros. A obra de Moreno passa por um processo revisionista no Brasil. Tomara tenhamos uma *perestroika* e a *glasnost*[7] se abata sobre nós.

Se Moreno foi brilhante nas propostas do psicodrama público e da *psicoterapia momento*, deixou um enorme vazio quanto à *psicotera-*

---

6. De fato, no mesmo livro, em outro capítulo (seção IV, "Princípios da espontaneidade"), Moreno fala de "Espontaneidade e determinismo psicológico". Critica Freud pelo exagerado determinismo causal e Bergson por sua negação. A negação seria tão estéril quanto a aceitação total. Propõe: "Dentro de minha teoria da espontaneidade, contudo, existe um lugar para um determinismo operacional, funcional".
7. Expressões utilizadas no início dos anos 1990 para descrever o processo revisionista e de abertura democrática pela qual a antiga União Soviética passava. Como todos sabem, esse processo culminou com o fim do regime comunista nessa região.

pia processual. Acreditava que o consultório psicoterápico fosse um lugar menor de trabalho. Mas as utopias morenianas não se concretizaram, e é no consultório que eu e todos os que me leem passam grande parte de sua jornada profissional. As deficiências em sua formação psiquiátrica o impediram de dominar a psicopatologia clínica. Reconhecer e estudar a psicodinâmica e a psicopatologia psicanalítica seria um golpe em seu narcisismo. Sobrava-lhe uma saída: desenvolver uma psicodinâmica e uma psicopatologia psicodramáticas. Não o conseguiu a contento. Convenhamos que não dá mais para tapar o sol com a peneira e é impossível realizar um trabalho efetivo em clínica psiquiátrica e psicoterápica sem esses instrumentos. Como diz Camila Salles Gonçalves: "Parece que é tarde demais para ficarmos fazendo de conta que podemos permanecer ingenuamente com Moreno ou que podemos nos contentar com meia dúzia de referências poéticas a respeito do 'vivido e do revivido'" (1990, p. 105). Ou como refere a mesma autora: "Seja qual for o filósofo que nos inspira, parece que é hora de parar de remexer nos velhos escritos de Moreno, querendo 'tirar leite das pedras'. Não estará lá a teoria da imaginação e da fantasia de que o psicodrama precisa? Estaremos, como Santo Antão, resistindo à tentação de admitir a 'presença' das imagens e com medo de 'evoluir'?" (Gonçalves, 1990, p. 105).

Antes de terminar, gostaria de afirmar que me sinto mais psicodramatista do que nunca (minha prática fala por si). Todos esses anos de trabalho me impulsionam, em primeiro lugar, a uma releitura e consequente reinterpretação da obra moreniana. Tento fazer uma articulação entre o psicodrama e minha prática clínica, que recebeu outras influências, inclusive a psicanalítica. Se o próprio Moreno diz: "Sê espontâneo! Anima-te a criar! Não tomes a minha obra como dogma, porque estarás traindo a tua essência; toma-a como encontro, transforma-a, não a deixes morrer nas garras da conserva cultural" (*apud* Bustos *in* Naffah Neto, 1979, p. 12), me julgo moreniano.

Preocupo-me que este texto não tenha uma interpretação conservadora ou maniqueísta. Ou seja, que se tenha de ser contra ou a favor de Moreno. Ele foi um criador excepcional, conforme sua época e de acordo com sua controvertida personalidade. Foi gênio à sua maneira. Como tal, intuiu e perseverou uma grande ideia (ou grande ação), o psicodrama[8]. Seu forte não foi a escrita, e sim a ação. Não fez segredo disso. Seus ídolos não foram intelectuais ou acadêmicos, mas homens de ação, como ele. Criticou, de alguma maneira, todos os autores que citou em suas obras, mas nunca se contrapôs a Cristo, Buda, São Francisco ou Baal Shem Tov (homens que não deixaram escritos). O propósito deste trabalho é o de oferecer a possibilidade de reflexão sobre o inevitável binômio *conserva-criação*; o de observar a marca do tempo, o sinal da transformação. Não estou propondo a mudança do nome psicodrama para neopsicodrama. Se assim o desejasse, preferiria que a denominação fosse psicodrama contemporâneo, pois ela nos remete ao psicodrama tal como praticado hoje.

A pergunta que lancei — psicodrama ou neopsicodrama? — foi uma atitude provocativa para que nos déssemos conta de que a prática psicodramática atual é muito, mas muito, diferente da que Moreno realizava. E que uma nova teoria da técnica psicodramática contemporânea merece a atenção dos psicodramatistas. Ou neopsicodramatistas?

Nota

Este texto, quando da sua publicação original (Fonseca, 1992), recebeu os comentários (réplicas) de três eminentes psicodramatistas: Antonio Gonçalves dos Santos, Moysés Aguiar e Sérgio Perazzo. Transcrevo a seguir a minha tréplica, pois ela complementa as ideias contidas no texto.

Confesso que pretendi fazer uma provocação com este artigo (como, aliás, comento no final dele). Pode ter sido pretensão, mas vejo pela reação dos comentadores e do público que assistiu à apresentação dessas ideias (realizei três palestras sobre o tema) que, pelo menos em parte, atingi meu objetivo.

---

8. Considero o psicodrama a principal criação de Moreno. Foi o "ovo de Colombo" que intuiu na década de 1920 e perseguiu até a década de 1940, quando viu nascer definitivamente seu resultado. A psicoterapia de grupo veio por contingência do psicodrama que é sempre, para Moreno, realizado em grupos. A sociometria, na avaliação dos sociólogos, é no máximo uma construção inteligente. Apesar de as três propostas apresentarem uma notória unidade, é mera retórica dizer que não se pode compreendê-las isoladamente.

Acredito que Sergio Perazzo expressou bem que não podemos mais acalentar a imagem de Moreno como "pai-herói", que necessitamos "dar um fim à adolescência do psicodrama" brasileiro. Moysés Aguiar concorda que "Moreno deixe de ser considerado uma bíblia". Antônio Gonçalves dos Santos acrescenta que "hoje nos cabe a tarefa de dessacralizar o pai [...] desinvestindo-o do poder dogmático da fé e da revelação".

A criança adora o pai-herói. O adolescente derruba-o do pedestal, às vezes exagerando nas críticas. O adulto conhece as qualidades e dificuldades dele. A adoração infantil e a decepção adolescente dão lugar ao carinhoso reconhecimento (re-conhecimento) do velho pai. Assim também está o movimento psicodramático brasileiro em relação a Moreno. Em outras palavras, pode-se dizer que na leitura de Moreno estamos todos diante da inevitável presença pessoal e institucional da teletransferência. Permanecer na admiração pueril ou no ódio destrutivo seria chafurdar na transferência. Espero que por este escrito tenha ultrapassado minha adolescência psicodramática (mesmo que tardia). Nesse sentido, gostaria de responder a Aguiar e Perazzo que aceito a colocação de que a releitura de Moreno não é somente "tirar leite das pedras". O GEM-Daimon, que coordeno junto com Wilson Castello de Almeida[9], desmente que a fonte moreniana se esgotou, e uma das provas disso é o próprio artigo em questão.

Seria muito extenso discutir todos os pontos levantados pelos comentadores; mereceria um novo texto. Deixo aos leitores o trabalho de refletir e concluir.

---

9. Posteriormente, Carlos M. Cesarino passou a coordenar esse grupo.

17

REVISITANDO A TERAPIA DE FAMÍLIA
(1975-2000)

> *Não é a família que desejamos preservar necessariamente.*
> *Pode ser que algum dia ela seja substituída por algo mais*
> *adequado. Queremos preservar o contato imediato entre*
> *tu e eu, o encontro. O encontro nunca desaparecerá da*
> *terra.*
>
> J. L. Moreno, *Psicodrama*

1. Abordagem psicoterápica de famílias — Sociodrama familiar[1] (1975)

José Fonseca
Maria Ámalia Faller Vitale

A família, segundo Jordan (1974), deve ser vista em seu contexto social, sem o que qualquer análise de sua dinâmica emocional poderá ser errônea ou incompleta. Nessa perspectiva, torna-se necessário localizar a família, ainda que rapidamente, no contexto histórico. Em nossa sociedade, os processos de industrialização e urbanização, assim como as rápidas mudanças que se processam na vida social, interferem na organização familiar. A família caracteriza-se hoje por seu aspecto *nuclear* ou *conjugal*. Deixa de ser a base de produção de bens para se transformar em uma unidade de consumo. Compartilha algumas de suas funções básicas com outras instituições (escola, Estado). O desenvolvimento dos meios de comunicação afeta a unidade familiar, que deixa de ter uma estrutura rígida para assumir caráter dinâmico. Esses fatores, somados à profissionalização da mulher, introdu-

---

1. Trabalho apresentado no IV Encontro Psiquiátrico do Hospital das Clínicas, São Paulo, SP, 1975. Publicado na revista *Psicodrama*, Ano I, nº 1, 1976.

zem uma nova configuração dos padrões familiares, ou seja, do comportamento individual dos elementos do grupo familiar no próprio grupo, do grupo perante outros grupos sociais e do desenvolvimento de papéis familiares, formas de manutenção ou mudança da estrutura familiar.

A família pode ser então definida, de acordo com Guzmán (1974), como a constituição de vários indivíduos que compartilham circunstâncias históricas, culturais, sociais, econômicas e afetivas. É uma unidade social emissora e receptora de influências culturais e de acontecimentos históricos. Elas têm um sistema de comunicação próprio, com uma dinâmica grupal determinada. Nessa dinâmica, surgem elementos comunicacionais manifestos e latentes, racionais e irracionais, mitos (Ferreira, 1971), obediências automáticas, processos homeostáticos (Jackson, 1971), duplos vínculos (Bateson, 1971), cumpridores das funções de defesa grupal familiar: "A família é uma unidade básica de desenvolvimento e experiência, de realização e fracasso. É também a unidade básica da doença e da saúde" (Ackerman, 1966).

Mesmo antes de a criança ser gerada, o meio familiar está influindo sobre ela. A expectativa ou a surpresa, o esperado ou inesperado da gravidez, os planos, as fantasias, as idealizações em torno do novo ser já são forças emocionais poderosas que agirão sobre ela.

A partir do nascimento, que é um processo compartilhado pela mãe e pela criança, esta, de uma dependência total do meio que a circunda e de seus *egos-auxiliares*, dos quais a mãe é o *ego-auxiliar* principal, vai se identificando como pessoa. Aprende a *ser gente* com as pessoas ao seu redor. Por meio do desempenho de papéis, incipiente a princípio, vai se vinculando com os outros. Nessa atitude lúdica, ela se desenvolve até o ponto de ser capaz de inverter os papéis com seus egos-auxiliares (mãe, pai, avós etc.). E se vê adulta tendo gravado dentro de si, como em uma fita magnética, esses primeiros papéis, desempenhos de papéis, inversões de papéis e vínculos. Esse molde que o núcleo familiar lhe proporciona é, junto com as caraterísticas genéticas, a estrutura mais importante de sua maneira de ser no mundo. Parte para a vida adulta com sua *novela familiar* (Freud, 1968), carrega sua *família internalizada* (Laing, 1972b).

Essa visão de desenvolvimento humano corresponde à *matriz de identidade* de Moreno (Moreno, 1961), que a descreve como a "placenta social da criança, o *locus* onde se enraíza". Um outro conceito de Moreno, de extrema importância para a psicoterapia familiar, é o de *átomo social*. O átomo social é de certa forma a continuidade da matriz de identidade. Assim como esta representa o mundo de relação afetiva da criança, o átomo social significa a rede de relacionamentos afetivos de um adulto. Essa rede já não é constituída somente por familiares, pois vão se incluindo outros seres gerados por outras *matrizes de identidades*, por outras famílias. Daí decorre que em uma psicoterapia familiar se introduzam, algumas vezes, elementos do átomo social, do formalmente chamado paciente[2], sem pertencer necessariamente à família. Tal seria o caso da introdução de um amigo, de uma empregada, pertencentes ao átomo social, pela importância afetiva.

A doença mental, nessa perspectiva, se expressa como um sistema de vínculos e relações deficitárias no átomo social do indivíduo. Moreno destacou esses aspectos há quarenta anos. O complemento desse enfoque se realiza agora, por intermédio dos teóricos da comunicação, da corrente da antipsiquiatria ou de uma forma mais global pela psiquiatria social.

Nessa linha de pensamento é muito difícil conceber o doente mental isolado. O doente sozinho seria uma abstração, assim como o *eu* precisa de um *tu* para ser *eu*. Temos necessariamente de falar em doença como uma rede interacional em que os vínculos se fazem de tal forma que um elemento da rede, por motivos variados — desde uma resistência menor às pressões até uma situação expiatória —, passe a apresentar uma série de fenômenos que são tradicionalmente rotulados pela psiquiatria e pela sociedade como sintomas, e seu conjunto, como doença mental. O paciente *formal* seria o depositário dos conflitos do grupo familiar que assim o consagra para manter seu equilíbrio. Quando falamos de rede, imagine-se de fato uma rede (sociedade), composta de fios (comunicação) que se entrecruzam e ligam em certos pontos (indivíduos), de maneira que, se se tocar num ponto, o movimento é transmitido a toda a rede. Na abordagem de um

---

2. Em 1975 ainda não dispúnhamos da expressão *paciente identificado*.

dos pontos, é preciso ganhar visão de toda a rede e agir na região-chave (família) onde o ponto está situado.

Uma experiência de revivência psicótica poderá ser vista a partir de uma sessão de psicodrama familiar. Um de nós assistiu um adolescente numa crise psicótica. Após a saída da crise, ele foi encaminhado para psicoterapia individual com outro terapeuta, mas continuou sendo acompanhado clinicamente (medicamentos). Menos de um ano depois, apresentou outro quadro delirante, sendo também atendido no nível familiar. Aos poucos a crise psicótica foi remitindo. Fizemos várias combinações de vínculos centrados no rapaz. À medida que a psicoterapia prosseguia, ele deixou de ser, por assim dizer, o protagonista. Outros elementos passaram sucessivamente a protagonizar o grupo familiar. Numa última etapa, passamos a trabalhar com toda a família: pai, mãe e três filhos. Na primeira sessão desta última etapa eles falaram e montaram *imagens simbólicas*[3] de como cada um via a família. Interpretavam os diferentes papéis em solilóquios e, se necessário, colocavam a *imagem* em andamento, quando interagiam livremente na cena (essa é uma boa maneira de todos se verem através do espelho dos outros).

Quando monta sua *imagem* familiar, o rapaz coloca os pais de braços dados, e um irmão casado mais distante junto com a irmã mais nova afastados, mas diante dos pais. Pergunta se pode usar música. Escolhe um disco de música pop com percussões agressivas como fundo musical. Todos têm liberdade de ação. A cena se desenrola quase sem palavras e com muita tensão. Ele e a irmã mais nova começam a dançar e a fugir dos pais que procuram alcançá-los. O irmão mais velho se junta aos mais novos. Todos fogem dos pais. Até que estes se cansam e param (nunca se desvinculam). Nesse momento, o rapaz corre para um extremo do cenário, ajoelha-se e, numa atitude iogue, diz querer se libertar, voltar-se para si mesmo, "curtir a sua". As coisas que fala, junto com sua atitude e com o clima do momento, são a exata revivência dos períodos psicóticos experimentados no passado recente. A família fica estática (os terapeutas também) observando e

---

3. Atualmente denominadas esculturas. Ver *A escultura na psicoterapia*, de Elisa López Barberá e Pablo Población Knappe (1999).

temendo uma crise real. Após esse longo momento, os três filhos ficam parados diante dos pais, sentindo-se culpados. Todos se abraçam. Choram.

O momento "psicótico" surgiu após a fuga, depois da tentativa de libertação dos pais. O correspondente de se desligar da realidade, das coisas terrenas (paternas) e encontrar-se por meio da meditação, da filosofia, da religião, apareceu quando se deu a crise psicótica, por meio de ensimesmamento, introversão, autismo, colorido místico e onipotente. Ao mesmo tempo em que queria, ou dizia querer se desligar, "curtir a sua", tornava-se o foco das atenções familiares. O correspondente dessa atitude, quando da psicose, eram atitudes histeriformes mescladas com excitação, que o tornavam muito ligado aos familiares e vice-versa. Finalmente, a "liberdade" é interrompida pelos sentimentos de culpa provocados e incentivados pelos pais. Nesse sentido, como se vai perceber numa sessão posterior, os pais davam liberdade aos filhos desde que estes a gozassem como culposa. Numa ocasião (período de surto psicótico) em que o rapaz não responde com culpa a uma dessas transgressões, acontece uma reação agressiva física do pai, que não era comum.

Esse processo de revivência psicótica psicodramática lembra o *choque psicodramático* proposto por Moreno (1993). Dizia ser um procedimento essencial para as pessoas que saem de um surto psicótico póder revivê-lo. Com isso ganhariam visão de condições obscuras da vigência do quadro. Concomitantemente, estariam prevenindo, por meio da loucura revivida, outros episódios psicóticos — *simillia similibus curantur*.

Os psiquiatras sempre lidaram com famílias, mas fugiam delas ou no máximo as toleravam. No atendimento de psicóticos, o contato médico com a família sempre foi imprescindível. As queixas eram e são ainda tradicionais: "Também, com essa família!" Os terapeutas de infância também fugiram, muitos anos, das famílias e especialmente das mães. Essa resistência era dos terapeutas e não dos pacientes. Alguns procedimentos técnicos de *assepsia* e distanciamento dos familiares eram (e são) usados indevidamente para dar cobertura às dificuldades dos terapeutas.

A psiquiatria violentou indivíduos e suas respectivas famílias, em busca de uma suposta *cura*. Mas a cura que procuravam não existe na psiquiatria — é um conceito da medicina clássica que não serve à primeira. Outras concepções como diagnóstico, alta etc. estão na mesma linha.

Com o advento dos estudos sobre a dinâmica familiar, tornou-se possível canalizar terapeuticamente a ansiedade dos outros membros da família que não eram incluídos nos esquemas terapêuticos. Como toda novidade, a psicoterapia familiar recebeu o impacto reacionário das *conservas culturais*. Agora, porém, vencidos os primeiros obstáculos, ela corre o risco de cair em outro extremo: o do modismo.

Outra questão que se apresenta é o do suposto antagonismo entre psicoterapia familiar e individual. Mas de nenhuma maneira a questão pode ser vista assim. Opor um método de tratamento a outro representa um enfoque inadequado do problema. As relações do indivíduo e da família são fundamentalmente complementares, não antagônicas. As necessidades do indivíduo e da família estão intimamente interligadas (Ackerman *et al.*, 1970).

Assim como não há antagonismo entre psicoterapia individual e familiar, o mesmo ocorre entre psicoterapia grupal e familiar. A psicoterapia de grupo é o *caldo de cultura*, onde as vivências familiares mais profundas do indivíduo têm melhor condição de emergir. A situação da terapia de grupo permite trabalhar dinâmicas não diádicas que a psicoterapia individual tem mais dificuldade em tornar claras. A dinâmica do grupo terapêutico se assemelha à do grupo familiar.

A abordagem da estrutura familiar veio suprir uma lacuna da psiquiatria que não percebia que, se o indivíduo *adoece* no seio da família, esta também deve ser assistida. Esse procedimento vem diminuindo as internações, especialmente as prolongadas; vem diluindo as intervenções repressivas da psiquiatria tradicional, assim como vem mostrando a falta de objetividade de psicoterapias individuais intermináveis.

Para Alfredo Cia (1974), a ação terapêutica funciona como um metarregulador que, de fora do sistema familiar, gradua e modifica os sistemas distorcidos e os padrões de relação. Cooper (1971) coloca a terapia familiar como uma tentativa de modificar os padrões estruturais existentes em uma rede relacional. A terapia de família representa a possibilidade de uma ação controlada em que os componentes da família têm chances de transformações comunicacionais em relação aos outros. O membro identificado como paciente pode descobrir uma área crescente de ação autônoma, enquanto os outros membros da família se tornam mais autossuficientes, afastando-se da possibilidade de sucumbirem também, de alguma forma, à rede patológica familiar. Entendemos que toda psicoterapia, em última instância, é um processo de busca da verdade. Seja na psicoterapia individual, seja na grupal ou familiar, o terapeuta funciona como um receptor de mensagens que, devidamente metabolizadas pelo seu aparelho psíquico e por sua técnica, são devolvidas de modo a permitir que o outro (indivíduo ou grupo) conheça novas verdades sobre si mesmo. É um processo que se assemelha ao processo artístico, em que o artista capta o mundo circundante e por meio de sua sensibilidade o devolve ao mundo, permitindo que este depare com aspectos antes não percebidos.

Especificamente na psicoterapia de família, o objetivo terapêutico é propiciar que seus elementos possam enxergar a verdade dos vínculos, as interferências cruzadas, os mitos que encobrem as realidades não desejadas, que possam ser vistos mutuamente sem falsas imagens. Em palavras psicodramáticas, a tentativa é propiciar o nascimento de *relações télicas* (conjunto de processos perceptivos que permitem uma valorização correta das relações) ou, por outro lado, permitir o *encontro*. A doença mental pode ser entendida como a patologia do encontro. A doença familiar pode ser enfocada pelo aspecto da falta de relações télicas, pela substituição delas por relações de pseudomutualidade, de duplo vínculo (princípio de emissão de duas mensagens contraditórias, pela mesma fonte, provocando confusão no receptor — observado e conceituado por Bateson [1971]), de *transferência* e de *desencontro*.

Resumindo, o objetivo da psicoterapia familiar é, portanto, modificar ou desmontar pautas estereotipadas de condutas, estabelecendo novos meios de comunicação. É descentralizar a situação de um membro que recebe o rótulo de patológico, levando aos outros membros, por assim dizer, responsabilidades iguais. É desmascarar mitos familiares e mostrar esquemas de defesa, para que cada integrante possa perceber a si mesmo e ao outro, deixando vir à tona as características vinculares reais do relacionamento. Segundo Bauleo (1974, p. 85), "o único caminho de ruptura desta cumplicidade parece ser que a família reconheça que é como é, e não siga acreditando que é o que deveria ou deseja ser".

Aqui entramos em dificuldades técnicas consideráveis, pois a família resiste a esse processo da verdade, esperneia, lança mão de defesas agressivas e introversivas. Todos os profissionais que lidam com crianças e adolescentes sabem como é comum a tentativa ou a sua retirada, pelos pais, da psicoterapia, quando as modificações do elemento terapeutizado se transmitem à rede familiar de alguma maneira incômoda — sobrevém o golpe de Estado e tudo se *autorregula* novamente. No transcorrer de uma terapia familiar, é comum os elementos se unirem contra o *espião terapeuta*. Às vezes conseguem uma comunicação em código, compreensível por todos, exceto pelos terapeutas. E, afinal, perceber a dinâmica de uma família não é o mais difícil; o mais difícil é fazer que ela própria perceba e, mais ainda, conseguir que desenvolva novos padrões de relacionamento.

Uma família foi encaminhada pelo motivo formal de o filho mais velho, um adolescente de 17 anos, apresentar sérias dificuldades de relacionamento. Trata-se de um rapaz com características esquizoides, de ótimo nível intelectual, isolado socialmente e que apresenta atitudes paranoides. Seus primeiros meses de vida significaram um período de grande isolamento. A mãe, quando solteira, havia feito cursos de enfermagem. Ao nascer o primeiro filho, resolveu pôr seu aprendizado em prática e montou um esquema asséptico em que a criança era vista à distância e tocada somente nas horas certas, da alimentação e dos cuidados higiênicos. Esse rapaz apresenta tal resistência ao contato humano que se recusa a andar em transportes coletivos. Permanece em casa, saindo apenas para cumprir os deveres escolares, levado de carro pela mãe. Quando isso é impossível, vai a pé, qualquer que seja a distância. Submeteu-se a psicoterapias variadas desde os 7 anos de idade. Na abordagem familiar, optamos por um trabalho inicial com os pais. As primeiras sessões decorreram razoavelmente bem, ficando patente um relacionamento do tipo *insatisfatório estável* (Jackson, 1971). À medida que se foi aprofundando na dinâmica, as resistências começaram a surgir. A mãe diz que se mataria se viesse a perceber que tem responsabilidades na maneira de ser do filho. O casal se une e se fecha. Trazem fantasias de destruição da família, caso passem a "fazer jogo aberto".

Em uma *imagem simbólica* da família, o pai se coloca olhando, à distância. A mãe se relaciona com o pai por um simples toque de dedos. O relacionamento parece tênue, mas vai se mostrando intenso em outros planos. Falam em código, sem que os terapeutas entendam. Em certa fase, o pai acha que um dos terapeutas está muito *duro*. Unem-se para defender-se do *inimigo*, do *espião familiar.* Agridem. A tática foi não aceitar a provocação agressiva. Preferiam ficar vivendo a situação persecutória, fechando-se como defesa, a prosseguir na abertura que consideravam perigosa. O pai monta uma imagem de como sente o relacionamento pai-mãe-filho mais velho. Os pais estão numa ponta do cenário, de pé, encostados pelos ombros; o filho na outra ponta, sentado no chão. A partir desse estímulo plástico, pedimos a ele que invente uma pequena história. Recorda- se de caricaturas do tempo da Segunda Guerra Mundial. Os dois (pai e mãe), de pé e juntos, seriam Roosevelt e Stalin, e o sentado e distante Gandhi (desempenhado por um de nós como ego-auxiliar). Roosevelt e Stalin confabulam, Gandhi sente-se deixado de lado. Comenta-se que os segredos de Estado não devem ser discutidos abertamente, com os países pobres. Gandhi protesta, mas as duas potências são inflexíveis. Entra um jornalista em cena (ego-auxiliar) que entrevista Roosevelt e Stalin. Ressalta a diferença, a distância e os segredos das duas potências em relação ao país do Terceiro Mundo. No final, apresenta a entrevista redigida a Roosevelt e Stalin para ser censurada com vistas à publicação[4]. Stalin corta trechos que seriam comprometedores. Roosevelt

---

4. Para os não psicodramatistas, é importante esclarecer que nada foi redigido de *verdade*, o ego-auxiliar (jornalista) apresenta, de *faz de conta, como se,* um papel que conteria a entrevista que na realidade não existe.

proíbe sua publicação. Com isso fica claro, não só para os terapeutas, a distância em relação a Gandhi — o filho. As duas grandes potências (pais) são "amigas" dos países do Terceiro Mundo (filhos), só que não permitem aproximação. A entrevista não pode ser publicada — os outros, inclusive os terapeutas, não têm acesso aos "segredos diplomáticos".

Um exemplo de linguagem familiar pode ser observado nesta sessão: trata-se de um casal idoso com um filho adolescente de 18 anos. O rapaz foi encaminhado para a psicoterapia individual por apresentar dificuldades escolares e problemas no relacionamento com pessoas da mesma faixa etária. Apresentava ideias megalômanas, atitudes de superioridade, fantasias de riqueza. Quando intensificou rituais obsessivo-compulsivos, tais como lavar as mãos exageradamente, cortar franjas de tapetes que lhe pareciam desiguais, e com a piora do rendimento escolar, a família o trouxe para tratamento. Ele iniciou psicoterapia individual com outro terapeuta, enquanto nós passamos a fazer a abordagem familiar.

Os pais frequentemente tentavam se eximir da terapia, buscando usá-la como um local onde podiam dar *broncas*. Uma delas era que o rapaz só pensava em dinheiro, riqueza, ostentação, aparência, carros importados.

Em uma das sessões, a mãe percebe um mecanismo que lhe provoca forte descarga emocional. Dá-se conta de que chegou a gostar que o filho fizesse coisas erradas para poder repreendê-lo. Começa a chorar, sai da sala e refugia-se em uma sala contígua. Pai e filho ficam atônitos — segue-se um silêncio tenso. O rapaz procura falar de coisas triviais com o pai. Um dos terapeutas corta. O rapaz relata estar surpreso de ver a mãe desse jeito. Diz nunca tê-la visto assim "por uma bobagem dessas". A mãe retorna. Os três tentam disfarçar a emoção. Para não perder o momento emocional, pede-se que aproximem as cadeiras, fechando o círculo e proporcionando um clima de maior intimidade. Depois um dos elementos se retira, deixando sempre uma dupla cara a cara: mãe e filho, pai e filho, pai e mãe. Todo o diálogo é uma fuga do emocional da sessão. Mãe e filho discutem como o rapaz poderá ocupar o escritório da mãe na indústria da família, como é importante o rapaz se inteirar dos negócios, pois quando "o pai faltar" ele assumirá o controle da firma. Entre pai e filho combinam-se detalhes sobre o futuro trabalho deste e discutem a quantas anda a ampliação da fábrica. Os pais discutem em que dia da semana o pai poderá levar o filho para conhecer as obras da ampliação. Ninguém discute o que a mãe sentiu, nem o que eles sentiram. A linguagem é substituída pelo idioma dos negócios. Não é o filho que só pensa em grandeza, é a família.

Um questionamento mais sério para os que trabalham com famílias é se existe a família ideal, que, às vezes, os terapeutas querem atingir. Sendo a família tradicional uma das unidades básicas da nossa sociedade, e esta se pautando pela competição, pelo duplo sentido, pela falsidade, poder-se-ia esperar que a primeira fosse direta, verdadeira e honesta em seus intrarrelacionamentos? Isso talvez aconteça com outros grupos institucionalizados. Nessa perspectiva, a psicoterapia assume algumas vezes um caráter anti-institucional, na medida em que permite aos indivíduos o questionamento das estruturas sociais vigentes. Só não o é mais porque (a psicoterapia) é fraca e lenta no confronto com as poderosas forças sociais. Uma outra questão é saber até que ponto as forças da engrenagem social não diluem o resultado da psicoterapia familiar com o tempo.

A observação, a vivência prática da psicoterapia familiar, tem demonstrado que para a família persistir na sua organização clássica ela deve possuir pelo menos uma boa dose de hipocrisia. Frequentemente o terapeuta familiar assiste ao rompimento de vínculos conjugais que não resistem às verdades recíprocas de seus componentes. Não há terapeuta que não sofra o impacto da experiência de lidar com casamentos e famílias. Um bom exemplo seria visto em Laing e Cooper (1972), que começaram estudando a doença mental num enfoque clínico-individual, passaram para o familiar e social e atualmente fazem contribuições nos domínios da filosofia e da política.

Existem inúmeros posicionamentos práticos dos terapeutas em relação às famílias. Nesses posicionamentos influem não somente a técnica, mas, muito mais, o tipo de personalidade e a filosofia de vida deles. Assim, alguns terapeutas norte-americanos propõem uma atitude diretiva do que é certo e errado para as famílias. A psicoterapia de família passa a ser uma tarefa pedagógica, quase doutrinária. Mesmo não funcionando de maneira diretiva, torna-se praticamente impossível, porém, filtrar o comprometimento que o terapeuta tem com a estrutura social e familiar da qual se origina e em que se situa. Na verdade, até que ponto todos os terapeutas de família são ou não doutrinadores?

Concebemos a psicoterapia familiar, como já exposto em linhas anteriores, com o objetivo de propiciar uma visão diferente, nova, de realidades interno-externas. Qualquer que seja sua linha, a tarefa principal do terapeuta é mostrar, mostrar e mostrar. Revelar as interações nos aspectos latentes, erguer os véus e permitir a visão de pontos cegos, desmontar os mecanismos de interação *neurótica* e/ou *psicótica*.

O que fazer depois não é tarefa do psiquiatra ou do psicólogo ou do assistente social. A partir daí, aqueles indivíduos ou aquele grupo encontrarão, por si mesmos, novos rumos. E esse será até um grande resultado: os terapeutas não — nem têm condições para isso — devem tentar carregar instituições em suas costas.

A maneira de enfocar psicoterapicamente famílias é muito variada. Alguns tratam os membros da família conjuntamente. Outros preferem ver a família como um todo, para efeito diagnóstico, e encaminhar seus membros para diferentes terapeutas que colaboram entre si. Os elementos da família são vistos às vezes individualmente pelo mesmo ou por diferentes terapeutas, e dessa maneira se configura um mapa sociométrico familiar. Determinados terapeutas consideram ideal trabalhar com toda a família, enquanto o membro emergente (formalmente o chamado *doente*) recebe psicoterapia individual com um profissional da mesma equipe.

Trabalhamos numa equipe constituída por um psiquiatra e uma assistente social psiquiátrica. Fazemos uma ou mais entrevistas conjuntas iniciais com a família ou com os elementos que nos são encaminhados. Em seguida, a assistente social realiza entrevistas com cada elemento individualmente. Caso haja indicação, realiza visitas domiciliares de modo a captar *in loco* o clima familiar. Com esses dados,

298

fazemos um estudo das dinâmicas básicas, elementos e *vínculos-chaves*, e propomos um esquema de trabalho. Em geral, propomos esquemas breves (de acordo com os princípios da psicoterapia breve), nos quais a dinâmica básica é trabalhada. Essa etapa inicial, dependendo da situação familiar, pode se constituir de seis a oito ou até de vinte a trinta sessões, de noventa minutos de duração. Os tratamentos prolongados, como é de se esperar, correspondem aos casos mais graves, que geralmente envolvem problemáticas psicóticas trazidas à tona por um dos membros. Terminada a fase inicial, fica em aberto o retorno ou a realização de novas etapas. Em certas ocasiões, após um período inicial intensivo, propomos, como evolução, sessões espaçadas (mensais, por exemplo).

Não pretendemos levar os casais ou famílias a estes ou aqueles ideais. Colocamo-nos a serviço de mostrar o que aparece, o que não conseguem ver, ou, muitas vezes, só procuramos ser um elemento facilitador da comunicação emperrada. Mostramos, eventualmente, que certas reivindicações não estão se fazendo puramente em nível pessoal, mas obedecendo a forças muito mais violentas (socioculturais), ou seja, trabalhamos o grupo familiar considerando os fatores intervenientes do contexto social. É muito comum, por exemplo, a queixa afetivo-sexual da mulher que só trabalha em casa, em relação ao marido. Além dos elementos intrínsecos ao relacionamento, o que há é a moça que pautou toda sua vida (mesmo com enganos intelectuais) para entrar no *reino da felicidade do casamento*, e o moço que foi ensinado, de maneira insidiosa porém violenta, que precisa ter sucesso e muito dinheiro — ele tem de competir e fazer rolar cabeças. Assim, ele se exaure nessa guerra durante o dia e à noite recebe a cobrança afetivo-sexual. E ela, que espera o dia inteiro pelo príncipe, vê entrar em casa o vilão. Outro aspecto que é cultural, podendo, é claro, apresentar variações individuais, é o fato de a mulher, em geral, se entregar mais facilmente ao amor, ao passo que o homem é mais defendido. Esse aspecto é tão intenso culturalmente que, quando acontece o inverso, é comum a própria mulher não respeitar a atitude do homem e não a considerar muito masculina.

Outro aspecto bastante corriqueiro é o de famílias que se constroem em modelos arquitetados intelectualmente do que é certo e errado, da *família feliz*; a família das regrinhas que se desmontam ao primeiro impacto emocional mais forte. São falsas atitudes copiadas dos modelos sociais impingidos pela propaganda e pelos modismos. Outras vezes ocorre que a terapia familiar entra num beco sem saída. Passa a malhar em ferro frio. Chega-se a um ponto de resistências e dificuldades que tornam inoperante sua continuidade. Nessas circunstâncias, opta-se pela suspensão ou término da tarefa, esperando-se que os membros mais sensibilizados durante esta procurem terapias pessoais.

Também acontece, algumas vezes, que as famílias queiram prolongar interminavelmente o tratamento, a fim de não se comprometer com nenhuma definição. Um casal de noivos há dez anos ficou muito ansioso quando propusemos discutir o término da psicoterapia. Talvez esperassem, agora com cobertura oficial (médica), adiar por mais dez anos a sua decisão.

Trabalhamos com a técnica psicodramática. Fazemos terapia de família com técnica psicodramática, ou *sociodrama familiar*. Cia (1974) explica que a expressão exata é sociodrama familiar, pois, segundo Moreno, na sessão de psicodrama o enfoque recai sobre o indivíduo, com a sustentação emocional do grupo. O sociodrama tem como objetivo o tratamento de um grupo pré-formado, com suas características sociodinâmicas, como é caso da família.

Manejamos a sessão de grupo familiar como qualquer outra sessão psicodramática — nas suas etapas (aquecimento, dramatização e comentários ou análises), com as técnicas usuais (duplos, espelhos, inversão de papéis, alegorias, imagens simbólicas, objetos intermediários etc.). E em três níveis: realidade, simbólico e fantasia.

É importante que se esclareça, para os que não têm experiência psicodramática, que psicodrama não é só dramatização. Especialmente no trabalho com famílias, em que as defesas grupais são fortes e o compromisso emocional é intenso (os elementos de que se fala estão presentes e a resposta é imediata), as dramatizações devem acontecer no *timing*. Nessas ocasiões, as dramatizações são reveladoras, pois não são os terapeutas que estão mostrando o que se passa. Todos os presentes têm oportunidade de ver e participar, concluir e analisar o *aqui e agora* da dramatização. Todos passam a ser terapeutas a fim de per-

300

ceber e revelar. Por outro lado, é comum a resistência a dramatizar após uma sessão que tenha sido muito *quente*. É preciso sintonizar com o ritmo da família e dramatizar somente quando a sessão atinge clima, estrutura e sustentação emocional adequados.

Um procedimento técnico recente é o uso do videoteipe, que propicia à família ver-se por si própria. Isso evita resistências a assinalamentos e interpretações dos terapeutas, dando mais autonomia aos participantes. Temos utilizado esse recurso especialmente nas dramatizações. Antes dos comentários, a família assiste ao *teipe*, auto-comenta-se e autoconclui-se — os terapeutas só intervêm quando necessário.

Uma marcação final: não pretendemos dar respostas cabais porque não as temos. Quisemos problematizar, pois é uma maneira de fazer refletir. Talvez em nenhum outro campo da práxis do psicoterapeuta ele se sinta tão envolvido pessoalmente como na terapia familiar. Cabe lembrar um testemunho irônico de David Cooper. Em *A morte da família* (1972), ele faz uma crítica arrasadora a essa instituição. No final do livro, agradece à própria família por tê-lo atendido tão dedicada e carinhosamente durante uma "profunda crise espiritual e corporal".

2. Um novo olhar: abordagem psicoterápica de famílias — Sociodrama familiar (2000)

MARIA AMALIA FALLER VITALE

Vinte e cinco anos se passaram desde nosso primeiro texto sobre sociodrama familiar. Revisitá-lo é rever um percurso de vida no qual o trabalho com famílias tem sido — no meu caso — uma experiência constante. Reler no plano individual as mudanças na forma de trabalhar é expressar também as tendências do curso histórico da terapia familiar e apreender aquilo que se transformou e permaneceu ao longo desses anos de vida profissional.

No Brasil de 1975, o movimento de terapia familiar era incipiente, os poucos terapeutas familiares trabalhavam e estudavam isoladamente. A bibliografia sobre o tema era escassa. Os fundamentos principais se apoiavam nos teóricos da comunicação e no próprio sociodrama. A maioria dos autores estudados partia de observações sobre esquizofrênicos e suas famílias. A terapia familiar representava uma mudança nos pressupostos básicos do trabalho psicoterápico e exigia a aceitação de novas ideias, novas maneiras de trabalhar, conforme revela o texto (1975) que consta da primeira parte deste capítulo.

Aliado ao caráter inovador que o artigo manifesta, percebo a ousadia da juventude dos autores, questionando valores sociais e a dimensão repressiva da família. A década de 1970 compõe o contexto sociocultural de nosso texto, escrito no tempo em que ainda vivíamos sob a ditadura. A antipsiquiatria, por meio das ideias de Laing (1972) e Cooper (1971), subsidiava em parte nosso pensamento. A antipsiquiatria ofereceu na época uma contribuição significativa para a revisão de paradigmas sobre a doença mental e seu atendimento. Esse momento da juventude trouxe para a maturescência (utilizando o termo de Attias-Donfut, 1988) os pressupostos do trabalho com família, a necessidade de aprofundar as análises da família como grupo que tem uma história social marcada pela singularidade. Trouxe também as bases de uma rede profissional que é viva até hoje e o pertencer a uma geração de profissionais marcada pela memória de rupturas sociais, algumas mais desejadas do que realizadas.

Mas, afinal, o que se transformou no trabalho clínico com famílias? Para responder a essa questão é preciso examinar alguns dos aspectos que faziam parte de nosso pensamento e prática expressos nessa primeira sistematização, bem como algumas das mudanças que se processaram. Releio o texto mais uma vez. Dou-me conta da atualidade de algumas afirmações e principalmente da contribuição psicodramática para o trabalho com famílias.

Lá está a *imagem simbólica* ou a *escultura* familiar. Hoje, os terapeutas familiares de um modo geral, isto é, independentemente de serem psicodramatistas, utilizam-se da escultura, sem referência, entretanto, às raízes psicodramáticas. As ideias de Moreno, embora sejam precursoras, não tiveram o devido reconhecimento na história da terapia familiar. A escultura familiar continua sendo muito usada no trabalho clínico.

302

Lá está presente, também, a utilização de um recurso técnico só empregado no trabalho com família — no Brasil — muito tempo depois, o *videoteipe*. Este funcionava como um espelho para a família adquirir uma qualidade reflexiva sobre si mesma. Lá está a psicoterapia breve e focal, realizada em prazo delimitado. O trabalho clínico amadureceu e os *modelos* definidos se flexibilizaram. Até hoje não perco de vista o foco, mas não trabalho necessariamente nesse enfoque e com um número preestabelecido de sessões. Isso pode ou não ocorrer, dependendo do contrato definido com a família ou casal. De qualquer modo o foco é relacional e privilegia tanto o problema como as soluções.

Lá está o trabalho em coterapia. Acredito que esse método ainda traga maiores benefícios para o sistema família-terapeuta; no entanto, o fato de incluir dois profissionais, no caso de clínica particular, torna o tratamento oneroso. Mas sem dúvida o olhar multidisciplinar permite um trabalho mais fecundo sobre a complexa realidade que é a família. A coterapia é um exercício prático nessa direção.

Lá está o processo da terapia familiar compreendido de forma similar "ao processo artístico, em que o artista capta o mundo circundante e por meio de sua sensibilidade o devolve ao mundo, permitindo que este depare com aspectos antes não percebidos". Acrescentaria que essa produção artística se constrói na relação entre família e terapeutas. Os desafios da vida familiar, os temas cruciais, os sentimentos e afetos envolvidos no processo terapêutico são, de alguma maneira, comuns a terapeutas e famílias. É com base nesse sistema que emergirá a espontaneidade e, portanto, as possibilidades criativas e terapêuticas.

Lá está apresentada, ainda que de forma incipiente, a ideia de rede, hoje tão presente no bojo das reflexões sobre terapia familiar: "Esta rede já não é constituída somente por familiares, pois vão se incluindo outros seres gerados por outras matrizes de identidade, por outras famílias. Daí decorre que em uma psicoterapia familiar se introduzam, algumas vezes, elementos do átomo social, do formalmente chamado paciente, sem pertencer necessariamente à família". Valorizar a rede, como reserva positiva de que a família dispõe, pode ser um caminho criativo a ser construído com ela. Nesse sentido, considerar a rede é buscar novas soluções para os problemas enfrentados pelo grupo familiar. A rede social tem sido um horizonte no sociodrama familiar ao longo desses anos.

Lá está a família em seu contexto, a dimensão dos papéis sociais que integra a relação homem e mulher, captada pela relação terapêutica. O exemplo do texto com relação à *mulher que só trabalha em casa e faz queixas de ordem afetivo-sexual* e do *homem que precisa ter sucesso* aborda os ideários de casamento e sua articulação com os papéis de homem e de mulher. Atualmente, observo em minha experiência clínica que a maioria das mulheres trabalha e continua desejando maior participação de seus maridos nas questões do mundo dos afetos. Os homens, em contrapartida, não se sentem os únicos responsáveis pelo mundo do trabalho. As mudanças sociais penetram o âmago das relações familiares. Entendo a família não só em seu contexto, mas pela óptica de uma realidade em constante transformação, que traz no seu interior demandas relacionais contraditórias e complementares no que diz respeito às relações de gênero e intergeracionais. Nesse sentido, a família passou a ser compreendida como um espaço de convívio e de confronto entre gêneros e gerações.

Lá está a noção de *bode expiatório*, fruto de estudos e reflexões da época, subsidiadas, por exemplo, pelas ideias de Ackerman[5] (1966) e da própria antipsiquiatria: "o paciente formal seria o depositário dos conflitos familiares que o consagram assim para manter seu equilíbrio". Essa perspectiva resulta do fato de a terapia familiar estar ligada em termos históricos à psiquiatria clínica. Os esforços dos trabalhadores na área de saúde mental em levar conforto aos doentes mentais e seus familiares muito contribuíram para o desenvolvimento da terapia familiar. Não se pode, no entanto, esquecer que até os anos 1970 vigorava a atitude — mesmo que implícita — de atribuir primeiro às mães e depois às famílias a responsabilidade, senão a culpa, de serem causadoras dos psicóticos que possuíam. Essa visão acabava por conferir ao paciente identificado um papel de vítima da família. Compreendi que não há uma relação linear entre vítimas e vitimizadores[6]

---

5. Ackerman trabalhava com a ideia de família como unidade de saúde e doença.
6. Não me refiro a situações de violência ou abuso sexual.

na família, mas uma trama vincular que sustenta e mantém esse processo sem ganhadores.

Hoje, com a mudança da psiquiatria, revalorizando os aspectos genéticos e bioquímicos como possíveis fatores etiológicos das doenças mentais, novos contornos se delineiam no campo das terapias. Isso não invalida as psicoterapias, em especial a familiar, mas aponta para a recontextualização das formas e indicações terapêuticas. Assim, cruzamos o século reconhecendo a multiplicidade de caminhos. Nesse cotejo de épocas, outro ponto a ser comentado no campo da saúde mental, até por decorrência da discussão anterior, refere-se ao aparecimento de novas drogas e à utilização de antigas drogas em dosagens diferentes, ampliando as possibilidades terapêuticas para abolição ou atenuação de sintomas psiquiátricos e permitindo uma nova forma de convívio familiar do paciente portador de transtorno mental[7].

Em 1985 estive em Roma[8] para um curso de especialização em terapia familiar. Tomei contato com o pensamento sistêmico aplicado ao campo da terapia familiar. Acrescentei novos conhecimentos, levantei questões e também confirmei antigas posições. Uma delas refere-se ao fato de que não se pode transpor a forma de trabalho terapêutico de outros países sem levar em conta as características socioculturais da família brasileira. Corre-se o risco de cometer violências culturais. Outro ponto importante é o relativo à permanência do enfoque sociodramático em minha metodologia de trabalho. As ideias de Moreno me permitiram ver o vínculo. A vida acadêmica me possibilitou pesquisar a família. Novas preocupações teóricas e clínicas emergiram e foram introduzidas. Acrescentei ao meu trabalho a dimensão geracional e de ciclo de vida familiar, fortaleci a perspectiva de rede sociométrica. Assim foram incluídas algumas das ideias de Bowen (1978), aliadas a outras reflexões sobre geração (Attias-Donfut, 1988; Vitale, 1994). A questão da transmissão familiar e seus processos tem sido central em meu trabalho. A sociometria familiar é posta em destaque e captada no plano da troca entre gerações. Em consequência, tenho

---

7. Este parágrafo reflete as ideias de J. Fonseca sobre a psiquiatria na atualidade. Ver o Capítulo 10, "Tendências da psicoterapia."
8. No Instituto de Terapia Familiar de Roma.

desenvolvido o trabalho psicodramático com o genograma familiar[9]. O referencial de ciclo de vida (Vitale, 1997) permite compreender as famílias no decorrer do tempo. Esse foco desloca a ênfase da doença para a saúde, o que é coerente com as bases filosóficas morenianas. Esses dois planos — o geracional e o de ciclo de vida — compõem a teia da saga familiar que o sociodrama busca revelar e ressignificar. O sociodrama tem sido o eixo articulador de meu trabalho.

Nesses longos anos de prática, ao estabelecer as relações entre psicodrama e teoria sistêmica, não reduzo um ao outro. Acredito que o sociodrama ofereça contribuições próprias, seja no plano teórico, seja no prático. O sociodrama constitui uma maneira eficaz de trabalhar a alquimia das relações familiares. O caminho terapêutico que busca a espontaneidade, quer pela ação dramática, quer por meio de intervenções verbais, visa liberar as energias bloqueadas em função da trama de culpas, lealdades invisíveis, alianças; oferece a possibilidade de o grupo familiar reconhecer seus desafios perante as mudanças de seu ciclo de vida.

Daquela época até o momento, o movimento de terapia familiar cresceu e vários cursos de formação foram implantados em diversas regiões do país, assim como foram fundadas associações profissionais. A teoria sistêmica-construtivista prevaleceu entre os terapeutas familiares, mas vários outros enfoques se apresentam. Assim, vencidas as barreiras iniciais para a legitimação da terapia familiar no Brasil, enfrentam-se hoje novos desafios: a pesquisa, o aprimoramento da formação profissional, a contribuição para os estudos de família, considerando o caráter relacional próprio da vida familiar em nossa sociedade.

Para finalizar, gostaria de evocar um trecho de Elkain, reconhecido terapeuta familiar, que também reflete minha experiência em termos de percurso como terapeuta de família: "Em cada etapa da minha vida profissional tive oportunidade de entrever novas perspectivas, que enriqueceram meu pensamento e minha prática, e nunca deixando de me permitir realizar a integração, a cada novo passo, daquilo que adquiri na fase precedente" (Elkain, 1998, p. 330).

---

9. A dramatização de aspectos do genograma — instrumento reconhecido dos terapeutas familiares — estou denominando *genodrama*.

PARTE VI

PSICODRAMA E SOCIODRAMA PÚBLICO — SESSÕES ABERTAS DE PSICOTERAPIA

Assisti pela primeira vez a um psicodrama público em 1967, durante o Congresso Latinoamericano de Psicoterapia de Grupo, em São Paulo. Aconteceu no Teatro da Universidade Católica (Tuca) e foi dirigido por Rojas-Bermúdez. Teve grande repercussão na comunidade psiquiátrica e psicológica da cidade. Fiquei surpreso com a forma como as pessoas se desnudavam psicologicamente e pela maneira espontânea com que o público interagia com os protagonistas. Mais tarde, já como psicodramatista, dirigi inúmeros psicodramas públicos e assisti a vários deles. Mas nada me impressionou tanto quanto as *sessões abertas* no Instituto Moreno, em Beacon, em 1979. O que mais me encantou foram os participantes que iam em busca de ajuda psicoterápica. Diferentemente de minhas experiências anteriores, em que os grupos eram constituídos basicamente por profissionais da área de psicologia, em Beacon o público era formado preponderantemente por leigos desprovidos do interesse do aprendizado da técnica. Essa experiência americana determinou que o Daimon — Centro de Estudos do Relacionamento*, em São Paulo, iniciasse as sessões abertas de psicoterapia em 1984 e as mantivesse até agora. Nessa parte, o leitor entrará em contato com esse tipo de trabalho e com a metodologia empregada para dirigir grandes grupos.

José Fonseca

---

* Daimon — Centro de Estudos do Relacionamento é uma entidade sem fins lucrativos que tem por objetivo propiciar o desenvolvimento pessoal, além do treinamento e aperfeiçoamento de profissionais nas áreas de psicologia e psiquiatria. Tem ainda como meta o atendimento comunitário, compreendendo a organização de atividades voltadas para o público, com objetivo psicoterápico ou psicoprofilático. Não filia nem é filiado a nenhuma outra entidade.

18

SESSÕES ABERTAS DE PSICOTERAPIA:REFLETINDO A EXPERIÊNCIA*

Venho às sessões abertas em busca da magia. Só aqui tenho a possibilidade de encontrar pessoas de um jeito que não acontece lá fora. São estranhos e tão próximos.
Uma participante da sessão aberta

MARIA AMALIA FALLER VITALE
MERY CÂNDIDO DE OLIVEIRA

Este artigo nasceu do interesse em refletir sobre as sessões abertas de psicoterapia, realizadas no Daimon-CER desde 1984. Ao longo dessa experiência colhemos, como integrantes da equipe de coordenação, depoimentos de protagonistas e participantes do público, consultamos registros de sessões e realizamos reuniões de avaliação com os terapeutas envolvidos no trabalho.

Rever, sistematizar os dados, problematizar as questões e impasses surgidos no decorrer do trabalho nos conduziu à tentativa de aliar essa experiência prática a algumas pontuações teóricas iniciais. Esperamos, assim, configurar um esboço dessa dimensão do trabalho psicodramático que, embora seja central no psicodrama, tem sido pouco explorada.

Retomando as origens

Relembremos brevemente o percurso de Moreno com o teatro, que entrou cedo em sua vida. Ainda jovem criou, em Viena, o "Teatro

---

* Trabalho apresentado no VI Congresso Brasileiro de Psicodrama, Salvador, BA, 1988.

da Espontaneidade". Seu objetivo, além de denunciar a situação política e social da Viena após a Primeira Guerra Mundial, era propor o *teatro do improviso*, inspirado no modelo desenvolvido pela Commedia dell'Arte e pela Comédie Française nos séculos XVI e XVII[1]. As características principais das duas comédias eram:

* peças apresentadas de improviso, sem roteiro escrito;
* atores fixos que desempenhavam os mesmos papéis, às vezes durante toda a vida;
* temas baseados no tripé fome, amor e dinheiro. Na maioria das vezes, os conteúdos, apesar de colocados de forma burlesca, eram críticas sociais adaptadas às características próprias da região onde o teatro se apresentava.

O *teatro da espontaneidade* de Moreno incorpora das comédias italiana e francesa o significado social e a eliminação do dramaturgo e do texto escrito. Moreno (1976a, p. 49) pretendia que os atores e a plateia fossem um *todo*, trabalhando em "um espaço aberto, o espaço da vida, a vida mesma".

Mais tarde, por intermédio do *caso Barbara*, Moreno descobre as possibilidades terapêuticas do desempenho de papéis. O *teatro espontâneo* dá origem ao *teatro terapêutico*.

Retomamos o pensamento de Moreno em relação ao sentido do teatro terapêutico:

> O teatro da espontaneidade abriu as portas para a ilusão. Mas essa ilusão, encenada pelas mesmas pessoas que a vivenciaram na realidade, é uma porta aberta para a vida, *das Ding ausser sich* [a coisa fora de si]. O teatro final não é o eterno retorno das mesmas coisas, por eterna necessidade (Nietzsche), mas precisamente o oposto. É o retorno da pessoa produzido e criado por ela mesma. (1977b, p. 158)

As *sessões abertas* incorporam o sentido do teatro terapêutico, correlacionando teatro e vida. Revelam ao público, por meio das cenas

---

1. Consultar o trabalho de Rosane A. Rodrigues (1990) sobre o teatro de improviso e sobre o teatro terapêutico.

cotidianas, a intimidade das relações interpessoais. A vivência da *segunda vez* traz a possibilidade da dimensão terapêutica. Por outro lado, por se tratar de um trabalho cujo compromisso (diretor, protagonista, público) diz respeito a uma única sessão que se encerra em si mesma, essa dimensão ocorre por meio de um *ato terapêutico*. As *sessões abertas* estão, portanto, intimamente vinculadas à própria origem do psicodrama e, ao mesmo tempo, aparecem como uma proposta inovadora, se tomarmos como referência o desenvolvimento atual do trabalho psicodramático.

Caracterizando o trabalho

Em 1984 iniciam-se as sessões abertas de psicoterapia no Daimon-CER. José Fonseca, coordenador dessa entidade, comenta:

Apesar de conhecer, pela literatura, a atividade que Moreno desenvolvia no teatro terapêutico da cidade de Nova York e posteriormente em Beacon, somente em 1979 pude assistir pessoalmente a apresentações dirigidas por George Baaclini, em Beacon. As 'Open Sessions' realizavam-se aos sábados à noite. O público era constituído por veteranos da guerra do Vietnã, lesionados de guerra, estudantes universitários, habitantes das redondezas e participantes do grupo de treinamento em psicodrama do Instituto Moreno. Fiquei fascinado com a experiência. Imaginei que, se houvesse possibilidade, tentaria realizá-la no Brasil (entrevista em 1988).

No dia 10 de maio de 1984 aconteceu a primeira sessão aberta de psicoterapia no Daimon-CER dirigida por José Fonseca. As sessões abertas tinham por objetivo inicial oferecer uma alternativa de trabalho terapêutico; atingir uma faixa de população com menor acesso aos consultórios particulares; permitir o conhecimento de diferentes formas de direção de atos terapêuticos.

As sessões passaram a se realizar todas as quintas-feiras às 20h30, com cerca de duas horas de duração, no Teatro Terapêutico do Daimon; eram abertas ao público, sem inscrição prévia e por preço módico. Os terapeutas convidados pela equipe de coordenação trabalhavam basicamente com técnicas de ação.

Inicialmente, compor a relação de terapeutas para conduzir as sessões não foi tarefa fácil; muitos recusavam, outros pediam "um tempo" para se acostumar com a ideia. Dentre os que viabilizaram a proposta no primeiro ano da experiência, destacamos: José Fonseca (psicodrama), Luiz Altenfelder (psicodrama), Antônio Gonçalves (psicodrama), Alfredo Naffah (psicodrama), A. C. Godoy (bioenergética), J. A. Gaiarsa (terapia neorreichiana), Luiz Cuschnir (psicodrama), Saulo Berber (Gestalt-terapia), Maria Melo (bioenergética), Oswaldo de Souza Júnior (psicodrama), Marcelo Campedelli (psicodrama), Regina Favre (terapia neorreichiana) e Leonardo Satne (psicodrama psicanalítico).

A equipe de coordenação procurou fazer uma divulgação prévia para alguns núcleos sociais e centros de saúde do bairro onde se localiza o Daimon, embora essa divulgação tenha se revelado de pouco alcance. Na realidade, foram as fontes já utilizadas pelo Daimon (*folders*, programas, cartazes) que serviram para a divulgação. Mais tarde, os próprios integrantes do público encarregaram-se de divulgá-la (boca a boca).

A proposta não visava atender às exigências pedagógicas de alunos em curso de formação de psicodrama, mas, como dissemos, oferecer uma alternativa terapêutica à população desvinculada do meio psicodramático ou terapêutico.

O público

Os levantamentos feitos a partir de 1986 permitem fazer uma configuração inicial do perfil do público que procurava as sessões abertas.

1. Número de pessoas que participaram da atividade

1986: de março a novembro (oito meses) compareceram 979 pessoas; 369 do total vieram pela primeira vez.

1987: de março a novembro (oito meses) compareceram 953 pessoas, das quais 381 vieram pela primeira vez.

1988: de março a junho (quatro meses) compareceram 344 pessoas; 136 vieram pela primeira vez.

2. Alcance geográfico

Numa amostra de 122 pessoas, durante o mês de junho de 1988, levantou-se que o público frequentador reside nas seguintes zonas:

REGIÕES	Nº DE PESSOAS
Jardins e Paulista	26
Oeste (Sumaré, Pinheiros, Lapa etc.)	31
Centro (Bela Vista, Santa Cecília etc.)	7
Sul (Planalto Paulista, Saúde etc.)	34
Norte (Tremembé, Santana etc.)	16
Leste (Itaquera, Vila Prudente etc.)	3
ABC	1
Outras cidades: (Embu, Santos, S. J. Rio Preto)	3

Os dados obtidos parecem indicar que o público se compõe basicamente de pessoas pertencentes à chamada camada média. E talvez o dado mais relevante seja que as sessões abertas têm um grande alcance para o público que inclui pessoas que vêm pela primeira vez.

A observação da equipe de coordenação e levantamentos realizados indicam ainda que o público frequentador se subdivide em três categorias: os que participam pela primeira vez; os que participam eventualmente; os que constituem um subgrupo de pessoas que participa semanalmente e acaba constituindo um "processo" terapêutico paralelo, uma vez que acaba se estabelecendo uma dinâmica grupal ou subgrupal. Esses subgrupos são estáveis e duram em média um ano. No período entre 1984 e 1988 ocorreram três formações diferentes. O início é semelhante: a partir de determinada sessão, geralmente de protagonização, o indivíduo passa a frequentar semanalmente e se agrega a outros elementos que já vêm participando da atividade. No prazo de mais ou menos um ano esse subgrupo se desfaz e outro começa a se formar, com a presença de remanescentes do anterior. Temos ainda uma pessoa que participa do processo desde o início da atividade das sessões abertas e permanece até hoje, passando por vários subgrupos.

Isso parece evidenciar que as sessões abertas, por serem uma atividade regular, tendem a formar núcleos de frequentadores habituais, configurando assim algumas características processuais próprias. Disso resultam algumas questões: em que medida esse subgrupo direciona os trabalhos grupais, uma vez que os terapeutas que se sucedem a cada semana desconhecem essa formação (os terapeutas são convidados para dirigir uma sessão)? Esses subgrupos chegam a fazer um processo terapêutico? Quais as características desse suposto processo? Outro aspecto a ser comentado refere-se ao público de profissionais da área psicológica. Há um número significativo de profissionais que frequentam as sessões. Ainda que o objetivo inicial das sessões abertas não fosse veicular modelos de trabalho, isso acabou acontecendo.

Os terapeutas

A equipe que compõe o quadro de profissionais que dirigem as sessões abertas do Daimon é constituída por profissionais da própria instituição e convidados externos. A linha de trabalho, em geral, é ligada às técnicas de ação e ao trabalho grupal (psicodrama, bioenergética, Gestalt, análise transacional, linha rogeriana).

O maior desafio para um terapeuta de sessão aberta parece ser o desconhecido. O terapeuta não tem uma história anterior com o protagonista e com o grupo. Trabalha com o protagonista que lhe é oferecido pelo público. Trata-se do encontro de dois desconhecidos com uma meta comum, estabelecida no âmbito *télico-transferencial*. Isso nos remete às seguintes questões: quais as possibilidades de se estabelecer uma relação télica ou transferencial, já que o diretor não escolhe o protagonista (o protagonista, em geral, é escolhido pelo grupo, o terapeuta "aceita" a indicação)? Como seriam os aspectos *télicos, transferenciais* e *contratransferenciais* envolvidos?

Alguns psicodramatistas têm sua primeira experiência psicodramática, ou pelo menos experiências significativas, com as sessões abertas. Outros, ao contrário, nunca passaram pela experiência. Isso conduz a algumas considerações, na medida em que muitos psicodramatistas passam pela formação profissional sem essa experiência (teatro terapêutico) que faz parte da essência do psicodrama.

Essa questão pode ser desdobrada em vários níveis quanto:

314

- ao tipo de formação psicodramática;
- ao modelo de trabalho psicodramático exigido pelo mercado de trabalho;
- ao modelo teórico que só valoriza a psicoterapia psicodramática processual;
- à privacidade do consultório, onde o terapeuta resguarda a sua forma de trabalhar (ela não é exposta em público).

O protagonista

O protagonista que emerge em um grupo aberto faz um pré-aquecimento desde o momento em que se propõe a ir à sessão aberta: "A este processo prévio chamo de pré-aquecimento. Aparecem fantasias em relação ao que poderá ocorrer na sessão ou em relação ao desejo expresso de ser protagonista, ou ainda atitudes reativas a esse desejo" (Bustos, 1974, p. 30).

Temos observado, e os depoimentos de alguns terapeutas o corroboram, que os aquecimentos longos retardam o processo de emergência do protagonista. Isso talvez ocorra porque a energia grupal é dirigida para o aquecimento e para o trabalho grupal, desfocando da problemática individual protagônica ou prevalente.

É frequente que o protagonista comunique que nunca fez terapia ou trabalho psicodramático. Alguns protagonistas emergem não só como expressão sociométrica do público, mas porque buscam ser atendidos por determinado terapeuta. Nesse caso, talvez o primeiro protagonista seja o próprio diretor. Um comentário comumente feito no meio psicodramático é que o trabalho público favorece a emergência de protagonistas com traços histéricos de personalidade. A questão decorrente é se isso dificulta o trabalho ou requer outro tipo de manejo técnico. Alguns protagonistas parecem necessitar do grande público (que mobiliza energia, emoção) como continente para seus dramas. O protagonista precisa da complementaridade do público. O protagonista deixa de ser plateia para ser visto e ouvido por ela. Soeiro, nesse sentido, fala em *instinto de plateia* [2]. Outro aspecto a ser considerado são

---

2. Trabalho apresentado por Alfredo C. Soeiro no Congresso 25 anos de Psicodrama na Argentina em 1988. Em 1990, publica um livro com o mesmo título: O *instinto de plateia*.

os temas mais frequentemente apresentados pelos protagonistas públicos: relação-separação (separação conjugal, morte, conflitos familiares). Algumas dessas cenas desembocam no subtema *sexualidade*.

É interessante observar que protagonistas que trabalham luto ou experiências sexuais infantis parecem necessitar mais da presença do público, como caixa de ressonância, do que outros. O trabalho público ofereceria mais elementos para o ritual de elaboração do luto? Parece que o ritual do luto em si, quando não realizado na vida, é mais bem elaborado quando revivenciado junto com o público do teatro terapêutico, isto é, quando ocorre na esfera do coletivo.

Outro ponto a ser mencionado é referente à psicossociodinâmica relativa à exposição pública de experiências sexuais infantis, à expressão da intimidade. Seriam mais eficazmente expiadas, se as abordássemos em termos de conteúdos de culpa (o que também é questionável)? Ou buscariam a aliança do público contra eventuais agressões sexuais do passado? Ou, ainda, desvelar cenas *tão guardadas* significaria romper com o domínio e com a tirania da privacidade?

O público e o privado

A relação público-privado está no bojo do teatro terapêutico. Naffah Neto, ao comentar esta questão, observa:

> Cada discurso inicialmente se põe como absolutamente pessoal e privado regendo o ser coletivo que o sustenta enquanto tal. Mas a privacidade absoluta significa a solidão absoluta, o vazio, a morte. [...] O protagonista é pois o porta-voz do Drama, sua ação e seu discurso condensando o ser coletivo que sustenta a ação e o discurso de cada um e de todos. (Naffah Neto, 1982, p. 57)

Nas sessões abertas, da escolha sociométrica do protagonista no desenrolar das cenas vai se construindo a inter-relação do individual com o social. É, contudo, na etapa do *sharing* (compartilhar) que o público, ao manifestar o particular, resgata o coletivo e rompe com o isolamento da privacidade. Nesse momento, o protagonista não só revela sua intimidade, como também desvela aquilo que está contido no grupo, no coletivo.

É dessas dimensões coexistentes e contraditórias que surge o sentido das sessões abertas: "Gosto de vir, sempre acabo percebendo que os problemas são parecidos e que a gente não é tão original assim. Acabo me tratando também" (depoimento de participante).

No *sharing*, a tristeza e a alegria, a relação e a separação, a vida e a morte reconfiguram o domínio do significado do individual. Rompe-se a solidão do privado. Encerra-se a sessão aberta.

Exemplificando (relato condensado)

Diretor: José Fonseca
Público: 68 pessoas

Aquecimento

Estando o teatro lotado, o diretor solicita aos participantes que em seus próprios lugares procurem encontrar uma posição confortável, diminuam o fluxo de pensamentos, economizem a energia de movimentos, prestem atenção ao corpo, privilegiando as sensações prevalentes, e a partir daí deixem as imagens visuais se manifestar.

Após alguns minutos, solicita que as pessoas que desejem trabalhar alguma imagem ou cena visualizada interiormente se aproximem dele. Cada pessoa apresenta de forma breve sua cena, e então é realizada a escolha sociométrica do protagonista. A protagonista é uma mulher de meia-idade, de aparência tímida, sobriamente vestida. Ela relata que veio à sessão aberta com a ideia de ser dirigida por aquele terapeuta, buscando "tratar" sua tristeza. A ideia surgiu quando viu outra pessoa trabalhar situação semelhante em uma *sessão aberta* dirigida pelo mesmo diretor. A protagonista havia se submetido a uma psicoterapia processual sem ter conseguido ultrapassar seus sintomas.

Dramatização

Cena visualizada no aquecimento:
Porta da frente de uma pequena casa de campo, sem conseguir entrar.
Sentimento presente: tristeza.

Cena I

A protagonista monta a casa de campo da família e se coloca na porta. Em solilóquio, fala da casa como um projeto do casal e da família, do empenho e dos sonhos do marido, do tempo que levou para construir a casa; fala também da tristeza que sente quando vai para lá, a ponto de não conseguir permanecer na casa. Lembra-se do marido morrendo em acidente de carro, com a casa de campo para ser inaugurada. Ao saber da morte do marido, não pôde vê-lo, pois o caixão estava lacrado, assim como não conseguiu ver as fotos do acidente elaboradas pela polícia técnica.

Cena II

O diretor consulta se deseja "ir" ao acidente. A protagonista concorda. Refaz o acidente, reconstruindo o percurso do marido (inversão de papéis) na estrada, até o momento do choque. A cena se desenrola com o público reproduzindo o ronco dos motores e o barulho do impacto dos carros até o marido encontrar-se prestes a morrer. Por meio de desempenhos e inversões de papéis, o marido fala de quanto gosta dela, da família, da dor de não poder concretizar seus sonhos. Ela é incluída na cena (então em seu próprio papel) para despedir-se do marido. Relata a raiva de ser abandonada, da tristeza que sente, da dor de ficar sozinha e do seu amor por ele. Participa da cena até a morte dele. O diretor pergunta se o marido pode ir embora para o "outro lado" e deixar de ser um "morto-vivo". Responde afirmativamente. Retorna à cena I contemplando a casa de campo e o futuro com outros olhos.

O grupo partilha situações e sentimentos comuns com a protagonista. O *sharing* é a última etapa da sessão aberta.

As sessões abertas, nesse caso, parecem constituir um espaço em que a dor pode ser compartilhada, e o sofrimento, socializado. Rompe-se por um momento o cotidiano das pessoas, oferece-se um novo contexto para o protagonista reviver seus mortos e elaborar mais uma etapa de seu luto. Pode-se, assim, mudar a "qualidade da dor", como afirmou uma participante dessas sessões.

19

SESSÕES ABERTAS DE PSICOTERAPIA: OS BENEFÍCIOS DO PONTO DE VISTA DO PÚBLICO

FÁBIO SCHMIDT GOFFI JÚNIOR

Apresentação

Moreno, criador do psicodrama, iniciou a estruturação deste com base em suas experiências com o teatro da espontaneidade e seus estudos na área da sociometria. Entre 1936 (quando comprou o Beacon Hill Sanatorium, que se tornou, após 1950, o Moreno Sanatorium) e 1942 (quando fundou o Sociometric and Psychodramatic Institute em Nova York), o psicodrama adquiriu maturidade como técnica psicoterapêutica.

O Beacon Hill Sanatorium funcionava como o que chamamos *comunidade terapêutica* e, em seu teatro, as pessoas eram convidadas a explorar seus ideais e ideias. Todos notavam que, ao entrar no teatro terapêutico, as regras da realidade mudavam para o *como se*, e permitiam-se explorá-las sob novas perspectivas.

Em função de a atividade acontecer em uma clínica, ela era mais centrada no paciente psiquiátrico do que na dinâmica do grupo. Segundo Marineau (1989), não existia ambiguidade em relação à meta. Cada psicodrama era um ato terapêutico no sentido estrito do termo. O teatro de Beacon foi um lugar onde o psicodrama começou a ganhar vida própria, com uma utilização sistemática de egos-auxiliares e um diretor a serviço de um *protagonista*. O psicodrama tornou-se uma forma de as pessoas explorarem suas vidas ou, como Moreno colocava, suas *verdades*.

Essas sessões não tinham o compromisso de apresentar sempre a mesma configuração de participantes, nem uma continuidade preestabelecida. A proposta era psicodramatizar, naquela dada ocasião e naquele lugar. Pode-se atribuir a essas sessões a origem ao que hoje se denomina *ato terapêutico*, ou seja, uma intervenção destinada a investigar e buscar trabalhar o conflito proposto em uma só sessão. Marineau (1989) relata que, em 1942, Moreno publica seu primeiro artigo sobre a sessão de psicodrama, descrevendo três partes, o *aquecimento*, a *ação* e o *compartilhar*. Os grupos configuravam-se em *protagonista*, *egos-auxiliares*, *diretor* e *público*. Descreveu as técnicas principais (inversão de papéis, duplo e espelho) e sugeriu que os processos como tele e coinconsciente se evidenciavam durante uma sessão explorando o *átomo social* do paciente.

Apesar da evolução do psicodrama e das mudanças em Beacon, seu teatro continuou a funcionar e a ter as "Open Sessions", nas quais José Fonseca, ao participar em 1979, inspirou-se a introduzir no Brasil as sessões abertas de psicoterapia (Vitale, 1988).

As sessões abertas no Daimon-CER

Em maio de 1984, José Fonseca, fundador do Daimon, iniciou esta atividade, dirigindo a primeira sessão no Teatro Terapêutico do Daimon. Ele conta que, além do fascínio que a atividade lhe causara, um dos objetivos principais, na época, era fornecer oportunidade de acesso à psicoterapia a populações que não dispusessem de recursos financeiros para terapias processuais, geralmente onerosas. Por esse motivo, foram escolhidas as quintas-feiras à noite, quando as escolas de psicodrama da época estavam em aula, o que reduziria a participação de um público mais interessado em aprender do que em trabalhar psicoterapeuticamente suas questões. Para tanto, foi realizada divulgação em igrejas, associações de classe e de moradores do bairro, bem como fixado um preço equivalente ao ingresso de uma sessão de cinema, fazendo que as primeiras sessões servissem a seu objetivo. Porém, com o passar do tempo e por motivos desconhecidos, o público participante foi se elitizando, com uma atuação maior de psicoterapeutas em formação.

320

Até o final do primeiro semestre de 1992 as sessões foram realizadas semanalmente (acompanhando o calendário escolar), sendo que, para dirigir cada sessão, a coordenação convidava um terapeuta diferente, isso também com o intuito de evitar aparecimento de vínculos que pudessem transformar a atividade em terapia com características de grupo processual. A partir de agosto de 1992, as sessões passaram a ser mensais e com menor variação de diretores.[1]

Os psicoterapeutas convidados a dirigir as sessões, em sua imensa maioria, são de formação psicodramática, salvo alguns com formações em Gestalt-terapia ou terapias corporais, além de alguns rogerianos.

Quanto às características básicas das sessões, até por sugestão da coordenação, tem sido o psicodrama centrado em um protagonista. Foram poucas as sessões centradas no grupo, que aconteceram principalmente nos raros casos em que se preestabeleceu um tema para a sessão (temas de idade, aids, obesidade) ou em que o diretor propôs no momento (*jornal vivo*). Em relação às etapas de aquecimento, os manejos variaram entre os que buscaram campo relaxado, propondo técnicas de introversão e tranquilidade, e os que buscaram aquecimento pela interação grupal, física ou por debates. Em relação à etapa do *compartilhar*, não foram observadas variações significativas de manejo. O compartilhamento foi bastante produtivo em várias ocasiões, confirmando que a cena de ação serve de aquecimento para situações de *catarse grupal* e *social* pelo público. Isso configura a parte da sessão correspondente à *psicoterapia de grupo* (Bustos, 1982).

Descrição de uma sessão

No início de uma sessão aberta de psicodrama estamos atentos ao processo de *aquecimento*, à preparação para uma ação. Levamos em conta que cada um dos participantes, quando se propõe a ir a uma sessão, inicia em si um *pré-aquecimento* (Bustos, 1982) que compreende as fantasias relativas ao que poderá ocorrer, desejos e receios. Uma vez no local da sessão, a atenção se concentra no que irá transcorrer, nas outras pessoas participantes, no diretor. Cabe a este manejar a

---

1. A partir do segundo semestre de 1998, as sessões passaram a ser quinzenais.

tensão gerada, a fim de propiciar aos participantes abertura de canais para um máximo de coesão grupal que mobilizará e dará sustentação (continência) a uma ação. Quanto mais habilmente essa etapa for manejada, mais próxima do ideal será a escolha do protagonista, ou seja, um indivíduo que não só se proponha a trazer suas questões pessoais, mas que também, por manifestação do efeito *tele*, seja representante do anseio grupal.

Uma vez escolhido o protagonista, inicia-se a ação propriamente dita com um novo *aquecimento*, agora específico, centrado no protagonista, a fim de prepará-lo para a representação de si mesmo no cenário. A ação se desenvolve então segundo os princípios do aqui e agora (da presentificação) e da produção como instância principal, em lugar da análise. Utilizam-se as técnicas tradicionais de psicodrama, como, por exemplo: *solilóquios, duplo, espelho, tomada* e *inversão de papéis*. Assim, pela *dramatização* possibilita-se o desenvolvimento de *papéis* por meio da desmobilização de conservas culturais e liberação da espontaneidade. Ou, descrevendo de outra forma, para, pela dramatização da situação proposta, estabelecer uma ponte com os registros das relações passadas e, presentificando-as, ter oportunidade de as *reviver* e modificar, tornar mais espontâneos os *papéis* e diminuir a angústia do indivíduo.

Terminada a protagonização, os demais participantes do grupo, que haviam ficado em posição relativamente secundária, ressurgem em seus comentários e, seguindo a mobilização causada pelo desnudamento do protagonista, compartilham com o grupo suas próprias experiências, num movimento de *catarse grupal*.

As *sessões abertas*, como forma de *psicodrama público*, chamam a comunidade a reelaborar o que não tinha sido elaborado devidamente. Em outras palavras, pode-se dizer que "o psicodrama público exorciza, com o aval do público, os fantasmas pessoais de um sofredor" (Fonseca, 1992).

Resultados e comentários

Como colocado anteriormente, meu objetivo foi saber como o público vivenciou a atividade. Para tanto, também foi importante saber qual população a frequentou.

Prontifiquei-me a avaliar essa população pelos dados contidos nas folhas de inscrição das sessões, em que cada participante, antes de entrar no teatro, informou nome, profissão, endereço e se estava indo a uma sessão pela primeira vez ou se retornava. As folhas pesquisadas foram as correspondentes às dezoito sessões ocorridas durante o ano de 1992 (etapa 1).

No intuito de conhecer as motivações e mobilizações em relação a uma sessão aberta, formulei dois tipos de questionário: um para os frequentadores que vinham pela primeira vez, outro para aqueles que retornavam (etapa 2).

ETAPA 1

Avaliação das folhas de inscrição

Com os dados contidos nas folhas de inscrição, pude avaliar o número de pessoas e com que frequência estiveram nas sessões. Além disso, foi possível separá-las por sexo e atividade profissional.

Foram feitas 353 inscrições, correspondendo a 247 pessoas diferentes. Destas 247, 163 compareceram pela primeira vez em 1992, sendo 130 apenas uma vez e 33 mais de uma vez. Das 84 que já conheciam a atividade dos anos anteriores, 60 estiveram apenas uma vez em 1992 e 24 participaram mais de uma vez (tabela 1).

Propus esta divisão em dois grupos: os que já a conheciam de anos anteriores e os que vieram pela primeira vez no ano estudado, considerando uma diferença qualitativa entre eles. Ou seja, aqueles que guardam na memória a atividade de um ano para outro e retornam o fariam porque efetivamente encontram validade nas sessões, diferenciando-se dos que vieram pela primeira vez no ano estudado, pois estes, incluindo os que voltaram, poderiam tê-lo feito por motivações outras (entusiasmo inicial, modismo ou rotina).

Enfocando o público que já conhecia o trabalho de anos anteriores, podendo ser considerado *vinculado*, observamos que foi grande o número de pessoas (71,4%) que se interessaram em frequentar as sessões apenas uma vez por ano. Raras foram as pessoas que frequentaram mais de três sessões em um ano. Esse dado mostrou-se condizente com a proposta, ou seja, uma terapia não processual, um *ato terapêutico*.

Tabela 1 — Distribuição das pessoas que participaram
das sessões abertas em 1992, segundo a frequência

Frequência nº de sessões	Frequentadores antigos		Primeira vez em 1992		Total	Inscrições
1	60	(71,4%)	130	(79,7%)	190	190
2	13	(15,4%)	22	(13,4%)	35	70
3	7	(8,3%)	7	(4,2%)	14	42
4	–	(0,0%)	2	(1,2%)	2	8
5	–	(0,0%)	1	(0,6%)	1	5
6	1	(1,1%)	–	(0,0%)	1	6
7	1	(1,1%)	–	(0,0%)	1	7
8	1	(1,1%)	1	(0,6%)	2	16
9	1	(1,1%)	–	(0,0%)	1	9
Total	84	(100%)	163	(100%)	247	353

Observa-se também que os dois grupos têm um comportamento aparentemente semelhante em termos de frequência. Submetendo os dados da tabela 1 à análise estatística, obtém-se que efetivamente se pode considerar esses grupos como tendo comportamento semelhante. Nesse contexto, pode-se estudar numericamente os que vieram pela primeira vez no ano e não retornaram, considerando-os com motivações próximas às dos que vêm somente uma vez por ano, ou seja, um público *potencialmente retornável*.

Esses dados também servem para considerar a atividade de utilidade para a maior parte do público que a procura, além de minimizar o possível efeito, inicialmente conjeturado por mim em relação àqueles que retornavam logo depois das suas primeiras vezes: o faziam sem um interesse mais sólido. Por isso, posso considerar, para efeito de verificar o interesse despertado pelas sessões, a relação entre as pessoas que voltaram pelo menos uma vez (todos os que já conheciam o trabalho de anos anteriores e os que o conheceram no ano estudado e voltaram) e o total delas, como um *coeficiente de utilidade*. Utilizo os valores correspondentes aos que vieram pela primeira vez no ano estudado e não retornaram como *grupo controle*, uma vez que, apesar de dizermos que são potencialmente retornáveis, não temos comprovação efetiva de seus retornos como nos outros grupos.

Em relação à distribuição do público, se separados por sexo, temos uma participação de 80,2% de mulheres em relação a 19,8% de homens, sendo que o *coeficiente de utilidade* foi de 48,9% para o público feminino em relação a 40,8% para o masculino. Em outras palavras, as sessões são úteis para pelo menos 48% das mulheres e para pelo menos 40% dos homens que estão participando de determinada sessão. Esses dados chamam a atenção, visto confirmarem o fato corrente de que há mais mulheres do que homens em psicoterapias, porém observamos que, se os homens procuram terapia (no caso as sessões abertas) em menor proporção que as mulheres, a *aderência* de ambos à atividade é bastante semelhante.

Tabela 2 — Distribuição quanto ao sexo
na participação das sessões abertas

Frequência nº de sessões	Antigos (mulheres)	Primeira vez em 1992 (mulheres)	Antigos (homens)	Primeira vez em 1992 (homens)	Total
1	52	101	8	29	190
2	10	18	3	4	35
3	4	7	3	–	14
4	–	2	–	–	2
5	–	1	–	–	1
6	1	–	1	–	2
7	–	–	–	–	–
8	1	1	–	–	2
9	–	–	1	–	1
Subtotal	68	130	16	33	
Total	198	(80,2%)	49	(1,8%)	247

Ao estudar o público pela atividade profissional, observamos que a maior parte do público era formada por pessoas com nível de ensino superior (65%), seguidos pelos estudantes (20%) e indivíduos cujas atividades não requerem nível superior (15%).

Notamos também um predomínio de pessoas que exercem atividades em áreas ligadas à saúde. Por outro lado, fazendo o *coeficiente de utilidade*, temos que 54,8% das pessoas que trabalham na área de saúde retornam, contra 33,3% das pessoas de outras áreas. Indo mais além e retirando dos cálculos os números correspondentes aos psicólogos e estudantes, aos quais se poderia atribuir maior frequência em vista dos fins de aprendizado, temos um valor maior (58,8%) para o coeficiente. Esses dados sugerem que as pessoas que trabalham na área de saúde são mais suscetíveis a esse trabalho psicoterapêutico do que as que trabalham em outras áreas, e nos deixam tentados a inferir que as primeiras têm maior disponibilidade para abordagens de sua psique. Podemos também comentar o pouco que pesam numericamente os retornos de pessoas que podem estar vindo para fins de aprendizado (54% contra 58%), o que valoriza a ideia dos retornos por interesse terapêutico.

Tabela 3 — Distribuição dos participantes por atividade profissional, na área da saúde[2]

Profissão/ocupação	Antigos		Primeira vez 1992		Total
	1ª vez	+ 1 vez	1ª vez	+ 1 vez	
Psicólogos	26	9	27	9	71
Estudantes*	7	2	28	12	49
As. sociais	8	2	6	3	19
Médicos	3	–	3	–	6
TO	1	–	2	–	3
Enfermeiros	–	–	2	–	2
Fisioterapeutas**	–	–	2	–	2
Biomédicos	–	1	–	–	1
Dentistas	–	1	–	–	1
Biólogos**	–	–	1	–	1

* Consideramos neste trabalho os estudantes como de psicologia. Apesar de em algumas inscrições eles aparecerem só como *estudantes*, optei por considerá-los todos na mesma categoria, pois verifiquei que boa parte dessas inscrições eram das mesmas pessoas que em determinado dia inscreveram-se como *estudantes* e em outros como *estudantes de psicologia*. De qualquer modo, uma vez que o ingresso ao teatro é permitido a maiores de 17 anos (exceto em situações especiais), podemos considerá-los, na sua maioria, como estudantes universitários.
** Estas são as duas profissões da área cujos inscritos não retornaram.

2. Apesar de psicólogos e assistentes sociais não pertencerem exclusivamente à área de saúde, com base em informações do autor, foram assim considerados.

Tabela 4 — Distribuição dos participantes por atividade profissional, fora da área da saúde

Profissão/ocupação	Antigos		Primeira vez 1992		Total
	1ª vez	+ 1 vez	1ª vez	+ 1 vez	
Pedagogos	6	2	16	5	29
Engenheiros*	–	–	6	2	8
Bancários*	2	–	5	–	7
Art. plásticos*	1	2	2	–	5
Anal. progr.*	2	–	3	–	5
Do lar*	1	–	2	1	4
Secretárias	–	–	4	–	4
Vendedores	–	–	4	–	4
Advogados	–	–	3	–	3
Adm. empresas	–	–	3	–	3
Escritores*	–	1	–	–	1
Fotógrafos	–	1		–	1
Jornalistas	–	–	1	–	1
Arquitetos	–	–	1	–	1
Marchands	–	–	1	–	1
Produtores	–	–	1	–	1
Publicitários	–	–	1	–	1
Industriais	–	–	1	–	1
Bibliotecários	–	–	1	–	1
Telefonistas	–	–	1	–	1
S/ identificação	1	–	5	–	6

* Estas são as profissões da área cujos inscritos retornaram.

ETAPA 2

Questionários respondidos pelo público

Os questionários foram elaborados com o intuito de obter informações sobre os fenômenos que podem interferir e motivar a participação de um indivíduo em uma sessão aberta. Foram sistematizados, portanto, um questionário para aqueles que participavam pela primeira vez de uma sessão aberta e outro para os que já a conheciam. Esses questionários foram distribuídos durante os anos de 1992 e 1993 e respondidos por 164 pessoas.

Cento e sete questionários foram respondidos por aqueles que vieram pela primeira vez. Nestes observamos um público que vem predominantemente por sugestão de amigos, caracterizando uma divulgação boca a boca. Muitos deles compareceram para conhecer o que é psicodrama, além de estar motivados somente para assistir, sem interesse específico em trabalhar algo em particular. Este dado da ida a uma sessão por estímulo de conhecidos foi confirmado quando se optou por deixar de lado uma divulgação formal (mala direta, por exemplo) e verificou-se que não houve variação na frequência. A característica da divulgação chama a atenção, pois é de supor que, sendo *personalizada*, seja mais mobilizadora em relação ao que ocorre numa sessão aberta, permitindo inferir que o público compareça mais preparado para o que sucede. Os apontamentos referentes ao interesse principal em somente *assistir* corroboram alguns depoimentos informais que se escutam de alguns participantes, segundo os quais, apesar da continência grupal e do diretor, é difícil lidar com a sensação de exposição ao grupo desconhecido. A meu ver essas opiniões indicam um nível de resistência em expor-se durante uma sessão.

Como características gerais desse grupo, observa-se que cerca da metade do público mostrou conhecimento específico do psicodrama e da atividade em particular (ato terapêutico) (quadro 2). Em relação a conhecer o significado da atividade psicoterapêutica, observa-se que metade do público (50,0%) estava em psicoterapia na época da primeira participação e 72,7% já tinha feito psicoterapia em alguma ocasião (quadro 3).

Quadro 1 — Apontamentos relativos às perguntas 1 e 2

Por que você veio a uma sessão aberta?	apontamentos
Sugestão de algum conhecido	74
Pela divulgação	10
Para ver como trabalha o terapeuta do dia	22
Para ser trabalhado pelo terapeuta do dia	5
Para conhecer o que é psicodrama	45
Qual o seu principal interesse nas sessões abertas?	apontamentos
Assistir	97
Trabalhar alguma questão	17

Quadro 2 — Apontamentos relativos às perguntas 3 e 4

Você já participou de um ato terapêutico?	apontamentos
Sim	48
Não	57
Você já teve alguma experiência em psicodrama?	apontamentos
Sim	60
Não	46

Quadro 3 — Apontamentos relativos às perguntas 5 e 6

Você está em processo de terapia?	apontamentos
Sim	53 (50,0%)
Não	53 (50,0%)
Você já fez terapia em alguma ocasião?	apontamentos
Sim	77 (72,7%)
Não	29 (27,3%)

Estes dados mostram um público em sua maioria afeito a atividades psicoterapêuticas, porém é digno de nota que 27,3% dos participantes nunca tivessem feito terapia e entrassem em contato pela primeira vez com uma atividade psicoterápica. Será muito interessante poder, em outra ocasião, ouvir depoimentos dessas pessoas, de modo a verificar qual sua impressão a respeito da atividade.

Cinquenta e sete questionários foram respondidos por aqueles que já tinham participado de pelo menos uma sessão anteriormente. O enfoque principal nesse questionário foi investigar a motivação ao retorno e os resultados da participação para cada indivíduo.

Para avaliar a motivação, deixamos um espaço para que o participante pudesse escrever livremente e separamos essas motivações em dois grandes grupos: os que tinham interesse predominantemente profissional e os que participaram visando a seu desenvolvimento pessoal (quadro 4).

Quadro 4 — Opiniões relativas à primeira pergunta

Por que você voltou a uma sessão aberta?	
	opiniões
Para aprender, conhecer melhor	12
Profissionalmente interessante	12
Porque gosto	16
Tem ajudado na minha descoberta	15

Entretanto, independentemente da motivação descrita, a maior parte do público notou que participar de uma sessão significou uma repercussão positiva em nível pessoal (quadro 5).

Quadro 5 — Opiniões relativas à terceira pergunta

Você acha que participar de uma sessão aberta serviu para uma mudança em sua vida?			
	Pessoas		*Pessoas*
Sim	40	Para melhor	32
Não	5	Para pior	–
Não responderam	10		

Das pessoas que chegaram a protagonizar uma sessão, todas (uma deixou o espaço em branco) notaram ganhos no fato (quadro 6).

Quadro 6 — Opiniões relativas a itens da segunda pergunta

Você já foi protagonista? (*Já foi ao palco trabalhar alguma questão particular*)

	Pessoas
Sim	12
Não	45

Você acha que ter protagonizado uma sessão serviu para alguma mudança em sua vida?

Sim	12	Para melhor	10
Não	45	Para pior	–

Curiosamente, observamos, ao levantar as respostas de quem foi protagonista (doze pessoas), que na sua maioria eram psicólogos (sete), sendo mais três pessoas de área da saúde e duas de outras áreas (uma professora e uma artista plástica). Que significado teria? Os psicólogos são mais disponíveis para abrir-se em público? Têm menos defesas para trabalhar questões psicoterapeuticamente? Ou, do público que chega a ser protagonista, os que não são ligados à área da saúde tendem a não voltar, e portanto não estariam respondendo a esta questão?

Outro aspecto relevante a ser avaliado são as opiniões particularizadas dos protagonistas relatadas no próximo quadro (7).

Apesar de alguns psicodramatistas considerarem o *ato terapêutico* como uma intervenção que, em alguns casos, pode ter uma conotação invasiva para indivíduos despreparados, na amostragem que colhemos das pessoas que voltaram, só obtivemos menção a retornos positivos. Seria interessante um estudo prospectivo que verificasse esses mesmos aspectos nos protagonistas que não retornaram.

Foi também digno de nota o valor das sessões abertas como agente mobilizador de psicoterapia, uma vez que encontramos seis pessoas, de um total de vinte, que não faziam terapia na época em que começaram a frequentar as sessões abertas, e que passaram a fazê-la depois de sua vinda, atribuindo sua motivação a este fato.

Finalizamos com uma síntese avaliativa do material obtido. Esse material permite muitas conjeturas que, apesar de tentados, evitamos fazer.

Procuramos manter-nos em nossa proposta inicial de coletar opiniões dos participantes das sessões abertas sem mesclar opiniões pessoais.

Quadro 7 — Avaliação das respostas relativas a itens da segunda pergunta (cada número corresponde à resposta de determinado protagonista)

a. *Tendo protagonizado, como foi para você ao término da sessão?*
b. *E hoje, passado algum tempo?*

1.	a) Enriquecedor, profundo, esclarecedor. b) Continuo pensando da mesma forma.
2.	a) Foi um espaço bom para clarear algumas relações. b) Não respondeu.
3.	a) Maravilhoso, é a minha sempre e constante descoberta. b) Continuo me descobrindo.
4.	a) Trouxe reflexões importantes. b) Não respondeu.
5.	a) Faz muito tempo, não recordo a sensação, mas foi o que me mobilizou na época a buscar terapia psicodramática. b) Passados muitos anos, muitas coisas resolvidas, uma tranquilidade.
6.	a) Não respondeu. b) Não respondeu.
7.	a) O grupo era muito grande e a maioria entrou em empatia com a situação; isso motivou a continuidade do efeito catártico. b) Ainda recordo o obstáculo que eu superei naquele dado momento.
8.	a) Interessante. b) Resolvi voltar porque me faz bem.
9.	a) Muito importante, me senti deprimida, porém consegui repensar assuntos dos quais não tinha consciência. b) Sinto-me feliz de ver que resolvi problemas que na época eram inquestionáveis.
10.	a) Percebi que precisava rever uma série de coisas. O grupo me ajudou muito no final da seção. b) Continuo achando o Daimon uma boa opção para *toques* no processo.
11.	a) Fiquei tranquilo e agradecido pela oportunidade dada de aprofundamento às minhas questões. b) Mais aberto e atento para minha vida.
12.	a) Bom, embora com uma sensação diferente por ter trabalhado em um grupo aberto. b) Foi importante para identificar melhor algumas questões.

Conclusões

1. A análise das sessões abertas de psicoterapia do Daimon-CER confirma por depoimentos e numericamente as avaliações contidas nos textos de psicodrama: em uma sessão de psicodrama, os participantes encontram possibilidade de desenvolvimento pessoal.

2. A maioria dos participantes frequenta as sessões uma a duas vezes por ano.

3. O público participante tem, predominantemente, nível de instrução universitário.

4. O público participante que mais se vincula é o que tem atividade profissional ligada à área de saúde.

5. O público predominante é feminino, mas ambos os sexos têm vinculação semelhante.

6. As sessões têm valor tanto para aprendizado como para fins de desenvolvimento pessoal.

7. As sessões são um agente mobilizador de busca de processos psicoterápicos.

20

ESTRATÉGIAS DE DIREÇÃO GRUPAL*

ANNA MARIA KNOBEL

O trabalho com grupos encontra nas ideias de J. L. Moreno uma compreensão clara e uma prática consistente. A partir de 1932, ele realizou, nos Estados Unidos, uma pesquisa empírica exaustiva sobre a evolução e sobre o funcionamento dos grupos. Assim, suas conclusões e o sistema teórico daí decorrentes estão profundamente ligados a fenômenos universais que de fato ocorrem *entre* os seres humanos quando estes se relacionam. Afirma, então: "A evolução dos grupos sociais abre o caminho para a classificação dos indivíduos, de acordo com seu desenvolvimento dentro deles, o que, por sua vez, possibilita a construção destes grupos" (Moreno, 1992, pp. 85-6). Essa afirmação mostra sua visão da interdependência entre os fenômenos individuais e coletivos. Para ele, o homem é um ser em relação. Moreno cria uma microssociologia capaz de analisar a estrutura e a dinâmica dos pequenos grupos. Sua sociopsicologia utiliza técnicas de ação, recebendo inicialmente a denominação de *sociometria* (1934) e depois de *socionomia* (1959).

Destaquemos alguns pontos desse sistema que servem para a *orientação prática do coordenador de grupo*. Isso se faz necessário por duas razões: em primeiro lugar, porque o livro *Who shall survive?*,

---

* Trabalho apresentado no XII Congresso Internacional de Psicoterapia de Grupo, Buenos Aires, Argentina, 1995.

em que Moreno apresenta suas ideias sobre grupos, é de leitura difícil. Em segundo lugar, porque no Brasil as ideias de Moreno a respeito da *sociometria* ficaram ligadas à utilização do *teste sociométrico* escrito, que foi intensamente aplicado em suas duas versões: objetiva e perceptual.

Buscava-se nessa ocasião, no final da década de 1970 e no início dos anos 1980, compreender dinâmicas de personalidade por meio da análise das transformações subjetivas dos dados do *teste sociométrico*. Analisava-se, por exemplo, o sentido psicológico da percepção distorcida, da incongruência entre escolhas objetivas feitas e recebidas, da predominância exagerada de algum tipo de eleição (sinal) etc. Os resultados sociométricos passaram a constituir sistemas organizados de compreensão de características individuais. Era uma tentativa de preencher uma lacuna quanto à falta de uma teoria de personalidade no sistema moreniano. Essa "psicologização" da sociometria, com o foco nos processos transferenciais, criou um excesso de exposição pessoal, deixando a utilização do teste sociométrico inefetuável. Fomos então abandonando-o e passamos a "ler" as fases dos grupos com base nas etapas de evolução da *matriz de identidade*. Proponho neste artigo outra forma de entender a evolução dos grupos, de acordo com os conceitos sociométricos básicos.

Retomando Moreno, vemos que ele procurou verificar de maneira *experimental* como se dão o desenvolvimento e o funcionamento dos grupos. Para tanto, estudou grupos de bebês, crianças, adolescentes e jovens adultos, num total de 1973 pessoas. De acordo com essa pesquisa, ele define alguns fatos básicos em relação aos grupos, afirmando: "as três direções ou tendências de estrutura que descrevemos para os grupos de bebês: isolamento orgânico, diferenciação horizontal e vertical são características fundamentais no desenvolvimento dos grupos. Elas aparecem sempre, qualquer que seja o tamanho ou complexidade do grupo" (Moreno, 1978, p. 202).

A sociometria parte, pois, da observação dos fatos, e procura entendê-los de modo simples e direto. Seus métodos se aproximam tanto quanto possível do processo natural de o ser humano crescer e conhecer a si e aos outros. Nesse sentido, o coordenador tem de compreender o que ocorre, para interferir conforme os princípios de funcionamento do grupo. Para tanto, precisa ter um sistema referencial claro. A nosso ver, os núcleos básicos do referencial sociométrico são:

I. As fases de desenvolvimento dos grupos;
II. Os princípios básicos de funcionamento dos grupos;
III. As estratégias de direção.

I. Fases de desenvolvimento dos grupos

Estas fases não são etapas fixas que, uma vez vividas, terminam e não retornam, mas momentos que existem alternada e constantemente na vida dos grupos. Referem-se a processos de desenvolvimento grupal cujo foco é coletivo, não sendo uma simples transposição de fenômenos individuais para os grupos. Além disso, para uma organização grupal se estruturar, são necessárias experiências repetidas e constantes. Os grupos evoluem de forma lenta. Vejamos com mais detalhes essas três dimensões da evolução das estruturas grupais.

a) *Momento de isolamento: centrado na identidade*

Em um grupo recém-formado, em que as pessoas não se conhecem, o primeiro momento é de isolamento. Há poucos contatos, praticamente nenhuma discriminação de características individuais ou de papéis dentro do grupo. Não existe ação conjunta e a realização de tarefas coletivas é difícil. Cada um sabe quem é, mas não sabe nada dos outros. O clima é introvertido e, em geral, desconfiado e tenso. Podem existir medo, nervosismo, fechamento. Os mais ansiosos atuam.

Para os participantes, a regra básica nesta fase é: estar consigo mesmo, respeitar o próprio ritmo, suportar o isolamento. A ação é individual, para si mesmo.

Cabe ao coordenador:

• centralizar a comunicação e promover o aquecimento, sendo o foco das atenções;

- descrever e reafirmar os objetivos da atividade, definindo o contrato grupal;
- possibilitar aos participantes as condições mínimas de calma e continência para que consigam lidar com seus medos e ansiedades persecutórias;
- levar em conta a necessidade de um primeiro momento introspectivo, que possibilite a assumpção do papel de membro daquele grupo;
- propor exercícios introspectivos de várias naturezas (físicos, mentais ou emocionais), com base nos quais possam existir breves contatos entre as pessoas, ajudando o grupo a passar para a fase seguinte.

b) *Momento de diferenciação horizontal: apresentação das diferentes identidades*

Nesta fase cada um vê, examina, conhece o outro e também se mostra. Todos podem e devem chamar a atenção. A ação é individual, mas voltada para os outros. Há aproximação e afastamento entre as pessoas. Os contatos são rápidos, formam-se pares, trios etc. que logo desaparecem. Às vezes pessoas se "grudam" defensivamente. O clima é de burburinho, confusão e polaridades. Todos falam ao mesmo tempo, não há uma atividade centralizadora, mas já começa a haver organização. A ação é individual, para os outros. Os sentimentos mais comuns são: prazer na experimentação, em se exibir, em ver o outro, em descobrir. Há também frustração, seja por não ter sucesso ao se mostrar, seja por não encontrar a complementaridade desejada, assim como há sensação de vazio, desânimo e vontade de sair do grupo, entre outros sentimentos.

Compete ao coordenador, cuja função ainda é diretiva e centralizadora:

- valorizar a diferença, a diversidade, o único;
- requisitar ações variadas e em diferentes papéis;
- possibilitar múltiplos contatos, favorecendo a troca de complementaridades para diferentes tipos de ação;

- propor atividades que aumentem a força e a segurança dos membros do grupo.

Essas estratégias possibilitam a passagem para a etapa seguinte.

c) *Momento de diferenciação vertical: centrado na identificação*

Nesta fase, um ou vários membros do grupo centralizam a atenção dos outros. Aparecem propostas novas advindas do próprio grupo, que são atraentes para alguns. Surgem líderes e pessoas interessadas em segui-los. A cooperação começa a ser possível, pois já há discriminação, e surgem objetivos comuns a subgrupos. Há necessidade de pertencer, de procurar um igual. Há também possibilidade de identificação, seja com ideias, seja com pessoas. Há organização e trabalho coletivo. O clima oscila entre a colaboração e a disputa. Os sentimentos podem se radicalizar e partes do grupo podem dominar outras. A tensão cresce e a ação do/no grupo é intensa. Aparecem curiosidade, admiração e prazer em estar com os outros, bem como raiva, inveja e disputa de espaço. Só depois de alcançar essa fase o grupo consegue atingir objetivos coletivos.

Cabe ao coordenador neste momento:

- ajudar no aparecimento de lideranças;
- focalizar reciprocidades e objetivos comuns;
- evidenciar e encaminhar divergências;
- promover ações baseadas nos objetivos do grupo;
- apontar e impedir propostas que encaminhem o grupo para posições que contrariem o contrato inicial ou os objetivos do grupo;
- encerrar a atividade do grupo.

II. Princípios básicos de funcionamento dos grupos

Continuando suas observações relativas ao funcionamento dos grupos, Moreno realiza o estudo sociométrico de uma comunidade: o reformatório de Hudson, estado de Nova York. Nele, entre quinhentas e seiscentas moças viviam juntas havia vários anos. O objetivo da instituição era reeducá-las. O pessoal administrativo morava com as moças. Naquela época, 1932, a segregação racial separava brancas e negras.

Com base em várias estratégias e instrumentos (teste de conhecimento, teste sociométrico, teste de espontaneidade, teste de situação e de papel), Moreno analisa a vida coletiva dessas jovens e suas educadoras, em vários níveis consecutivos de aprofundamento (contato, escolhas, motivações, qualidade da espontaneidade, inventário de papéis desempenhados), chegando a algumas conclusões gerais, que chama de "leis". Selecionamos os princípios que, a nosso ver, servem para orientar o coordenador de grupo.

a) *As estruturas grupais evoluem das mais simples para as mais complexas (lei sociogenética)*

Isto ocorre tanto nos processos de evolução por faixa etária como na evolução de grupos recém-formados de adultos. As estruturas relacionais básicas são: par, cadeia, triângulo, círculo, que aparecem nessa ordem. A presença de uma única estrutura pode ter, portanto, um significado diverso em função do momento do grupo. Um par pode ser visto tanto como um início de estrutura, e representar assim uma evolução, como também pode evidenciar dificuldades e atitude defensiva, em outro momento, no qual já seriam esperadas estruturas mais complexas.

b) *Depois de algum tempo criam-se estruturas informais estáveis (tele)*

Trata-se das redes sociométricas, que convivem com as estruturas oficiais do grupo. Nessas redes, as pessoas tendem a ter funções e papéis fixos, por exemplo, de brincalhão, contestador, executor de tarefas etc.

Cabe ao coordenador conhecer tanto as redes informais como os papéis fixos, evidenciando-os para que possam ser flexibilizados quando necessário.

Como para cada papel há sempre um contrapapel, e o conjunto dos diferentes pares constitui um sistema articulado, ao trabalhar com um vínculo (papel e contrapapel), atinge-se todo o grupo. Por isso, as mudanças em grupos antigos são lentas e difíceis.

c) *Nos grupos a distribuição do afeto é desigual (lei sociodinâmica)*

A distribuição do afeto segue um padrão cumulativo, além do que ela não é igualitária. Isso pode ser expresso pela frase: "muito amor para poucos, pouco amor para muitos". Há o que poderíamos chamar de concentração natural do afeto, ou seja, pessoas integradas tendem a conservar ou melhorar sua posição nos grupos, e os mal integrados tendem a manter esse nível ou piorar sua posição.

É importante que o coordenador saiba disso, pois situações de marginalização exigem intervenção direta, dele ou de algum líder do grupo. Assim, a inserção dos isolados não se resolve nem com o tempo, nem com a evolução do grupo.

d) *Cada líder tem um limite próprio de absorção de liderados (expansividade social-afetiva)*

Cada pessoa consegue se relacionar com um número limitado de outras pessoas. Acima desse limite, surge fadiga, tensão, nervosismo e distração. O mesmo fenômeno também acontece com as lideranças. Acima de seu limite, o líder não dá conta de seus liderados: abandona-os ou é abandonado, até que tenha atingido novamente o seu ponto de equilíbrio, ou seja, o número de liderados com os quais pode estar.

Cabe, pois, ao coordenador favorecer a descentralização, tanto em relação às lideranças do grupo como também em relação à sua própria função. Esta é, segundo Moreno, uma atitude necessária para a manutenção da liderança, e não uma postura ideológica opcional.

e) *A coesão de um grupo depende da integração dos periféricos*

Há um ditado popular que afirma: "nenhuma corrente é mais forte do que seu elo mais fraco". Esse princípio se traduz sociometricamente no seguinte: para manter seu funcionamento operativo, um grupo deve ser capaz de absorver ou excluir o excesso de seus membros isolados. Quando a força dos não integrados é maior do que a dos participantes, o grupo se desfaz ou então não atinge seus objetivos. Cabe ao coordenador se dedicar ativamente à integração dos novatos e dos marginalizados, pois os que desfrutam de boa posição sociométrica se cuidam sozinhos. Uma forma eficiente para isso é estimulá-los a desempenhar diferentes papéis e a ter contatos com várias pessoas no grupo. Isso aumenta as chances de os periféricos acharem uma brecha para sua inserção. Quando, mesmo depois de muitos esforços, uma pessoa não encontra seu lugar no grupo, cabe ao coordenador ajudá-la a sair do grupo.

III. Estratégias de direção

Além de levar em conta os fenômenos relacionais básicos e as fases do grupo, o coordenador, no sistema moreniano, pode dirigir segundo três vertentes: sociométrica, protagônica e da espontaneidade.

É evidente que na prática essas formas de trabalho se misturam constantemente. Vamos apresentá-las de forma bastante resumida, pois é a articulação delas com os aspectos já descritos que nos interessa.

a) *Direção centrada na sociometria*

Busca prioritariamente reconhecer e trabalhar com:
- a estrutura do grupo, suas diferentes partes ou subgrupos;
- o conjunto de papéis preponderantes;
- as posições sociométricas, ou seja, as lideranças, os liderados e os marginais;
- o *status* sociométrico: como as cargas afetivas se distribuem, quais as pessoas mais admiradas, quais as rejeitadas;
- os átomos sociais: conjunto de vínculos de cada um no grupo e a articulação deles nas redes sociométricas;
- os múltiplos critérios, ou seja, os motivos pelos quais as pessoas se organizam e agem dentro dos grupos.

Esse tipo de direção utiliza procedimentos que garantem a "fala" de todos os setores do grupo. Muitas vezes, o simples reconhecimento e a expressão das partes do grupo já constituem um trabalho tão útil e rico que não é necessário mais nada. Outras vezes, evidenciado algum problema, o coordenador e o grupo buscam novas resoluções dramáticas para conflitos relacionais e dificuldades estruturais que impedem o grupo de atingir seus objetivos.

b) *Direção centrada no protagonista*

Cabe aqui trazer a contribuição de um psicodramatista brasileiro, Luiz Falivene Alves (1994), que em um excelente trabalho teórico aprofunda a compreensão do que é protagonista. Em termos resumidos, podemos dizer que Falivene diferencia emergente grupal de protagonista. Considera o *emergente grupal* um papel do contexto grupal, que evidencia "uma configuração sociométrica em torno de um elemento, que conflui em si a problemática pessoal dos demais participantes". Vê o *protagonista* como um "elemento do contexto dramático que surge através de um personagem no desempenho de um papel, questionador de sua ação, e representante emocional das relações estabelecidas entre os elementos de um grupo, ou entre diretor-cliente, que têm um projeto dramático comum" (1994, p. 53).

Assim, não basta que o emergente grupal desempenhe um papel no contexto dramático para se configurar uma verdadeira situação protagônica. É preciso mais: essa ação deve ser originária de "estados coconscientes e coinconscientes e de um projeto dramático comum, representante emocional das relações estabelecidas entre os membros da sessão, ali está o questionador, o decifrador, o modificador, o combatente do drama comum".

Esse belíssimo trabalho[1] mostra que, para haver em um grupo um verdadeiro protagonista, aquele que por sua ação resgata o drama dos demais, são necessários muitos movimentos de aquecimento e de exploração sociométrica e dinâmica.

---

1. Recomendo a todos a leitura do texto original de Falivene Alves (1994, pp. 49-55).

c) *Direção centrada na espontaneidade*

Visa provocar e pôr em ação estados espontâneos, seja por meio de jogos dramáticos ou de técnicas específicas, como o *teatro espontâneo*, o *jornal vivo*, o *play-back theatre*, a *multiplicação dramática* etc. Surgem então dramatizações coletivas de situações imaginárias, nas quais se podem experimentar o lúdico, o prazeroso, o novo e o estético.

As histórias criadas e vividas muitas vezes revelam a fantasia inconsciente grupal, sendo, portanto, muito importantes em grupos processuais ou não. Outro autor brasileiro, Pedro Mascarenhas (1995), em um trabalho intitulado "Multiplicação dramática, uma poética do psicodrama", diz: "o fator E, catalisando os estados de espontaneidade, permite a passagem articulada, discriminada e adequada entre o imaginário e a realidade, o que é fundamental para a saúde mental. As patologias se caracterizam por distúrbios nesta passagem" (1995, p. 32).

As vivências centradas na espontaneidade apresentam frequentemente situações metafóricas, em que personagens não humanos (como bichos, elementos da natureza ou estados de alma) têm vida no palco psicodramático, dando voz ao imaginário coletivo. Figuras arquetípicas, mitos pessoais e coletivos emergem constantemente nesse tipo de trabalho.

Após essas experiências, é comum o coordenador e o próprio grupo estabelecerem os paralelos entre as histórias vividas metaforicamente e a dinâmica grupal ou o momento social. Certos personagens que condensam com muita força e precisão situações importantes do grupo, como, por exemplo, o "salvador", a "coisa ruim" etc. passam a ser citados, de maneira divertida, quando as condutas estereotipadas das quais foram tirados aparecem. É mais fácil lidar com esses personagens do que com climas densos e confusos.

IV. Descrição e análise de uma situação

Para articular os manejos com as fases do grupo e os fenômenos básicos, nada melhor do que um exemplo prático. Como se trata da descrição de um sociodrama público, todos esses elementos estão presentes em uma única sessão. Nos processos grupais, a evolução das estruturas e da dinâmica se dá de maneira mais lenta e espaçada, durando longos períodos.

a) *Descrição da situação*

No IX Congresso Brasileiro de Psicodrama (1994), José Fonseca dirigiu um sociodrama público, do qual participaram cerca de mil pessoas. Elas estavam ali reunidas por vários motivos: curiosidade, diversão, desejo de aprender, de ensinar, de trocar, de aparecer, de não aparecer. Todas vivenciavam um papel comum: psicodramatista. O local era um ginásio poliesportivo. No centro, a quadra; nas laterais, arquibancadas, completamente tomadas de pessoas. Expectativa e tensão.

Um homem sozinho, com o microfone, vai falando um pouco de si, da situação, do que vai fazer: dirigir o sociodrama de encerramento do congresso. Pede que o centro da quadra fique livre e delimita o espaço caminhando. Pede depois que as pessoas interessadas em participar desçam à quadra. Aproximadamente metade do público o faz.

O diretor começa então a explorar, por meio da ação, possíveis recortes do grupo: homens de um lado, mulheres do outro, aqueles que já são formados e os que são estudantes; os que estão no psicodrama há cinco, dez, quinze anos. Os grupos se constituem, se mostram e depois se desfazem.

Alguém pergunta: "Quem esteve no Congresso Internacional de 1970 em São Paulo?" O diretor repete a indagação, cerca de vinte a trinta pessoas, no máximo, se apresentam. São entusiasticamente aplaudidas pelos demais. Há forte emoção. De mãos dadas para o alto, agradecem com lágrimas nos olhos. É a história viva do movimento psicodramático brasileiro!

O diretor pede em seguida que as pessoas se apresentem de acordo com outro critério: as regiões geopolíticas da Federação Brasileira de Psicodrama (Febrap). Vão aparecendo, uma após outra, as cinco regiões do Brasil: Sul, São Paulo, Leste, Norte-Nordeste, Centro-Oeste. Agora cada grupo se apresenta e ali permanece.

Mais uma vez, vem do público uma nova proposta: é preciso incluir também o pessoal não filiado à Febrap (profissionais/escolas que, por opção, não fazem parte da federação). O diretor abre espaço à sugestão, acrescentando aos cinco grupos já presentes mais um, os "não filiados". A política se faz presente.

Chama também os estrangeiros: Argentina, Bolívia, Paraguai. Cada grupo ao chegar se mostra, canta músicas típicas. Os outros aplaudem ou vaiam. O clima é alegre, barulhento, descontraído. Estão ali nove conjuntos, uns muito grandes, outros bem pequenos.

Depois das apresentações, o diretor pede que cada grupo escolha de seis a oito pessoas para representá-lo. Os demais voltam às arquibancadas. Estão agora na quadra esportiva, transformada em palco psicodramático, nove pequenos grupos.

Nova instrução: que cada grupo apresente como é o psicodrama que faz; há um tempo para a estruturação das propostas. Em cada grupo todos se juntam, falam baixinho (será por medo de ser imitados pelos outros grupos?). Rapidamente definem o que vão fazer. Cada um se apresenta. O público aplaude, fazendo o tradicional "ola" dos estádios de futebol.

Mais uma proposta do público: ele, o público, quer ser incluído como mais um subgrupo (o décimo) na apresentação. O gesto coletivo espontâneo qualifica a audiência como mais uma força presente. O diretor novamente acata a proposta.

Depois das apresentações de cada subgrupo, ocorre a escolha do representante de todos. O escolhido é o grupo dos "não filiados", que, em vez de imagem simbólica em movimento, mostra uma cena cujo nível de produção dramática supera significativamente a dos demais.

Na cena conta-se a história do plantio de uma semente que, irrigada, adubada e cuidada, cresce, se desenvolve e transforma em uma árvore grande e forte. A cena é representada agora com a participação espontânea do público, e mais uma vez comove a todos, que aplaudem. Encerra-se o sociodrama entre abraços e risos! Final feliz. Jogo verdadeiro de forças e tensões presentes no congresso.

A análise do conteúdo poderia ser rica e reveladora, mas não será feita aqui. Nosso objetivo é entender o procedimento técnico, segundo as categorias apresentadas anteriormente.

c) *Análise dos procedimentos técnicos*

O diretor começa como foco das atenções, aguenta a tensão e define objetivos. Suas primeiras ações são de natureza sociométrica:

- reconhecer diferentes partes, ou subgrupos presentes no conjunto, segundo vários critérios: sexo, idade, tempo de atuação como psicodramatista, regiões do país;
- centrar o trabalho no papel comum: psicodramatista;
- abrir canais de comunicação a todos que quiserem, garantindo sua "fala";
- organizar a ação e a apresentação dos subgrupos presentes na multidão.

Suas intervenções são diretas e discriminativas, ajudando na passagem do *estado de isolamento* para o de *discriminação horizontal*.

A tensão e o medo dos primeiros momentos vão sendo substituídos pela alegria, emoção e prazer em pertencer a vários subgrupos. Cada conjunto, ao se apresentar, ganha força, pois viver a diferença e competir de maneira protegida é gostoso e emocionante. O clima fica cordial e alegre, havendo uma aparente confusão, pois discriminação não quer dizer ordem. Há um burburinho agitado, próprio das crianças. É a energia espontânea sendo liberada por todos, ao mesmo tempo.

São necessárias várias catarses parciais dessa emoção (aplausos, cantorias, vaias etc.) antes de seguir com as novas discriminações.

Esgotada essa fase, o diretor solicita *representantes* dos grupos. Passa, então, para a fase de *discriminação vertical*.

Nesse momento, facilita o aparecimento de lideranças, que centralizam o foco das atenções. Com nove subgrupos, supõe-se que a necessidade de variedade e de representatividade estejam satisfeitas.

Quando o público pede vez e voz, como torcida organizada no "ola", e o diretor acata o pedido, ele trabalha eficientemente com o nível de saturação das lideranças e com a tensão do público.

Ainda na fase de discriminação vertical, há a apresentação das diferentes versões do tema "como ser psicodramatista" e a escolha final do representante de todos.

346

O diretor trabalha em níveis concêntricos de representatividade, consultando sempre o público (inclusão dos periféricos).

A última cena, por ser resultado de um longo trabalho de escolhas sociométricas sucessivas, condensa o desejo da multidão em um foco único de mais de mil pessoas. As tensões foram expressas de muitas maneiras e se esgotaram.

A força fantástica da ação dramática, validada pelas leis do grupo, coroa o esforço de todos os presentes e confirma o diretor que seguiu os passos teóricos necessários para transformar a energia coletiva em ação e emoção do grupo e do congresso.

PARTE VII

PSICOTERAPIA INDIVIDUAL DE CRIANÇAS

21

PSICOTERAPIA POR MEIO DA RELAÇÃO*

SILVIA REGINA ANTUNES PETRILLI

Introdução

A postura do terapeuta na psicoterapia individual[1] de crianças tem sido pouco discutida na literatura psicodramática, apesar de bastante praticada nos consultórios particulares[2]. A modalidade de atendimento do menor grupo possível (da sociometria a dois) não foi privilegiada pelo criador do psicodrama J. L. Moreno, que valorizou o trabalho grupal (sociometria grupal). Poucos são os registros do trabalho de Moreno com crianças. Em termos clínicos, a publicação do protocolo de atendimento "O trata-

---

* Este trabalho foi apresentado pela primeira vez no I Encontro de Psicodrama da Infância e Adolescência, Curitiba, 1991. O presente capítulo é uma versão revisada e resumida do artigo original.

1. Em psicodrama, costuma-se utilizar a terminologia *psicodrama individual* para o atendimento clínico que inclui, além do psicoterapeuta e do cliente, um ego-auxiliar. *Psicodrama bipessoal* é a denominação da psicoterapia na qual estão presentes somente psicoterapeuta e cliente. Para efeito deste trabalho, fruto da síntese de minhas especialidades em psicodinâmica e psicodrama, chamarei *psicoterapia individual* a interação entre cliente e psicoterapeuta, sem a participação de ego-auxiliar.

2. Publicações de autores psicodramatistas tais como Bustos, Perez Navarro, Silva Dias, Rojas-Bermúdez, Perazzo, Esteves, Altenfelder, Fonseca, Cukier apresentam conceitos e estratégias interessantes relacionados ao *psicodrama bipessoal*, voltados à prática com adultos. Entre as publicações dirigidas ao atendimento de crianças é possível destacar as de Camila Gonçalves, Silvia Petrilli, Arthur Kaufman, Dalka Ferrari, Miriam Tassinari, Kestemberg e Jeammet, Zerka Moreno e Widlöcher.

mento psicodramático do comportamento neurótico infantil" (Moreno, 1974) trouxe a meu conhecimento o pensamento de Moreno sobre a abordagem psicodramática com crianças. Por esse motivo, muitos psicoterapeutas da infância com formação psicanalítica ou em psicoterapia psicodinâmica, que se encantaram posteriormente com o psicodrama, assim como eu, puderam adaptar a metodologia psicodramática ao tratamento de crianças com grande liberdade. Na França, em 1946-7, os psicanalistas iniciaram a utilização do psicodrama com grupos de crianças e adolescentes, buscando uma síntese posteriormente denominada de *psicodrama analítico* (Anzieu, 1981)[3].

Embora o psicodrama seja uma metodologia voltada para uma abordagem grupal, na prática clínica com crianças o trabalho em grupos nem sempre é possível nem indicado. Apesar disso, seus princípios e técnicas podem ser empregados com muito êxito na psicoterapia individual.

Com base na compreensão do desenvolvimento infantil e na crença de que o encontro humano pode ser um recurso eficaz e direto para a retomada do curso do desenvolvimento saudável, proponho que a relação interpessoal seja lembrada e colocada em primeiro plano, a serviço da psicoterapia individual.

Dia após dia, hora após hora, vivemos o psicodrama. A cada momento, a cada encontro, uma nova cena, um novo personagem, uma oportunidade de criar. É moto-contínuo, dinâmico, vivo.

Qual personagem meu papel de psicoterapeuta será tentado a desempenhar? A serviço do que serei convidada a agir? Qual será o papel delegado a mim na próxima brincadeira? Qual será o clima desse novo encontro? Serei vista? Poderei ver?

---

3. A psicoterapia com crianças tem sua origem vinculada à psicanálise. Freud, por meio da publicação do material do pequeno Hans, em 1909, denota uma preocupação mais voltada para a comprovação da teoria da sexualidade infantil e da existência das neuroses infantis do que, propriamente, para o desenvolvimento de uma psicanálise da criança. O trabalho feito pelo pai de Hans, supervisionado por Freud, é considerado um "prelúdio à psicanálise de crianças", como demonstra habilmente Donald Meltzer. O mérito da análise sistemática da criança e a introdução do jogo na psicanálise são atribuídos a Hermine Von Hug Hellmuth, cuja primeira publicação data de 1913. Seguiram-se as obras teórico-práticas de Melanie Klein e Anna Freud, cuja polêmica, bastante documentada na década de 1920, instigou o desenvolvimento da abordagem terapêutica da infância.

352

O fascinante *estado de disponibilidade*, o *estar pronto* para *estar junto* e aquecido para a improvisação são, no meu entender, o melhor instrumento de que alguém pode dispor no papel de psicoterapeuta. Não é simples, nem fácil. Requer maturidade psicológica, talento, humildade e conhecimentos técnicos e teóricos significativos.

A função metabolizadora do terapeuta: disponibilidade e proposta de relação

Apaixonada pela proposta moreniana e por seu criador, um "narcisista desastrado", como definiu Naffah Neto (1990, p. 7), caminhei desde a imitação pura e simples do método descrito por Moreno e assimilado pelo contato com meus professores, supervisores e colegas, até onde me encontro hoje.

No cotidiano, diante de propostas de relação tão diferentes feitas pelos clientes, qual é o posicionamento do terapeuta?

Antes de mais nada, é preciso refletir sobre o pequeno sujeito que se beneficia da psicoterapia. Refiro-me à psicoterapia individual de crianças. Em princípio, independentemente do quadro psicopatológico que a criança possa apresentar, trata-se de um ser humano ainda em desenvolvimento, em formação, e portanto bastante próximo das *experiências primeiras* (primárias).

Esse critério já garante muitos desdobramentos sobre o tema. O conhecimento sobre o desenvolvimento de crianças traz à tona o fato de que o emprego clássico do método psicodramático, sem passar por adaptações profundas, está fora de cogitação.

Para exemplificar: a demarcação de realidade e de fantasia é bastante flexível e, naturalmente, a criança está apta a lidar com essa temática de maneira mais espontânea que o adulto. A criança tem uma qualidade de brincar que o adulto já não tem e/ou tem diferente. Quando brinca, a criança não representa. Representa papéis quando já atingiu um estágio de maturidade que possibilita a interpretação. O adulto, quando brinca, corre o risco de *representar* (encenar) que está brincando, o que pode levar à diminuição de espontaneidade e interferência na qualidade do contato adulto-criança na situação lúdica.

353

A relação adulto-criança na vivência cotidiana caracteriza-se, normal e adequadamente, pelo relacionamento daquele que é autoridade, que ensina, protege e conduz, com quem é dependente e aprendiz. Isso pode determinar uma *pressão* importante quando a relação é viabilizada pelos papéis de psicoterapeuta e paciente.

Pela pouca idade, a criança ainda tem muito a aprender até que possa assumir e representar papéis sociais e psicodramáticos.

Se partirmos do princípio de que uma criança foi indicada e está em psicoterapia porque apresenta algum desajuste psíquico, assim como atrasos e/ou desarmonias em seu desenvolvimento, com frequência é preciso trabalhar com ela de forma diversa da representação de papéis num contexto psicodramático.

Pode ser vantajoso o diagnóstico precoce das perturbações da criança e uma intervenção especializada que promova novos e saudáveis registros na tentativa de *resolução*, a melhor possível, das fases seguintes do desenvolvimento. Por outro lado, quanto menor a criança, menos estruturado está seu desenvolvimento egoico, mais primitivas são suas formas de contato, carecendo muitas vezes de reconhecimento de sua própria imagem, dos indivíduos que a cercam e de seu lugar nas relações. Isso exige conduta técnica e comunicação diversificadas e complexas. Antes de mais nada, é uma questão evolutiva.

Muitos conceitos e recursos do psicodrama podem ser utilizados para uma eficiente abordagem terapêutica da infância. Treinar papéis é rico, lúdico, corretivo e terapêutico, mas não é suficiente para determinados estados psicopatológicos e de desenvolvimento. O *estar em disponibilidade* a que me referi anteriormente quer dizer estar pronto (e não pré-preparado) para viver e criar algo junto com outra pessoa. É uma proposta de relação horizontal. A experiência interpessoal é o foco da psicoterapia por meio da relação. Devo esclarecer que esse trabalho pode ser considerado uma versão, adaptada à prática com crianças, da "Psicoterapia da relação" descrita por Fonseca (1990) no Capítulo 1. Apesar disso, prefiro identificá-la como uma psicoterapia *por meio da* relação, por acreditar que desse modo possa enfatizar a interação paciente-psicoterapeuta como *veículo* para o tratamento de uma criança. É uma questão semântica já que, *a priori*, não difere da proposta de Fonseca. Costumo chamar psicoterapia da relação o tra-

354

tamento do vínculo de dois indivíduos (dois amigos, pai e filho, casal etc.) expostos em condições de igualdade para este fim, o que não corresponde à postura que procuro destacar aqui. "O psicoterapeuta, ele mesmo deve tornar-se um ator participante, embora não formal ou psicologicamente um paciente" (Moreno, 1983, p. 69).

A complexidade está na interação nos papéis psicoterapeuta-cliente, não igualitários, cujos indivíduos são adulto e criança que se encontram em estágios evolutivos (*a priori*) não igualitários, o que aprofundará a característica assimétrica dos papéis. A proposta de relação horizontal em papéis não igualitários é particularmente complexa quando se trata de uma relação adulto-criança, mesmo quando não envolve qualquer patologia. A começar pela estatura, que diferencia literalmente a visão do outro. Outro aspecto importante refere-se à capacidade e à forma adulta de comunicar-se verbalmente, em contraposição à maior capacidade infantil de captar mensagens e expressar-se por meio de todos os sentidos. A compreensão da criança se dá mais pela vivência relacional que, em maior ou menor grau, ainda depende de alguém que a ajude a situar-se no mundo, a fazer discriminações e a organizar-se. O adulto mais autônomo, mais vivido, já tem capacidade de antecipar, postergar, tolerar e mentalizar e é principalmente com isso que a criança pode contar. Poderia aqui relembrar um sem-número de diferenças inerentes a estar adulto e estar criança que demandam muita energia, espontaneidade e sensibilidade de cada um dos polos da relação para uma interação *horizontal*.

Na verdade, não é preciso um disfarce de *infante* para entrar em contato com uma criança, nem mesmo na situação psicoterápica. No papel de psicoterapeuta é possível interagir com a criança-paciente, o que será viável se esse adulto, estando consciente de seu papel, funções e responsabilidade, estiver *disponível*. Esse estado, que se torna também uma qualidade, significa habilitar-se, estar pronto para, por intermédio de princípios que considero básicos, promover condições a uma psicoterapia individual por meio da relação.

A relação pode acontecer numa sessão, por exemplo, quando estou pronta para acompanhar as propostas que a criança me faz (atividades); detectar e acompanhar o seu movimento psicodinâmico (no desenvolvimento ou na regressão); estar aberta e atenta para compreender o que ela me conta (como e o que comunica) pela sua conduta, esteja ela falando, brincando, dramatizando ou quieta (comigo ou consigo mesma em minha presença); posicionar-me diante do uso que ela faz da minha pessoa, mantendo-me, apesar disso, íntegra, madura e no papel profissional; respeitar seus recursos, limites, seu tempo e sua dependência; utilizar a minha maturidade, conhecimentos e autonomia para detectar e evitar situações que envolvam risco (para ambos); *metabolizar* seus conflitos, dar continência e promover *devoluções* que possam capacitar a criança a elaborar e retomar seu desenvolvimento (essas devoluções podem ser feitas verbalmente ou por meio de ação); intervir e/ou propor atividades em sintonia com o movimento psicodinâmico da criança e o momento relacional, cuidando para não sobrepor minhas próprias necessidades às da criança; evito, assim, uma psicoterapia centrada nas necessidades e nos recursos do papel de terapeuta.

De certa maneira, acabo de citar alguns dos princípios básicos que norteiam as funções de um psicoterapeuta pelos quais é possível lidar com o conteúdo das sessões. Refiro-me aqui à atitude durante a sessão em uma psicoterapia por meio da relação. Neles estão incluídos conhecimentos teóricos e procedimentos técnicos que caracterizam, delimitam e viabilizam a psicoterapia individual. Cabe ao psicoterapeuta a responsabilidade pela manutenção dessas condições e a avaliação constante do processo em curso, assim como definir e proteger o *setting* terapêutico.

A cada contato, há uma conduta que comunica alguma coisa (do cliente e do terapeuta); para cada criança, tenho, no papel de terapeuta, uma representação, que pode ser próxima ou não da minha realidade. Diante da minha presença há uma manifestação, por meio da qual faço uma compreensão sobre a proposta relacional que está em jogo (naquele dia e momento). Ao encontrar meu cliente, um menino, na sala de espera, digo: "Oi!" Em tom agressivo e fazendo um gesto obsceno em minha direção, ele diz: "Sua olhos de morcega podre!" Penso: o que será que ele viu em mim? Está me atacando. Parece assustado e se defende. Digo então para ele: "Quando você achar que dá pra gente começar, você me avisa e então vamos entrar". Meu cliente senta outra vez na sala de espera. Tomo um café no corredor perto desta sala. Após dois minutos, a criança se aproxima e diz: "Estou pronto". Seguimos então até a sala de atendimento.

Nesse episódio, fica evidente que, ao me ver, há um impacto. O menino conta como me vê: sou os olhos de uma morcega podre. Mesmo que eu saiba que não sou isso que ele me atribui (papel), devo compreender que ele me vê e me sente assim. Em seguida, faz um gesto *obsceno* e entendo que é um ataque aos *olhos da morcega*, uma tentativa de afastar-me, um ataque com intenção de defesa. Um detalhe expressivo é a atribuição da qualidade *podre*, que desqualifica e *enfraquece* os potenciais de atuação dos olhos da morcega. Denota também considerá-los pertencentes a uma fêmea (feminino, *morcega*). Também é importante que sou *olhos*, eu sou a parte de um todo (*morcega*). Poderia seguir em reflexões deliciosas sobre o significado desses símbolos, como, por exemplo, verificar uma desqualificação mais sofisticada embutida na frase, pois o morcego é cego, sou olhos inúteis; em compensação, isso apenas limita, uma vez que possui um radar etc. Deixo de fazê-lo para não fugir do meu foco, que é a detecção da proposição feita pela criança.

A proposta de relação que considero neste momento, em termos de papel, é a de perseguidor (terapeuta)-perseguido (cliente), evidentemente transferencial. O sentimento subjacente a essa conduta é medo (de ser olhado, de ser penetrado, de ser sugado, esvaziado, de ficar próximo, talvez por eu ser uma mulher). É um ataque à minha presença. Posiciono-me, dizendo: "Quando você achar que dá pra gente começar você me avisa e então vamos entrar". Essa resposta à sua conduta também envia uma mensagem: "percebo seu medo, não aceito o papel de perseguidor porque não estamos brincando e não o sou, você tem liberdade e tempo para se organizar diante do impacto de minha presença, estou inteira apesar do seu ataque, estou disponível para você, embora você me pressione, a sessão ainda não começou (oficialmente) pois aqui é a sala de espera, vou proteger você etc.".

A síntese da compreensão, enviada ao paciente por intermédio da interação coloquial é um dos recursos mais comumente utilizados com crianças numa psicoterapia por meio da relação. Na resposta dada à conduta do paciente não há nenhuma interpretação, embora, para formulá-la, eu tenha utilizado conhecimentos sobre teorias do desenvolvimento, de personalidade e de comunicação.

A criança desse relato não está brincando, e eu tenho como melhor recurso poder estar diante dela *metabolizando* seus conflitos e assim buscar, por intermédio de minha resposta, tornar tolerável o que ela sente como intolerável (Folch, 1990)[4].

Do ponto de vista psicodramático, oriento-me pelo *princípio do duplo*. Sem sair de minha posição (e do meu papel), procuro sintonia com a criança, ingerindo e/ou assimilando seus conteúdos de maneira a discriminar, compreender, organizar e então devolver, na forma de expressão verbal ou de ação, o que a ela pertence sem que ela saiba ou consiga expressar ou realizar. "O terapeuta conduz-se pelo 'princípio do duplo' (estar em sintonia télica e expressar ou realizar aquilo de que o paciente está necessitando e não consegue por si só) e pelo 'princípio da entrega' (especialmente quando desempenha papéis)" (Fonseca, 1990, p. 581).

O psicoterapeuta exerce uma *função vital*, a função metabolizadora. Funciona como um centro processador dos conteúdos vindos do paciente. Finda a metabolização, o conteúdo é devolvido ao paciente para instrumentá-lo. O cliente, por sua vez, recebendo esse *produto*, poderá metabolizá-lo à sua maneira, mas com um conteúdo (um dado) diferente do que obtivera até então. Com essa experiência relacional, ativa-se a metabolização na criança e torna-se possível promover uma nova oportunidade de elaboração.

É bem verdade que algumas crianças apresentam-se em tal estado que buscam utilizar-se da outra pessoa como se esta fosse uma extensão de si mesma. Desse modo, utiliza-se do terapeuta como o seu *órgão vital*, metabolizador, evidenciando uma proposta não relacional, uma fusão. Nessa circunstância, não se trata de fazer por ela, de retirar da criança a oportunidade de fazê-lo. Significa fazer *em mim* para ela.

---

4. Folch, discutindo sobre a comunicação e a continência na análise de crianças, baseia-se em Bion e nos remete à conduta à qual me refiro: "Bion, seguindo as ideias de Klein, descreveu uma forma arcaica e inicial de comunicação que se dá por meio de identificação projetiva. Ele descreveu como a criança projeta para dentro da mãe e de seu seio emoções desconhecidas e aflitivas. Se as coisas vão bem, a mãe é então capaz de metabolizá-las e devolvê-las para a criança numa forma mais familiar, conhecida e tolerável" (Folch, 1990, p. 228).

Por meio dessa vivência, na psicoterapia, a criança pode apropriar-se devidamente de seus conteúdos e relacioná-los de maneira mais sadia com a realidade externa e interna. Pode desenvolver a sua capacidade télica e estar livre para a *troca* que as relações podem proporcionar. Pode também ampliar o repertório de experiências e, consequentemente, tornar-se apta a assumir novos papéis.

Se como psicoterapeuta me mantiver consciente de que por intermédio dessa função principal é que se conduz o processo psicoterápico da criança, posso estar livre para criar e acompanhar as mais variadas atividades de interação que brotarem da inter-relação (conversar, cantar, desenhar, dramatizar, brincar etc.).

A devolução dos conteúdos transformados, resultantes da metabolização, pode ser feita por intermédio da ação e da palavra. Dependendo do momento, há privilégio de uma sobre outra. Pela palavra, podemos citar a interação coloquial, os assinalamentos e as interpretações (instrumentos de intervenção e interação desenvolvidos pela psicoterapia psicanalítica [Etchegoyen, 1987]). Por meio da ação, podem ser feitas intervenções nos níveis real, simbólico e imaginário. Essa separação tem apenas fins didáticos, na prática, não há meios de separar o verbal da ação quando pensamos em termos da pragmática da comunicação humana (Watzlawick, 1981).

Vamos a outro exemplo. Apareço na sala de espera, a criança olha para mim, sorri, me dá um beijo e é retribuída. Olha para meus pés, detém os olhos neles e diz: "Bonito o seu tênis!" Sorrio, dizendo: "Você acha?" Entramos na sala, a criança olha para meu rosto, detém o olhar em meu brinco, dizendo: "Bonito o seu brinco!" Sorrio e penso comigo: possuo coisas bonitas. Minha cliente continua: "Você tem um relógio bonito. Eu queria um assim. Vamos brincar?" Penso: já me encheu de coisas bonitas, o que fará em seguida? Digo então: "De outra coisa?" Ela me diz perplexa: "Como assim?" Esclareço: "Você brincava de me enfeitar. E agora, do que você quer brincar?" Prontamente ela responde: "Rouba monte". Continuo esclarecendo: "Agora que me enfeitou, vai tentar pegar tudo isso de volta". Em seguida embaralhamos as cartas e começamos um novo jogo.

Nessa sessão, a minha intervenção como terapeuta, "Você brincava de me enfeitar. E agora, do que você quer brincar?", é um exemplo de devolução feita de forma verbal, na qual sugere-se também, pela revelação de conteúdos do nível simbólico, a correlação entre a ação e o movimento de ação contidos no que foi expresso verbalmente pela criança. Na realidade, havia uma atitude. Eu estava mesmo de tênis, de brinco e tinha um relógio. Demorei um certo tempo para me dar conta de que, embora a criança falasse de coisas que de fato já estavam comigo, lidou com isso de maneira bastante particular. Havia um conjunto de componentes em sua atitude (olhar, jeito de aproximar-se) e em sua verbalização (tom de voz, empostação) que transmitiram uma mensagem: o tênis, o brinco e o relógio foram *colocados* em mim, um após outro. Eles já estavam ali (no real) mas ela os *criou* outra vez, simbolicamente, a serviço de suas necessidades internas. Esse episódio revelou uma proposta de relação transferencial. O papel atribuído a mim foi o de *possuidora de coisas bonitas*. Minha intervenção propiciou a revelação do contrapapel assumido pela paciente (ladrão das coisas bonitas do outro). Quando me encontrei com ela no início da sessão, eu estava disponível para recebê-la e, aos poucos, fui percebendo *algo fora de lugar.* Embora ela propusesse uma relação em que considerava as minhas coisas bonitas (e eu também achava), logo me dei conta de que eu estava a serviço de algo que emergia de seus conteúdos internos. Não era uma proposta de encontro, era uma proposta de uso da minha pessoa para fins específicos, unilaterais. Com a intervenção interpretativa, cujo conteúdo foi extraído da metabolização, continuei disponível para acompanhar o seu próximo movimento, que veio na forma de jogar rouba monte. Na brincadeira, aceitei estar enfeitada e colocar-me em disponibilidade para ser despojada de meus enfeites (jogar rouba monte). *Mergulhei na brincadeira* sem abandonar a minha função (no papel) de psicoterapeuta.

Não parto do princípio de que a criança esteja sempre *projetando* seus conteúdos internos sobre minha pessoa de tal maneira que minha realidade seja ofuscada ou deturpada por ela. Num encontro terapêutico, há sempre a alternância de momentos télicos e transferenciais. A função do psicoterapeuta é estar pronto para detectar esses momentos e oferecer oportunidades para que o paciente tome consciência das formas e propósitos de suas atitudes, pensamentos e fantasias. Por meio do refletir[5] sobre os efeitos dessas atitudes, o terapeuta contribui para que a criança conheça (ou reconheça) seus recursos e suas distorções.

A metabolização pode ser realizada em vários tipos de interação. Muitas vezes, o terapeuta é envolvido de tal modo pela atividade proposta pelo cliente que demora certo tempo, às vezes várias sessões, até que se possa descobrir claramente em qual papel foi colocado. Nessas circunstâncias, a metabolização pode ser completada fora da sessão. Em muitas ocasiões não há, contudo, condições de que as devoluções (pela ação ou pela palavra) sejam feitas em sua totalidade, já que a captação do conteúdo e do seu significado é obtida gradativamente, permitindo apenas *viver junto*, fazer assinalamentos e/ou tomar atitudes com base em conteúdos parcialmente apreendidos. É possível *mergulhar* no papel sugerido e por meio dele ter condições de entrar em sintonia com os sentimentos da criança, bem como *ingerir* o conflito ali exposto para transformá-lo (dentro de mim). Posso estar entregue à vivência sem me perder no conflito do outro, sem fazer um *acting-out* contratransferencial. Esse tipo de fenômeno é muito comum em processos psicoterápicos individuais. Nem sempre o psicoterapeuta consegue assimilar em uma sessão todo o seu significado, muitas vezes explicados por fatores coinconscientes ou coconscientes. Muitas sessões são *vivenciadas*, são *atuadas* (no sentido moreniano do termo) e apenas posteriormente podem ser pensadas e elaboradas como um todo. Isso vale para o terapeuta e o cliente.

A forma de interação é particular a cada relação. Há clientes que fazem um bom processo psicoterápico apenas por meio de jogos de regras. Para outros, a dramatização é o meio escolhido e apropriado de estar em relação. Entendo que as atividades, mais do que recursos técnicos, são recursos de interação, e também resultantes de uma in-

---

5. Com o *refletir* pretendo denominar a *reflexão* como algo mais amplo que o ato de pensar intelectual. Inclui um estado (ato de meditar) em que se busca também a compreensão do que se sente e que implica dois tempos. O primeiro se dá dentro do terapeuta, quando está atento às repercussões em si mesmo, como um eco da conduta do cliente. O segundo, quando comunica, espelha ao cliente a síntese resultante do primeiro.

teração. Em termos de normalidade, há interesses próprios de cada idade que conduzem a um tipo de atividade interacional. Em minha opinião, não é propriamente a atividade que faz a psicoterapia ser mais ou menos bem-sucedida. É a forma de funcionamento da díade (terapeuta-cliente) e o grau de interação (e saúde dele) que propiciam chances para o seu sucesso. Embora considere e utilize a dramatização (representação de papéis) como recurso técnico em psicoterapia individual de crianças, não a priorizo por entender que, desse modo, poderia restringir a gama de possibilidades e o campo de atuação. Durante a dramatização, a prontidão para assumir a função metabolizadora descrita continua valendo. As devoluções, no entanto, são feitas por meio do papel requerido pela dramatização (Alegre, 1982).

A criança, nesse modo de trabalho, não é seduzida nem induzida para o desempenho de papéis. A prática ensinou-me que, se a criança conseguiu adquirir a maturidade das primeiras fases evolutivas e uma significativa integração egoica, por si mesma se lançará à experiência de tomada de papéis e atingirá a seu tempo a capacidade de inversão. É um processo natural do desenvolvimento e da socialização.

Na psicoterapia individual com crianças, grande parte do material de trabalho constitui-se de conteúdos (elementos do funcionamento psíquico, formas de relacionamento) típicos de fases de desenvolvimento que antecedem a prontidão para a tomada de papel. Pode-se dizer que são pré-requisitos para que a criança esteja habilitada a "ser" outro (objeto, animal ou pessoa) por meio do desempenho de papéis.

É de esperar que a conduta da criança oscile entre experiências de desenvolvimento e de regressão ao longo do processo psicoterápico. É esse movimento que o psicoterapeuta se dispõe a acompanhar e legitimar para a criança. Com sua presença estimulante, o psicoterapeuta passa a ser o ponto de referência para que ela possa ir e vir, explorar, experimentar, sem correr tantos riscos de perder-se ou se fixar. Comparo essa situação com a das crianças bem pequenas na pracinha, cujas mães ficam sentadas nos bancos, conversando. A criança ousa sair de perto da mãe, explora o local, busca e disputa o brinquedo de outra criança mas, se repararmos, a cada um desses distanciamentos ela volta para perto da mãe, seu ponto de contato, referencial. Se isso está garantido, a mãe está mesmo lá, ela se sente forte e confiante para uma nova aventura. Quando cresce, internalizou tanto essa presença como ponto de referência, por meio das idas e vindas, que pode prescindir dela como presença física, pois já a possui dentro de si. Pode, então, ousar ainda mais: ela própria se torna o ponto de referência[6]. Nesse sentido, a psicoterapia pode ser considerada uma *rematrização* (Fonseca, 1980).

Na perspectiva da teoria dos papéis, isso equivale a sair de si (ponto de referência básica) e *ousar* representar outros papéis, assumir outras identidades, explorar outros campos e ter, como garantia, o retorno ao seu ponto de contato, sem perder a identidade. Só muito mais tarde a criança estará apta a praticar a inversão de papéis.

Um psicoterapeuta de crianças certamente está familiarizado com este exemplo. A criança brinca com miniaturas de super-heróis, colocando-as no chão da sala de atendimento em posição de guerra, as personagens do bem contra as do mal. Ela própria prepara o cenário como se fosse uma dramatização: assumindo a direção e a narração, dando voz a todos os papéis. Há uma luta em busca de *resolução*. Uma dúvida natural muitas vezes aparece para o terapeuta: O que faço agora? Se a criança não me convidou para brincar, devo intervir? Ela está me rejeitando? Isso é terapêutico? O que ela quer dizer com isso? Devo interpretar? Mas, o quê? Posso assumir um dos lados? Do bem ou do mal? O que faço com tudo isso? Para relatar as implicações desse exemplo, poderia escrever demoradamente, mas vou dedicar-me apenas a alguns aspectos que interessam de maneira mais imediata.

Em primeiro lugar, essa pode ser uma criança que se prepara para assumir papéis mas ainda teme perder seu *ponto de contato*. Consegue perceber as características dos papéis implicados na temática da brincadeira (personagem do bem, personagem do mal, o atacante, a vítima, o defensor, o narrador etc.), entretanto prefere controlá-los ainda de seu próprio lugar. Cria e vivencia a trama, como se visse e produzisse ao mesmo tempo um filme, mas não ousa atribuir a outro (o terapeuta), nem inteiramente a si mesma, qualquer papel ou contrapapel na brincadeira. É uma pseudobrincadeira solitária. *Pseudo*

---

6. Essa noção coincide com a de *confiança básica* descrita por Erickson (1976).

porque, embora esteja brincando sem a participação direta do terapeuta (no ato de brincar), o faz em sua presença. Está contida aqui uma proposta de relação que, na criança, é inconsciente. A proposta pode ser a seguinte: *esteja presente, seja meu ponto de referência enquanto enfrento o conflito que existe dentro de mim*. Se por um lado ela põe o terapeuta como espectador de seu drama e lhe conta qual é a sua dificuldade, por outro coloca-o em um papel ativo para a metabolização de seus conflitos. Nesse caso, essa criança não o está ignorando nem excluindo. Ela está, ao contrário, contando com ele para conseguir elaborar o que ainda desconhece e a impede de ser mais integrada, um elemento importante e pré-requisito para relacionar-se com o terapeuta por meio de outros papéis e de maneira mais amadurecida[7]. Ele pode ajudá-la, se aceita sua proposta com tranquilidade, ou seja, quando tolera ser um espectador-continente, quando *aguenta* dar assistência, a distância, à sua experiência de ser o diretor de seu próprio psicodrama. A criança não está fugindo da relação com ele; nesse caso, ela está propondo que ele *banque* o seu mergulho e, quem sabe, a coragem de lidar com seus conteúdos internos.

Seria melhor que o terapeuta lhe propusesse uma distribuição de papéis, por exemplo, um deles ser a parte do bem e o outro ser a parte do mal? Ela poderia viver psicodramaticamente seu conflito e lidar com ele por meio da representação de papéis? Suponho que não, pelo menos até que essa criança esteja forte o suficiente para aceitar que seu terapeuta represente um papel e/ou que ela própria faça, por sua vez. Um de seus conflitos é o de não conseguir dar lugar apropriado ao antagonismo dentro de si. Ela supõe, fantasticamente, que um dos dois polos precisa ser eliminado. Não precisamos ir mais longe para compreender que, se ela percebe assim o outro (qualquer pessoa de suas relações, inclusive o terapeuta), também é vista de maneira incompleta. Ora é personagem do bem, ora personagem do mal, um exclui o outro, sem meios de pertencerem a uma unidade. Sua angústia é que, se abrir mão de um lado (do mal, por exemplo), perde um

---

7. Não me refiro neste caso à brincadeira desenvolvida por crianças cujo funcionamento narcísico nega a existência-presença do terapeuta, em que a compreensão e a conduta divergem do que estou abordando agora.

pedaço de si e fica fragmentada. Ainda é incapaz de integrar eficientemente os pedaços de um todo. Se o psicoterapeuta assume uma das partes nesta etapa, além do risco de a criança não se dar conta de que o antagonismo provém dela e a ela pertence, pode se sentir desprotegida, pois imagina que o terapeuta também não esteja inteiro e precisa ser eliminado. A criança carece de alguém que garanta a continuidade, a unidade, o ponto de referência para poder, aos poucos, experimentar um lado e outro, e descobrir como integrá-los. É importante então que o terapeuta se situe fora desse conflito, embora em interação com a criança.

Este brincar se diferencia, no contexto terapêutico, pela síntese da função metabolizadora com a criança que não tem podido contar em sua vida. O exemplo elucida o que disse anteriormente sobre as devoluções poderem ser feitas pela ação e não apenas pela verbalização. Estar disponível para aguentar ser espectadora sem intervir, procurando exercer a função *holding* (Winnicott, 1983), *rêverie* (Bion, 1987), *duplo* (Moreno, 1974), é uma devolução da metabolização por meio da conduta. Por muito tempo, num processo psicoterápico como nesse caso, é possível dispensar uma intervenção verbal, pois, a meu ver, ela não é prioritária. Mas, em caso de ser utilizada, poderia ser algo assim: "Estou aqui do seu lado, te protegendo enquanto você procura um jeito de resolver esse problema". Ou: "Você tem um problema, posso imaginar o medo que dá perder qualquer um desses" (refiro-me aos bonecos que representam as partes, aludindo a seu antagonismo). Ou: "Você só vê uma saída. Ou um ou outro. Fica difícil escolher entre coisas tão importantes".

Tais intervenções já são uma novidade introduzida na situação. O movimento seguinte deve ser acompanhado pelo terapeuta. Pode ser em direção à regressão ou ao desenvolvimento, não importa[8]. Isso é imprevisível, mas tão logo haja um movimento é função do terapeuta *contar* à criança como e em que direção ele se deu; e mais, também é

---

8. É característico da psicoterapia que haja alternância de movimentos de regressão e de desenvolvimento. Essa mobilização é indicativa de um processo vivo, terreno fértil e favorável a novas explorações e conquistas, até que se alcance um novo momento em que os movimentos de regressão sejam menos frequentes que os de desenvolvimento, próprio de indivíduos mais saudáveis.

sua função detectar em que direção a criança o *atiça, empurra, sugere* ou *propõe* movimentar-se.

Comparo a relação interpessoal na psicoterapia individual com uma dança em dueto, em que os movimentos de cada dançarino podem influenciar os do outro, podem procurar encontrar-se ou evitar-se. Cabe ao *dançarino-terapeuta* perceber como, para que e a serviço de que eles se movimentam, se em direção ao encontro ou ao desencontro. Isto é o que se pode chamar de trabalho psicodinâmico na psicoterapia por meio da relação. Paciente e psicoterapeuta formam uma *unidade sociodinâmica* (Moreno, 1983).

Até o momento, espero ter esclarecido que o foco é a interação, a relação terapeuta-cliente. Espera-se que por meio disso o paciente seja encorajado a lidar com seus conflitos e busque saídas por intermédio do autoconhecimento adquirido. "Busca-se, portanto, a autotele" (Fonseca, 1990a, p. 581).

Saliento que no papel de psicoterapeuta não tenho nenhuma intenção ou objetivo, mesmo com a intervenção interpretativa, de incentivar ou induzir a transferência, tampouco a regressão. Apesar disso, tanto uma como outra podem emergir na relação interpessoal. Continuo disponível para detectar e acompanhar o movimento e as atividades propostas, atenta para não me envolver nos conteúdos do cliente, pois isso significa deixar o papel de psicoterapeuta e promover uma descontinuidade no processo em curso (rompimento do *setting*, pela impossibilidade de exercer a função de terapeuta).

O setting

O *setting* é instituído para oferecer condições favoráveis ao processo psicoterápico. O enquadramento é assunto passível de reflexões e questionamentos que, sem dúvida, deve ser coerente com a postura e objetivos a que se propõe o psicoterapeuta quando se coloca a serviço de uma criança.

Na psicoterapia por meio da relação, o estabelecimento de um *setting* instrumenta, possibilita e referencia o encontro existencial entre psicoterapeuta (adulto) e paciente (criança). Pode ser considerado como o campo de trabalho e abrange um número significativo de elementos. Não cabe aqui abrir uma discussão ampla; entretanto, citarei alguns aspectos práticos que podem ser úteis para seu estabelecimento e servir como ilustração.

O local de atendimento é uma sala (num consultório ou numa instituição) cujo mobiliário deve ser preferencialmente de escolha do terapeuta. Em instituições, a escolha torna-se difícil, mas o mobiliário não impede a interação necessária. Sugiro que seja de fácil manejo, que possa, pelo menos em parte, ser modificado e movimentado, feito de material resistente e confortável, de fácil limpeza e acesso. O material também é de escolha do terapeuta e preferencialmente sintônico com suas possibilidades de lidar com ele. Normalmente tenho à disposição poucos e variados materiais. Dou preferência aos menos estruturados, cuja plasticidade permite a liberação da imaginação e a projeção simbólica. O papel crepom torna-se a capa do Batman; a cartolina, uma máscara ou a coroa do rei, e assim por diante. Os materiais são de uso comum a todas as crianças. Há, no entanto, determinados casos em que o uso de uma pasta exclusiva ou de uma caixa de papelão com o material particular de uma criança é proveitoso e recomendado. Essa é uma decisão do psicoterapeuta quando avalia a dinâmica do paciente e acredita que a modificação no enquadramento seja necessária ao processo terapêutico em determinado momento.

O tempo de sessão que tenho estabelecido é de quarenta minutos, com algumas variações. Isso pode ser decidido conforme o quadro, a tolerância, tanto do terapeuta quanto do cliente, e o momento do processo. O mesmo se dá para o estabelecimento do número de sessões semanais. Em minha prática com crianças, concluí que o ideal é a frequência de duas vezes por semana. Em situações graves de crise, é possível um contato mais assíduo. Com crianças maiores de 8 anos cujo grau de comprometimento psicológico não esteja elevado, é possível, com bons resultados, a frequência de uma vez por semana.

Procuro deixar claro, por meio de atitudes, que a sessão se inicia de fato quando entramos na sala de atendimento e que o encontro na sala de espera faz parte de um contexto social. Há pacientes que, apesar disso, mostram dificuldades em compreender tal delimitação e iniciam a sessão assim que nos encontram, sem qualquer contenção. Cabe ao terapeuta a ampliação do *setting*, utilizando-se de um limite flexível até que o cliente consiga incluir em seu repertório pessoal a compreensão de que há um tempo e um espaço para a psicoterapia. Há casos em que a sala de espera passa a fazer parte do campo de trabalho e não é incomum, nessa circunstância, que se precise contar com a ajuda de uma secretária, adequadamente orientada para dar suporte às atitudes que deem firmeza ao *setting*, que pode ser plástico mas deve ser firme e claro. Há crianças que não conseguem permanecer dentro da sala nem cumprir o tempo oficial da sessão. Pode haver uma adaptação ou modificação do enquadre para este caso específico. É preciso que essa decisão se baseie na certeza de um enquadramento que não descaracterize a psicoterapia e o papel do psicoterapeuta, portanto deve ser medida cautelosa e pouco frequente.

Acerca de horários, números de sessões, honorários, faltas e férias, que fazem parte do contrato, devem ser combinados e discutidos com os responsáveis pela criança, antes do início da psicoterapia. Não são responsabilidade da criança e dão suporte ao trabalho. Apenas comunico à criança sobre a proximidade das férias, a fim de prepará-la para a descontinuidade do trabalho. Os demais itens são apenas abordados com a criança quando trazidos por ela para a sessão.

A conduta do psicoterapeuta, já discutida anteriormente, inclui atitude mental e ação. Diz respeito a todos os procedimentos que tornam possível a psicoterapia por meio da relação e à tentativa de promover o encontro. Apesar do enquadramento, o "reunir-se é despreparado, não construído, não planejado, não experimentado, realiza-se sob a égide do instante" (Moreno, 1974, p. 79).

A prática psicodramática numa psicoterapia por meio da relação[9]

Gostaria de tecer alguns comentários referentes à prática psicodramática, mais precisamente sobre como contextos, instrumentos e etapas de uma sessão são entendidos e podem ser utilizados na psicoterapia de crianças por meio da relação.

---

9. Para saber sobre conceitos teórico-técnicos do psicodrama, consultar Wolff (1988).

As experiências de Moreno com crianças foram realizadas primeiramente nos jardins de Viena, de 1910 a 1914 (Shearon, 1980) como um *recreador*, e depois, como pai, quando "brinca de inversão de papéis" com seu filho Jonathan (Moreno, 1983). No campo clínico, como já referi na Introdução, relata o atendimento de uma criança (Moreno, 1974), um psicodrama influenciado pela teoria comportamental e com uso da técnica da dessensibilização sistemática[10]. Em minha concepção, não há consistência no modelo moreniano em relação ao psicodrama com crianças[11].

Sobre contextos — Social, grupal e psicodramático

Na psicoterapia por meio da relação, o *contexto social* caracteriza-se pela realidade dos papéis de psicoterapeuta e de paciente (e suas respectivas responsabilidades). Dele fazem parte o horário de sessão, a frequência e a duração preestabelecidos, o local (consultório ou instituição) e a sala de atendimento (prédio). Incluo nesse contexto a família, ou seja, o fato de que os pais da criança são os responsáveis por contratarem o profissional e pelo suporte externo para que a psicoterapia aconteça (aceitar o contrato, levar e buscar a criança, combinar honorários e cumprir com eles etc.). O *contexto grupal* (da abordagem grupal) é aqui substituído pelo contexto da relação a dois. É onde a interação ocorre. Psicoterapeuta e cliente convivem e são elementos que constituem a díade da psicoterapia. Formam uma realidade, com história e dinâmica próprias e originais. Nesse contexto são estabelecidas as peculiaridades espaço-temporais e afetivas, os limites e os códigos, o colorido e a intensidade da relação interpessoal real. Constrói-se aqui o ambiente protegido que viabiliza a interação com fins psicoterápicos. O *contexto psicodramático* é constituído pelas atividades que lidam com o imaginário e com a fantasia. Constam dele as brincadeiras simbólicas e as dramatizações. Particularmente com

---

10. Fonseca procede no Capítulo 16, item 2, a uma breve e valiosa análise desse protocolo.
11. Camila Gonçalves (1988) faz uma belíssima exposição e crítica sobre o psicodrama, apontando vantagens e limitações na prática com crianças. Harmoniza psicodrama e psicanálise, denominando seu trabalho *psicodrama analítico*.

crianças, há muitas vezes a sobreposição do contexto da relação a dois com o contexto psicodramático, formando um contexto único[12]. O foco da psicoterapia é a relação e as manifestações coinconscientes e coconscientes que norteiam grande parte das atividades. A criança passa do imaginário para o real (e vice-versa) com muita rapidez e presteza. O terapeuta precisará estar disponível para acompanhar o movimento e as propostas da criança para possibilitar a relação, certamente mesclada de imaginação e de realidade.

Sobre instrumentos: cenário, protagonista, diretor, ego-auxiliar e público

Na psicoterapia por meio da relação, o *cenário* é estabelecido sempre que uma brincadeira[13] é iniciada e compreendida pelos elementos da relação. Não é constituído apenas no momento da dramatização, mas faz parte do contexto dramático. Um cantinho qualquer da sala que sirva de esconderijo — sendo o espaço entendido como tal, simbolicamente, pela díade — passa a ser cenário, mesmo que de forma imaginária. Há variações que seguem desde a reprodução con-

---

12. Neste ponto é preciso destacar que no psicodrama clássico o contexto psicodramático refere-se ao momento da dramatização, quando é proposta a encenação de aspectos da vida do protagonista por meio da representação de papéis. Na literatura psicodramática, os termos *representação*, *desempenho* e *interpretação de papéis* são usados de maneira análoga. Em rigor, são sinônimos. Quando uma criança brinca, nem sempre representa papéis, no sentido da encenação da dramatização. Para efeito deste trabalho, na tentativa de tornar mais clara minha exposição, vou distingui-los. Procuro utilizar a terminologia *representação de papéis* num sentido teatral, de assumir outro papel, outra identidade, sempre num contexto psicodramático. Por exemplo: agora serei professor, fada, vendedor, uma planta, animal. Diferencio de *desempenho* e *interpretação de papéis*, que costumo utilizar para denominar funções em papéis assumidos, dentro ou fora do contexto dramático. Implica uma característica psicológica de determinado papel, configura um estilo, pode conter intenção e tem seu perfil reconhecido pela proposta impressa quando em relação. A função *provedor*, por exemplo, é própria de papéis assimétricos, de tipo chefe, mãe etc., mas é qualidade que pode colorir outros tipos de papel.
13. Brincadeira, ato de brincar. Utilizo o termo no sentido expresso por Winnicott (1983), do "brincar preocupado das crianças". O leitor pouco familiarizado pode obter uma bem elaborada síntese da obra de Winnicott no livro de Davis e Walbridge (1982), que nos remete ao brincar como uma extensão do uso dos fenômenos transicionais, pertencendo ao espaço potencial entre o *eu* individual e o ambiente.

370

creta de um cenário, por exemplo arrumar panelinhas, sofás para uma brincadeira de casinha, até imaginar (sem objetos concretos e/ou brinquedos) que a dona de casa tem uma vassoura na mão e vai limpar a casa ou bater no marido. A vassoura, objeto real ou imaginário, passa a fazer parte do cenário tão logo a brincadeira começa.

O *protagonista*, na psicoterapia por meio da relação, é a *criança em relação a* (si mesma, ao terapeuta, ao mundo etc.). A criança é o sujeito que, estando em interação, emerge para a ação. No psicodrama clássico, é considerado protagonista aquele que emerge para a ação psicodramática. Na psicoterapia por meio da relação, a criança é protagonista em toda atividade interacional, assim, não o é apenas no contexto dramático. *Diretor* é o psicoterapeuta cujas funções principais são três: terapeuta, diretor de cena e analista social (seguindo as funções do diretor psicodramático). Terapeuta é a função/papel do diretor que protege o *setting* e coloca-se disponível e pronto para a relação com o protagonista. Na psicoterapia por meio da relação, essa função acopla-se à de ego-auxiliar, que serve de instrumento para a metabolização. Inclui conduta e atitude mental, a serviço da psicoterapia da criança. O diretor de cena cuida tanto do aquecimento e da direção de uma dramatização como do manejo de técnicas e intervenções que se façam necessárias fora do contexto psicodramático.

Entendo que a relação, na psicoterapia, aconteça em vários níveis[14] (real, simbólico e imaginário) e em todos o diretor tem uma função coordenadora, típica de um diretor de cena no teatro e no psicodrama. Dependendo da circunstância, a coordenação é mais ou menos diretiva. Muitas vezes a criança, como protagonista, assume o papel de diretor de seu próprio trabalho; no entanto, a direção do processo psicoterápico é mantida sob a responsabilidade do psicoterapeuta diretor. Este é analista social ao colocar-se em *distância* necessária para identificar, compreender, selecionar, avaliar e processar cada sessão e o processo psicoterápico. Essa função capacita o terapeuta, entre outras coisas, a discriminar o que compartilha ou não com seu

---

14. No real, quando conversamos ou desenhamos, por exemplo; no simbólico, quando se desenvolve uma brincadeira como a dos personagens do bem e do mal (já descrita), e no imaginário, onde se incluem as dramatizações.

cliente, o que é próprio da relação ou de cada um dos indivíduos envolvidos na interação, o que diagnostica a cada momento e determina qual a melhor e mais indicada conduta a ser adotada. Ele instrumenta a função terapeuta e diretor de cena a agir. Por exemplo, diante de uma situação, ele avalia se é conveniente dar limites ou flexibilidade às regras.

Na psicoterapia individual, o próprio psicoterapeuta é o ego-auxiliar. Caracteriza-se por ser a parte que *contracena* com a criança, é o ator que representa papéis em uma dramatização, o adversário do jogo de damas, um atacante no jogo de futebol. É a parte que realiza a função metabolizadora enquanto a criança não tem condições de realizá-la, que *se entrega* (mas não se mistura) à relação com a criança, instrumentando a função diretor de cena em relação aos aspectos a serem considerados quando é preciso decidir sobre uma intervenção ou outra, durante uma brincadeira ou dramatização. Pela sua vivência próxima à criança e de sua observação sobre os sentimentos despertados em si mesmo por esta interação, o psicoterapeuta pode tornar a parte diretor mais apta a agir[15]. Na psicoterapia por meio da relação, ele é um diretor-ego-auxiliar diferentemente do psicodrama clássico, em que tais funções são desempenhadas por pessoas diferentes. Se por um lado isso enriquece as possibilidades de seu papel, exige, por outro, muito amadurecimento e preparo para não se misturar com os conteúdos do paciente. Nessas condições, ele está mais vulnerável às pressões coinconscientes próprias das relações próximas e íntimas como as que se formam nas psicoterapias processuais.

Na psicoterapia individual não há público. O diretor-ego-auxiliar assume a função de *caixa de ressonância* do protagonista que, no psicodrama de grupo, é exercida pelos demais, que assistem à dramatização e dela coparticipam.

---

15. Novamente tangenciamos as questões da presença e do uso da transferência e contratransferência que, por razões já explicadas, não serão abordadas aqui. Ressalto, no entanto, que Moreno dá mostras de reconhecer o perigo de ser "engolfado" pelos clientes. Por isso, entre outros motivos, cria a possibilidade do ego-auxiliar, um jeito de manter o diretor *fora* das pressões do cliente. Assim, tanto ele está protegido como tem a função de proteger o ego-auxiliar de ser "engolfado" pelo cliente.

Sobre etapas de sessão: aquecimento, dramatização e compartilhamento (*sharing*)

Na psicoterapia por meio da relação com crianças, as etapas do psicodrama clássico não são consideradas de modo sistemático, embora possam ser detectadas quando as sessões são processadas (sem a ordem prescrita). Isso se dá por vários motivos, entre eles o fato de a criança ter menos necessidade de *aquecimento para a ação*, o que demanda do terapeuta muita habilidade para aquecer-se rapidamente, se quiser acompanhar o movimento de seu pequeno cliente. Já abordei o fato de a criança passar do nível real para o imaginário e vice-versa com tanta flexibilidade que cabe ao terapeuta saber delimitá-los e ajudar a criança a fazê-lo também. Quanto mais sadia e/ou mais evoluída a criança, maior facilidade haverá em caminhar, quando conduzida, pelas etapas de sessão sugeridas pelo psicodrama. Quanto menor e mais comprometida estiver, menor a possibilidade de manejo da sessão por meio de etapas.

Sobre as técnicas básicas: duplo, espelho, solilóquio, inversão de papéis

Para a utilização da *técnica do duplo* não é adotada uma postura corporal (de dublê), e sim uma *postura mental*, descrita quando discorri sobre a função metabolizadora. O psicoterapeuta procura sintonia com o cliente, usa de sua própria capacidade télica, serve como instrumento auxiliar da criança. É suporte, *container* e *metabolizador*[16].

---

16. Os conceitos envolvidos nessa técnica podem ser encontrados com muita semelhança em outros autores. Citarei alguns a título de exemplo. De Winnicott, as conceituações de *holding* e a possibilidade de alguém dar suporte para que a criança possa estar só na presença de alguém e extrair daí a noção da continuidade de ser. A descrição de Bion sobre a função alfa e a capacidade de *reverie* da mãe em interjogo com a consciência rudimentar da criança e o manejo da identificação projetiva normal, como responsáveis pelo desenvolvimento dos pensamentos na criança e do aparelho de pensar. Esther Bick também se aproxima dessa noção quando relata a experiência da pele nas relações arcaicas de objeto. Mario Jacoby fala da *reação intestina* do terapeuta diante dos conteúdos do cliente. Kohut aponta para a noção de transferência especular e da ressonância empática.

Na realidade, é mais utilizado o *princípio do duplo* (Fonseca, 1990a), citado em páginas anteriores, do que propriamente uma técnica.

No psicodrama clássico, a *técnica do espelho* é mais facilmente empregada, pois, contando com a presença do ego-auxiliar, é possível retirar o protagonista da ação (estrategicamente) para ver-se de fora, como se olhasse para um espelho e visse sua própria imagem (representada pelo ego-auxiliar). Na psicoterapia por meio da relação, esse efeito é conseguido quando o terapeuta, em sua posição, conta e mostra para a criança como a vê e sente quando confirma ou não sua percepção ou atitude. O psicoterapeuta, sem precisar necessariamente sair de seu lugar e com base em seu próprio papel, reflete para o cliente, por meio de ações ou palavras, a imagem que ele lhe transmite, constituindo assim um dado que favorece o *dar-se conta*, o perceber-se. A criança, aqui, não é o espectador de sua própria ação, mas o espectador dos efeitos de sua ação sobre o outro. Sabendo disso, poderá também ter uma ideia de como é seu comportamento. Denomino esse recurso de *efeito espelho* ou *princípio do espelho*. Também pode ser aplicado durante qualquer momento da sessão, em conversas, nas brincadeiras e nas dramatizações. O espelho, como imitação, só deve ser usado na psicoterapia individual quando se deixa claro para o cliente que o que o terapeuta está fazendo é uma reprodução de sua atitude.

Não há receitas para o manejo de determinada situação; no entanto, há princípios norteadores. A criança é ainda muito autorreferente e as atitudes do terapeuta são vistas com frequência por esse prisma. A capacidade de discriminação, principalmente das crianças que apresentam perturbações psíquicas, é bastante precária. Por isso, por meio de atitude e/ou verbalização, e a partir de nosso próprio papel, é mais fácil para a criança delimitar-se e discriminar a si mesma e ao adulto que trabalha com ela. A *técnica do solilóquio* refere-se à fala do ator consigo mesmo em cena, que, na psicoterapia por meio da relação, pode ser aplicada com grande utilidade, principalmente pelo terapeuta, com base nos papéis que estiver representando nas brincadeiras e nas dramatizações. Tem como objetivo elucidar para o cliente em determinado papel os sentimentos e pensamentos que sua atitude gerou no psicoterapeuta (em determinado contrapapel). É semelhante ao objetivo do *princípio do espelho*. Pode ser usado também fora do contexto dramático, quando alguma situação inviabiliza a comunicação direta. No decorrer do processo, muitas crianças passam a utilizá-la espontaneamente, pois *aprendem* uma maneira de dar *dicas*, atitude por vezes adotada cômica e estrategicamente. Um risco, quando ela é empregada em psicoterapia de crianças muito pequenas ou muito comprometidas, é que a criança imagine que o terapeuta *fala sozinho* (como os bêbados nas ruas), ou seja, que esteja delirando. Ela se sente desprotegida, incapaz de apreender o significado correto. É preciso discriminar, como em todas as técnicas, se cabe utilizá-la ou não.

A *técnica da inversão de papéis*, na forma clássica, é a que se apresenta menos apropriada no trabalho com crianças. Faz ressonância em mim a discussão de Camila Gonçalves sobre esse assunto. Com muita habilidade e embasada em larga experiência, esclarece como reinterpreta o sentido dos treinos de papel à luz de uma releitura crítica da *filosofia* moreniana: "Entendo que a proposta implícita, que realmente interessa aos psicoterapeutas, equivale à da preservação das áreas do brincar. Esta possibilita a interpretação criativa de papéis, pela qual a criança pode ser auxiliada no reconhecimento de sua identidade e na diferenciação entre seus próprios pontos de vista e os de outras pessoas" (Gonçalves, 1988, p. 118). Camila também se baseia em Winnicott para a definição de brincar: "[...] convém lembrar que o 'brincar', no sentido comentado, além de não consistir propriamente no uso do brinquedo, é um 'fazer', que pode servir-se de palavras, pensamentos etc., e também de papéis" (Gonçalves, 1988, p.116).

Gostaria de chamar atenção para o ensaio natural de troca de papéis que ocorre, por exemplo, quando terapeuta e cliente jogam bola. A criança é o goleiro que defende as bolas que o adulto chuta a gol. Em outra partida, a criança pede que o terapeuta seja goleiro e então ela chuta a gol. Não é uma dramatização, é um jogo de bola; no entanto, está subentendido que um é atacante e o outro se defende, e há troca de posição e de funções — de papéis. No significado desse jogo, talvez seja possível encontrar uma representação de aspectos psicodinâmicos do cliente, que também possam simbolizar algum ponto relacionado ao momento histórico da interação da díade terapêutica, embora não esteja ocorrendo no âmbito dramático. Não preciso, necessariamente, levar meu cliente ao contexto psicodramático, pois este jogo já contém ação básica para o treino, o ensaio para a *entrada na perspectiva do outro*, o preparo para a futura inversão. O terapeuta que se orienta pela postura da psicoterapia por meio da relação serve-se de sua maturidade psicológica e, portanto, de sua capacidade de inverter papéis para *colocar-se* no lugar da criança por meio de uma *conduta mental*, com intuito de compreendê-la e *realizá-la* dentro de si. Poderá então agir, de acordo com sua posição, em qualquer papel requerido pelo processo psicoterápico.

Acredito que a representação de papéis, de fato, amplie o universo da criança, que seja um meio de *cura* pela chance de restabelecer a espontaneidade e a sensibilidade télica, bem recebida sempre que surge da criança a oportunidade para isso. Em geral, priorizo a relação que se estabelece espontaneamente, vivendo a experiência da ação livre que emerge da inter-relação terapeuta (adulto)-paciente (criança).

Todas as técnicas descritas podem ser empregadas com intuito de provocar mudanças no curso de determinada situação; no entanto, há uma especialmente voltada para esse objetivo. Refiro-me à *técnica da interpolação de resistência* descrita por Rojas-Bermúdez com base na opinião de Moreno de que "a função da realidade opera mediante interpolação de resistências que não são introduzidas pela criança mas lhe são impostas por outras pessoas, de suas relações" (Moreno, 1976a, p. 123).

Em um trabalho anterior (Petrilli, 1985), tive a oportunidade de exemplificar o uso da técnica do espelho como escopo de mudanças no curso da ação (técnica mista-espelho/interpolação). Costumo chamá-la somente de *interpolação*. Compreendo sua aplicação como o emprego de *limites* à fluência de determinado movimento. Uma pessoa, sempre que se apresenta diante de alguém, aparece como contraponto. A apresentação do terapeuta, para a criança, por si só serve como uma interpolação. O que a criança fará com isso produz movimento, dá colorido e caracteriza a psicodinâmica da relação.

Certo dia meu cliente, um menino, entrou na sala e disse: "Vou contar um segredo que ninguém pode ouvir". Eu disse prontamente: "Ok! Mas... tem alguém aqui!" Ele me olhou perplexo dizendo: "Quem?" Respondi: "Eu". Diante desse diálogo, meu cliente pareceu atrapalhado. Algo de novo surgiu. Fiz-me presente e separada dele. No movimento que seguiu, a criança guardou o segredo para si.

Esse fragmento de sessão, além de mostrar o emprego da interpolação, evidencia a abordagem escolhida pela psicoterapia por meio da relação. O conteúdo do segredo é o que menos importa; a forma como lidamos, eu e a criança, com esse segredo é que constitui um material valioso para o encontro terapêutico.

Na psicoterapia individual com crianças, a presença do terapeuta e sua disponibilidade para a relação são a chave-mestra, a despeito de todas as técnicas que possam ser empregadas.

Alguns comentários sobre as atividades na psicoterapia por meio da relação

Desejo ainda, a título de esclarecimento, demonstrar como considero as diferentes formas de atividades que podem ocorrer nesse campo da relação interpessoal.

A interação coloquial, própria da conversação entre duas pessoas, pode ocupar por vezes toda a sessão. Trocar ideias, contar sobre as férias e fins de semana, compartilhar sentimentos, pequenas *fofocas*, *papinhos de comadre*, faz parte dessa modalidade de interação.

Há atividades que empregam materiais de manipulação que podem ou não ter a intenção de brincadeira e não implicam diretamente a representação de papéis, embora envolvam desempenho em um papel (por exemplo, recortar, colar, desenhar, pintar, ler, escrever, modelar com argila ou massa, construir com sucatas ou pedaços de madeira etc.). Podem ser feitas solitariamente, pois não dependem de outra pessoa para que ocorram, ou ainda ser desenvolvidas em conjunto.

Há brincadeiras que se diferenciam destas, por serem jogos que necessitam de outra pessoa; não envolvem *representar papéis*, não obstante haja desempenho e sejam regidas por normas preestabelecidas. Têm intenção de divertimento e envolvem competição (por exemplo, damas, velha, mico, memória, *stop*, mímica, amarelinha, pula elástico, não pode dizer não, futebol, vôlei, queimada etc.).

Há brincadeiras que, embora não caracterizem uma representação de papéis, contêm em si certo tipo de qualidade dramática. Podem ser desenvolvidas solitariamente ou com outra pessoa. Quando uma criança pega panelinhas, mobiliários e arruma objetos para brincar de casinha, a arrumação é, por vezes, a própria brincadeira, e não há representação de papéis. Em outros momentos, a brincadeira avança *emprestando* voz aos bonecos, a criança põe ação e dá movimento a objetos inanimados. A criança não se envolve diretamente, no sentido de tornar-se ou escolher ser um personagem. Ela produz e brinca, estando (de) fora do cenário. O envolvimento é com todos os personagens. Quando faz isso com outra pessoa (o terapeuta), pode distribuir/atribuir papéis e produzir uma interação verdadeira entre os personagens, mas a representação ainda é de envolvimento parcial. Ela ainda não é o ator, não é o próprio personagem; no entanto, dá ação a um personagem que está fora dela, como num teatro de fantoches (por exemplo, Lego, Playmobil, bonecos, fantoches, miniaturas do cotidiano, ou o que puder servir para esse tipo de ação dramática).

Brincar de escolinha, mamãe-filhinha, marido-mulher, polícia-ladrão, índios-patrulhas, bruxas e fadas etc. pode envolver a representação de papéis; são brincadeiras assumidas pessoalmente pelo cliente e pelo terapeuta, com raras exceções. Adulto e criança são atores, e essa atividade passa a fazer parte de um contexto verdadeiramente psicodramático. Mas a psicoterapia por meio da relação não se contenta com isso. É preciso lembrar que o fato de trabalharmos no contexto psicodramático não nos afasta definitivamente do contexto da relação a dois, da mesma maneira que, quando represento um papel de professor, não deixo de atuar no papel de psicoterapeuta. No papel psicodramático, "brinco", mas no de terapeuta, trabalho. Equivale a um sistema "brincar"-trabalhar. Nessa situação, "brincar" de escolinha, a função metabolizadora é realizada por mim (terapeuta) e enquanto "brinco", portanto, haverá devoluções para a criança (como aluno), com base no papel de professor.

Na psicoterapia por meio da relação, é importante que o trabalho não pare por aí. Seguir adiante significa verificar o que está acontecendo na relação psicoterapeuta-paciente enquanto estão representando papéis psicodramáticos (ou em qualquer outra atividade). É preciso verificar se há conexões entre a atividade proposta e a dinâmica da relação da díade terapêutica. O psicoterapeuta ocupa duas posições simultâneas, porém diferentes. Na posição de *ator participante*, está brincando e "de olho" nos conteúdos da brincadeira e no funcionamento dos papéis requeridos por essa atividade. Em outra posição, está "de olho" nos conteúdos e na dinâmica relacional da díade. A síntese obtida dessa vivência em duas posições devidamente correlacionadas resultará em *produto* a ser devolvido para a criança. Nas duas posições, o trabalho é simultâneo nos planos intrapsíquico e interpessoal.

Considerar que uma criança brinque de mamãe-filhinha apenas para conhecer esses papéis e explorar o mundo é ingênuo e até simplista. O sentido de comunicação que reveste a brincadeira deve ser levado em conta na psicoterapia por meio da relação. Faz parte do desenvolvimento saudável que o indivíduo reconheça o que comunica para outro quando brinca, fala, aproxima-se, afasta-se, silencia, olha etc. Quando escolhe ser *filhinha*, a criança pode desejar ser cuidada e nos transmite uma mensagem sobre sua necessidade de cuidados. Pode comunicar também que não sabe viver sem estar *pendurada* em alguém, ou seja, que não desenvolveu mínimos recursos para conseguir estar, por alguns momentos, *andando sobre suas próprias pernas*. Dependendo da idade cronológica, isso pode ser normal ou patológico.

Tive a oportunidade de supervisionar uma sessão que esclarece bem o ponto aonde quero chegar. A criança, como em outras sessões, pede à terapeuta para brincar de mamãe-filhinha. A cena se passa na casa onde há um berço e uma cozinha. A criança (cliente) pede que a mãe (terapeuta) a coloque no berço. A mãe a coloca, carinhosamente. Em seguida a criança se queixa de que a mãe não colocou a grade no berço. A mãe coloca a grade, mas logo depois a criança se queixa de que caiu porque a grade não fora bem colocada... O mesmo se dá com a alimentação: sempre há um defeito, nada satisfaz, a comida está ruim, malfeita etc. A terapeuta, na supervisão, queixa-se da dificuldade em lidar com a paciente, pois durante a dramatização não sabe o que fazer, uma vez que é tão *exigida* que qualquer coisa que faça no papel de mãe parece não ter ressonância para a criança no papel de filha. Minha supervisionanda estava angustiada e sentindo-se "incompetente" em relação ao caso (não só durante a dramatização).

379

Numa visão superficial, é possível compreender que a paciente comunica precisar de cuidados, desejar uma pessoa disponível e apta para cuidar dela. Em outra visão, trata-se de uma criança que tem dificuldades em *confiar* e, como não confia, imprime no outro, o que se relaciona com ela, o sentimento de *incompetente*, de *não confiável*.

Na psicoterapia por meio da relação, não devolvemos à criança apenas o que se passa literalmente na dramatização, vamos além. Procuramos compreender também se o que captamos acerca da criança na brincadeira (o seu sentir e funcionar) também está impresso na relação com o terapeuta. O que for descoberto a esse respeito deve ser colocado (não jogado sobre) de alguma maneira para a criança, para que ela a descubra como seu. Se uma pessoa puder apropriar-se de sua verdade, terá maiores chances de encontrar caminhos que viabilizem o seu desenvolvimento.

No caso citado, havia estreita relação entre os conteúdos da brincadeira e os conteúdos referentes à relação de minha supervisionanda com sua paciente. Nas duas posições e nos dois papéis, a terapeuta foi colocada num subpapel, de *incompetente*, não porque o fosse de fato, mas porque, estando a criança impossibilitada de confiar, pressionava a sua *terapeuta-mãe* a ser alguém com quem não se pode contar. É uma proposta de relação, mas tem a característica comunicacional de ter sido *empurrada* sobre o (ou dentro do) terapeuta. É com esse material que se trabalha na psicoterapia por meio da relação. O terapeuta criará, conforme seu jeito e estilo, a maneira mais apropriada de comunicá-lo à criança, preferencialmente em atitudes e verbalizações simples, numa linguagem coloquial.

Uma atividade pode evoluir para a dramatização clássica do psicodrama, no qual podem ser reproduzidas cenas da vida do paciente. Essa forma é menos comum de surgir espontaneamente no trabalho com crianças. Geralmente as modalidades anteriores já atingem a proposta de trabalhar a criança no nível interpessoal e intrapsíquico, por intermédio da interação terapeuta-cliente. A forma clássica de trabalho psicodramático é adaptada, a meu ver, a estágios evolutivos mais avançados e torna-se mais rica e eficiente no trabalho grupal.

Indicações e objetivos

A psicoterapia individual, segundo a compreendo, é sempre indicada para crianças que ainda não atingiram 7 ou 8 anos, levando-se em conta o critério da idade cronológica e o quadro psicopatológico. A psicoterapia grupal até essa idade pode ser arriscada, por exigir da criança condições de maturidade que ela ainda está por atingir; afinal, a criança apresenta um comprometimento, o que de outro modo não justificaria sua presença numa psicoterapia. O trabalho grupal envolve uma proposta diferente daquela que expus ao longo deste artigo.

Quando comparada à psicoterapia individual, que pode ser recomendada sempre e em quase todas as idades, a decisão pela psicoterapia grupal exige avaliação criteriosa quanto a faixa etária e características do quadro psicopatológico.

Para crianças até 4 anos, devido a sua grande e normal dependência familiar, quase sempre proponho um trabalho com os pais, desenvolvendo o que costumo chamar de terapia por *via indireta*, decisão tomada depois que o caso foi devidamente diagnosticado. Outras vezes o acompanhamento terapêutico é familiar, incluindo a criança. Apenas em último caso a psicoterapia individual é iniciada nessa faixa de idade.

Pela metodologia exposta aqui, tenho como meta terapêutica, trabalhando num *sistema teletransferencial* (Fonseca, 1992), a ampliação de aspectos saudáveis da criança psiquicamente perturbada, de maneira a mobilizar recursos que propiciem o restabelecimento do curso do desenvolvimento.

Leo Kanner, ao discorrer sobre o papel do médico na psicoterapia relacional, posiciona-se:

> O fator fundamental da psicoterapia não é a eleição de um 'método', um 'enfoque' ou uma 'escola'. *O principal agente terapêutico é o médico* [grifo do autor]. Qualquer que seja o método que o médico conheça melhor ou julgue mais adequado para um paciente, ele tem a chave do processo de cura. Daí o fato do papel que desempenha ser motivo de sérias reflexões. (Kanner, 1977, p. 258)

Refere-se também à *terapia de relación* com crianças, cujo próprio criador, Allen, já em 1942, questionava essa denominação particular, uma vez que em todas as formas de tratamento psicoterápico existe uma relação entre o paciente e o médico (terapeuta).

Não posso deixar de concordar com essa colocação, mas compreendo que, embora exista essa relação em todos os tratamentos psicoterápicos, nem sempre ela se torna *figura* privilegiada. Lamentavelmente, por vezes é negligenciada e substituída, com grandes desvantagens, quer por uma interpretação *mirabolante* dos conteúdos simbólicos da criança, quer pelo *show* teatral.

Focando a relação interpessoal, o psicoterapeuta usa sua maturidade psicológica, sua experiência de viver e seus potenciais afetivos para, ao *brincar-trabalhar* e ao *devolver* à criança, possibilitar o *insight*, preparando o campo para a *catarse de integração* (Menegazzo, 1995, p. 46).

Considerações finais

Ao longo desta exposição, esbarrei em inúmeras dificuldades, pela amplitude dos aspectos envolvidos no tema e pela necessidade de delimitá-los. Apesar disso, acredito ter abordado as reflexões propostas inicialmente e ter explicitado, mesmo que de modo introdutório e incompleto, por onde tenho caminhado no trato de crianças em psicoterapia individual.

Cabe salientar que, por razões da delimitação necessária, deixei de enfocar as relações familiares do paciente, em especial entre os pais, dos quais dependemos, eu e a criança; afinal, sem consentimento deles não poderíamos levar a cabo tal empreendimento. Não gostaria, no entanto, de deixar a impressão de que a família não faz parte do processo de *cura* da criança. *Dentro* da psicoterapia individual, ela não faz parte mesmo, apenas pelo que estiver internalizado pela criança, pois não está incluída no *setting* diretamente. A família tem um lugar próprio nesse processo, tem sua parte de responsabilidade, devidamente estabelecida e contratada. Não considero a criança sempre como o emergente dos conflitos familiares; acredito que o funcionamento da família também pode surgir como emergente dos conflitos individuais da criança. Quanto ao contexto da psicoterapia individual, a família está situada na área externa e o psicoterapeuta tem, em relação a ela, uma função (papel) bastante diversa do que vimos exposto até agora. As sessões conjuntas ou familiares também se situam em outro contexto e devem ser cautelosamente avaliadas antes de ser introduzidas no processo.

Do mesmo modo, deixo, por ora, de focalizar a importância, a metodologia e os instrumentos da fase diagnóstica. Adianto, porém, que a situo como fase indispensável, que antecede obrigatoriamente a psicoterapia, para não expor a família e a criança a práticas inconsequentes e nocivas.

Desejo esclarecer também que não pretendo reivindicar ou identificar esse método como *psicodrama*. Tomei a liberdade, no entanto, de apontar sua grande influência em meu percurso e, sem qualquer constrangimento, questiono se, por outro lado, poderá ser avaliado como algo fora do projeto socionômico moreniano. Estou certa de que outras influências podem ser encontradas nessa metodologia.

Eliminar a estereotipia do papel de psicóloga, de falar com a criança em psicoterapia como se eu tivesse comido uma "sopa de letras" pouco antes, ou como se estivesse despejando sobre ela um manual de psiquiatria infantil, tem sido um trabalho árduo e fascinante. Estou convencida de que não há melhor instrumento para um psicoterapeuta senão contar consigo mesmo com vistas a um encontro humano.

Moreno, com sua proposta criativa, valorizou o encontro e falou muito do que poderíamos fazer com as pessoas e com nossos clientes, mas apenas tangenciou um comentário sobre o que esses mesmos clientes fariam conosco, os psicoterapeutas. Concordo com suas palavras quando define o que o terapeuta proporciona ao paciente diante de um *teste de improvisação*. Cito-as, no entanto, em sentido inverso (do cliente para o terapeuta), para definir o que sinto e imagino que sintam outros colegas, cada vez que encontramos um cliente. A cada sessão, a cada momento, é um verdadeiro teste de improvisação, pois o cliente nos lança "em papéis, situações e mundos em que nunca vivemos antes e nos quais se tem de produzir instantaneamente um novo papel a fim de enfrentar um novo meio" (Moreno, Z., 1975, p. 266).

Minha sugestão é que o psicoterapeuta de crianças esteja disponível para a vivência de cada nova proposta de relação. Acredito que este seja um *catalizador*, o melhor deles, para o estabelecimento de um encontro existencial, uma possibilidade de relação típica da natureza humana.

"A natureza humana é quase tudo o que possuímos" (Winnicott, 1990, p. 21).

REFERÊNCIAS BIBLIOGRÁFICAS

ABDO, C. H. N. *Armadilhas da comunicação. O médico, o paciente e o diálogo.* São Paulo: Lemos, 1996.

ACKERMAN N. W. *Diagnóstico y tratamento de las relaciones familiares.* Buenos Aires: Hormé, 1966.

ACKERMAN, N. W. et al. *Teoria y práctica de la psicoterapia familiar.* Buenos Aires: Proteo, 1970.

AGUIAR, M. *Teatro da anarquia: um resgate do psicodrama.* Campinas: Papirus, 1988.

_____. *O teatro terapêutico: escritos psicodramáticos.* Campinas: Papirus, 1990.

_____. *Teatro espontâneo e psicodrama.* São Paulo: Ágora, 1998.

ALEGRE, C. "Psicodrama para crianças". In: BUSTOS, D. *O psicodrama.* São Paulo: Summus, 1982.

ALEXANDER, F. "Discussão da primeira conferência". In: MORENO, J. L. *Las bases de la psicoterapia.* Buenos Aires: Hormé, 1967.

ALONSO FERNANDEZ, F. *Psiquiatria sociológica.* Madri: Paz Montalvo, 1974.

ALTENFELDER SILVA FILHO, L. M. "Psicograma: utilização do desenho em psicoterapia psicodramática". *Temas,* n. 21, 1981, pp. 101-27.

ALVAREZ, A. *Companhia viva.* Porto Alegre: Artes Médicas, 1994.

ALVES, L. H. *Instituição psicodramática: gênese de uma escola.* 1988. Dissertação (Mestrado em Medicina). Departamento de Medicina da Universidade de São Paulo, São Paulo (SP).

ANAND, M. *A arte do êxtase.* Rio de Janeiro: Campus, 1992.

ANZIEU, D. *El psicodrama analítico en el niño.* Buenos Aires: Paidós, 1961.

_____. *Psicodrama analítico.* Rio de Janeiro: Campus, 1981.

ASSAGIOLI, R. *Psychosynthesis.* Nova York: Penguin Books, 1980.

ATTIAS-DONFUT, C. *Sociologie des générations*. Paris, PUF, 1988.

AXLINE, V. M. *Ludoterapia*. Belo Horizonte: Interlivros, 1972.

_____. *Dibs, em busca de si mesmo*. Rio de Janeiro: Agir, 1974.

BALINT, M. E. *El médico, el paciente y la enfermedad*. Buenos Aires: Libros Básicos. 1961.

_____. *Técnicas psicoterapéuticas en medicina*. México: Siglo Veinteuno, 1966.

BATESON, G. *et al. Interación familiar.* Buenos Aires: Tiempo Contemporaneo. 1971.

BAULEO, A. J. *Ideologia, grupo y familia*. Buenos Aires: Kargieman, 1974.

BERTOLUCCI, E. *Psicologia do sagrado — Psicoterapia transpessoal.* São Paulo: Ágora, 1991.

BICK, E. "A experiência da pele em relações de objeto arcaicas". In: *Melanie Klein hoje.* v. 1. Rio de Janeiro: Imago, 1991.

BION, W. R. *Aprendiendo de la experiencia.* México: Paidós, 1987.

BLATNER, A.; BLATNER A. *Uma visão global do psicodrama.* São Paulo: Ágora, 1996.

BOSS, M. "Existencialismo, análisis existencial y psicodrama. Con especial énfasis en la 'convalidación existencial'." In: MORENO, J. L. *Las bases de la psicoterapia.* Buenos Aires: Hormé, 1967.

BOWLBY, J. "The nature of the child's tie to his mother". *International Journal of Psychoanalysis*, n. 39, 1958, p. 350-72.

_____. *El vínculo afectivo.* Buenos Aires: Paidós, 1976a.

_____. *La separación afectiva.* Buenos Aires: Paidós, 1976b.

_____. *Cuidados maternos e saúde mental.* São Paulo: Martins Fontes, 1981a.

_____. *Loss: sadness and depression. Attachment and loss*, v. 3. Nova York: Penguin Books, 1981b.

_____. *Formação e rompimento dos laços afetivos.* São Paulo: Martins Fontes, 1982.

_____. *Lá pérdida afectiva: tristeza y depresión.* Buenos Aires: Paidós, 1983.

BRAGANTE, L. M. *et al.* "Sobre a demanda nas psicoterapias grupais" (Mesa--redonda). *Revista Brasileira de Psicodrama*, v. 5, n. 2, 1997.

BRITO, D. J. *Astros e ostras.* São Paulo: Ágora, 1998.

BUBER, M. "Guilt and guilt feelings. The William Alanson White Lectures". Fourth series. *Psychiatry*, v. 20, n. 2, 1957a.

_____. "Distance and relation", *Psychiatry*, v. 20, n. 2, 1957b, pp. 97-104.

_____. *Yo y tu.* Buenos Aires: Nueva Visión, 1969.

_____. *Eu e tu.* São Paulo: Cortez e Moraes, 1977.

BUSTOS, D. M. *El psicodrama.* Buenos Aires: Plus Ultra, 1974.

_____. *Psicoterapia psicodramática.* Buenos Aires: Paidós, 1975.

_____. *Psicoterapia psicodramática*. São Paulo: Brasiliense, 1979a.

_____. "Prólogo". In: NAFFAH NETO, A. *Psicodrama – Descolonizando o imaginário*. São Paulo: Brasiliense, 1979b.

_____. *O psicodrama — Aplicações da técnica psicodramática*. São Paulo: Summus, 1982.

_____. *Nuevos rumbos en psicoterapia psicodramática*. La Plata: Momento, 1985.

_____. *Novas cenas para o psicodrama. O teste da mirada e outros temas*. São Paulo: Ágora, 1999.

CALVENTE, C. "Narcisismo — Primer universo". Comunicação verbal. II Congresso Ibero-americano de Psicodrama, Águas de São Pedro, SP, 1999.

CAMPOS, H. "Bere'shith: a segunda história da criação. Astúcia da serpente". *Folha de S.Paulo*, 7 maio 1995, pp. 5-6.

CAPRA, F. *O ponto de mutação*. São Paulo: Cultrix, 1988.

CARDENAL, L. *Dicionário terminológico de ciencias médicas*. Barcelona: Salvat, 1958.

CAREZZATO, M. C. "Uma leitura psicodramática da síndrome de pânico". *Revista Brasileira de Psicodrama*, v. 7, n. 2, 1999.

CASTELLO DE ALMEIDA, W. *Formas do encontro — Psicoterapia aberta*. São Paulo: Ágora, 1988.

_____. "Interpretar e a função interpretativa da dramatização". IX Congresso Brasileiro de Psicodrama, Águas de São Pedro, SP, nov. 1994a.

_____. "O lugar do psicodrama". In: PETRILLI, S. R. A., *Rosa dos ventos da teoria do psicodrama*. São Paulo: Ágora, 1994b, pp. 51-60.

_____. (org.) *Grupos: a proposta do psicodrama*. São Paulo: Ágora, 1999.

CESARINO, A. C. "Brasil 70: psicodrama antes e depois". In: CASTELLO DE ALMEIDA, W. (org.). *Grupos: a proposta do psicodrama*. São Paulo: Ágora, 1999.

CIA, A. H. "Sociodrama familiar". (Apostila). Buenos Aires, 1974.

COOPER, D. *Psiquiatria y antipsiquiatria*. Buenos Aires: Paidós, 1971.

_____. *La muerte de la familia*. Buenos Aires: Paidós, 1972.

COPPOLILLO, H. *Psicoterapia psicodinâmica de crianças*. Porto Alegre: Artes Médicas, 1990.

COSTA, E. S. *Gerontodrama: a velhice em cena*. São Paulo: Ágora, 1998.

COSTA, R. P. *Os onze sexos: as múltiplas faces da sexualidade humana*. São Paulo: Gente, 1994.

COSTA, W. G. *Socionomia como expressão de vida — Um modelo de sistematização da teoria de Moreno*. Fortaleza: Fundação de Estudos e Pesquisas Socionômicas do Brasil, 1996.

CUKIER, R. *Psicodrama bipessoal.* São Paulo: Ágora, 1992.

_____. "Cartas a Florence Guncher" (Moreno). *Revista Brasileira de Psicodrama,* v. 4, fasc. I, 1996, pp. 101-5.

_____. *Sobrevivência emocional.* São Paulo: Ágora, 1998.

CUSCHNIR, L. *Masculino/feminina.* Rio de Janeiro: Rosa dos Tempos, 1992.

D'ANDREA, F. F. *Desenvolvimento da personalidade.* Rio de Janeiro: Bertrand Brasil, 1989.

DAVIS, M.; WALBRIDGE, D. *Limite e espaço. Uma contribuição à obra de D. W. Winnicott.* Rio de Janeiro: Imago, 1982.

DAVOLI, C. "O teatro espontâneo e suas terminologias". *Revista Brasileira de Psicodrama,* v. 3, fasc. I, 1995.

DESOILLE, R. *Entretiens sur le rêve éveillé dirigé en psychothérapie.* Paris: Payot, 1973.

DIAS, V. R. C. S. *Sonhos e psicodrama interno.* São Paulo: Ágora, 1996.

ECHENIQUE, M.; FASSA, M. E. G. *Poder e amor: a micropolítica das relações.* São Paulo: Aleph, 1992.

ELKAIN, M. (org.) *Panorama das terapias familiares.* São Paulo: Summus, 1998.

ERICKSON, E. H. *Infância e sociedade.* Rio de Janeiro: Zahar, 1976.

ESPINA BARRIO, J. A. *Psicodrama. Nacimiento y desarrollo.* Salamanca: Amarú, 1995.

ESTEVES, M. E. R. "Relação diretor-protagonista: uma contribuição ao estudo da entrevista na cena psicodramática". Anais do VI Congresso Brasileiro de Psicodrama. Febrap, v. 1, 1988, pp. 102-16.

ETCHEGOYEN, R. H. *Fundamentos da técnica analítica.* Porto Alegre: Artes Médicas, 1987.

EVA, A. C.; FONSECA, J.; MARTINS, C. "Análise objetiva e subjetiva dos abandonos em grupoterapia". In: *Estudos sobre psicoterapia de grupo,* coletânea de trabalhos apresentados na Reunião do Grupo de Estudos Psiquiátricos do Hospital do Servidor Público Estadual, 1966.

_____. "O abandono em grupoterapia. O problema das sessões iniciais". Anais do V Congresso Latinoamericano de Psicoterapia de Grupo. São Paulo, 1967.

FAIRBAIRN, W. R. *Estudio psicanalítico de la personalidad.* Buenos Aires: Hormé, 1975.

FALIVENE ALVES, L. R. "O protagonista: conceito e articulações na teoria e na prática". *Revista Brasileira de Psicodrama,* São Paulo, v. 2, fasc. 1, 1994, pp. 49-55.

FERRARI, D. C. A; LEÃO, H. M. G. "Psicodrama infantil: teoria e prática". *Revista da Febrap,* ano 6, n. 2, 1984, pp. 50-64.

FERRARI, D. C. A. "A postura do psicodramatista no psicodrama com crianças". *Revista da Febrap,* ano 7, n.-2, 1985, pp. 55-60.

FERREIRA, A. B. H. *Minidicionário Aurélio da língua portuguesa*. Rio de Janeiro: Nova Fronteira, 1993.

FERREIRA, A. J. *et al. Interación familiar*. Buenos Aires: Editorial Tiempo Contemporáneo, 1971.

FERREIRA-SANTOS, E. *Psicoterapia breve. Abordagem sistematizada de situações de crise*. São Paulo: Ágora, 1990.

_____. *Ciúme – O lado amargo do amor*. São Paulo: Ágora, 2007.

FERRO, A. *A técnica na psicanálise infantil*. Rio de Janeiro: Imago, 1995.

FIGUEIREDO, C. *Dicionário da língua portuguesa*. Lisboa: Bertrand-Jackson, 1949.

FIORINI, H. J. *Teoria y técnica de psicoterapia*. Buenos Aires: Nueva Visión, 1978.

_____. Anotações do curso "Transtornos do narcisismo". Ministrado no Daimon — Centro de Estudos do Relacionamento, São Paulo: set. 1985.

FLEURY, H. J. "A dinâmica do grupo e suas leis". In: CASTELLO DE ALMEIDA, W. (org.). *Grupos: a proposta do psicodrama*. São Paulo: Ágora, 1999.

FLEURY, H. J.; WOLFF, J. R. "A redação científica". *Revista Brasileira de Psicodrama*, v. 2, fasc. I, 1994.

FOLCH, T. E. "Comunicação e continência na análise de crianças: criando condições para o término." In: *Melanie Klein Hoje*, v. 2. Rio de Janeiro: Imago, 1990.

FONSECA, J. "Personalidade psicopática segundo Kurt Schneider. Conceito e classificação". *Boletim da Clínica Psiquiátrica*, HC-FMUSP, v. VIII, n. 3, 1969.

_____. "Breves considerações sobre emergentes grupais em psicodrama". *Psicodrama*, n. 1, 1970, pp. 31-3.

_____. "Notas sobre comunidades não terapêuticas. *Boletim do Psicodrama*. Grupo de estudos do psicodrama, n. 13-15, 1970.

_____. *Correlações entre a teoria psicodramática de J. L Moreno e a filosofia dialógica de M. Buber*. 1972. Tese (Doutorado em Medicina). Departamento de Medicina da Universidade de São Paulo, São Paulo (SP).

_____. "O uso de elementos lúdicos em psicodrama" (Apostila da Sociedade de Psicodrama de São Paulo), São Paulo, 1973a.

_____. "Contribuição do psicodrama ao estudo de psicóticos". I e II Encontro Psiquiátrico do Hospital das Clínicas, São Paulo, 1973b.

_____. "El psicodrama y la psiquiatria. Moreno y la antipsiquiatria". *Momento*, ano III, n. 4 e 5, 1977.

_____. *Psicodrama da loucura*. São Paulo: Ágora, 1980.

_____. "O doente, a doença e o corpo: visão através do psicodrama interno. *Revista Brasileira de Pesquisa em Psicologia*, v. 2, n. 1, 1989, pp. 73-6.

_____. "Psicologia do adoecer", Congresso Brasileiro de Obstetrícia, São Paulo, 1989.

_____. "Psicoterapia da relação". Anais do VII Congresso Brasileiro de Psicodrama. Rio de Janeiro: Febrap, 1990a, pp. 580-4.

_____. "Memórias de Beacon e outras memórias". In: *O psicodramaturgo*. São Paulo: Casa do Psicólogo, 1990b, pp. 29-35.

_____. "Psicoterapia da relação". *Temas*, São Paulo, v. 21, n. 40 e 41, 1991, pp. 113-20.

_____. "Psicodrama ou neopsicodrama?". *Psicodrama*, Revista da SOPSP, n. 4, ano IV, ago. 1992.

_____. "Psicoterapia e medicação". *Revista Temas*, São Paulo, v. 22, n. 43, jan./jun. 1992, pp. 30-35.

_____. "O psicodrama verdadeiro". *Jornal da Febrap*, ano 11, n. 2, jan. 1994a.

_____. "O doente, a doença e o corpo — Visão através do psicodrama interno". *Revista Brasileira de Psicodrama*, v. 2, fasc. I, 1994b, pp. 41-8.

_____. "Imaginiertes Psychodrama". *Psychodrama Zeitschrift für Theorie und Praxis*, 2/94 7. Jahrgang Heft 2, Colônia (Alemanha), 1994c, pp. 267-91.

_____. "Diagnóstico da personalidade e distúrbios de identidade". *Revista Brasileira de Psicodrama*, v. 3, fasc. I, 1995a.

_____. "Tendências da psicoterapia para o terceiro milênio: pontos de reflexão". *Temas*, v. 25, n. 49, jan. jun. 1995b, pp. 7-20.

_____. "Ainda sobre a matriz de identidade". *Revista Brasileira de Psicodrama*, v. 4, fasc. II, 1996a, pp. 21-34.

_____. "Psicodrama interno". *Leituras 16*, São Paulo: Companhia do Teatro Espontâneo, ago. 1996b, pp. 1-6.

_____. "Freud, Moreno e a bossa-nova". *Revista Brasileira de Psicodrama*, v. 6, n. II, 1998, pp. 13-32.

_____. "Os papéis de colonizado e de colonizador — Por uma identidade do psicodrama brasileiro". *Revista Brasileira de Psicodrama*, v. 7, n. I, 1999, pp. 49-62.

_____. Psicodrama da loucura. 7. ed. São Paulo: Ágora, 2008.

_____. "Intercessões entre Moreno e Lacan: a triangulação e o reconhecimento do 'Ele'". In: SALTINI, C.; FLORES, H. G. (orgs). *Lacaneando: ideias, sensações e sentidos nos seminários de Lacan*. Rio de Janeiro: WAK, 2010.

FONSECA, J.; VITALE, M. A. F. "Abordagem psicoterápica de famílias — Sociodrama familiar". *Psicodrama*, Revista da *SOPSP*, ano I, n. 1, 1976.

FORBES, J. "Balanço da psicanálise" (Apostila). São Paulo, 1994.

FOX, J. (org.). *The essential Moreno. Writings on psychodrama, group method, spontaneity by J. L. Moreno*. Nova York: Springer, 1987. [Em português: *O essencial de Moreno*. São Paulo. Ágora, 2002.]

FREUD, S. *Obras completas*, v. I. Madri: Editorial Biblioteca Nueva, 1967a.
_____. "Psicologia de las masas". In: *Obras completas*, v. I. Madri: Editorial Biblioteca Nueva, 1967b.
_____. "Analisis fragmentario de una histeria (Caso Dora)". In: *Obras completas*, v. III. Madri: Editorial Biblioteca Nueva, 1968a, pp. 605-58.
_____. *ESB*, v. I, *Projeto para uma psicologia científica (1895-1950)*. *Edição brasileira das obras psicológicas completas de Sigmund Freud*. Rio de Janeiro: Imago, 1970-7.
_____. *Análise de uma fobia em um menino de cinco anos — O pequeno Hans*. Pequena coleção das obras de Freud, livro 34. Rio de Janeiro: Imago, 1977.
_____. *A interpretação dos sonhos*. Rio de Janeiro: Imago, 1988.
FRIEDMAN, M. *The life of dialogue*. Nova York: Harper & Row, 1960.
GARCIA-ROZA, L. A. *Introdução à metapsicologia freudiana*. Rio de Janeiro: Zahar, 1993a.
_____. *Freud e o inconsciente*. Rio de Janeiro: Zahar, 1993b.
GARRIDO MARTÍN, E. J. L. *Moreno: psicologia do encontro*. São Paulo: Duas Cidades, 1984.
GAY, P. *Freud, uma vida para nosso tempo*. São Paulo: Companhia das Letras, 1989.
GHELLER, J. H. "Síndrome do pânico: visão psicodinâmica-relacional-psicodramática". *Psicodrama*, Revista da *SOPSP*, v. 4, 1992.
GONÇALVES, C. S. "Psicodrama analítico com crianças". In: GONÇALVES, C. S. (org.). *Psicodrama com crianças. Uma psicoterapia possível*. São Paulo: Ágora, 1988, pp. 111-35.
_____. "Epistemologia do psicodrama: uma primeira abordagem". In: *O psicodramaturgo*. São Paulo: Casa do Psicólogo, 1990, pp. 91-105.
_____. "Mitologias familiares". *Revista Brasileira de Psicodrama*, v. 6, n. 2, 1998.
_____. "Imagem, imaginação, imaginário". *Revista Brasileira de Psicodrama*, v. 7, n. 2, 1999.
GREENSON, R. R. *Investigações em psicanálise*. Rio de Janeiro: Imago, 1982.
_____. "Um menino transexual e uma hipótese". In: *Investigações em psicanálise*. Rio de Janeiro: Imago, 1982.
GUERRA, F. A. "Em busca de uma linguagem comum". II Congresso Brasileiro de Psicodrama, Canela, RS, 1980.
GUZMÁN, D. I. F. "Psicodrama com grupos familiares". In: BUSTOS, D. M. *El psicodrama*. Buenos Aires: Plus Ultra, 1974.
HERRANZ CASTILLO, T. "Transtornos narcisista y borderline: ¿una frontera permeable?". *Revista Brasileira de Psicodrama*, v. 4, fasc. II, 1996.
_____. *Psicoterapia psicodramática individual*. Bilbao: Desclée de Brouwer, 1999.

HOLMES, P.; KARP, M.; WATSON, M. (orgs.) *O psicodrama após Moreno*. São Paulo: Ágora, 1998.

HOLMES, P. *A exteriorização do mundo interior – O psicodrama e a teoria das relações objetais*. São Paulo: Ágora, 1996.

HOSSRI, C. M. *Sonho acordado dirigido. Onirodrama de grupo*. São Paulo: Mestre Jou, 1974.

JACKSON, D. D. *et al. Interación familiar*. Buenos Aires: Tiempo Contemporaneo, 1971.

JACOBY, M. *O encontro analítico. Transferência e relacionamento humano*. São Paulo: Cultrix, 1987.

JASPERS, K. *Psicopatologia general*. Buenos Aires: Beta, 1955.

JORDAN, W. *O assistente social nas situações de família*. Rio de Janeiro: Zahar, 1974.

JUNG, C. G. *Mysterium coniunctionis*. Petrópolis: Vozes, 1990. Coniunctionis.

_____. *The collected works of C. G. Jung*. Londres: Routledge and Kogan Paul, 1954.

KANNER, L. *Psiquiatria infantil*. Buenos Aires: Siglo Veinte, 1972.

KARP, M. "O rio da liberdade". In: HOLMES, P.; KARP, M.; WATSON, M. (orgs.) *O psicodrama após Moreno*. São Paulo: Ágora, 1998.

KAUFMAN, A. "O jogo em psicoterapia individual". Revista da *Febrap*, ano 1, n. 2, 1978, pp. 82-6.

_____. *Teatro pedagógico: bastidores da iniciação médica*. São Paulo: Ágora, 1992.

_____. "O psicodrama tematizado". In: PETRILLI, S. R. A. *Rosa dos ventos da teoria do psicodrama*. São Paulo: Ágora, 1994.

KELLERMANN, P. F. *O psicodrama em foco*. São Paulo: Ágora, 1998.

KERNBERG, O. F. *Desórdenes fronterizos y narcisismo patológico*. Buenos Aires: Paidós, 1979.

KESTEMBERG, E.; JEAMMET, P. *O psicodrama psicanalítico*. São Paulo: Papirus, 1989.

KIPPER, D. "Classical and contemporary psychodrama: a multifaceted, action-oriented psychotherapy". *The International Journal of Action Methods-Psychodrama, Skill Training, and Role Playing*", v. 50, n. 3, out. 1997, pp. 99-107.

KLAUBER, J. *Dificuldades no encontro analítico*. Rio de Janeiro: Imago, 1987.

KLEIN, M. "A técnica psicanalítica através do brinquedo. Sua história e significado". In: KLEIN, M., HEIMANN, P.; MONEY-KYRLE, R. E. *Novas tendências em psicanálise*. Rio de Janeiro: Guanabara, 1980.

_____. "Simpósio sobre a análise infantil". In: *Contribuições à psicanálise*. São Paulo: Mestre Jou, 1981a.

_____. "Técnica da análise infantil". In: *Psicanálise da criança*. São Paulo: Mestre Jou, 1981b.

_____. *Amor, culpa e reparação e outros trabalhos (1921-1945)*. Rio de Janeiro: Imago, 1996.

KOHUT, H. *Self e narcisismo*. Rio de Janeiro: Zahar, 1984.

_____. *Psicologia do self e a cultura humana*. Porto Alegre: Artes Médicas, 1988a.

_____. *A restauração do self*. Rio de Janeiro: Imago, 1988b.

KRETSCHMER, E. *Histeria, reflejo e instinto*. Barcelona, Editorial Labor, 1963.

LAING, R. D. *O eu dividido*. Petrópolis: Vozes, 1971.

_____. *A psiquiatria em questão*. Lisboa: Presença, 1972a.

_____. *El cuestionamento de la familia*. Buenos Aires: Paidós, 1972b.

_____. Aulas e supervisões proferidas na FMUSP, São Paulo: 1978.

LAING, R. D.; COOPER D. G. *Razón y violencia*. Buenos Aires: Paidós, 1972.

LANDINI, J. C. *Do animal ao humano*. São Paulo: Ágora, 1998.

LEBOVICI, S., DIATKINE, R.; KESTEMBERG, E. "Bilan de dix ans de thérapeutique par le psychodrame chez l'enfant et l'adolescent". *Psychiatrie de l'enfant*, I, Paris, 1958.

LÓPEZ BARBERÁ, E.; POBLACIÓN KNAPPE, P. *A escultura na psicoterapia*. São Paulo: Ágora, 1999.

MÂLE, P. *et al*. *Psicoterapia da primeira infância*. Rio de Janeiro: Zahar, 1979.

MANNONI, O. "Ficções freudianas". In: RODRIGUÉ, E. *Sigmund Freud — O século da psicanálise: 1895-1995*. v. 2. São Paulo: Escuta, 1995.

MANUAL de diagnóstico e estatística de distúrbios mentais (DSM-II-R), 3. ed., São Paulo: Manole, 1989.

MARINEAU, R. F. *Jacob Levy Moreno, 1889-1974. Father of psychodrama, sociometry and group psychotherapy*. Londres-Nova York: Tavistock-Routledge, 1989.

[Em português: *Jacob Levy Moreno, 1889-1974. Pai do psicodrama, da sociometria e da psicoterapia de grupo*. São Paulo: Ágora, 1992.]

MARTINEZ BOUQUET, C.; MOCCIO, F.; PAVLOVSKY, E. *Psicodrama — Cuando y por qué dramatizar*. Buenos Aires: Proteo, 1971.

MARTINS, J. S. *A chegada do estranho*. São Paulo: Hucitec, 1993.

MASCARENHAS, P. "Multiplicação dramática, uma poética do psicodrama". Trabalho para obtenção do título de professor supervisor pela Febrap, São Paulo, 1995.

_____. "'O psicodrama de Adolf Hitler': um paradigma do psicodrama e sua relação com a multiplicação dramática". *Revista Brasileira de Psicodrama*, v. 5, n. 1, 1997.

MASLOW, A. H. "Psicologia existencial — O que há nela para nós?" In: MAY, R. *et al*. *Psicologia existencial*. Porto Alegre: Globo, 1974.

MASSARO, G. *Loucura: uma proposta de ação*. São Paulo: Ágora, 1994.

_____. Comunicação verbal (Mesa-redonda). A matriz de identidade de Moreno, desdobramentos e atualidades. IX Jornada Interna do Departamento de Psicodrama do Instituto Sedes Sapientiae, Itu, nov. 1995.

_____. *Esboço para uma teoria da cena. Propostas de ação para diferentes dinâmicas*. São Paulo: Ágora, 1996.

_____. "O papel do colonizador e do colonizado: por uma identidade do psicodrama no Brasil". *Revista Brasileira de Psicodrama*, v. 7, n. 2, 1999.

MAY, R. *Psicologia existencial*. Porto Alegre: Globo, 1974.

MAYER-GROSS, Slater e Roth. *Psiquiatria clínica*. T. I. São Paulo: Mestre Jou, 1972.

McCORD, W.; McCORD, J. *El psicópata*. Buenos Aires: Hormé, 1966.

MELTZER, D. "Relato de um caso. Pequeno Hans". In: *O desenvolvimento kleiniano, I. Desenvolvimento clínico de Freud*. São Paulo: Escuta, 1989.

MENEGAZZO, C. M.; TOMASINI, M. A.; ZURETTI, M. M. *Dicionário de psicodrama e sociodrama*. São Paulo: Ágora, 1995.

MERENGUÉ, D. "O estar fora de si protagônico: algumas anotações". In: PETRILLI, S. R. A. *Rosa dos ventos da teoria do psicodrama*. São Paulo: Ágora, 1994.

_____. "Sexualidades e espontaneidade criadora". *Revista Brasileira de Psicodrama*, v. 7, n. 2, 1999.

MEYER, P. L. *Probabilidade — Aplicações à estatística*. Rio de Janeiro: LTC, 1978.

MILLER, H. *O mundo do sexo*. Rio de Janeiro: Companhia Editora Americana, 1974.

MONTORO, G. F. "Contribuições da teoria do apego à terapia familiar". In: CASTILHO, T. *Temas em terapia familiar*. São Paulo: Plexus, 1994.

MORENO, J. D. "Introduction in the autobiography of J. L. Moreno". *Journal of Psychotherapy, Psychodrama and Sociometry*, v. 42(1), 1989.

_____. "A filosofia moral e a ética psicodramáticas". In: *O psicodrama após Moreno*. São Paulo: Ágora, 1998.

MORENO, J. L. *Sociometry and science of man*. Beacon: Beacon House, 1958.

_____. *Psicodrama*. Buenos Aires: Hormé, 1961.

_____. *The first psychodramatic family*. Beacon: Beacon House, 1964.

_____. "La tercera revolución psiquiátrica y el alcance del psicodrama." *Cuadernos de Psicoterapia*, Buenos Aires, Genitor, v. 1, n. 1, 1966a.

_____. *Psicoterapia de grupo y psicodrama*. México: Fondo de Cultura Económica, 1966b.

_____. *Las bases de la psicoterapia*. Buenos Aires: Paidós, 1967.

_____. "Mary: un caso de paranoia tratado con psicodrama". In: *Normas e técnicas fundamentales del psicodrama. Cuadernos de Psicoterapia*, Buenos Aires: Genitor, v. IV, n. 1. abr. 1968, p. 34.

_____. *Fundamentos de la sociometria*. Buenos Aires: Paidós, 1972.

_____. *Psicoterapia de grupo e psicodrama*. São Paulo: Mestre Jou, 1974.

_____. *O psicodrama*. São Paulo: Cultrix, 1976a.

_____. *J. L. Moreno y las palabras del padre*. Buenos Aires: Vancu, 1976b.

_____. *Psychodrama I*. Beacon, Beacon House, 1977a.

_____. *El teatro de la espontaniedad*. Buenos Aires: Vancu, 1977b.

_____. *Who shall survive?* Beacon, Beacon: House, 1978.

_____. *Fundamentos do psicodrama*. São Paulo: Summus, 1983.

_____. *O teatro da espontaneidade*. São Paulo: Summus, 1984.

_____. *Quem sobreviverá? Fundamentos da sociometria, psicoterapia de grupo e sociodrama*. v. III. Goiânia: Dimensão, 1992a, p. 91.

_____. *Psicodrama*. São Paulo: Cultrix, 1993.

MORENO, Z. T. *Psicodrama de crianças*. Petrópolis: Vozes, 1975.

MOTTA, J. M. C. *Jogos: repetição ou criação?* 2. ed. São Paulo: Ágora, 2002.

MOURÃO, R. R. F. "Cientistas sabe-tudo são sempre reacionários". In: *Folha de S.Paulo*, caderno 5, 29 set. 96, p. 7.

MUSKAT, M. *Consciência e identidade*. São Paulo: Ática, 1986.

NAFFAH NETO, A. *Psicodrama — Descolonizando o imaginário*. São Paulo: Brasiliense, 1979.

_____. "Moreno e o seu tempo". In: *O psicodramaturgo*. São Paulo: Casa do Psicólogo/Revista Brasileira de Psicodrama, 1990, pp. 13-21.

_____. "Papel imaginário". In: MENEGAZZO, C. M; ZURETTI, M. M; TOMASINI, M. A. *Dicionário de psicodrama e sociodrama*. São Paulo: Ágora, 1995, p. 151.

NAFFAH NETO, A. *et al. As psicoterapias hoje. Algumas abordagens*. São Paulo: Summus, 1982.

NASCIMENTO, C. A. R. "Monismo e pluralismo epistemológico". In: MARTINELLI, M. L.; ON, M. L. R.; MUCHAIL, S. T. *O uno e o múltiplo nas relações entre as áreas do saber*. São Paulo: Cortez, 1995.

NICOLL, M. *Comentários psicológicos sobre las enseñanzas de Gurdjieff y Ouspensky*. Buenos Aires: Kier, 1979.

ORNISH, D. *Amor e sobrevivência*. Rio de Janeiro: Rocco, 1998.

OUSPENSKY, P. D. *A new model of the universe*. Londres: Routledge and Kegan Paul, 1961.

PAWEL, C. "Play back: o psicodrama em revista". Mimeo.

PERAZZO, S. "O método psicodramático no atendimento bipessoal". *Temas*, n. 43, 1992, pp. 40-5.

_____. *Ainda e sempre psicodrama*. São Paulo: Ágora, 1994.

_____. *Descansem em paz os nossos mortos dentro de mim*. São Paulo: Ágora, 1995a.

_____. "Papel de fantasia". In: MENEGAZZO, C. M.; ZURETTI, M. M.; TOMASINI, M. A. *Dicionário de psicodrama e sociodrama*. São Paulo: Ágora, 1995b.

MORENO, J. L.. *As palavras do Pai.* Campinas: Editorial Psy, 1992a.

_____. *Fragmentos de um olhar psicodramático.* São Paulo: Ágora, 1999.

PEREZ NAVARRO, M. "Terapia tematizada grupal com tempo limitado." *Revista Brasileira de Psicodrama,* v. 3, fasc. I, 1995.

PERLS, F. S. *Gestalt-terapia explicada.* São Paulo: Summus, 1976.

_____. *Escarafunchando Fritz.* São Paulo: Summus, 1979.

PETOT, J. M. *Melanie Klein I.* São Paulo: Perspectiva, 1987.

PETRILLI, S. R. A. "A postura psicodramática em um processo psicoterápico infantil e seu valor terapêutico familiar". *Revista da Febrap,* ano 7, n. 3, v. 3, 1985, pp. 83-99.

_____. (org.). *Rosa dos ventos da teoria do psicodrama.* São Paulo: Ágora, 1994.

POBLACIÓN KNAPPE, P. "Metadrama: o metamodelo em psicodrama". *Temas, Teoria e prática do Psiquiatra.* São Paulo: v. 22, n. 44, jul./dez. 1992, pp. 142-59.

POROT, A. *Dicionário de psiquiatria.* Barcelona: Labor, 1967.

PUNDIK, Juan. *Pensamento y obra del criador de la psicoterapia de grupo, el psicodrama y la sociometría.* Buenos Aires: Genitor, 1969.

RAJNEESH, B. S. *Tantra — Sexo e espiritualidade.* São Paulo: Ágora, 1977.

REICH, W. *La función del orgasmo. El descubrimiento del orgón.* Buenos Aires: Paidós, 1962.

REIS, M. D. "Amor e solidão – Uma leitura sociométrica". *Revista Brasileira de Psicodrama,* v. 4, fasc. I, 1996, pp. 31-47.

RICOTTA, L. C. A. *O vínculo amoroso: a trajetória da vida afetiva.* São Paulo: Iglu, 1994.

RODRIGUÉ, E. *Sigmund Freud — O século da psicanálise: 1895-1995.* São Paulo: Escuta, 1995.

RODRIGUES, R. A. "Um pouco de teatro para 'psicodrama-artistas'". *Revista Brasileira de Psicodrama,* ano I, n. 2, 1990.

ROJAS-BERMÚDEZ, J. G. "A sessão de psicodrama". *Boletim do Psicodrama.* Grupo de Estudos de Psicodrama de São Paulo, n. 12, maio 1969.

_____. *Introdução ao psicodrama.* São Paulo: Mestre Jou, 1970.

_____. *¿Que es el psicodrama?.* Buenos Aires: Genitor, 1975.

_____. *¿Que es el sicodrama?* 4. ed. Buenos Aires: Celsius, 1984.

ROLIM, V. "Sentimento de ódio no narcisismo". *Revista Brasileira de Psicodrama,* v. 5, n. 2, 1997.

ROMAÑA, M. A. *Crônicas e conversas psicodramáticas.* São Paulo: Ágora, 1998.

RUSSO, L. "Breve história dos grupos terapêuticos". In: CASTELLO DE ALMEIDA, W. (org.). *Grupos: a proposta do psicodrama.* São Paulo: Ágora, 1999.

SANDOR, P. et. al. *Técnicas de relaxamento.* São Paulo: Vetor, 1974.

SANDLER, J. *Técnica da psicanálise infantil.* Porto Alegre: Artes Médicas, 1982.

SCHNEIDER, K. *Psicopatologia clínica.* Madri: Paz Montalvo, 1963.

_____. *Las personalidades psicopáticas.* Madri: Morata, 1965.

SCHOUERI, P. C. L. *Psicoterapia dinâmica breve: critérios de seleção de pacientes em atendimento institucional*. 1998. Tese (Doutorado em Medicina). Departamento de Medicina da Universidade de São Paulo, São Paulo (SP).

SCHULTZ, J. H. *O treinamento autógeno*. São Paulo: Mestre Jou, 1967.

SCHUTZENBERGER, A. A.; WEIL, P. *Psicodrama triádico. Uma síntese entre Freud, Moreno, Kurt Lewin e outros*. Belo Horizonte: Interlivros, 1977.

SEGUIN, C. A. *Existencialismo y psiquiatria*. Buenos Aires: Paidós, 1973.

SEIXAS, M. R. D. *Sociodrama familiar sistêmico*. São Paulo: Aleph, 1992.

SFEZ, L. "A grande saúde". Entrevista concedida a Vinícius Torres Freire no jornal *Folha de S.Paulo*, 7 abr. 1996.

SHEARON, E. M. "Psychodrama with children". *Group Psychotherapy, Psychodrama and Sociometry*, v. XXXIII, 1980.

SILVA JUNIOR, A. "O teatro de ressignificação". *Em Cena*, n. 2, ano 14, 1997.

SOEIRO, A. C. *O instinto de plateia*. Porto: Afrontamento, 1990.

SONENREICH, C.; KERR-CORREA, F. *Escolhas do psiquiatra. Saber e carisma*. São Paulo: Manole, 1985.

SONENREICH, C. *Problemas de psiquiatria. Capítulos abertos*. São Paulo: Edanee, 1964.

STOLLER, R. *Masculinidade e feminilidade*. Porto Alegre: Artes Médicas, 1993.

SZASZ, T. *El mito de la enfermedad mental*. Buenos Aires: Amorrortu, 1973.

TABONE, M. *A psicologia transpessoal. Introdução à nova visão de consciência em psicologia e educação*. São Paulo: Cultrix, 1987.

TASSINARI, M. "Psicodrama com crianças: uma introdução à teoria da prática". Anais do VII Congresso Brasileiro de Psicodrama. Rio de Janeiro: Febrap, 1990.

TIBA, I. *Puberdade e adolescência: desenvolvimento biopsicossocial*. São Paulo: Ágora, 1986.

TOZONI REIS, J. R. *Cenas familiares*. São Paulo: Ágora, 1992.

TULKU, T. *Gestos de equilíbrio*. São Paulo: Pensamento, 1984.

VALONGO, M. F. "Caminho para aprendizagem psicodramática: no que Fritjof Capra me inspirou a colocar J. L. Moreno no nível dos grandes pensadores". Trabalho de credenciamento para terapeuta de aluno. Sociedade de Psicodrama de São Paulo, 1996.

VARGAS, N. S. *Psicoterapia de casais — Uma visão simbólica, arquetípica da conjugalidade*. 1995. Tese (Doutorado em Medicina). Departamento de Medicina da Universidade de São Paulo, São Paulo (SP).

VITALE, M. A. F.; OLIVEIRA, M. C. "Sessões abertas de psicoterapia: refletindo a experiência". Trabalho apresentado no VI Congresso Brasileiro de Psicodrama. Salvador: Atas, 1988.

_____. *Vergonha: um estudo em três gerações*. 1994. Tese (Doutorado em Serviço Social). Pontifícia Universidade Católica de São Paulo, São Paulo (SP).

_____. "Separação e ciclo vital familiar: um enfoque sociodramático". *Revista Brasileira de Psicodrama*, v. 5, n. 1, 1997, pp. 29-41.

VOLPE, J. A. *Édipo: psicodrama do destino*. São Paulo: Ágora, 1990.

WATZLAWICK, P.; BEAVIN, J. H.; JACKSON, D. D. *Pragmática da comunicação humana*. São Paulo: Cultrix, 1981.

WECHSLER, M. P. F. "A matriz de identidade de Moreno, desdobramentos e atualidades". Trabalho apresentado na IX Jornada Interna do Departamento de Psicodrama do Instituto Sedes Sapientiae, Itu, nov. 1995.

_____. "A matriz de identidade numa perspectiva construtivista: locus de construção de conhecimento". *Revista Brasileira de Psicodrama*, v. 5, n. 1, 1997, pp. 21-8.

_____. *Relações entre afetividade e cognição: de Moreno a Piaget*. São Paulo: Annablume, 1998.

WEIL, P. *Psicodrama*. 2. ed., Rio de Janeiro: Cepa, 1978.

WIDLÖCHER, D. *Psicodrama infantil*. Petrópolis: Vozes, 1970.

WILLIAMS, A. *Psicodrama estratégico*. São Paulo: Ágora, 1994.

WINNICOTT, D. W. *O brincar e a realidade*. Rio de Janeiro: Imago, 1975.

_____. *Da pediatria à psicanálise*. Rio de Janeiro: Francisco Alves, 1978.

_____. *The Piggle. Relato do tratamento psicanalítico de uma menina*. Rio de Janeiro: Imago, 1979.

_____. *O ambiente e os processos de maturação*. Porto Alegre: Artes Médicas, 1983.

_____. *Natureza humana*. Rio de Janeiro: Imago, 1990.

WOLFF, J. R. *Sonho e loucura*. São Paulo: Ática, 1985.

WOLFF, J. R.; GONÇALVES, C. S.; ALMEIDA, W. C. *Lições de psicodrama*. São Paulo: Ágora, 1988.

ZAMPIERI, A. M. F. *Sociodrama construtivista da aids: método de construção grupal na educação preventiva da síndrome da imunodeficiência adquirida*. Campinas: Psy, 1996.

O autor

JOSÉ FONSECA
(José de Souza Fonseca Filho) é médico, doutor em Psiquiatria pela Faculdade de Medicina da Universidade de São Paulo (FMUSP), fundador do Daimon — Centro de Estudos do Relacionamento e didata pela Federação Brasileira de Psicodrama (Febrap). Foi editor do International Forum of Group Psychoterapy. É autor dos seguintes livros: *Psicodrama da loucura — Correlações entre Buber e Moreno*, (São Paulo, Ágora, 1980/2008), *Contemporary psychodrama – New approaches to theory and technique* (Nova York/Londres: Brunner-Routledge, 2004).

Os colaboradores

ANNA MARIA KNOBEL
Psicóloga, psicodramatista, professora supervisora pela Federação Brasileira de Psicodrama (Febrap), diretora do Instituto de Psicodrama J. L. Moreno, São Paulo.

FÁBIO SCHMIDT GOFFI JUNIOR
Mestre em psiquiatria pela Faculdade de Medicina da Universidade de São Paulo: psicodramatista pela Federação Brasileira de Psicodrama.

MARIA AMALIA FALLER VITALE
Terapeuta familiar e psicodramatista, é doutora em Serviço Social pela Pontifícia Universidade Católica de São Paulo (PUC-SP). Professora aposentada da mesma instituição, é pesquisadora da Associação de Pesquisadores de Núcleos de Estudos e Pesquisa sobre Crianças e Adolescentes (Neca). Membro titular da Associação Paulista de Terapia Familiar (APTF), é professora e supervisora pela Federação Brasileira de Psicodrama (Febrap), além de organizadora de livros sobre família e casal, como *Laços amorosos – Terapia de casal e psicodrama* (São Paulo: Ágora, 2004).

MERY CÂNDIDO DE OLIVEIRA
Psicoterapeuta, psicodramatista, professora do curso de formação em psicodrama da Escola Paulista de Psicodrama.

SILVIA REGINA ANTUNES PETRILLI
Psicóloga, especializada em psicoterapia psicodramática e psicodinâmica de crianças e adolescentes pelo Instituto Sedes Sapientiae, professora supervisora pela Federação Brasileira de Psicodrama (Febrap), organizadora do livro *Rosa dos ventos da teoria do psicodrama* (São Paulo: Ágora, 1994).

Impressão e Acabamento: